MOBIL & AKTIV ERLEBEN

WOHNMOBIL-REISEFÜHRER

Island

Färöer Inseln

Tipps für Ihre Reise
aus der Praxis, für die Praxis

Johannes Hünerfeld
MOBIL & AKTIV ERLEBEN
WOHNMOBIL-REISEFÜHRER

Eduard-Trabold-Straße 6
79183 Waldkirch-Kollnau

Tel. +49(0)7681 4 92 77 18
Fax +49(0)7681 4 92 77 19
mailto: verlag@mobil-und-aktiv-erleben.de

www.mobil-und-aktiv-erleben.de

■ DER AUTOR: JOHANNES HÜNERFELD

Der gelernte Bankfachwirt und langjährige, erfolgreiche Autor mehrerer Wohnmobil-Reiseführer wurde am 15.5.1963 in Freiburg im Breisgau geboren. Er wuchs in Kollnau im Elztal auf und lebt heute mit seiner Familie dort im Schwarzwald.

Seit Anfang der 1990er Jahre sind er und seine Frau passionierte Wohnmobilbesitzer und konnten über lange Zeit umfangreiche Erfahrung auf Reisen sammeln.

Mit Begeisterung und der Erfahrung aus vielen Reisen hat der Autor seit 2001 mehrere Wohnmobil-Reiseführer erstellt. Durch umfassende Recherchen hat er sich ein breites Wissen über die Belange des Wohnmobil-Tourismus, die Wünsche und Bedürfnisse der Leser wie auch der Stellplatzbetreiber angeeignet.

■ TITELBILD:

Bunte Bergwelt bei Bakkagerði (Borgarfjörður Eystri)

■ DRUCK:

Omniprint GmbH, Gewerbestraße 106, 79194 Gundelfingen

■ GRAFISCHES KONZEPT:

bente :: werbung + design, Kapellenweg 12, 79100 Freiburg

■ KARTOGRAFIE:

Landmælingar Íslands (IS) bzw. Färöisches Fremdenverkehrsamt (FO)

■ FOTOGRAFIE:

Katja und Johannes Hünerfeld. Aufnahmen anderer Fotografen sind im Text jeweils erwähnt (Günter und Sieglinde Hahn, Helmut und Annelie Rose, Tanja Dörnhöfer)

■ HERAUSGEBER, SATZ UND PRODUKTION:

Johannes Hünerfeld
MOBIL & AKTIV ERLEBEN
WOHNMOBIL-REISEFÜHRER
Eduard-Trabold-Straße 6
79183 Waldkirch-Kollnau
Tel. +49(0)7681/4 92 77 18
Fax +49(0)7681/4 92 77 19
mailto:verlag@mobil-und-aktiv-erleben.de
Homepage: www.mobil-und-aktiv-erleben.de

ISBN: 978-3-943759-06-8

ⓘ **BIBLIOGRAFISCHE INFORMATION DER DEUTSCHEN NATIONALBIBLIOTHEK**

Die Deutsche Nationalbibliothek verzeichnet diese Publikation in der Deutschen Nationalbibliografie; detaillierte bibliografische Daten sind im Internet über http://dnb.de abrufbar.

Zur Einstimmung

Haben auch Sie schon davon geträumt, die Kontraste zwischen schwarzer Lava, dampfenden und zischenden Lavafeldern und weißen Gletscherkappen als Kulisse zu erleben? Ein Bad im Wasser einer heißen Quelle mit Aussicht auf einen Gletscher oder auf den tosenden Atlantik macht sicher auch Sie neugierig.

Oder es reizen Sie heiße Springquellen, dicke Moospolster an plätschernden Bächen oder graubraun tosende Glescherflüsse mit gewaltigen Wasserfällen.

Das Konzert abertausender Seevögel an den größten Vogelfelsen Europas ist ein atemberaubendes Schauspiel, ebenso wie das Blasen beim Auftauchen eines gewaltigen Wals aus den Ozeanwellen.

All dies mag Ihnen zeigen, wie beeindruckend Island und die Färöer Inseln sind. Sie werden kaum ein kontrastreicheres Ziel in Europa finden.

Dieses Buch ist eine wertvolle Hilfe mit vielen Tipps aus der aktuellen Reisepraxis des Autoren und wird dafür sorgen, dass Ihre Reiseträume wahr werden.

Haben Sie all das dort oben im Norden etwa schon selbst erlebt? Auch dann ist dieses Buch das Richtige für Sie, denn Sie tragen das „Island-Reisevirus" bereits in sich und werden gerne wieder hinfahren.

Nun lassen Sie sich einladen auf eine eindrucksvolle Reise in den hohen Norden, auf die Insel aus Feuer und Eis und die kleine, ganz zu Unrecht nur wenig bekannte Inselgruppe der Färöer Inseln.

Ihr

Inhaltsverzeichnis

LIEBE LESERINNEN UND LESER,

Mit diesem Buch aus der Buchreihe „MOBIL & AKTIV ERLEBEN" richten wir uns an all diejenigen, die sich gerne in der Natur aufhalten, sich dort sportlich aktiv betätigen und zugleich die regionale Kultur erleben möchten. Mit unseren Routen- und Ausflugsvorschlägen sowie mit den Stellplatztipps treffen wir sicherlich auch Ihren Geschmack.

Beachten Sie bitte, dass sämtliche Informationen in diesem Buch gewissenhaft und teils mehrfach vom Autoren vor Ort recherchiert worden sind. Doch kann nicht ganz ausgeschlossen werden, dass bei der Recherche oder bei der Umsetzung im Buch etwas übersehen, vergessen oder falsch wiedergegeben wurde. Wir haben keinen Einfluss auf spätere Veränderungen der jeweiligen Gegebenheiten vor Ort, die beispielsweise vom Wetter, veränderter Rechtssituation, Verbotsschildern etc. und anderen Rahmenbedingungen beeinflusst werden.

Verlag und Autor übernehmen keine Verantwortung für die Recht-mäßigkeit, Richtigkeit und Vollständigkeit der Angaben im Buch. Die Haftung ist ausgeschlossen, sofern ein Schaden nicht auf Vorsatz oder grobe Fahrlässigkeit zurückgeführt werden kann.

Haben Sie doch einmal Anlass zur Kritik, Vorschläge für Ergänzungen oder Korrekturhinweise, teilen Sie es uns bitte mit. Mit Ihren Änderungs-vorschlägen sowie Anregungen zu Inhalt und Gestaltung helfen Sie uns, die Wohnmobil-Reiseführer aus der Reihe MOBIL & AKTIV ERLEBEN aktuell zu halten und weiter zu verbessern.

Bitte lassen Sie uns mit konkreter Angabe von Buchtitel, Auflage und Seitenzahl wissen, welche Hinweise und Vorschläge Sie uns geben möch-ten. Sie erreichen uns auf dem Postweg (Adresse siehe Einleitung). Noch einfacher ist es, wenn Sie uns eine eMail an verlag@mobil-und-aktiv-erleben.de schicken oder das Kontaktformular auf der Website nutzen.

Zum Gebrauch des Buches

Bevor Sie sich mit der Lektüre meiner Routenvorschläge befassen, möchte ich einige Hinweise in eigener Sache vorausschicken und diese mit grundlegenden Informationen zum Verständnis der Stellplatz- und Routentipps dieses Buches verbinden.

Freuen Sie sich auf eine eindrucksvolle Reise auf die Inseln im Nordatlantik. Sie werden eine Inselwelt erleben, die ihresgleichen sucht. Island ist die größte Vulkaninsel der Welt. Dass in Island hier und da ein aktiver Vulkan unter den Füßen brodelt, haben wir fast weltweit im Frühling 2010 beim Ausbruch des Eyjafjallajökull hautnah erlebt. Island ist durchzogen von zwei Y-förmigen Spaltensystemen der vulkanischen Aktivität. Genau dies macht die Faszination der Insel aus Feuer und Eis aus – sicher auch für Sie. Ob es farbenfrohe Bergrücken sind, dampfende und zischende Schlammpötte oder Geysire, vielleicht einfach nur das einsame Bergtal bei einer Wanderung – Island wird Sie ebenso beeindrucken, wie die herzliche Gastfreundschaft und Hilfsbereitschaft der Isländer.

Ähnlich schön sind die Färöer Inseln, auch wenn dort der Vulkanismus nicht mehr aktiv ist. Die Welt der Fjorde ist auch dort atemberaubend. Fasziniert werden auch Sie am Ufer eines engen Fjordes stehen und die steilen, grasbewachsenen Bergrücken bestaunen, über welche hunderte kleiner Wasserläufe zu Tal stürzen.

Island und die Färöer unterscheiden sich in einem Punkt grundlegend. Vorausgesetzt, dass Sie sich an die wichtigen Verhaltensregeln halten, ist es in Island vom Grundsatz her erlaubt bzw. geduldet, wenn Sie sich im Wohnmobil auf einem öffentlichen Parkplatz über Nacht aufhalten, zumindest außerhalb der Nationalparks und Naturschutzgebiete. Auf den Färöern ist die freie Übernachtung außerhalb der Campingplätze dagegen grundsätzlich verboten, denn das Land ist fast ausschließlich in privater Hand.

Damit komme ich schon wieder auf eine Gemeinsamkeit zu sprechen. Wenn Sie bei Anwohnern und Landbesitzern nachfragen, werden Sie in beiden Ländern sehr selten ein Problem haben, die Möglichkeit zur freien Übernachtung genießen zu können. Der Schlüssel zum Erfolg: Wer vor Ort freundlich fragt und sich nicht einfach irgendwo hinstellt, wird meist eine – mindestens ebenso freundliche – Einwilligung erhalten. Besonders hilfreich ist dies, wenn Sie sich ein Essen in einem Restaurant genehmigen. Fragt man dort (am besten vorher) nach, ist ein freundliches Nicken gesichert, wenn man für eine Nacht bleiben möchte.

Aus gutem Grund möchte ich diesem Buch die wichtigsten, eigentlich selbstverständlichen Hinweise für das ordnungsgemäße Verhalten auf Wohnmobilreisen vorausschicken. Grund ist, dass mich immer wieder Berichte von Leserinnen und Lesern meiner Bücher erreichen, die einem blankes Entsetzen, ja die Zornesröte ins Gesicht treiben können. Ich weiß aber auch aus Nachfragen vor Ort, dass dies Ausnahmen sind. Dies soll auch so bleiben.

Auch wenn Sie zur überwältigenden Mehrheit derer gehören, die darauf achten, dass es keine Beanstandungen geben kann, sollten Sie diesen Appell aufmerksam durchlesen. Dann können Sie meine Hinweise den schwarzen Schafen zumindest unter die Nase halten. Bitte haben Sie immer die höchst empfindliche Natur im Bewusstsein, die Sie erhalten sollten, wie sie ist – vielleicht auch noch etwas sauberer, als man sie vorgefunden hat.

Bedenken Sie, dass der Regenerationsprozess im kühlen Klima des Nordens sehr viel mehr Zeit benötigt, als zu Hause. Vermeiden Sie auf Parkplätzen und in der Natur jegliche „Hinterlassenschaften". Diese könnten Sie Jahre später bei der nächsten Islandreise noch „besichtigen". Die Verrottung dauert im hohen Norden äußerst lange!

Für die Entsorgung des Abwassers gibt es ein recht dichtes Netz von Ver- und Entsorgungsstationen, auf das ich ausführlich eingehe. Es ist eine unverständliche Gedankenlosigkeit, von der mir jüngst ein Leser berichtete. Ein unliebsamer Zeitgenosse hatte seine Camping-Toilette in den Graben eines Parkplatzes entleert – wenige Meter von einer öffentlichen Toilette und auf der anderen Seite von einem Wohnhaus entfernt. An anderer Stelle wurde mir mitgeteilt, ein Wohnmobilist habe seine Toilette nach der Reinigung des Reisemobils auf dem Autowaschplatz einer Tankstelle entleert. Wer solches tut, aber auch wer seinen Müll nicht korrekt entsorgt, handelt wider jede Vernunft. Es ist und bleibt eine Pflicht, Abfälle jeglicher Art ordnungsgemäß zu entsorgen. Wer es nicht tut, leistet einen direkten Beitrag dazu, dass Wohnmobile hier und da nicht mehr willkommen sind.

Ich bitte Sie deshalb dringend: Nehmen Sie Rücksicht auf Mensch und Natur, und zwar in der Weise und in dem Umfang, wie Sie es selbst von Ihren Mitmenschen erwarten. Für die unverbesserlichen Zeitgenossen ist sicher folgende Grundregel sinnvoll: Verhalten Sie sich auf Stellplätzen immer so, als stünde das Wohnmobil, in dem Sie reisen, vor Ihrer eigenen Haustür oder auf Ihrem Grundstück.

Wenn Sie einmal ein „schwarzes Schaf" entdecken, das sich an diese eigentlich selbstverständlichen Regeln nicht hält, sprechen Sie die Insassen auf ihr Fehlverhalten an und auch darauf, welche Folgen das haben dürfte.

Aus gutem Grund habe ich auf allen Routen zahlreiche Stellplätze gesucht und beschrieben – deutlich mehr, als Sie auf Ihrer Reise nutzen können. Damit möchte ich dazu beitragen, Ansammlungen von Wohnmobilen außerhalb der Campingplätze zu vermeiden. Sie werden mit meinen Hinweisen in zumutbarer Entfernung Alternativen finden, wenn ein Stellplatz belegt ist, auch wenn die Parkplatzkapazität für mehr Fahrzeuge auszureichen scheint. Wohnmobile ziehen nun mal aufgrund Größe und Farbe die Blicke auf sich. Sind Sie in (auch kleinen!) Gruppen unterwegs, ist es sinnvoll, ja nötig, Stell- oder Campingplätze anzusteuern.

Wenn Sie meine Hinweise beherzigen, werden Sie mit ganz normalen Wohnmobilen in Island eine Traumreise erleben. Ein geländegängiges 4x4-Fahrzeug ist für eine Islandreise **nicht nötig**. Nur, wenn Sie in Island ins Hochland reisen möchten, ist ein Allradwagen von Vorteil (siehe das Bild von Günter und Sieglinde Hahn).

Vor allem in Island werden Sie öfters Schotterstraßen finden, auch wenn die Hauptverkehrsstraßen weitgehend asphaltiert sind. Lesen Sie deshalb aufmerksam die Infos von A-Z unter der Überschrift „Auto fahren". Passen Sie Ihre Fahrweise den Gegebenheiten an. Es ist keine Schande, eine schmale Schotterpiste auszulassen, auch wenn das Ziel noch so schön wäre. Ein Schaden am Wohnmobil wäre schlimmer. Vor allem ist er in den meisten Fällen vermeidbar, wenn man vernünftig und angepasst fährt. Ich versuche in den Routenbeschreibungen deshalb immer Hinweise auf Einschränkungen und Schwierigkeiten für größere Fahrzeuge in Bezug auf die Straßenverhältnisse zu geben. Dies ist vor allem für Besitzer größerer Wohnmobile sehr hilfreich, deren Fahrzeug über 3,5 t zulässiges Gesamtgewicht und Abmessungen über 6-7 m Länge aufweist.

Piloten von 4x4-Fahrzeugen, die sich zum Fahren abseits der Straße verführt sehen, sei ganz deutlich gesagt: Jede Fahrt abseits offizieller Pisten bedeutet eine jahrelang sichtbare, hässliche Narbe in der Landschaft, wie die Aufnahme deutlich zeigt. Deshalb ist **Offroad Fahren strikt verboten**! Es wird übrigens auch ebenso strikt verfolgt und bestraft.

Nutzen Sie ein Navigationssystem, erkundigen Sie sich im Vorfeld beim Hersteller nach den detaillierten Kartendaten für Island. Für die Färöer werden Sie diesbezüglich kaum Glück haben. Generell empfehle ich die Mitnahme einer guten Straßenkarte (1:500.000 reicht in der Regel, besser sind natürlich Karten 1:200.000), und dies nicht nur, weil ein Navigationssystem mal seinen Geist aufgeben könnte. Eine gute Straßenkarte dient mit ihrem Fokus auf „dem Ganzen" der besseren Orientierung (siehe das unter „Literaturempfehlungen" erwähnte Kartenmaterial. Sie werden staunen, wie gut man (auch ohne Navi-System) damit die Inseln „erfahren" kann.

Dieses Buch wurde mit viel Aufwand und nach bestem Wissen auf mehreren Reisen in Island und auf den Färöern recherchiert. Zudem wurden zahlreiche Hinweise von Lesern berücksichtigt. Doch veralten natürlich auch diese Informationen und Tourenvorschläge früher oder später. Sollten Sie Veränderungen entdecken oder Verbesserungsvorschläge haben, lassen Sie es mich bitte wissen. Am besten senden Sie mir eine eMail an verlag@mobil-und-aktiv-erleben.de. So kann ich auch künftig ein informatives Buch für Ihre Reise mit dem Wohnmobil nach Island gestalten. Vielen Dank!

Erläuterung zu den Symbolen

P	Parkplatz/Stellplatz	🔀	Picknickplatz
🏃	Wandern, Nordic Walking	🚲	Radtour
🍴	Restaurant	🛒	Hofladen
⛺	Campingplatz		Ver-/Entsorgungsstation
💧	Wasserversorgung	⚡	Stromanschluss
i	Hintergrundinformation	📷	Sehenswürdigkeit
⛰	Markanter Gipfel/Aussicht		Vulkanische Sehensw.
	Thermalbad/Hot Pot	≈	Badesee/Schwimmbad
🦅	Vogelbeobachtung		Walbeobachtung
4x4	Ausflug für Allradfahrzeuge	**WC**	(öffentliche) Toilette

Färöer Inseln

Herzlich willkommen auf dem Weg nach Island! Auf welcher Route Sie gefahren sein mögen - unser Treffpunkt ist die A7 bei Hamburg. Auf der Autobahn gelangen auch Sie (hoffentlich) zügig über Flensburg nach Dänemark bis fast an die Nordspitze von Jütland. In Hirtshals nimmt Sie die Norröna mit auf den Weg nach Island. Dazwischen liegt ein Besuch auf den Färöer Inseln, wenn Sie dies möchten.

Die Färöer Inseln sollten Sie nicht links liegen lassen. Um Ihnen den Gedanken an eine Fahrtunterbrechung mit Aufenthalt auf den Färöer Inseln näher zu bringen, habe ich die Überfahrt nach Island auf dem Hin- und Rückweg unterbrochen und möchte Ihnen einen Eindruck von der herrlichen Fjordlandschaft vermitteln, welche mich stark an die Westfjorde in Island erinnert.

Sofern auch auf Ihrer Reise gute Sicht herrscht, erblicken Sie schon während der Fahrt der Norröna entlang der Küste bunte Häuser und Dörfer, die sich wie Farbkleckse an die steilen, grünen Berghänge schmiegen.

Tórshavn und die Insel Streymoy

Nachdem das Wohnmobil in Tórshavn von der Fähre gerollt ist, lassen Sie sich vom bunten Häusermeer der Hauptstadt in ihren Bann ziehen. Hier lebt fast die Hälfte der Bevölkerung des Inselstaates. Die kleine Metropole liegt auf der Hauptinsel **Streymoy**, die sich von Tórshavn aus in nordwestlicher Richtung erstreckt, und bietet Ihnen auch einen stadtnahen Campingplatz.

TÓRSHAVN CAMPING

Stellplatzart:...Campingplatz
GPS:.. N62 01 01.6 W6 45 20.1
Adresse:... 100 Tórshavn, Yviri við Strønd
Tel.:...(+298) 30 24 25
mailto:.. torsinfo@torshavn.fo
Homepage:.. www.visittorshavn.fo
Zufahrtinfo: Am Fährhafen rechts ab auf die 52, ca. 2 km der Küste folgen.
Kurzbeschreibung: Platz direkt am Meer gelegen, auf der anderen Seite allerdings auch an einer Durchgangsstraße. Schotterplatz mit Stromanschlussmöglichkeit an allen Stellplätzen (> 20 Wohnmobile/Caravans finden Platz). Frischwasserhahn an der linken Seite des neu gebauten Rezeptionsgebäudes mit neuen WC/Du, Küche und Aufenthaltsraum. Ein Schildbürgerstreich: Bei Planung des 2013 erbauten Hauses wurde schlicht und einfach vergessen, eine Entsorgungsmöglichkeit für Camping-WCs zu bauen, geschweige denn einen Bodeneinlass.

Für die Übernachtung bezahlen Sie (Stand 2013): DKK 95,-/Erw., Strom DKK 50,-, Waschmaschine/Trockner je DKK 30,-. **Öffnungszeit:** Mitte Mai-Mitte Sept.

Ver-/Entsorgung: Bei der Kläranlage/Müllverbrennungsanlage außerhalb der Stadt. Folgen Sie vom Campingplatz aus der 52 (Hvitanesvegur) und am Kreisverkehr rechts ab der 50 (Kaldbaksvegur) stadtauswärts. Bald ist die Entsorgungsstation links ab ausgeschildert.

Lassen Sie mich zunächst auf **Tórshavn** eingehen, bevor wir uns dem Rest der Insel widmen. Auch Ihnen wird schon von der Fähre aus das einmalig schöne Ensemble des **Stadtviertels Tinganes** aufgefallen sein, das mit falunrot oder schwarz getünchten, grasbewachsenen Holzhäusern auffällt (Bilder unten).

Damit Sie sich angesichts der frühen Ankunftszeit (aus Dänemark etwa um 5^{00} h morgens, aus Island kommend gar um 3^{00} h früh) nicht mit der lästigen Parkplatzsuche aufhalten und für ein paar Stunden Schlaf auch nicht auf dem Campingplatz einbuchen (und bezahlen) müssen, habe ich ein paar Tipps für Sie, wo das Wohnmobil gut steht. Dort können Sie etwas ausruhen und sich zugleich mit den Nötigen fürs erste Frühstück versorgen. Camping ist außerhalb der Campingplätze offiziell verboten.

Bei den bisherigen Fahrten nach Tórshavn hat es meine Familie und mich immer wieder zunächst rechts ab, am Campingplatz vorbei und weiter zur nächsten Abzweigung gezogen, um den fehlenden Schlaf nachzuholen und anschließend ein Frühstück zu genießen. Dazu fehlen mir aber erst mal die Zutaten. So halte ich mich zur Umfahrung des Straßengewirrs der Innenstadt links, gelange über eine Kuppe hinweg zur K. C. Effersjøs gøta, biege rechts ab und fahre bis zur Verkehrsinsel weiter. Nun geht es links ab auf den **Parkplatz des SMS Einkaufszentrums** (**GPS** N62 00 52.9 W6 46 31.6), wo ich für ein paar Stunden die Rollos zuziehe und schlafe, bis die Geschäfte öffnen. Es ist angenehm, dass ich dann nur aus der Wohnmobiltür steigen muss, um mich im Einkaufszentrum mit dem Nötigen für ein gutes Frühstück und Lebensmittel für die nächsten Tage einzukaufen. Im Untergeschoss gibt es nämlich einen großen, guten Lebensmittelmarkt und eine Bäckerei. Übrigens: Auf den Färöer Inseln erhalten Sie gute Backwaren, darunter frische Brötchen, kräftiges, dunkles Brot und hervorragende Konditoreiware.

Eine gute Alternative ist der **Parkplatz hinter dem Jachthafen** (**GPS** N62 00 31.8 W6 46 33.5, Bild unten). Sie erreichen ihn, wenn Sie von der Fähre links abbiegen, nach dem Hafengelände dem Bogen rechts ab folgen und nach der Engstelle links abbiegen. Sie passieren das **Poul-Nolsö-Denkmal**, umfahren den Felsrücken und können sich mit Parkscheibe für 8 Stunden auf den Parkplatz stellen, um sich das nötige Nickerchen zu gönnen. **Wichtig:** Die Parkscheibe muss rechts unten auf dem Armaturenbrett liegen - Ordnung muss auch auf den Färöern sein!

Von diesem Parkplatz aus ist es nicht weit zum EK-Einkaufszentrum, wo Sie sich ebenfalls mit dem Nötigen für die Füllung des Kühlschranks und fürs Frühstück eindecken können. Gehen Sie einfach vom Parkplatz links die Straße Bøgøta hinauf, schon laufen Sie mehr oder weniger direkt zum Supermarkt und weiter in die Innenstadt.

Nicht weit entfernt befindet sich die Tourist Information. **Öffnungszeiten/Info:** Mai-Aug. Mo-Fr 8⁰⁰-17⁰⁰ h, Sa 9⁰⁰-14⁰⁰ h, So im Juli 11⁰⁰-15⁰⁰ h. Sept.-April Mo-Fr 9⁰⁰-17⁰⁰ h, Sa 10⁰⁰-14⁰⁰ h. Vaglið 4, FO-110 Tórshavn, Tel. +298 30 24 25, torsinfo@torshavn.fo, www.visittorshavn.fo.

Besorgen Sie sich dort den kostenlosen Stadtplan sowie die (ebenso kostenlose) Landkarte über die Färöer. Sie reicht als Straßenkarte vollkommen aus. Sie können danach übrigens schon auf der Norröna fragen. Sparen Sie sich das Geld, sich im Vorfeld eine teure Straßenkarte über die Inselgruppe zu kaufen. So viele Straßen gibt es gar nicht, und diejenigen, die Sie brauchen, sind auf der oben erwähnten kostenlosen Karte aufgeführt. Dasselbe gilt übrigens die Kartendaten fürs Navigationssystem betreffend, denn die Hersteller haben bis dato offensichtlich übersehen, dass die Färöer Inseln auch zu Europa gehören.

Sehenswertes in Tórshavn

Die Geschichte der Hauptstadt der Inselgruppe geht bis in die Wikingerzeit zurück. An Sehenswürdigkeiten sind zunächst vor allem die historischen Gebäude beiderseits des Hafens zu nennen. Tórshavn wurde schon vor über 1000 Jahren von norwegischen Auswanderern besiedelt. Dort, wo heute die falunroten Regierungsgebäude auf den flachen Felsen stehen, befand sich einst die Thingstätte. Hier wurde Recht gesprochen, Gesetze beraten und verkündet und Handel betrieben. Davon leitet sich der Name Tinganes ab. Gönnen Sie sich den gemütlichen Bummel durch die engen, verworrenen Gassen und Winkel zwischen den historischen Holzhäusern, die teils falunrot gestrichen, teils schwarz geteert sind und zumeist Grassodendächer tragen.

Unbedingt anschauen sollten Sie die schöne hölzerne Kirche aus dem 19. Jahrhundert. Besonders hervorheben möchte ich den Taufstein mit der Silberkanne und dem historischen Untersatz aus

Gold (geöffnet Mai-30 Sept. Mo 14³⁰-16³⁰ h, Di-Fr bis 18⁰⁰ h. Sa/So 10⁰⁰-14⁰⁰ h).

Der färöische Erzähler Heinesen wurde im Jahr 1900 in Tinganes geboren und schilderte seine Eindrücke beim Ausblick in die Weite des Meeres und des Himmels - Dinge, die ihn zu fantasievollen Erzählungen inspirierten. Eine Elfengestalt, die seiner Dichtkunst entsprang, ist im Stadtgarten zu sehen.

Dort befindet sich auch das Färöische Kunstmuseum. **Öffnungszeiten/Info:** Mai-Aug. Mo-Fr 11^{00}-17^{00} h, Sa/So 14^{00}-17^{00} h, www.art.fo, Grundadalsvegur 6. Tel. +298 31 35 79, im Winterhalbjahr Di-So 14^{00}-17^{00} h. Führungen gibt es in der Hauptsaison (Juni-Aug. Mi 19^{00}-21^{00} h). Nicht weit vom Stadtpark entfernt, also durchaus in Fußwegnähe von der Stadtmitte, finden Sie übrigens das SMS Einkaufszentrum.

Informationen zur Geschichte und zur Natur der Färöer erhalten Sie im **Färöischen Museum** mit angeschlossenem **Freilichtmuseum** (400 m südlich davon). Beides befindet sich im Stadtteil **Hoyvík** im Norden des Stadtgebietes an der Straße 52 (geöffnet Mo-Fr 10^{00}-17^{00} h, Sa/So 14^{00}-17^{00} h).

Rechts der Ausfahrt vom Fährhafen befindet sich die **Festungsanlage Skansin**. Besteigen Sie diese, haben Sie naturgemäß einen guten Überblick über Stadt und Hafen. Schließlich sollten beide von hier aus beobachtet und geschützt werden. Nachdem sie als Militärstützpunkt ausgedient hatte, wurde die kleine Truppe zur Polizeieinheit umgeschult und die Festung damit vorübergehend zur Polizeikaserne. Heute erinnern nur noch die Festungsmauern und ein paar Kanonen an die Vergangenheit.

Jenseits von Tinganes liegt im Angesicht der schmucken, bunten Spitzgiebelhäuser der **Jachthafen** (siehe Parkplatztipp) und das sehenswerte, bronzene **Poul-Nolsö-Denkmal** (Bild unten). Der Seefahrer, Händler und Bauer blickt anscheinend wachsam über das Kommen und Gehen der Fischer- und Ausflugsboote in der Marina. Wenn Sie Glück haben, landet gerade ein Fischerboot an und der Fang wird auf den Verkaufsständen am Fuß der schönen Spitzgiebelhäuser feilgeboten. Dahinter befindet sich übrigens das deutsche Generalkonsulat.

Einen Besuch wert ist das **Haus des Nordens**, das wichtigste Kulturzentrum der Stadt. Es ist wurde von allen Staaten Skandinaviens gemeinsam erbaut. Im wechselnden Turnus übernimmt eines der Länder die Führung für die temporären Ausstellungen. Zur Recherche dieses Buches war es Island.

Das Kulturzentrum wird das ganze Jahr über rege von der färingischen Bevölkerung genutzt, sei es um einfach die ausgestellten Kunstwerke zu besichtigen, Konzerten zu lauschen, Tanzvorführungen anzuschauen oder selbst zu tanzen. Auch Kindern und Jugendlichen wird viel Raum gegeben. Das vielseitige Programm beinhaltet auch Betätigungen für Jedermann und -frau, indem zum Beispiel auch gemeinsame Strickabende veranstaltet werden, um den traditionellen Handarbeiten (vor allem Wollprodukte der Färöer) eine Zukunft zu geben. Davon können auch Sie profitieren, indem sie allerorten schöne Stücke erwerben können. Das Museumscafé bietet Kaffee und Kuchen. Über Mittag ist auch ein Salat- und Lunchbuffet aufgebaut, dem auch Einheimische gerne zusprechen, was ja stets ein gutes Zeichen ist. Jüngstes Kind der Museumswelt von Tórshavn ist das **Meereasaquarium Sjósavn**, das Einblicke in die Unterwasserwelt der Färöer bietet (www.sjosavn.fo). **Öffnungszeiten/Info:** Mitte Juni- Aug. Di-So 14^{00}-17^{00} h.

 ESSEN IN TÓRSHAVN (UND AUF DEN FÄRÖER INSELN)

Auch kulinarisch sollten Sie auf Erkundung gehen. Empfohlen wurde mir vielfach das **Hotel Hafnir**, das immer dienstags ein reichhaltiges Fischbuffet anbietet. Dass ich dieser Empfehlung nicht gefolgt bin und stattdessen das Mittagsmenü ausprobiert habe, war eine ausgesprochen gute und übrigens recht preisgünstige Alternative.

Wo immer Sie essen gehen, sollten Sie den Spezialitäten der Inselgruppe zusprechen, dabei aber Vorsicht walten lassen.

Es stehen vielleicht Speisen auf der Menükarte, die uns Mitteleuropäern durchaus nicht nur schwer über die Lippen gehen, sondern ebenso schwer am Gaumen vorbei. Walspeck, gesengter Schafskopf, luftgetrocknetes Schafsfleisch (skerpikjöt) oder Walfleisch sind nunmal nicht Jedermanns Sache. Seeteufel, Lachs, Krustentiere - alles vor den Toren der Stadt gefangen, sind dagegen sicher auch für Sie von Interesse. Und vielleicht ist es auch einfach nur eine Portion Fish & Chips vom Stand gegenüber der Ausfahrt vom Fährhafen. Denn auch das schmeckt hier richtig gut, übrigens ebenso wie das auf den Färöern, genauer in Klaksvík, gebraute Föroya Bjór, das vom besonders guten Trinkwasser profitiert. Das Bier wiederum haben Sie - inzwischen leider aus Dosen - sicher schon auf der Norröna kennengelernt.

Bild mit freundlicher Genehmigung Nordic House

Es ist also ein vielfältiges Angebot, das den ausführlichen Besuch in Tórshavn empfehlenswert macht. Ebenso klar ist aber auch, dass ich es nicht bei Tórshavn belassen, sondern noch einiges von den Färöer Inseln kennen lernen möchte, zumindest soweit es mit dem Wohnmobil gut erreichbar ist.

Ausflug zum historischen Bischofssitz Kirkjubøur

Fährt man in Tórshavn am Stadion und am Nordic House vorbei, wendet sich die Straße in weitem Bogen nach links. Achten Sie auf die bald folgende Abzweigung auf die 54, die über die Passhöhe am Fuß des 321 m hohen Kirkjubøreyn hinweg Richtung Kirkjubøur führt. Kurz vor dem Ziel weist ein Hinweisschild rechts hinab zum Fährhafen, von dem Sie auch einen Ausflug auf die Inseln Sandoy und Hestur unternehmen könnten. Doch angesichts der begrenzten Aufenthaltsdauer auf den Inseln beschränke ich mich auf den ehemaligen Bischofssitz. Die Zufahrt wird zusehends eng, weist aber genügend Ausweichstellen auf, sodass ich schon bald auf dem Parkplatz von Kirkjubøur den Zündschlüssel ziehen kann.

Es sind nur wenige Schritte zum Museum, zur Kirche und zur Ruine des alten **St. Magnus Doms**, die sich zurzeit unter einem unschönen Schutzdach verbirgt. Dies dient jedoch nur der Sicherung der wertvollen historischen Bausubstanz, die künftig besser geschützt den Witterungseinflüssen trotzen soll.

Kirkjubøur war im Mittelalter kultureller und religiöser Mittelpunkt der Färöer mit Bischofssitz, der mit der Reformation aufgehoben wurde. Vermutlich wurde der hochgotische Dom nie vollendet. Er wurde vielmehr durch ein Lawinenunglück weitgehend stark beschädigt und zerfiel in der Folge nach und nach.

KIRKJUBØUR - ROYKSTOVAN

Stellplatzart:...Parkplatz
GPS: N61 57 07.0 W6 47 40.2
Adresse: ....Kirkjubøur, Gamlivegur
Zufahrtinfo: Auf der 54 von Tórshavn der Ausschilderung folgen.
Kurzbeschreibung: Asphaltierter Parkplatz neben der St. Olavs Kirche. Keine wohnmobilspezifische Ausstattung. Wenn Sie im Zuge des Besuchs des Museums bei den Besitzern freundlich nachfragen, duldet man gerne auch die Übernachtung im Wohnmobil. WC nebenan, Bushaltestelle. Was aus der Cafeteria wird, ist momentan unklar.

Die heutige St. Olavs Kirche dürfte älter als der Dom sein, auch wenn ihr Äußeres durch die Sanierung und Umgestaltung auf den ersten Blick einen anderen Eindruck gibt. Das moderne Altarbild, das Gestühl im Kirchenschiff und die alte Holzdecke geben einen gelungenen Gesamteindruck. Besonders sehenswert ist die Glaskunst des Künstlers Tróndur Patursson am Friedhofstor. Kunstwerke von ihm können Sie auch in der modernen Kirche von Gøta bewundern, auf die ich später zurückkomme. Neben den Kirchenbauten steht die sogenannte **Roykstova (Rauchstube)**, der größte Hof des Ortes im traditionellen Baustil mit Grassodendach. Er war einst der Sitz des Bischofs und gilt als eines der ältesten traditionellen Holzhäuser Europas. Heute können Sie es als Museum besichtigen. Sie sehen die große Stube, die zugleich Wohn-, Ess- und Schlafraum war. Das Obergeschoss beherbergt ein Arbeitszimmer und die Bibliothek. **Öffnungszeigen/Info:** Geöffnet von Mai bis August tgl. 10^{00}-17^{30} h, So 14^{00}-17^{30} h, Tel. +298 328 089, www.paturson.com.

 Wandertipp: Von Kirkjubøur nach Tórshavn

Oberhalb des Ortes zweigt von der Zufahrt ein Weg ab, der mit Holzpflöcken (rot) bergauf führt. Zwei Mal muss ein Weidezaun gequert werden, um nach etwa 1 1/4 Std. auf die Passhöhe am

Fuß des Kirkjubøreyn zu gelangen. Von dort ist es eine weitere Stunde Fußweg nach Tórshavn. Rückfahrt mit Linienbus oder zu Fuß auf gleicher Strecke. Sehr beeindruckend ist die Aussicht auf den Vagafjørdur und die Inseln Koltur, Hestur, Vagar und Sandoy.

Natur, Kultur und Geschichte: Ausflug nach Vestmanna

Von Tórshavn rolle ich zur Ver-/Entsorgungstation der Entsorgungsbetriebe. Die Route der Weiterfahrt entscheiden Sie am besten nach Wetterlage. Wenn die Sonne vom Himmel lacht, sollten Sie ein Stück retour fahren, die Straße 10 nehmen und auf dem Landrücken den Ausblick auf den **Kaldbaksfjörður** genießen.

Anderenfalls wählen Sie die Tunnelroute am Fjordufer entlang Richtung **Kollafjörður** und später nach **Vestmanna**. Auf dem Weg am Vestmannasund entlang sollten Sie einen Halt am Picknickplatz oberhalb des Fischerörtchens **Kvivík** einlegen, das sich in einer kleinen Talsenke malerisch zwischen Sund und steilen Berghang schmiegt. Wenn Sie möchten, können Sie auch dem Schild hinab in den kleinen Ort folgen und Ihren Wagen bei der Schule (etwas oberhalb des Dorfes) auf den Parkplatz stellen. Sehenswert sind vor allem die Kirche und unten an der Küste die ausgegrabenen Reste eines stattlichen Wikingergehöfts mit den Ruinen von Wohnhaus und Stallungen (Bild unten links).

Im weiten Bogen führt die Straße nun weiter um den Bergrücken herum nach **Vestmanna**. Der betriebsame Ort erwartet uns mit einem gut ausgestatteten Campingplatz.

VESTMANNA - CAMPINGPLATZ

Stellplatzart:..Campingplatz
GPS:.. N62 09 09.7 W7 08 55.2
Adresse:.. FO-350 Vestmanna, Fjardarvegur 1
Tel.:.. +298 21 22 45
mailto:... vestmanna.camping@gmail.com
Homepage:.................... http://www.facebook.com/VestmannaCamping
Zufahrtinfo: Am Kreisel nach dem ersten Tunnel **nicht** Richtung Vagar, sondern geradeaus Richtung Vestmanna halten. Der Campingplatz liegt gleich am Ortseingang links ab (ausgeschildert bei der Tankstelle).
Kurzbeschreibung: Geschotterter Platz, Stromanschluss. Gepflegte Anlage, die noch ausgebaut werden soll. Sauber und gut ausgestatteter Sanitärbereich (WC, Dusche, Waschmaschine/Trockner, Aufenthaltsraum). Ver-/Entsorgung an der Rückseite. **Öffnungszeit:** ca. Mitte Mai bis Sept.

Unternehmungen in Vestmanna

Zunächst ein Hinweis: Alles (außer den Wanderungen) ist vom Campingplatz in wenigen Schritten erreichtbar. Sie brauchen vom Wohnmobil sozusagen nur „über den Hof zu gehen", schon stehen Sie an der Tür des Vestmanna Tourist Centers, das auch das Saga-Museum beherbergt (hinter der Fischereischule).

 DAS SAGA-MUSEUM IM VESTMANNA TOURIST CENTER

Dieses sehenswerte Museum wurde von den Initiatoren des Saga-Museums in Reykjavík gestaltet. In den düsteren Gängen des Rundgangs durch die Sagenwelt der Färöer erwarten Sie lebensecht aussehende Figuren, für welche übrigens die Eigentümerfamilie Modell gestanden ist. Doch sollten Sie nicht zart besaitet sein - die Sagas der nordischen Länder beschreiben nicht eben in zimperlicher Weise die teils harten, teils grausamen Begebenheiten der Zeit seit der Besiedlung. Doch gibt das Museum Ihnen einen Einblick in das Leben vergangener Tage und in die Geschichte der Färöer, die vermutlich durch irische Mönche begann, was in der ersten Station des Museumsrundgangs zu sehen ist. Für diesen erhalten Sie einen MP3-Player, der Ihnen Station für Station die nötigen Hintergrundinformationen liefert. Kalkulieren Sie für den Museumsbesuch etwa eine 3/4 Stunde. **Öffnungszeiten und Info:** Mai-Sept. tgl. 9⁰⁰-17⁰⁰ h, Juli Sa bis 22⁰⁰ h u. So bis 20⁰⁰ h, Winter oder abends Tel. +298 471 500 od. +298 771 500, touristinfo@olivant.fo - Bild unten links).

Vogelbeobachtungsfahrt zu den Steilklippen

Die Buchung für die Motorbootfahrt (das Boot wurde in Island gebaut, wo sich die Eigentümer des Hauses die Inspiration für ihr Museum holten) erfolgt an der Museumskasse. Dort erwartet Sie auch das **Restaurant Fjörukrógvin** (Tagesgerichte sind angeschrieben). Die Bootsfahrt entlang der Klippen der Westküste von Streymoy findet zur Brutzeit der Seevögel unter intensivem Vogelgeschrei statt. Sie sehen überdies fantasievolle Felsformationen wie einen Elefanten, fahren in vom Meerwasser gefüllte Felsspalten ein, entdecken Robben, mit Glück auch Wale.

Auf den Steilhängen weiden Schafe in atemberaubender Höhe. Das Wollvieh wird im Mai jeden Jahres oben ausgesetzt und kann den Sommer in Freiheit genießen - sofern keines der Tiere abstürzt. Ist der Sommer vorüber, erwartet die Schafe im Herbst, wenigstens zum Teil, das Metzgermesser. Wo soll ein schmackhafter Braten herkommen, wenn nicht von hier. Wobei - die Färinger schätzen nicht nur Lende und Keule. Hier wird das ganze Tier verwertet, wobei gesengter Schafskopf bei Touristen aus unseren Breiten sicher nicht überall auf Gegenliebe stößt, ebenso wie das traditionelle Trockenfleisch. Für klassische Lammgerichte eignet sich nach Meinung vieler Färinger neusee-ländisches Fleisch besser.

Ein weiterer Anbieter der Vogelbeobachtungstour betreibt wenige Schritte entfernt ein weiteres Café - weniger touristisch „angehaucht", aber auch gut. Die Vogelbeobachtung findet ab-wechselnd statt, damit nicht mehrere Boote zugleich die Tiere an den Klippen stören (Hauptsaison täglich 9^{40}, 14^{00}, 17^{00} und 20^{00} h, Dauer ca. 2 Std.Info: www.skuvadal.fo (mailto:skuvadal@puffin. fo, Tel. +298 471 500). Ebenso schön ist die morgendliche Tour zur **Vogelinsel Mykines** (Bootsfahrt ca. 40 Min., Dauer insgesamt 6-7 Std.) mit geführter Wanderung zu den Vogelfelsen unter fach-kundiger Leitung eines Rangers. Ob und zu welcher Zeit die Tour stattfindet, hängt von der Nachfrage und vom Wetter ab - bitte vorher erkundigen. Wer an den Touren von Sjófedir teilnimmt, erhält einen ermäßigten Eintrittspreis fürs Saga-Museum.

 ## Wandern in Vestmanna

Wer gerne wandert, kann die Stiefel schnüren und zu den Stau-seen wandern, von wo sich herrliche Ausblicke auf die Insel-und Fjordlandschaft eröffnen (siehe Färöer/Edition Elch).

Ich habe eine zusätzliche Wanderroute für Sie ausprobiert, um den Leuten im Boot der Vogelbeobachtungstour aufs Haupt

zu schauen. Wandern (oder fahren) Sie zunächst in den Ort und halten sich dann am Bachlauf entlang auf dem Fußweg bergwärts, bis Sie das Schulzentrum erreicht haben. Dort entdecken Sie links oben die letzten, neu gebauten Häuser, wo Sie, erneut dem Bachlauf folgend, auf die Bergwiesen steigen. Nach gut einer halben Stunde ist ein weiter Sattel erreicht. Jetzt gilt es sich leicht rechts zu orientieren, denn statt dem anfangs noch sichtbaren Wanderpfad und vereinzelten Steinmännchen ist nun Orientierrungssinn gefragt. Sie erreichen nach weiteren 30 Minuten den deutlich erkennbaren Steilhang, der in ein kleines, unbesiedeltes Bergtal förmlich abbricht (Vorsicht!). Wandern Sie weiter schräg links talwärts, bis der Aussichtspunkt erreicht ist, von dem Sie die schroffe Felszinne sehen können, die von zahlreichen Seevögeln umkurvt wird. Der Rückweg erfolgt auf gleicher Strecke, wobei ich auch ausprobiert hatte, den sanften Gipfel links oben „nebenbei mitzunehmen". Doch Aussichtsgelegenheit haben Sie auch so. Gehzeit ab Parkplatz am Neubaugebiet ca. 1 3/4 Std., bei Wanderung ab Campingplatz etwa doppelt so lange.

Hochseeangeln

Nur wenige Schritte entfernt, am Dock der Fischerboote, bietet Magni Blástein Hochseeangeltouren auf seinem alten, hölzernen Fischerboot an, die unter +298 581 582 oder per eMail vorgebucht werden müssen (mailto:magniblastein@kallnet.fo, www.fishing-withblastein.com - Bild unten links).

Bevor Sie den Ausflug nach Vestmanna beenden, können Sie einen Blick in die erweiterte und modernisierte Kirche werfen und anschließend retour fahren (Bild mit Blick zurück unten rechts). Wenn Sie die Maut für den **Unterseetunnel** investieren möchten, können Sie nun gleich auf die Insel **Vágar** wechseln - ein Ausflug, den ich selbst mir für später aufgehoben habe.

Sie gelangen zurück zum **Kollafjörður** und fahren an dessen Nordufer in den gleichnamigen Ort (Richtung Eysturoy/Klaksvík halten), um die Landspitze zu umfahren. Weiter geht es über **Hósvík** bis **Hvalvík**, dessen Name erahnen lässt, dass der Walfang früher von Bedeutung war. Von hier erschließt sich ein schöner Abstecher nach **Saksun**. Beachten Sie in **Hvalvík** die schwarz geteerte Kirche, die älteste der Inseln, und folgen dem enger werdenden Sträßchen durch das lang gezogene **Saksunardalur**. Zu bieten hat Saksun die landschaftlich reizvolle Lage oberhalb des mehr und mehr versandenden Fjords, eine sehenswerte, alte Kirche und ein **ethnografisches Museum im Hof Dúvugarður**, das einen Einblick ins ländliche Leben früherer Tage gewährt. Während Ihres Aufenthaltes (Bilder unten) können Sie - nur auf Anfrage - Ihr Wohnmobil nach dem Museumsbesuch auf dem kleinen Museumsparkplatz oberhalb der Kirche abstellen, selbst wenn Sie über Nacht bleiben möchten (**GPS** N62 14 47.2 W7 10 38.6). Ein weiterer Parkplatz findet sich nahe dem Ort.

🚶 Wandern Von Saksun aus

Sie können von Saksun aus zum weitgehend versandeten Fjord wandern und dort zu einem schönen Sandstrand. Doch Vorsicht - das ist nur bei Ebbe möglich. Sicher tun Sie das nicht des Badens wegen, sondern eher wegen der schönen Landschaft des von steilen Bergen umfassten Gewässers (siehe Färöer/Edition Elch).

Vom Ausflug aus Saksun wieder zurück in **Hvalvík**, folgen Sie mir weiter an der Nordküste der Insel **Streymoy**. Fahren Sie vor der Brücke über den Sund zunächst links ab Richtung Haldarsvík/Tjørnuvík. Auf etwa halbem Wege tost der höchste Wasserfall der Färöer (Fossa) 140 m von den Felsen herab. Doch ist es eigentlich nicht die Fallhöhe der Wasserfälle auf den Färöern, sondern die beeindruckende Zahl von Bächen, die von den

Steilhängen plätschern oder rauschen. Das Örtchen **Haldarsvík** hat mit seiner achteckigen Kirche (Bild unten links) eine Besonderheit zu bieten. Wenn sie geöffnet ist, können Sie das schöne Altarbild des Künstlers Tórbjörn Olsen mit der Abendmahlszene bewundern. Dann wird die Straße enger und zieht sich über dem Sund stetig bergan, bis es nach der Bergnase kräftig talwärts geht. Das Sträßchen endet im malerisch, aber sehr einsam gelegenen **Tjørnuvík**. Umso erfreulicher ist, dass sich gleich vor dem Ort ein Parkplatz befindet, auf dem man (wieder bitte nur auf Anfrage bei den Anwohnern) schon mal eine Nacht verbringen können. Meiner Familie und mir wurde dies schon vor Jahren freundlichst erlaubt und wir konnten gleich mit den gastfreundlichen Leuten über dies und das sprechen. Auch bei meiner letzten Recherche war es kein Problem. Schön, dass man hier so leicht mit den Leuten in Kontakt kommt. Ob die Luft- und Wassertemperatur zum Baden ausreicht, können nur Sie vor Ort entscheiden. Ob Sie die Dorfkinder als Maß der Dinge diesbezüglich nehmen sollten, ist zu bezweifeln. Jedenfalls sind diese bei meinem letzten Recherchebesuch bereits im Mai bei noch sehr kühlen Temperaturen barfuß im Wasser herumgetollt. Und Jahre zuvor haben wir einige im Juli auch baden gesehen... (Bild unten rechts - Brrrr!).

  TJØRNUVÍK - DORFPARKPLATZ

Stellplatzart:..Parkplatz
GPS:.. N62 17 20.4 W7 08 47.5
Adresse:.. FO-350 Tjørnuvík
Zufahrtinfo: Vor der Sundbrücke links ab und über Haldarsvík bis zum Ende der Straße in Tjørnuvík fahren (Vorsicht - ab Haldarsvík enge Straße, jedoch mit zahlreichen Ausweichstellen).
Kurzbeschreibung: Parkplatz am Ortseingang direkt oberhalb des herrlichen Sandstrandes mit Blick auf den Riesen und das Trollweib, zwei markante Felszinnen, die der Brandung trotzen. WC nebenan, am Wasserschlauch kann man Wasser bunkern, das nach Aussage der Einheimischen bestes Trinkwasser ist.

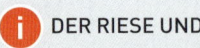

DER RIESE UND DAS TROLLWEIB

Die markanten Felszinnen draußen vor der Insel Eysturoy (Bild unten) sollen zwei versteinerte isländische Trolle sein. Wie es dazu kam?

Der Sage nach sollen die zwei Trolle einen Narren an den Färöer Inseln gefressen haben. So haben sie sich entschieden, die Färöer nach Island zu holen. Eines Nachts legten Sie einen dicken Strick um den Bergrücken Eidiskollur, gerieten aber in Streit, als ihnen das Vorhaben nicht gelungen war und der Strick riss. Über ihrem Gezänk bemerkten sie die aufgehende Sonne nicht. Und - wie sollte es anders sein - flugs waren Sie zu Stein erstarrt.

Östlich des Dorfes wurden Reste von Gräbern aus der Wikingerzeit gefunden, was belegt, dass die Bucht eine der ersten der Inselgruppe war, die besiedelt wurde. Nutzen Sie die Gelegenheit zum Spaziergang durch die Gassen zwischen den bunten, teils geteerten Häusern. Ein Blick in die Kirche ist nur durch die Fenster oder zu Gottesdienstzeiten möglich. Interessant sehen der Friedhof und die von Steinwällen umgebenen Gemüsegärten neben dem Parkplatz sowie die Parzellen für die Heuernte an den Steilhängen aus. Wer gerne wandert, kann vom Friedhof das Tal aufwärts erkunden. Der Pfad führt nach Saksun, wobei ich lediglich ein kleines Stück der Route für Sie ausprobiert habe und stattdessen entlang der Bucht zu den alten Fischerhäusern gegangen bin. Erkundigen Sie sich am besten vor Ort bei den Einheimischen nach der Routenführung. Die Wanderung in umgekehrter Richtung (also von Saksun nach Tjørnuvík) ist im Buch „Färöer" der Edition Elch näher beschrieben.

Mit der Rückfahrt von Tjørnuvík bis zur Brücke über den Sund schließt die Route durch die Insel Streymoy und ich wechsle hinüber nach **Eysturoy**. Diese Insel hat auch einiges zu bieten.

Insel Eysturoy

Nachdem die Brücke über den Sund hinter mir liegt, halte ich mich links ab und folge der Straße 62 oberhalb der Küste bis **Eiði**. Unterwegs sieht man sehr schön den Wasserfall Fossa jenseits des Sunds. In dem malerisch auf einer Landbrücke zwischen markanten Höhenzügen gelegenen Ort sollten Sie die schmucke Kirche besichtigen. Zugleich können Sie einen Blick ins Heimatmuseum werfen, das Ihnen in einem alten Gehöft einen schönen Einblick ins Leben früherer Tage bietet. Einen herrlichen Blick über den Ort und den Sund haben Sie von der Ortseinfahrt her, wo ein schöner **Picknickplatz mit WC** eingerichtet ist. Der davor liegende Parkplatz bietet sich für eine längere Rast an, im Grunde auch für eine Übernachtung, zumal der Campingplatz beim Hotel Eiði mittlerweile geschlossen ist.

ROUTE 1

(P) (WC) (⛫) EIÐI – DORFPARKPLATZ

Stellplatzart:...Parkplatz
GPS: N62 17 54.3 W7 05 03.1
Adresse: .... 470 Eið, Eiðisvegur
Zufahrtinfo: Nach der Sundbrücke ein Stück bergauf, dann der Ausschilderung nach Eiði folgen. An der Abzweigung in den Ort der Parkplatz.
Kurzbeschreibung: Asphaltierter Parkplatz unterhalb der Straße 62, WC, Picknickbank. Tolle Aussicht auf den Ort und den Hafen (Bild unten).
Alternative: Im Ort bei der Kirche weiterer Parkplatz mit WC.

Auf der Weiterfahrt Richtung Nordosten passiere ich auf einer Anhöhe am Fuß des höchsten Gipfels der Färöer (**Slættaratindur**, 882 m) einen tollen Aussichtspunkt auf die **Felszinnen Riese und Trollweib**, die ich schon von Tjørnuvík aus sehen konnte. Nun zeigen sie sich aus anderem Blickwinkel sehenswert an der Seite der mächtigen Klippe, die sich steil aus dem Meer erhebt. Diesen Anblick vom Parkplatz, den ich bei früheren Besuchen auch schon für eine Übernachtung genutzt hatte, sollten Sie sich nicht entgehen lassen (**GPS** N62 18 13.7 W7 03 24.2).

Bald erreiche ich die Passhöhe (**Wanderparkplatz Eiðiskarð - GPS** N62 17 08.8 W7 00 23.9). Wer gerne wandert und den Gipfel des Slættaratindur erklimmen möchte, sollte die Ostflanke wählen. Allerdings habe ich das nicht ausprobiert, weil ich von der Aussicht auf Riese und Trollweib zu fasziniert war und den Nachmittagskaffee vorgezogen habe. Abends war es der Sonnenuntergang. Beim letzten Recherchebesuch herrschte dichter Nebel. Sind das genug Ausreden? (**Wandertipp**: Wanderung 7 in „Färöer/Edition Elch" von Alexander Wachter). Bald folgt die Abzweigung zur Stichstraße, die sich Richtung **Gjögv** talwärts windet. Der frühere Campingplatz musste dem Gästehaus des sehr empfehlenswerten **Restaurants Gjáagarður** weichen (**GPS** N62 19 29.8 W6 57 00.1, regionale Küche, Tel. +298 423 171, info.@gjaargardur.fo, www.gjaargardur.fo). Dafür ist bei meiner Recherche ein schön gelegener Wohnmobil-Stellplatz im Bau. Sehenswert sind der **Naturhafen**, der fast wie eine Schlucht anmutet, die **Holzkirche** und das benachbarte, bronzende **Denkmal** für die Kinder des Dorfes, die Angehörige bei Unglücken auf See verloren haben - ein Schicksal, das Seeleute im rauen Nordatlantik allzu oft erleiden mussten und müssen (Bilder unten).

Zurück an der Passstraße erreiche ich auf eindrucksvoller Strecke mit Blick auf den **Funningsførður** den Fischerort **Funningur**. Der malerisch gelegene Hafenort hat uns wieder eine klassisch schöne Holzkirche zu bieten. Die schwarz geteerte Fassade, die weißen Fenster und das Türmchen ergeben bei Sonnenschein einen sehenswerten Kontrast zum grünen Grasdach! Als Parkmöglichkeit habe ich auch hier einen kleinen **Parkplatz mit WC** gefunden. Die Zufahrt allerdings ist für größere Wohnmobile recht eng (**GPS** N62 17 15.0 W6 57 55.3, bei der Kirche rechts ab als Parkplatz ausgeschildert/Kirkjumørk). So bin ich auf die Nacht hin auf der Straße um den Fjord nach **Elduvík** weiter gefahren. Nach der Abzweigung in den Ort folgt ein schmales, aber schönes Sträßchen, das in die herrlich und einsam gelegene Fischersiedlung führt. Unterhalb des Ortes erwartet mich eine schöne Campingwiese mit Picknickstelle und Strom-anschluss, auf dem Gäste mit Wohnmobilen willkommen sind.

P GJÓGV - WOHNMOBIL-STELLPLATZ

Stellplatzart:... Wohnmobil-Stellplatz
GPS:... N62 19 24.2 W6 56 33.0
Adresse:...Gjógv
Zufahrtinfo: Geradeaus in den Ort, zur Kirche und rechts daran vorbei bis zum Stellplatz.
Kurzbeschreibung: Wegen noch andauernder Bauarbeiten kann ich bei Recherche noch keine Ausstattung erkennen. Doch sollten Strom und Ver-/Entsorgungsstation nicht wie in Tórshavn vergessen werden.

 ELDUVÍK - CAMPINGPLATZ

Stellplatzart:...Campingplatz
GPS:... N62 16 56.2 W6 54 42.0
Adresse:...Elduvík
Zufahrtinfo: Von Funningur am Fjord entlang, bis an dessen Ende die Stichstraße nach Elduvík abzweigt (enge Straße, kurvig, aber gut befahrbar).
Kurzbeschreibung: Schotterparkplatz zwischen Straße und Meer unterhalb des Kirchleins, malersich gelegen. Stromanschluss, Wasserhahn, keine Ver-/Entsorgung. Ein WC oberhalb beim kleinen Parkplatz neben der Kirche. Kleines Café etwa 100 m entfernt im rot getünchten Haus, wo man auch die Tally Card für den Stromanschluss erhält (Bild unten). Keine festen **Öffnungszeiten** - frei zugänglich.

P **WC** OYNDARFJØRÐUR - HAFEN

Stellplatzart:...Parkplatz
GPS:... N62 16 34.6 W6 51 06.7
Adresse:.. Oyndarfjørður
Zufahrtinfo: Auf dem Oyndarfjarðarvegur in den Ort fahren, an der Gabelung rechts hinab bis zum Hafen (kurz vor der Kirche). Die Brücke zur Kirche ist für max. 2t zugelassen - **keine Weiterfahrt mit Wohnmobil**!
Kurzbeschreibung: Schotterparkplatz neben der Fischfabrik mt Blick zur Kirche, dort ein WC. Keine weitere Ausstattung.

Der Abstecher nach **Oyndarfjørður** hält mit den **Pendelsteinen** ein Naturphänomen parat. Sie sind am Ortseingang rechts unterhalb der Straße ausgeschildert. Der bedingt wohnmobiltaugliche **Parkplatz** (siehe Stellplatztipp) liegt beim Fischerhafen nahe der schmucken Kirche. Bei meinem Besuch habe ich es mir nicht nehmen lassen, längere Zeit meine Lieblingsvögel, die Küstenseeschwalben zu beobachten. Die Pendelsteine zeigten sich angesichts Wetters weniger fotogen, umso mehr aber der Blick über den Fjord (Bild unten). Dass sie wirklich leicht schaukeln, ist nur bei Flut an der Kette zu sehen, die sich aufgrund der Pendelbewegung leicht bewegt.

Nun ist es über Funningfjørður und die Passhöhe nicht weit bis **Skalabotnur**. Von dort bietet sich ein Abstecher nach **Skála** und **Selatrað** an. Beide bieten Stellplatzgelegenheiten für Wohnmobile und die Möglichkeit, die Wanderschuhe zu schnüren. Sie können den Pfad zwischen den beiden Dörfern über den Höhenzug erwandern, was allerdings etwas an die Puste geht.

So habe ich es nicht in Angriff genommen und mich entschieden, einen Abstecher um die Halbinsel einzulegen. Den in **Skála** ausgeschilderten Campingplatz möchte ich eher als Caravan- und Wohnmobilstellplatz bezeichnen. Landschaftlich ist er nicht allzu schön. Bei meiner Recherche im Juni 2013 zeigte er sich in einem recht vernachlässigtem Zustand. Der Pachtvertrag für die Gaststätte der Sporteinrichtungen und den Campingplatz war abgelaufen. Doch wurde von der Gemeinde versichert, dass er bestehen bleibt und der neue Pächter sich intensiv um die Pflege des Platzes kümmern werde. So habe ich mich nach **Selatrað** begeben und war vom dortigen Platz neben dem Hafen angesichts der schönen Lage begeistert.

SKÁLA - SPORTZENTRUM

Stellplatzart:....................................Caravan- und Wohnmobil-Stellplatz
GPS:... N62 09 30.3 W6 47 12.9
Adresse:..Undir Mýruhjalla
Zufahrtinfo: Von der Umgehungsstraße in den Ort fahren, gleich erste Abzweigung rechts ab und steil bergwärts zum Parkplatz zwischen Sporthalle und Fußballstadion.
Kurzbeschreibung: Der Stellplatz ist asphaltiert, eben und bietet einen guten Überblick über den Ort. Stromanschluss ist möglich (Bereich am Fuß der Halle), WC vorhanden, aber bei Besichtigung ungepflegt. Keine Ver-/Entsorgungsstation mehr vorhanden.

   SELATRAÐ - CAMPINGPLATZ AM HAFEN

Stellplatzart:..Campingplatz
GPS:... N62 09 21.9 W6 52 46.8
Adresse:...Selatrað, Hafen
Tel.:...+298 448 195
mailto:... seafish@olivant.fo
Homepage... (noch) nicht vorhanden
Zufahrtinfo: Über Skála an die Landspitze bei Strendur und weiter nach Selatrað fahren. Die Strecke wird nun einspurig mit Ausweichstellen - eng, aber gut befahrbar. In Selatrað ist der Campingplatz kurz vor der gut sichtbaren Kirche links ausgeschildert (neben dem Hafen gelegen).
Kurzbeschreibung: Geschotterter Platz, Stromanschluss (Tally Card). Diesen schaltet der Besitzer bei Bezahlung frei. Saubere Sanitäranlagen, dahinter Ausguss für WC-Kassette). Sehr schöne Lage beim Jacht-/Fischerhafen, Blick auf die Holzkirche und hinüber nach Streymoy über den Sund hinweg. Öffnungszeit: ca. Mitte Mai bis Anfang September.

Wer den Weg hierher auf sich genommen hat, will natürlich auch nicht ganz untätig bleiben. Deshalb darf ich darauf hinweisen, dass der Besitzer des Platzes sehr gerne Auskunft gibt über schöne Wandertouren, unter anderem über den Bergrücken der Halbinsel hinweg nach Skála oder nach Skálabotnur.

Die Strecke um die Halbinsel herum muss ich wieder hinter mich bringen, um die Reise am **Skálafjørður** entlang fortzusetzen. Bereits 6 km auf der 10 nach **Skálabotnur** steht die Entscheidung an, ob Sie die südöstliche Landzunge der Insel Eysturoy mit den

wirtschaftlich für die Färöer Inseln wichtigen Orten gegenüber von Tórshavn besuchen möchten. Sicher kann ich Ihnen diese Entscheidung durch die Beschreibung meiner Erlebnisse etwas leichter machen. Fast sind die Teilorte der Gemeinde **Saltangará** (Skipanes. Søldarfjørður, Lambareiði, Glyvrar, Runavík, Toftir und Nes) wie an einer Perlenschnur aufgereiht an der Küste entlang zu einer langgezogenen Gemeinde zusammengewachsen. Und doch hat fast jeder der Orte etwas Besonderes zu bieten, bevor ich mich in **Æduvík** am Ende des Tages auf dem dortigen Campingplatz zur Ruhe lege. Doch der Reihe nach! Besonders sehenswert ist die moderne, markante Fríðrikskirkja in **Toftir**, auf deren Parkplatz Sie während der Besichtigung gut parken können. Oberhalb der Kirche sehen Sie ein schönes Denkmal für die Opfer von Unglücken zu Land oder zur See (Bild unten).

ⓘ FUSSBALLNATION FÄRÖER

Toftir verfügt über das den FIFA-Anforderungen genügende Fußballstadion Svangaskarð mit 5.000 Plätzen, in dem sich die färingischen Fußballer schon mal anschicken, internationalen Gegnern spielerisch ein Bein zu stellen. Das Stadion war entstanden, nachdem diese Übung gegen Österreich so gut gelungen war.

Damit man künftig nicht mehr auf Stadien in anderen Ländern ausweichen müsste, wurde dieses Stadion kurzerhand erbaut, ebenso wie später übrigens das größere in Tórshavn. Hier schickt man sich an, anderen Teams zu zeigen, das auch Amateure guten Fußball spielen können.

Fahren Sie weiter südwärts, gelangen Sie nach **Nes**, wo Sie auf einem Parkplatz anhalten und die Stellung des britischen Militärs aus dem II. Weltkrieg besichtigen können. Ein altes Geschütz ist als Mahnmal erhalten geblieben.

Schräg gegenüber der Parkplatzausfahrt zweigt ein Sträßchen bergan ab, das in den einzigen Wald der Färöer Inseln führt. Mit Wald meine ich allerdings keine Bäume, sondern den imposanten Windpark. Schließlich bietet sich der Höhenrücken geradezu an, um naturverträglich Strom zu gewinnen.

Eine Stichstraße mit mehreren Picknickplätzen (äußerster **Parkplatz GPS** N62 03 33.9 W6 41 37.4) führt zu den Windrädern. Von dort aus genießen Sie eine schöne Aussicht über den Fjord hinweg zur Hauptstadt Tórshavn. Das Sträßchen bietet sich übrigens auch für eine

Radtour an, wenn Sie denn Ihren Drahtesel mit sich führen. Auch eine schöne Wanderung ist auf der Zufahrtstrecke zu empfehlen, bevor Sie der Straße nach **Æðuvík** folgen. Wenn Sie im weiten Bogen durch das Örtchen hindurch fahren, gelangen Sie zum einmalig schön gelegenen Campingplatz an einer malerischen Felsbucht.

  ÆÐUVÍK - ÆÐUVÍK CAMPING

Stellplatzart:..Campingplatz
GPS:.. N62 04 01.7 W6 41 28.5
Adresse: .... Æðuvík
Tel.: .... +298 221 768
mailto: .... aduvikcamping@gmail.com
Facebook: ....www.facebook.com/groups/507572039272868/?fref=ts
Homepage: ....www.visiteysturoy.fo/
Zufahrtinfo: Von der Landspitze/Windpark kommend Richtung Rituvík/ Æðuvík halten, an der Einmündung rechts ab und im weiten Bogen durch den Ort. Am Ende der Straße liegt der sehr schön gelegene Platz.
Kurzbeschreibung: Gut ausgestatteter Platz für etwa 20 Fahrzeuge mit Küche, Waschmaschine/Trockner, Ver-/Entsorgung (Ausguss für Camping-WC bei der Toilette an der Zufahrt), WiFi-Zone. Preis je Wohnmobil (Stand 2013) pauschal DKK 175,- (Strom inklusive). **Öffnungszeit:** April bis September.

  Wandertipps auf der Landzunge Eystnes

Sie können von **Nes** nach **Æðuvík** dem markierten Wanderweg folgen und den Windpark mit einbeziehen (auch als Radtour).

Ein weiterer Weg führt von **Rituvík** (wenige Kilometer von Æðuvík entfernt) über den Bergrücken nach Lamba (historischer Wanderpfad mit alten Steinmännchen als Markierung).

Eine bequemere Alternative führt in etwa 2 1/2 Std. um den **Toftavatn** herum. Parken können Sie am Kulturzentrum kurz vor **Runavík**.

Nun heißt es auf der Straße 10 bis **Skipanes** zu fahren. Etwas später zweigt die 70 Richtung Klaksvík rechts ab. Auf dem Weg dorthin liegen noch zwei Zwischenstationen. Die erste davon ist die Sammelgemeinde **Gøta** an der Bucht Gøtuvík, die sich aus den Orten Gøtueiði, Syðrugøta, Gøtugjógv und Norðragøta zusammensetzt.

Zudem ist **Fuglafjørður** auf dem Weg Richtung Nordinseln einen Abstecher wert. Sie können diese Zwischenziele natürlich auch auf dem Rückweg von den Nordinseln ansteuern. Nach der Überquerung der Passhöhe gelangen Sie vorbei an Gøtueiði nach **Syðrugøta**. Dort können Sie die oberhalb der Umgehungsstraße stehende Kirche kaum übersehen, welche Sie für einen Besuch einplanen sollten. Nicht nur die moderne Architektur des 1995 in Anwesenheit von Königin Margarethe eingeweihten Gotteshauses ist eindrucksvoll. Das Schönste ist sicherlich die Glaskunst des Tróndur Peturson, dessen Werke Sie schon in Kirkjubøur kennengelernt hatten. Anstatt eines Hochaltars erleuchtet ein herrliches Glasfenster mit der Kreuzigung und Wiederauferstehung Christi das Gotteshaus. Das Kirchenschiff wird in Anlehnung an die 12 Apostel von 12 Glasleuchten erhellt. Die Kanzel und der Taufstein sind blauschwarze Kunstwerke aus Glas. Und der Kirchturm zeigt - Sinnbild für den Berg Golgatha - drei Kreuze.

In historischer Sicht ist Gøta von großer Bedeutung, war es doch der Wikingerhäuptling Tróndur í Gøtu, der sich gegen die Christianisierung auflehnte, die den Färöern von der norwegischen Krone auferlegt worden war. Der Hof des Tróndur soll in **Norðragøta** gelegen haben.

Dort ist das Ensemble aus 6 historischen Holzhäusern nebst der Holzkirche aus dem Jahr 1833 einen Besuch wert (**Parkplatz GPS** N62 11 50.5 W6 44 23.4, Bild unten). Die Besichtigung der Kirche ist mit dem Museumsbesuch möglich. Auch in **Gøta**, genauer gesagt an der Zufahrt in den Teilort Norðragøta, fällt ein angesichts der Einwohnerzahl (knapp über 500 Mensen) das 3000 Zuschauer fassende Fußballstadion auf, indem schon manche färingische Meisterschaft gefeiert wurde. Immerhin ging der Gøtu Ítróttarfelag schon im UEFA-Cup auf Punktejagd.

Bevor die 70 nun durch den Tunnel nach Leirvík führt, steht der Besuch in **Fuglafjörður** an. Das 1.200 Einwohner zählende Dorf (die fünftgrößte Gemeinde der Inselgruppe) ist in erster Linie ein Fischerort. Aber auch einige Industriebetriebe sind hier angesiedelt, deren Thema dem Fischfang teils nahe liegt: Hier werden beispielsweise Fischernetze hergestellt. Der Fjord ist seit mehr als 1.000 Jahren besiedelt, denn die Lage ist sehr geschützt.

FUGLAFJØRÐUR - HAUS DER KULTUR

Stellplatzart:..Parkplatz
GPS: N62 14 30.0 W6 48 57.4
Adresse: .... Fuglafjørður, Karvatoftir
Zufahrtinfo: Nach Fuglafjørður fahren, im Ortszentrum liegt rechts der Straße ein altes Schiff auf dem Trockenen. Danach rechts abbiegen, um das auffällige, moderne Haus der Kultur herum, wo sich der Stellplatz befindet.
Kurzbeschreibung: Asphaltierter Parkplatz beim Kulturhaus/Hafen, Stromanschlusssäulen. Zurzeit ist noch unklar, wie lange die Nutzung kostenfrei möglich ist. Vorläufig ist das der Fall. Zusätzlich Picknickbank.

Rundum erheben sich den Wind abhaltende Berge, und es gibt einen relativ flachen Talkessel im Bereich des Fjordendes - gute Voraussetzungen, um sowohl zur See zu fahren, Fischfang oder auch Landwirtschaft zu betreiben.

Sehenswertes und Restaurants in Fuglafjörður

In der Nähe des Parkplatzes, den ich als Stellplatz genutzt habe, gibt es mehrere Einkehrmöglichkeiten. Ein Supermarkt liegt schräg gegenüber. Als Speiselokal ist das Mantra zu nennen, das sich in einem kaum einladenden Gebäude (Toftagøta 1a, Tel. +298 44 40 81) oberhalb der Hauptstraße befindet. Lassen Sie sich nicht von der Kantinenatmosphäre abhalten - die Qualität der Küche überzeugt, auch wenn die Gaumenfreuden nicht billig sind. Als Alternative steht auf der Seite des Kulturhauses ein Schnellrestaurant offen (Fish & Chips usw.), eine Bierkneipe (John´s) gibt es obendrein. Langweilig braucht es einem also nicht zu werden.

Architektonisch interessant ist die moderne Kirche oberhalb der Ortsmitte. Wenige Schritte entfernt gibt es einen alten Hof zu bewundern (schwarzes Gebäude mit Grasdach - Info bei der Tourist Information, die für die ganze Insel zuständig ist). Für Schlechtwettertage bietet sich ein Besuch im Hallenbad an.

Auch hier im Ort hat man übrigens Reste eines alten Wikingerhofes entdeckt. Ich dagegen habe mich angesichts sich zaghaft durchkämpfender Sonnenstrahlen entschieden, die Wanderschuhe zu schnüren.

🏃 Wandern von Fuglafjørður aus

Ich steige neben der Tourist Information, vorbei am alten Gehöft und der Schule, bergauf und schnaufe dem Bachlauf bergwärts folgend eine gute Stunde zur Passhöhe. Von dort schweift der Blick auf den Fuglafjørður (Bild). Auf der anderen Seite sieht man den Oyndarfjørður. Ich jedoch kehre um und wandere auf (fast) identischem Weg zurück. Schließlich steht mein Wohnmobil in Fuglafjørður und nicht in Hellur, wohin der Wanderweg führt. Markierung übrigens durch Steinmännchen, Gehzeit gut 2 Stunden.

Zurück am „Verkehrsknoten", dem Kreisverkehr an der 70, wo sich die Wege nach Tórshavn (Insel Streymoy) und nach Klaksvík (Insel Borðoy) trennen, sind nun die Nordinseln mein Ziel. Unterwegs empfiehlt sich ein Halt in **Leirvík**. Der Ort ist nicht nur von Bedeutung, weil hier der Unterseetunnel nach Klaksvík abtaucht. Vielmehr wurden hier die Fundamente eines stattlichen Wikingerhofes ausgegraben und teilweise rekonstruiert, was einen guten Einblick in die Größe der damaligen Anwesen gibt.

Insel Borðoy

Um hierher zu gelangen, müssen Sie DKK 130,00 (max 6 m. Länge/3,5 t, größere Wagen DKK 350,00)) investieren, um unter dem **Leirvíksfjørður** nach **Klaksvík** zu gelangen, das sich gerne in Konkurrenz zu Tórshavn als die „Alternativhauptstadt" der Färöer betrachtet. Zumindest ist es aber Hauptstadt für die Nordinseln. Und man hat einige wichtige Dinge zu bieten, die Tórshavn nicht hat: Einen Campingplatz auf dem Gelände eines Kindergartens, die schon erwähnte Brauerei und die sehenswerte **Christianskirche** sind wirklich etwas Besonders. Klaksvík zeichnet sich durch seine schöne Lage inmitten steiler Bergrücken und zweier Buchten aus. Der Ort schmiegt sich an das Ufer der nördlichen Bucht, an den Hängen ist kaum Platz für Häuser. Der Fischereihafen hat eine stattliche Größe, wird hier doch der Löwenanteil der färingischen Fischerei abgewickelt. Gute Einkaufs- und Einkehrmöglichkeiten sind vorhanden. Und anzuschauen gibt es auch einiges.

Sehenswertes in Klaksvík

Zwischen den Buchten führt eine Straße am südwestlichen Ufer und am Fischereihafen entlang. Zunächst entdecke ich einen Parkplatz bei der im Jahr 1963 erbauten **Christians-Kirche**, einen weiteren unterhalb an der Durchgangsstraße. Wenige Meter entfernt dampfen die Schornsteine der Foroya Brauerei, die (auf Anmeldung bei der Tourist Information) besichtigt werden kann. Etwas weiter erwartet das **Nordische Museum** (Norðoya Fornminnasavn, Postsmoga 145) in einem alten Kaufmannshaus (Bj. 1838) seine Besucher mit zahlreichen Exponaten und einem sehenswerten Ladenlokal aus Zeiten des dänischen Monopolhandels. Fundstücke aus der Zeit der Wikinger belegen, dass die Gegend schon vor mehr als 1.000 Jahren besiedelt wurde. **Öffnungszeiten/Info:** Mitte Mai-Mitte September täglich 13⁰⁰-16⁰⁰ h offen - mailto:norforn@kallnet.fo, Tel. +298 456 287.

Die 1963 erbaute **Christianskirche** ist dem von 1912-47 regierenden König Christian gewidmet. Äußerlich angelehnt ist sie an die Ruine der alten Kathedrale in Kirkjubøur. Das Innere strahlt durch klare Linien, helle Fenster und Beleuchtung eine sehr moderne Wirkung aus. Im Bereich der Tourist Information gibt es noch einige ältere Gebäude. Viel mehr historische Bausubstanz

gibt es nicht, denn die Stadt existierte noch vor wenigen Jahr-zehnten nicht in heutiger Größe. Ansonsten hat Klaksvík nichts Nennenswertes zu bieten - außer der außergewöhnlich schönen Lage. Genau diese Lage motivierte mich zu einer Wanderung zu einem der vielleicht schönsten Aussichtspunkte der Inselgruppe.

🏃 Wandern auf den Klakkur

Sie können die Tour bereits am Campingplatz starten und wandern zum Bonus-Markt, wo Sie zunächst ein Stück der Straße bergauf folgen. Bald erreichen Sie ein Schild links ab zum Hubschrauberlandeplatz und zu einem Wanderparkplatz. Es geht zunächst 600 m links hinauf. Dann weist das Schild zum Wanderparkplatz, dieses Mal nach rechts. Der nun geschotterte Fahrweg führt stetig bergauf. Nach 2 km ist der Wanderparkplatz erreicht. Sie könnten bis hierher also auch mit dem Wohnmobil gelangen (**GPS** N62 13 35.9 W6 36 32.7).

Nun geht es über feuchte, weiche Bergwiesen immer gerade-aus auf den Gipfel zu. Dieser versteckt sich allerdings mehrfach. Denkt man, das Ziel sei erreicht, zeigt sich weiter hinten wieder eine neue Kuppe. Doch ist nach 40 Minuten ab dem Parkplatz der Gipfel erreicht, wird man von der Rundumsicht schlicht überwäl-tigt (Bild unten: Blick vom Klakkur auf die Inseln Kunoy/Kalsoy).

Der Rückweg erfolgt auf gleicher Strecke - Gehzeit ca. 3 Std., wandert man ab Wanderparkplatz, sind es ca. 1 1/4 Std.)

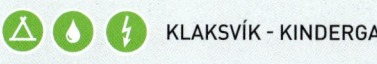

KLAKSVÍK - KINDERGARTEN

Stellplatzart:..Campingplatz
GPS: N62 13 28.8 W6 39 32.4
Adresse: ....FO-700 Klaksvík - Undir Brekaenda 5
Tel.: ....+298 456939/+298 216939
mailto: ....info@kklaksvik.fo
Homepage: ....www.klaksvik.fo
Zufahrtinfo: Am Kreisverkehr beim Supermarkt geradeaus bzw. schräg rechts und der Straße am Nordufer der Bucht Bordoyarvík folgen, bis das Campingzeichen links hinauf zum Parkplatz des Kindergartens weist.
Kurzbeschreibung: Parkplatz des Kindergartens für 8 Fahrzeuge, Stromanschluss, Zeltwiese beim Kindergarten; dort Container mit WC/Dusche. Preis 2013: DKK 150,00 pauschal je Wohnmobil inkl. Strom. Etwa 1,5 km in die Stadt. **Anmerkung:** Unverständlich ist, weshalb der Platz bei der Tourist Information in Klaksvík trotz vorhandener Ausstattung nicht als Wohnmobil-Stellplatz nutzbar ist. Ich habe beim Verkehrsamt angefragt, jedoch bisher keine Entscheidung erfahren. Dort werden zu den Musikfestivals regelmäßig Wohnmobile und Wohnwagen untergebracht.

Verspüren Sie Hunger? Dann können Sie sich gut und preiswert im schon erwähnten Supermarkt mit Lebensmitteln eindecken. Wenige Meter weiter erhalten Sie gute Back- und Konditoreiwaren in der Bakarið hjá Jórun. Dort erkennen Sie mittags an der Zahl der Menschen, die hier zum Essen anstehen, dass etwas Gutes zum vernünftigen Preis von 70,- DKK (knapp unter € 10,00) auf den Teller kommt (Klingrugarður 6, 700 Klaksvík).

Insel Kunoy

Ein kleiner Abstecher auf die Nachbarinsel Kunoy ist landschaftlich attraktiv. Die Insel ist nur dünn besiedelt. Das Dorf **Koloy** ist ausgesprochen schön gelegen. Hier befindet sich nahe der 1867 erbauten Holzkirche eine Wassermühle, die zum Museum in Klaksvík gehört. In beide Richtungen kann man ein Stück wandern. Aber erschlossene Wanderwege existieren nicht, sodass ich mich zur Rückkehr nach Klaksvík entscheide.

Insel Viðoy (mit Bootsausflug nach Svinoy und Fugloy)

Für den nächsten Tag steht ein Ausflug Richtung **Viðareiði** auf dem Plan. Zuvor sollten Sie sich mit den Abmessungen Ihres Wohnmobils befassen. Auf der Fahrt dorthin sind nämlich zwei dunkle Tunnels zu durchfahren, die auf eine Höhe von 3,10 m/Breite 2,80 m beschränkt sind und je 12 Ausweichstellen beinhalten. Der Richtung Klaksvík fahrende Verkehr hat die Ausweichstellen zu nutzen. Nach Überquerung des Dammes von Buðoy nach Viðoy lege ich in **Hvannasund** am Hafen einen Halt ein (**GPS** N62 17 51.7 W6 31 15.0). Hier startet das Boot zu den Inseln **Svinoy** und **Fugloy** (Hauptsaison tgl. 8⁴⁵ h, 14⁴⁵ h 18³⁰ h, retour beim Personal erfragen, wenn Abholung in **Hattarvík** erwünscht ist). Für die Fähre wird der Geldbeutel um DKK 45,00/Erw. erleichtert. Dafür gibt es ein schönes Wandererlebnis und eine herrliche Bootsfahrt durch die Inselwelt. Da ich erst um 14⁴⁵ h gestartet bin, muss ich eine der Inseln (Fugloy) auswählen. Wäre ich zur Überfahrt am Vormittag da gewesen, hätte ich beide Inseln erkunden können. Das bleibt Ihnen (oder meiner nächsten Nachrecherche) vorbehalten.

Ich schaue an der Anlegestelle Svinoy erstaunt zu, wie die Fähre mit Motorkraft am Dock gehalten wird, während die Leute mit Hilfe des Personals an Land springen. Güter, Gepäck und leere Mülltonnen mit dem Bordkran entladen werden. Kaum ist alles erledigt, geht es auch schon weiter nach Fugloy. Gut 15 Minuten später ist der Bootsanleger dort erreicht. Es steht dieselbe Prozedur des Be- und Entladens an und ich springe dieses Mal selbst ab, um mir zunächst das malerisch am Berghang gelegene Dorf **Kirkja** anzuschauen. Staunen Sie nicht allzu sehr über den Fuhrpark, der hier zu sehen ist. Kaum ein Auto der 15 Einwohner (!) trägt ein Nummernschild. Teilweise ist mehr Rost als Lack zu sehen. Hauptsache, der Wagen läuft, scheint man zu denken. Und Zulassungsvorschriften scheinen eine eher untergeordnete Rolle zu spielen. Dass Autowracks hier un da einfach in der Landschaft stehen, liegt daran, dass der Abtransport mit der Fähre für die in schwierigen Verhältnissen lebende Bevölkerung einfach zu teuer ist. Deshalb richte ich den Blick viel lieber über das Meer auf die hinter mir liegenden Inseln Viðoy, Svinoy und Borðoy, die sich wunderschön aus dem Seenebel erheben.

Wanderung von Kirkja nach Hattarvík

Vom Dorf steige ich die Wiesen schräg rechts hinauf, durchwandere die Schafweiden und gelange nach dem Übersteigen eines Weidezauns nach einer knappen halben Stunde auf die Fahrstraße, die aussichtsreich nach **Hattarvík** führt, das ich nach etwa 1,5 Stunden erreiche. Von den aus dem Nebel herausragenden Nachbarinseln bin ich fasziniert. Das Örtchen ist fast verlassen und mutet wie eine menschenleere Westernsiedlung an. Lediglich eine ältere Dame, die ihren schwer kranken Mann pflegt, treffe ich an und wechsle ein paar Worte mit ihr. Da ich mit dem Personal der Fähre vereinbart habe, dass sie mich um ca. 19³⁰ h am Hafen abholen, vertreibe ich mir die Wartezeit damit, Vögel zu beobachten, das Fischerdorf anzuschauen und die Ruhe zu genießen.

Es liegt eine Stunde Fährzeit vor mir, bis ich - jetzt bei dichtem Nebel - wieder an Land gehen kann und ich mich mit einem heißen Tee im Wohnmobil aufwärme. Vergessen Sie nicht, für die Überfahrt warme Kleidung und eine Mütze mitzunehmen.

Nun steht mir der Sinn nach einem Ausflug nach **Viðareiði**. Nach 10 Minuten ist das malerisch gelegene Dorf erreicht. Die Straße führt links ab und fast geradeaus auf ein blaues Haus zu, das mein Tagesziel beherbergt: Das Restaurant Elisabeth.

VIÐAREIÐI - MATSTOVAN HJÁ ELISABETH

Stellplatzart:..Gaststätte
GPS:.. N62 21 35.5 W6 31 43.4
Adresse:................................. FO-750 Viðareiði, Eggjarvegur 13
Tel.:..+298 451 275 oder 451 093
mailto:.. jeny@olivant.fo
Homepage:..noch nicht bekannt
Zufahrtinfo: Nach Ortseinfahrt beschreibt die Straße eine Linkskurve und führt danach geradeaus auf das blau gestrichene Haus zu, das etwas oberhalb der Straße liegt. Parkplatz neben dem Restaurant.
Kurzbeschreibung: Restaurant mit einheimischer Küche. Hier haben Sie die Chance, typische färöische Spezialitäten kennenzulernen, wenn Sie möchten. Dazu gehört getrockneter Fisch, Trockenfleisch vom Schaf, aber auch vom Wal. Ebenso stehen Papageientaucher und Trottellumme auf dem Speisezettel.

Da ich weiß, dass viele von Ihnen angesichts dessen die Augen verdrehen werden, andere die Spezialitäten einmal probieren möchten, sei angemerkt, dass Sie auch den „Fish of the Day" auswählen können.

Und wer sich einen schönen färingischen Pullover gönnen will - hier ist selbst Gestricktes im Angebot (Bild nächste Seite links).

Nach der Einkehr ist es schön zu wissen, dass man auf Anfrage auch Platz für eine Nacht findet. Wasser- und Stromversorgung sind auf Anfrage auch möglich.

Nutzen Sie die Gelegenheit, sich von Viðareiði aus auf Schusters Rappen zu bewegen. Schließlich befinden Sie sich hier fast schon am nördlichsten Punkt der Färöer Inseln. Doch sei Ihnen dringend empfohlen, sich bei den Einheimischen (die Wirtin des Restaurants kennt sich bestens aus und vermittelt gern einen ortskundigen Bergführer) gut über den Wegverlauf zu informieren, eine Karte mitzunehmen und am Klippenrand sehr vorsichtig zu sein. Der Grund: Die Steilklippe des **Enniberg** bildet eine 750 m hohe, senkrechte Felswand. Für die Seevögel mag das eine prima Startrampe sein. Für unsereinen ist Vorsicht geboten. Auch das 841 m hohe **Villingadalsfjall** können Sie besteigen - wiederum nach ausführlicher Erkundigung über den Wegverlauf, denn markierte Wanderpfade gibt es nicht.

Und wenn es Ihnen geht, wie mir (Petrus legte eine Schönwetterpause ein und verhüllte Enniberg und Villingadalsfjall in dicke Wolken), dann machen Sie wenigstens einen Spaziergang zur 500 m entfernten Kirche, die von einigen schönen, alten Holzhäusern mit Grasdach umgeben ist. Daneben liegt übrigens ein **Parkplatz**, und in der Vorschule gibt es ein öffentliches WC - **GPS** N62 21 37.9 W6 32 31.1 - Bild rechts).

Insel Kalsoy

Von Viðareiði aus nehme ich denselben Weg, wie ich hergekommen bin und fahre zurück nach Klaksvík. Dort entscheide ich mich zur Erkundung der Nachbarinsel **Kalsoy**. Zunächst muss ich etwas schlucken angesichts des Fährpreises fürs Wohmobil (DKK 340,00 Stand 2013 - Einzelheiten zu erfahren unter www.ssl.fo). Doch kann ich nur sagen - es lohnt sich!

Nach der 20 Minuten dauernden Überfahrt, die am Fuß des Klakkur vorbeiführt, legt die Fähre am Hafen **Syðradalur** an. Bevor ich lostuckere, sei darauf hingewiesen, dass sich oberhalb des **Fähranlegers** am Ortseingang ein **Parkplatz mit WC** befindet

(**GPS** N62 14 45.5 W6 40 05.2). Weil das Dorf sonst nicht viel zu bieten hat, starte ich, um die Insel, die angesichts der Tunnels von den Einheimischen „Blockflöte" genannt wird, zu erkunden. Allesamt sind es einspurige, dunkle Tunnels für Fahrzeuge mit höchstens 3,20 bis 3,40 m Höhe. So ist für größere Wohnmobile auch ein „Filterungsprozess" zu beachten. Bald schon lasse ich mich vom Villingadalur-Tunnel verschlucken (1.193 m), welchem der Tunnel Ritudalur folgt (1.683 m). Auch das Örtchen **Húsar** lasse ich links liegen, um mich nach Durchquerung des **Mikladalur**-Tunnels (1.082 m) rechts ab ins gleichnamige Dorf zu begeben, das mich mit seiner schönen Lage und den gemütlichen Gassen begeistert. Kaum bekomme ich den Finger vom Auslöser des Fotoapparates. Ich schlendere längere Zeit durchs Dorf, über Brücken und hinab zum kleinen Bootsanleger und kann mich an der Aussicht auf die gegenüber liegende Insel Kunoy nicht satt sehen. Ihnen geht das genauso? Dann bleiben Sie doch gleich hier und stellen sich auf den Campingplatz (na ja, das ist schon etwas zu viel gesagt) beim Sportplatz. Ja - einen Sportplatz gibt es wirklich. Hier muss vermutlich alles, was im Dorf schon oder noch schnell rennen kann, in der Fußballmannschaft spielen.

Doch habe ich mir den Höhepunkt der Insel für den Schluss aufgehoben, was aufgrund der Lage an der Nordspitze der Insel nahe liegt: Nach dem nächsten Tunnel Trøllanes (2.248 m) führt die Straße in weiten Serpentinen hinab ins idyllisch gelegene **Trøllanes**, das ich mir für eine Übernachtung ausgesucht habe, natürlich nicht ohne im Dorf nach dem Einverständnis gefragt zu haben. Hier beschließe ich den Tag mit einer sehr schönen Wanderung, die mir Einheimische empfohlen haben.

MIKLADALUR - SPORTPLATZ

Stellplatzart:..Campingplatz
GPS:.. N62 20 02.1 W6 46 16.7
Adresse:...Miladalur, Sportplatz
Zufahrtinfo: Von der Verbindungsstraße nach Mikladalur abbiegen (ausgeschildert). Kur vor dem Dorfeingang zweigt eine kleine Zufahrt links ab zum Sportplatz (nicht ausgeschildert). Das Wohnmobil steht auf dem zugehörigen Parkplatz.
Kurzbeschreibung: Die Ausstattung des Platzes kann ich nicht beschreiben - zur Zeit der Recherche wurde der Platz neu angelegt und ein festes Gebäude errichtet. Die Lage aber mit Blick über das Dorf (Bild links) und nach Kunoy ist kaum zu übertreffen. Deine feste **Öffnungszeit** bekannt).

   TRØLLANES - DORFPARKPLATZ

Stellplatzart:...Parkplatz
GPS:.. N62 21 41.5 W6 47 20.5
Adresse:.. Kalsoy (Trøllanes), Ortseingang
Zufahrtinfo: Die Verbindungsstraße der Insel bis zu deren Ende in Trøllanes durchfahren. Der Parkplatz befindet sich gleich am Ortseingang.
Kurzbeschreibung: Asphaltierter Parkplatz, Picknickbank, WC/Dusche/Küche/beheizter Aufenthaltsraum - siehe Infokasten unten. Sie sollten dieses schöne Dorf aufsuchen und zunächst links ab und gleich wieder rechts gehen. Zur Überraschung erwartet Sie am letzten Bauernhof rechts ein Kiosk, in dem Erfrischungen und Getränke angeboten werden. Nutzen Sie dies bitte unbedingt, um der Gastfreundschaft eine kleine Geste zu zeigen. Dahinter befindet sich ein Vogelfelsen (Bild unten rechts).

 WIE KOMMT ES AM „ENDE DER WELT" ZU SOLCH EINEM PLATZ?

Als ich auf den Parkplatz eingeparkt und im Ort nachgefragt habe, ob ich hier eine Nacht stehen bleiben könne, erfuhr ich auf meine Nachfrage, dass das Gebäude mit WC neben dem Parkplatz einst die Dorfschule gewesen war. Als diese geschlossen wurde, entschied man sich, das alte Gebäude zu renovieren. Was herauskam, ist eine der Öffentlichkeit, zugängliche Einrichtung, die ich dergestalt in solch einem kleinen Dorf noch nie gesehen habe: Gemeinderaum für Feste und als Aufenthaltsraum, Küche mit Kaffeemaschine und Spüle, WC und Dusche. Und damit die Gäste nicht frieren müssen, gibt es obendrein eine Fußbodenheizung. Noch Fragen? Ja, hoffentlich schon. Was soll man hier nämlich unternehmen? Die Antwort ist: Eine feine Wanderung zum Leuchtturm machen.

Wanderung zum Leuchtturm Trøllanes

Starten Sie am Parkplatz zurück zur Einmündung, auf der Sie hergekommen waren, und gehen am benachbarten Gehöft vorbei zum rot gestrichenen Tor im Weidezaun.

Nun folgt ein steiler Anstieg entlang des Wassergrabens, bis Sie einen früheren Stall aus Mauern mit Resten des Grasdachs erreichen (ca. 20 Minuten). War bis hier noch ein Pfad zu erahnen, ist nun Ihr Orientierungssinn gefragt. Halten Sie sich schräg rechts und wandern leicht ansteigend weiter, bis die nächste eingefallene Stallung erreicht ist. Nun geht es im weiten Bogen mäßig ansteigend am Fuß des Felsgipfels um den Bergrücken, bis Sie den Leuchtturm entdecken. Halten Sie auf den kleinen Sattel links davon zu und nehmen die letzten Meter bis zum Leuchtfeuer in Angriff. Gehzeit bis hier eine gute Stunde.

Die Aussicht wage ich nicht in Worte zu fassen, sondern lasse lieber das Foto unten für sich sprechen und wünsche Ihnen dasselbe Wetterglück. Wenn Sie die senkrechte Felswand links anschauen, wissen Sie, weshalb ich im Nachhinein froh war, dass ich nicht versucht hatte, diesen Gipfel zu erklimmen. Zwar erschien mir der Anstieg durchaus machbar. Aber die Aussicht von unten auf die Klippe könnte schöner kaum sein. Doch seien Sie vorsichtig - auch hier ist ein angemessener Abstand von der Abbruckante zur Meerseite hin wichtig. Die Eissturmvögel können einfach besser segeln...

Für den Rückweg benötigen Sie in etwa 45 Minuten, sollten aber genügend Zeit zum Genießen der Aussicht mitbringen.

ⓘ VORSICHT ZUR BRUTZEIT!

Seien Sie zur Brutzeit auf der Hut! Überall könnten am Boden brütende Vögel ihr Gelege platziert haben. Und dieses gedenken sie dann - mit den ihnen zur Verfügung stehenden Mitteln - auch zu verteidigen: Und das sind Attacken aus der Luft. Mir ist ein Paar Raubmöwen (Skúa) bei Ablenkungsangriffen doch ziemlich nah gekommen - so nah, dass das im Sturzflug auf mich zusausende Tier deutlich zu hören war. Weil diese Verteidigungsstrategie der großen Vögel recht erfolgreich war (ich legte lieber einen Zahn zu), tat auf dem Rückweg ein Austernfischer dasselbe. Ob er von der Raubmöwe wohl einen Tipp gekriegt hatte ...? Ich denke zwar nicht, dass die Tiere mich wirklich angegriffen hätten. Aber Respekt einzuflößen, das beherrschen sie wirklich gut.

Achten Sie auch darauf, wo Sie hintreten (mit Blick aufs Schuhe Putzen). Kleine „Tretminen" der Schafe sind nur mit viel Mühe wieder aus dem Profil der Wanderschuhe zu holen...

Inseln Vágar und Mykines

Die Inselwelt macht es nötig, auf demselben Weg zurück auf die Insel Streymoy zu fahren. Ich weiß nicht, wie viel Zeit Sie übrig haben, bevor Sie die Norröna wieder Richtung Island oder Dänemark an Bord nimmt. Ich möchte Ihnen zum guten Schluss jedenfalls noch einen Besuch auf der Insel **Vágar** mit einem Ausflug der Vogelinsel **Mykines** ans Herz legen.

So sause ich auf der 70 über Gøta zur 10 und halte mich dort Richtung Tórshavn. Nachdem die Sundbrücke von Eysturoy nach Streymoy überquert ist und Kollafjørður auf der Küstenstraße hinter mir liegt, biege ich noch einmal ein Stück Richtung Vestmanna ab. Nach dem ersten Tunnel investiere ich dieses Mal die Tunnelmaut von DKK 110,- (Fahrzeuge über 3,5 t zahlen DKK 310,-) für den Unterseetunnel zur Insel Vágar. Dort überquere ich die Hochfläche am Fuß des Malinstindur (683 m) und gelange auf der 40 hinab nach **Sandvágur**, wo sogleich die markante Holzkirche ins Auge fällt.

Ich biege also links ab in den Ort und parke mein Wohnmobil auf dem zugehörigen Parkplatz, um das sehenswerte Gotteshaus näher anzuschauen (**GPS** N62 03 14.4 W7 09 02.6).

Von hier aus können Sie nicht nur sehr schön die Kirche besichtigen, sondern einen netten Spaziergang am Ufer des Fjordes entlang unternehmen. Wanderfreunde nehmen eine Tour zu den beeindruckenden Felszinnen **Trøllkonufingur** in Angriff.

Wandern zur Felszinne Trøllkonufingur

Sie gehen zunächst ein Stück retour zum Kreisverkehr, um schräg rechts hinauf der Ausschilderung zum Ziel zu folgen. Bald zweigt ein Bergsträßchen rechts ab, dem Sie mäßig ansteigend folgen. Nach 1,6 km ist ein kleiner **Wanderparkplatz** erreicht. Bis hier können also zumindest kleinere Wohnmobile auch fahren (nach meiner Einschätzung max. 3,5t/6 m Länge - **GPS Parkplatz** N62 02 42.6 W7 07 52.5).

Nun ist es noch ein Spaziergang von wenigen Minuten zum eingezäunten Aussichtspunkt, von dem Sie die markante Felsnadel gut sehen - wenn Ihnen nicht wie mir der Nebel die Sicht versperrt. Doch können auch dann kurze Lichtblicke herrliche Ausblicke eröffnen. Nebel und Nieseln gehören auf den Färöern einfach dazu. Ich nutze die Situation, um entlang der Felskante etwa eine halbe Stunde weiter bergwärts zu wandern, immer einer Natursteinmauer folgend (Trittsicherheit und Orientierungssinn erforderlich!). Der nächste Zwischengipfel lässt mich dann doch noch einen Blick auf die Felsnadel erhaschen, wenn auch nur für wenige Augenblicke. Der Rückweg erfolgt auf gleicher Strecke. Gehzeit Kirche-Aussichtspunkt und zurück ca. 1,5 Std.

Der **Campingplatz Giljanesi** zwischen Sandvágur und Miðvágur ist der einzige Campingplatz auf Vágar und Mykines, auf dem Sie „ganz offiziell" im Wohnmobil übernachten dürfen.

Sehenswertes und Wandern in Miðvágur

Der Ort bietet einen für Überseeschiffe tauglichen Hafen, der mit einem Querriegel gegen die Wellen des Ozeans abgeschirmt ist. An der Ortsdurchfahrt können Sie auf dem Parkplatz unterhalb oder bei der Kirche parken. Alternativ bietet sich der Parkplatz der Tourist Information an (kurz vor Ortsausgang - Tel. +298 33 34 55, www.visitvagar.fo, Leitisvegur 58). Dies hat den Vorteil, dass Sie die nötigen Einkäufe im benachbarten Supermarkt mit erledigen und das **Kriegsmuseum** (**Öffnungszeiten/Info:** Mo-Fr 9^{00}-16^{00} h, Mai-Sept. zusätzl. Sa/So 14^{00}-17^{00} h, www.ww2.fo) besichtigen können. Es ist interessant, anhand von Aufzeichnungen und Fotografien zu sehen, wie besonders die Fischer von den Wirren des II. Weltkrieges betroffen waren. Die Inselgruppe war während des Krieges von den Briten „friedlich besetzt". Einen weiteren Lebensmittelladen finden Sie am Ortsausgang Richtung Vatnsøyrar. Sollte Ihr Wagen nach Füllung des Dieselvorrats rufen, sind Sie zudem richtig in Miðvágur (an der Ortsdurchfahrt links). Mein zweites Besuchsziel in Miðvágur ist das **älteste erhaltene Haus der Inselgruppe** aus der Wikingerzeit.

  ### MIÐVÁGUR - CAMPING Á GILJANESI

Stellplatzart:..Campingplatz
GPS:... N62 02 49.9 W7 09 48.3
Adresse:.................................Sandvágur, á Hyllingartanga 8
Tel.:..+298 333 465
mailto:...giljanes@giljanes.fo
Homepage:...www.giljanes.fo
Zufahrtinfo: Von Sandvágur Richtung Miðvágur fahren (von der Kirche Sandvágur kommend zur Durchgangsstraße zurück, dann links ab).
Kurzbeschreibung: Parkplatz/Rasenplatz, Picknickbänke, Stromanschluss, Entsorgungsmöglichkeit für Grauwasser/Camping-WC. Frischwasser am besten mit Kanister in der Küche holen. Der Schlauch neben der Entsorgungsstation erschien mir nicht eben geeignet. Dusche/WC und Aufenthaltsraum im Hostel.

DAS HEIMATMUSEUM KALVALIÐ

Für den Besuch des Wikingerhofes ist eine Voranmeldung bei der Tourist Information nötig. Kaum mag man glauben, dass der Hof mit nur zwei Räumen nebst Stall unter dem Grassodendach noch bis in die 1950er Jahre von einer älteren Dame bewohnt war. Machen Sie sich ein Bild davon, mit welchen Alltagsgegenständen, meist aus Holz, Knochen oder den Häuten von Schafen und Fischen, das Leben bestritten wurde (Bild vorige Seite unten rechts). Hier lebte übrigens die Pfarrersgattin Bente Christine Broberg, die in Jörgen-Frantz Jacobsens Roman „Barbara" als Hauptfigur literarisch verewigt wurde.

Fährt man auf der 40 weiter (am Kreisverkehr geradeaus), gelangt man am Ende des **Sørvágsvatn** nach **Vatnsøyrar**. Links liegt das ehemalige Militärgelände der britischen Armee. Dort wurden zu Kriegszeiten Wasserflugzeuge instandgesetzt. Mit dem langen See war eine geeignete, vor Kriegsschiffen geschützte Wasserfläche zum Landen gegeben. Über 700 Soldaten waren hier einst stationiert. Die große Betonfläche können Sie heute dazu nutzen, während des **Bootsausflugs mit Lakeside** zu parken.

BOOTSAUSFLUG AUF DEM SØRVÁGSVATN

Mit viel Aufwand und handwerklichem Geschick hat Olavur Poulsen aus einem Versorgungsschiff für Lachszuchtstationen sowie Teilen eines Wintergartens und eines Wohnwagens ein Ausflugsboot gebaut.

Mit diesem Boot fährt er mit bis zu 19 Fahrgästen zu den Klippen Geituskorardrangur (116 m hohe Klippen) und zum Bøsdalafossur, der über 30 m ins Meer tost. Im Bereich des Wasserfalls weiß Olavur beim Landspaziergang viel Interessantes zur Natur zu berichten, beispielsweise dass die Brandung bei winterlichen Stürmen selbst in mehr als 60 m über Meeresniveau immer wieder große Felsbrocken heraussprengt und auftürmt, die so einen natürlichen Steinwall bideten. Olavur weiß zu vielen Steinen eine ganz individuelle Geschichte zu erzählen.

Abfahrtszeiten/Info: Bei geeignetem Wetter im Sommerhalbjahr, werktags 10⁰⁰ h, sonntags 14⁰⁰ h, Buchung/Reservierung im Voraus obligatorisch unter Tel. +298 333 123, www.lakeside.fo, mailto:lakeside@lakeside.fo. Zudem bieten Olavurs Ehefrau Asta Poulsen und seine Mutter zu Hause in Vatnsøyrar selbst gestrickte Wollwaren zum Verkauf an.

Nehmen Sie sich die Zeit für eine ausführliche Pause. Dann können Sie die Verkehrsflugzeuge des internationalen **Vágar Airport** bei ihren spektakulären Start- und Landemanövern beobachten. Die Landebahn erstreckt sich auf einer kleinen Hochfläche vom

nahen Dorf **Sørvágur** bis zur Abbruchkante zum Sørvágsvatn hin - es ist atemberaubend, den Flugzeugen zuzuschauen!

Auch Sørvágur, das Sie auf der Weiterfahrt über die 40 erreichen, sollten Sie bei Ihrem Aufenthalt auf Vágar nicht auslassen. Es ist dabei weniger der Ort selbst, der einen Besuch lohnend macht. Vielmehr ist der Hafen mein Ziel, denn hier startet die Fähre hinüber nach **Mykines**. Die Vogelinsel ist ein Muss für Vogelfreunde, weshalb ich nicht lange überlegen muss, bei der Tourist Information in Miðvágur ein Ticket zu bestellen, am Morgen hin und abends wieder zurück zu fahren.

ⓘ ÜBERFAHRT ZUR VOGELINSEL MYKINES

Start der Fähre ab Hafen Sørvágur ist von Mai-Aug. täglich um 10^{20} h, Rückfahrt um 17^{00} h - wetterbedingte Änderungen vorbehalten! (Unbedingt bei der Tourist Information in Miðvágur vorbuchen und telefonisch anfragen). Nach der Überfahrt (ca. 45 Min.) legt die Fähre im Hafen in Mykines an und entlässt die Fahrgäste zu einer überaus schönen Wanderung zu den Vogelfelsen inmitten einer faszinierenden Inselwelt. Es ist schon richtig, wie Mykines in den Tourismusprospekten beschrieben wird: Eine einzigartige Landschaft, der Juwel auf der Krone der Färöer.

Es macht eigentlich nicht viel Sinn, Ihnen die Wanderzeit für Ihre Tour zu den Vogelfelsen anzugeben. Denn die Angabe ist Schall und Rauch, weil vermutlich auch Sie längere Zeit damit verbringen werden, die Vögel zu beobachten. Bei meinem Besuch Anfang August 2013 waren es außergewöhnlich viele Papageientaucher, welche die Szenerie beherrschten. Noch mehr beeindruckten mich jedoch die Kolonien der Basstölpel unterhalb des Leuchtturms und auf der Klippenkante auf dem Weg dorthin (Bilder unten).

Reicht es aus, wenn ich Ihnen sage, dass ich für Hin- und Rückweg über 4,5 Stunden gebraucht habe? Die reine Gehzeit wäre mit ca. 1,5 bis 2 Std. anzugeben. Weitere Wandermöglichkeiten erfragen Sie am besten vor Ort im Zuge der Einkehr im Café kurz vor dem 1879 erbauten Kirchlein, das ich allerdings nur verschlossen vorfand.

Wenn Sie von Sørvágur der 40 folgen, gelangen Sie ins malerische Dörfchen **Bøur**. Am Ortseingang befindet sich ein übernachtungstauglicher **Parkplatz mit WC** (**GPS** N62 05 07.2 W7 22 00.3). Hier lohnt es sich auszusteigen und zumindest etwas durch die gemütlichen Gassen zu schlendern. Wer Glück hat, trifft jemanden an, der den Schlüssel zur kleinen Holzkirche organisieren kann. Und wenn Sie gerne wandern, sollten Sie den restlichen Weg nach Gásadalur zu Fuß in Angriff nehmen.

🏃 Wanderung auf dem Postpfad nach Gásadalur

Gásadalur liegt im Westen der Insel am Fuß der Berge Árnafjall (722 m) und Eysturtindur (715 m). Erst seit wenigen Jahren kann man mit dem Wagen hinüberfahren. Bis dahin war es ein beschwerlicher, steiler Weg zur Fuß, der mit herrlichen Aussichtspunkten verbunden ist (Sørvágsfjørður, Mykines, Tindhólmur, Gáshólmur), wenn Sie nicht so dichten Nebel und Nieselregen haben, wie ich. Die Dauer der Wanderung (einfacher Weg) beträgt etwa 2 1/2 Std.

Wenn Sie die Wanderung auslassen möchten und hinüber nach **Gásadalur** fahren, durchqueren Sie den Berg durch den erst 2006 eröffneten einspurigen Tunnel. Seither ist Gásadalur ans Straßennetz der Färöer angeschlossen. Dort wurde nun ein geräumiger Dorfparkplatz geschaffen. Just zur Recherche 2013 wurde ein neues, beheiztes WC-Häuschen eröffnet - ein übernachtungstauglicher Platz also, wenn Sie bei den Anwohnern nachfragen (**GPS** N62 06 37.8 W7 26 13.3).

Nun steht die Rückreise längs über die Insel und durch den Unterseetunnel nach Streymoy an. Vergessen Sie nicht, die Tunnelmaut an der Tankstelle kurz vor Abzweigung der 10 zu bezahlen - jedes Fahrzeug, das den Tunnel durchfährt, wird mit Videoaufnahme registriert. Da gibt es kein Entrinnen!

Zugegeben, die Südinseln der Färöer habe ich ausgelassen. Doch nicht etwa, weil ich sie nicht besuchen wollte oder sie mir nicht gefielen. Der Grund dafür ist, dass die Aufenthaltsdauer eines Zwischenauftenhalts dafür zu kurz sein dürfte und die Fährverbindung recht viel Zeit erfordert.

Zudem bieten die beschriebenen Inseln so viele schöne Ausflugsziele, dass es Ihnen nicht langweilig werden dürfte. Damit wünsche ich **gute Fahrt** zurück nach Tórshavn und weiter nach Island oder Dänemark. Noch ein Tipp zum Schluss: Tanken Sie vor Abfahrt noch günstigem färöischem Sprit auf.

Island - Nordosten

Es ist geschafft - die Überfahrt war angenehm, die Sonne lacht übers Meer auf die Berge. Von der Einfahrt in den Fjord aus habe ich noch eine Stunde vor mir, bis mich die Insel aus Feuer und Eis empfängt. Alles versammelt sich auf dem Sonnendeck der Norröna und bestaunt die Anfang Juni 2013 noch von dicken Schneekappen eingehüllte Bergkette rund um den Fjord. Vor mir liegt eine spannende Reise um die größte Vulkaninsel der Welt.

Da ich in Tórshavn als einer der letzten Fahrgäste in den Bauch der Norröna gefahren war, bin ich einer der ersten, die von der Fähre rollen. Von den Zollbeamtinnen freundlich begrüßt, hat mich die Island wieder. Zur Zollabfertigung (dank Schengen-Abkommen geht das recht zügig) wird von der Dame der Aufkleber mit dem Datum der Einreise übergeben, den ich an der Windschutzscheibe anbringe.

Als Zugabe gibt es die Nachfrage, wohin die Reise gehen soll. Und obendrein erhalte ich den Tipp, dass das Wetter hier im Osten und Nordosten prima sei, der Süden sich derzeit aber recht stürmisch und regnerisch zeige. So beantwortet sich die Frage nach der Fahrtrichtung, die ich einschlagen würde, erneut durch den Wetterbericht - ganz so wie bei meinen früheren Reisen auch.

SEYÐISFJÖRÐUR - TJALDSTÆÐI

Stellplatzart:..Campingplatz
GPS:... N65 15 38.2 W14 00 43.7
Adresse:.. Seyðisfjörður, Austurvegur
Tel. ....+354 471 1521
mailto: .... klas@austurbru.is
Homepage: ....www.visitseydisfjordur.is
Zufahrtinfo: An der Abzweigung der 93 Richtung Egilsstaðir, jedoch nicht dorthin abbiegen, sondern zunächst geradeaus und in Höhe der hellblau gestrichenen Kirche links abbiegen. Weiterer Stellplatz für Wohnmobile mit Stromanschluss ca. 200 m weiter geradeaus, dann links.
Kurzbeschreibung: Geschotterte, leicht terrassierte Stellplätze für Wohnmobile sowie Zeltwiese, gute Sanitärausstattung im Gebäude der ehemaligen Shell-Tankstelle, wo sich auch die Rezeption befindet (vormittags 10⁰⁰-12⁰⁰ h und nachmittags 14⁰⁰-17⁰⁰ besetzt). Versorgung mit Trinkwasser mit Kanister in der Küche bzw. mittels Schlauch am Autowaschplatz der früheren Tankstelle (Waschbürste abnehmen). Kosten: ISK 1.000 zzgl. Strom, Dusche ISK 100. **Öffnungszeit:** Mai-Sept.

Schon am Fährhafen weist ein Schild auf die 93 Richtung Egilsstaðir. Also Blinker rechts, ein Blick zurück zur Norröna zum Abschied für einige Wochen. Doch halt! Zuerst habe ich noch einige Vorschläge für Sie, bevor Sie einfach so davon sausen. So rollt mein Wagen erst Mal zum Supermarkt an der Abzweigung der 93 Richtung Egilsstaðir. Zunächst müssen die wichtigsten Vorräte für die erste Zeit in den Kühlschrank wandern. Egilsstaðir darf noch etwas warten. Ich möchte mir die Zeit nehmen, das schöne Hafenörtchen im Osten Islands näher anzuschauen. Wenige Meter weiter parke ich in eine Stellplatzbucht des Campingplatzes ein und nehme nach einem Kaffee die Erkundung in Angriff.

Sehenswertes in Seyðisfjörður

Die schmucke, in hellblau gehaltene Kirche (Bild rechts unten) hat nachmittags ihre Pforten geöffnet. Die Farbkombination aus Hellblau und Holztönen strahlt eine sehr beruhigende Atmosphäre aus. Weiter geht es zum Fährhafen, um in der Tourist Information die Telefonkarte für Auslandsgespräche zu holen. Sie haben einen Draht zu technischen Geräten früherer Tage? Dann folgen Sie mir. Ein paar Schritte auf der Ausfahrtstraße der Fähre, dann biege ich links in die Hafnargötu ein, um nach 5 Minuten Gehzeit das **Technikmuseum Ostislands** zu betreten. Was hier über Jahrzehnte in 6 Gebäuden zusammengetragen wurde, ist schlicht beeindruckend. Es ist ein Erlebnis, wenn Petur, der Inhaber und Betreiber, sein technisches Verständnis mit größter Fingerfertigkeit kombiniert. Zu jedem Gerät, zu jeder Maschine vermittelt er sein Wissen. Man erfährt, dass die hiesige Telefonvermittlung Islands, die noch im Original erhalten ist, schon 1906 über ein Unterseekabel mit den Färöer Inseln und Schottland verbunden war. Dass hier das erste isländische Radiogerät von Jóhann Hansson entwickelt und gebaut wurde, ist ein anderes Beispiel. Auch dieses Gerät ist im Original zu sehen. Das frühere Kaufmannshaus, das nach

dem Tod des Besitzers, Otto Wathne aus Norwegen, als Telegrafenstation diente, war etwas Besonderes. Wathne hatte bereits eine Heißwasserheizung und fließend warmes und kaltes Wasser nebst WC installieren lassen - damals in Island noch völlig unbekannt. **Öffnungszeiten/Info:** Geöffnet Juni-Mitte Sept. täglich von 11⁰⁰-17⁰⁰ h, Winterhalbjahr auf Anfrage. Eintritt ISK 1.000, Tel. +354 472 1696, mailto:tekmus@tekmus.is, www.tekmus.is (Bild unten links).

Wenn Sie nach Ihrer Anreise ganz einfach entspannen möchten, ist sicherlich der Hinweis von Interesse, dass Sie sich im örtlichen **Schwimmbad** ein erstes Mal in die warmen Fluten stürzen und es sich in den Hotpots gut gehen lassen können. Seyðisfjörður hat eine ganze Reihe historischer Gebäude in die Gegenwart retten können, was den Ort als einen der schönsten Islands erscheinen lässt. Dazu trägt auch bei, dass die über 1.000 m hohen Berge rundum dem Ortsbild einen grandiosen Rahmen geben.

 ## Wandern: Ins Aufforstungsgebiet Seyðisfjörður

Vom Campingplatz her gesehen auf der anderen Talseite ist ein junger Wald entstanden, der auf der ganzen Länge des Tales bis zum Elektrizitätswerk gedeiht. So gehe ich zur Brücke beim Supermarkt. Direkt danach (Panoramatafel) folge ich dem Pfad am Bachufer, der mit Holzpflöcken mit gelber Spitze markiert ist. Zunächst verläuft der Weg bergwärts, um in einer Baumschonung nach rechts abzuknicken. Stetig gewinnt man an Höhe und durchquert die Baumgruppen, die durch Felspassagen, teils auch sumpfige Wiesen und viele mehr oder weniger kleine Wasserläufe sehr abwechslungs- und aussichtsreich ist. So stiefle ich etwa eine Stunde talaufwärts, immer umgeben und fasziniert von der Kette noch verschneiter Gipfel von oft über 1.000 m Höhe, bis in Höhe des Wasserkraftwerks. Ein Zaun ist zu übersteigen, dann

gelangt man zum untersten Wasserfall. Nun führt der Weg auf der anderen Seite am Fluss entlang retour, wobei man ihn entlang des Berghangs etwas verlängern kann (in gleicher Weise markiert). Gehzeit ca. 2 Std./6 km.

Einkehr und weitere Aktivitäten In Seyðisfjörður

Essen gehen ist in Seyðisfjörður mehrfach möglich, und zwar im Restaurant Aldan schräg gegenüber der Abzweigung Egilsstaðir, (Tel. +354 472 1277, www.hotelaldan.com), Bistro Skaftfell (einfachere Gerichte wie Pizza & Co., Tel. +354 472 - jeweils von Mai-Sept., das Restaurant Skálinn ganzjährig). Beim Aldan können Sie auch nach einer Paddeltour fragen, wenn Sie mit Muskelkraft über das (hoffentlich ruhige) Wasser des Fjords gleiten möchten

Ausflug/Wanderung zum Hof Skálanes

Sie haben ein Fahrrad (möglichst Mountain Bike) dabei? Dann können Sie folgendem Ausflugstipp folgen, der auch mit robusten Wohnmobilen machbar ist. Auf den letzten 5 km wandere ich gemütlich durch die herrlich wärmende Sonne.

Ob mit Fahrrad oder Wohnmobil - man folgt der Straße am Technikmuseum vorbei weiter. Kurz nach Ortsausgang knirscht Schotterbelag unter den Reifen. So geht es etwa 5 km auf guter Piste bis in Höhe des Hofes **Hánesstaðir**, wo die Straße links hinab abknickt und nun enger und ruppiger wird. Es folgen teils ziemlich steile Passagen auf- und abwärts. Bald ist die Ruine des Kirchhofs **Þórrarinsstaðir** aus der Wikingerzeit erreicht (Infotafel), worauf ein scharfer Anstieg folgt. Nach insgesamt 12 km (zuletzt mit sehr vorsichtiger, angepasster Fahrweise) ist ein **Wanderparkplatz Austdalur** (**GPS** N65 17 05.4 W13 46 30.5) erreicht. Bei günstiger Wasserführung (3 Furten) können 4x4-Fahrzeuge noch 4 km weiter zum Parkplatz des Hofes **Skálanes**

fahren. Die letzten 800 m sind aber Fußgängern vorbehalten.

Ab dem Wanderparkplatz führt ein gut markierter Pfad mehr oder weniger parallel zur Fahrstraße (gelbe Pflöcke). Dort, wo die Autos furten müssen, wurden für Wanderer Brücken gebaut.

Die Fußgängerbrücken machen das Ganze auch für Mountain Biker angenehm. Gehzeit ab Parkplatz ca. 1 Std./5 km. Im Hof Skálanes kann man auf einen Kaffee und Kuchen oder ein einfaches Essen einkehren. Viel Spaß wünsche ich übrigens beim Durchwandern der Kolonie von Küstenseeschwalben kurz vor Skálanes - die Vögel fliegen sicher auch auf Sie muntere Angriffe. Seien Sie auf der Hut und wehren die angriffslustigen (aber sehr schönen) Biester mit Klatschen oder Winkbewegungen ab. Vom Hof wandert man noch gut 10 Minuten weiter auf ausgeschildertem Weg zum Vogelfelsen. Von der Aussichtsplattform lassen sich, neben Möwen, auch Papageitaucher recht gut beobachten. **Verlängerung der Tour für gute Alpinwanderer:** Wenn Sie noch Puste, Zeit und Trittsicherheit haben (was ich wegen reichlich Schnee nicht ausprobieren konnte), können Sie die Tour zur längeren Bergwanderung ausdehnen. Folgen Sie dem Wanderpfad Richtung **Dalatangi**. Sie haben gut 600 m Meereshöhe zu überwinden, denn der Bergrücken **Skóllaskarð** ragt steil und mächtig aus dem Meer auf, bevor der Wanderpfad über die Hochfläche **Daláafrett** (größte Vorsicht bei Nebel!) zur Landspitze mit dem Leuchtturm führt. (Dieser Abschnitt ist ca. 8,5 km lang, ca. 3-4Std Gehzeit - siehe auch Ausflug Mjóifjörður).

Nun sind Sie aber auf der falschen Seite des Landrückens und müssen diesen natürlich auch wieder überqueren. Dies können Sie entweder auf gleicher Strecke tun, schöner ist sicher aber die Überquerung der **Dalaskarð**-Passhöhe (noch einmal 9 km/ 4 Std. Gehzeit. Insgesamt um die 9 Std. Gehzeit sind aber ein Wort!). Manchmal kann eine kleinere Tour, wie ich sie unternommen habe, ja nicht minder schön sein. In der Tourist Information ist übrigens die Wanderkarte Gönguleiðir á Austurlandi erhältlich.

Nach Rückkehr vom Ausflug in die herrliche Natur bei Skálanes heißt es von Seyðisfjörður Abschied zu nehmen - ebenso wie es die Norröna tut (Bild linke Seite). Hätte ich die Passhöhe **Fjarðarheiði** nicht aus früheren Recherchen (fast) ohne Schnee gekannt, die Fahrt Anfang Juni 2013 hätte mir den Eindruck einer Straße durch einen Gletscher vermittelt. Doch bin ich auf gut geräumter Piste gewohnt zügig in **Egilsstaðir** angekommen (Bild von unterwegs nächste Seite unten links). Hier gilt es, einige organisatorische Dinge zu erledigen, die ich mir auf den Plan geschrieben hatte, aber mit meinem Wohnmobil nur teilweise realisieren konnte.

ⓘ NÜTZLICHE TIPPS NACH ANKUNFT IN ISLAND

Telefonieren mit dem deutschen (schweizerischen oder österreichischen) Handy ist in Island teuer. Beachten Sie die Konditionen der Roaming-Abkommen Ihres Anbieters.

Eine Lösung kann es deshalb sein, eine Pre-Paid SIM-Karte eines isländischen Anbieters zu erwerben. Das spart am Ende so manchen Euro an Telefonkosten. Ebenso verhält es sich, wenn Sie regelmäßig Zugang ins Internet haben möchten. Erkundigen Sie sich im Telefonladen der staatlichen Telefongesellschaft Siminn auf der Rückseite des Netto-Einkaufsmarktes.

Das Thema Gas dürfte auch für Sie von Interesse sein, vor allem, wenn Sie eine längere Reise durch Island vor sich haben. Sowohl die N1- als auch die Shell-Tankstelle in Egilsstaðir bieten als Service an, Ihre (vielleicht auch nur eine) heimische(n) Gasflasche(n) für die Reisedauer hier zu deponieren und bei Rückkehr wieder zurückzugeben. Sie bezahlen zwar ca. 75 EUR Pfand zzgl. Gasfüllung. Aber das Pfand erhalten Sie zurück, wenn Sie vor Ihrer Abreise wiederkommen. Ihre Gasflasche wird mit dem Namen versehen und bis zur Rückkehr aufbewahrt. Für die isländische Gasflasche benötigen Sie dann einen stärkeren Dichtungs-ring oder das Euro-Anschluss-Set, damit der deutsche Druckminderer zuverlässig angeschlossen werden kann. Auch die ggf. erforderlichen Dichtungsringe haben die genannten Tankstellen vorrätig, wie ich mich selbst überzeugen konnte. Von mehreren Lesern meiner bisherigen Bücher habe ich dies auch bestätigt bekommen.

Ein Problem könnte es allerdings sein, wenn Ihr Gaskasten für die etwas dickeren Flaschen aus Island nicht ausreicht. Probieren geht über Studieren, zumal in Island auch noch gleich mehrere Flaschensysteme im Umlauf sind.

Wer also, wie ich, kein Glück hatte, muss einigermaßen sparsam mit dem Gas umgehen und rechtzeitig Reykjavík oder neuerdings auch Akureyri ansteuern, wo auch die deutschen, grauen Gasflaschen gefüllt bzw. getauscht werden können. Dazu gehe ich in den nützlichen Informationen von A-Z näher ein (Stichwort Gasversorgung).

Vielleicht haben Sie noch solch wichtige Dinge wie Lebensmitteleinkauf oder Geldwechsel auf Ihrem Plan? In Egilsstaðir haben Sie alle nötigen Anbieter auf kleinem Raum dicht beieinander - Supermärkte, Banken, Tankstellen. Hier geht alles unkompliziert und zügig über die Bühne, alles in Fußwegentfernung vom Campingplatz aus.

Egilsstaðir ist nicht eben ein idyllischer Urlaubsort. Es wurde erst Mitte der 40er Jahre des 20. Jh. gegründet und zählt über 2.300 Einwohner. Zuvor waren hier nur einige zerstreute Höfe und eine Richtstatt für Verbrecher gewesen. Da letzteres nun weniger mit Urlaub zu tun hat, ignoriere ich es lieber und konzentriere mich auf interessantere touristischen Aspekte. Für ergänzende Informationen steht Ihnen das **Tourist Informations-Zentrum für Ostisland** (Tel. +354 471 2320, www.east.is, mailto:east@east.is) zur Verfügung. Sie finden es mitten zwischen den Supermärkten und Tankstellen im Zentrum.

Vielleicht möchten Sie auch hier in Egilsstaðir das moderne, recht große Schwimmbad ausprobieren? Dann auf in die angenehm temperieren Fluten, wer einen Ausgleich für die Überfahrt über den Nordatlantik sucht (... oder später bei der Rückkehr, wenn es ans Abschied nehmen geht). Sie finden das "Sundlaug" übrigens aus Fahrtrichtung Seyðisfjörður (oder Reyðarfjörður) kommend, wenn Sie bei der Shell-Tankstelle rechts abbiegen (dann ausgeschildert).

Ganz in der Nähe finden Sie dann auch gleich das **ostisländische Heimatmuseum** (Laufskógar 1, Tel. +354 471 1412, www.minjasafn.is). Hier gibt es unter anderem ein ausgegrabenes Wikingergrab samt Grabbeigaben zu bewundern. Und für das leibliche Wohl können Sie, wiederum benachbart, das Café Nielsen aufsuchen, das isländische Gerichte anbietet. Einfacher geht es in den Tankstellenshops zu. Aber einen Imbiss erhalten Sie auch dort, wobei die Gerichte im SB-Restaurant bei der N1-Tankstelle gar nicht schlecht sind.

Angesichts des vielseitigen touristischen Angebotes ist es gut zu wissen, dass der Ort selbst, aber auch die nähere Umgebung von Egilsstaðir, ein paar schöne Campingplätze zu bieten haben. Je nach Ihren Reiseplänen, aber auch in Abhängigkeit vom Wetter, können Sie von Egilsstaðir aus die Rundfahrt um den Lögurinn (der mittlerweile milchig-braune Lagarfljót bildet hier

einen lang gezogenen See) und ins **Fljótsdalur** an den Anfang Ihrer Islandrundfahrt vorziehen. Wenn Sie dies möchten, blättern Sie bitte hier zu meiner letzten Route, wo der Ausflug näher beschrieben ist.

Die Bootsfahrt auf dem Lögurinn mit dem Ausflugsboot

MS Lagarfljótsormurinn muss wohl auf unbestimmte Zeit auf sich warten lassen. Seit der Wirtschaftskrise liegt das Schiff auf dem Trockenen und bietet einen recht kläglichen Anblick. Um dies zu sehen, fahren Sie über die Brücke hinweg nach **Fellabær**, eine kleine Gemeinde von gut 400 Einwohnern auf der anderen Seite des Sees. Dort ist ein guter, familiär geführter und gemütlicher Campingplatz zu finden. Hier scheint man eher auf Klasse denn auf Masse zu setzen.

Stellplatzart:...Campingplatz
GPS:.. N65 15 30.4 W14 24 25.2
Adresse:...................................... 700 Egilsstaðir, Kaupvangur 17
Tel.: .... +354 470 0750
mailto:... kaffiegilsstadir@gmail.com
Facebook: ....www.facebook.com/kaffi.egilsstadir
Zufahrtinfo: Von Seyðisfjörður/Reydarfjörður kommend in den Ort fahren, kurz vor der Ringstraße, in Höhe der Supermärkte links ab ausgeschildert.
Kurzbeschreibung: Noch etwas lieblose Campingwiese, Wohnmobile stehen auf Rasenflächen ohne Bäume. Jedoch gute Ausstattung (neu gebaut 2009, als der alte Platz der Planung eines Straßenbauprojektes weichen musste). Aus der Straße wurde zwar bisher nichts, dafür wurde aber der nunmehr modernere Camping- und Stellplatz für Wohnmobile, Caravans und Zelte fertig. Strom, Ver-/Entsorgung, modernes Restaurant Kaffi Egilsstaðir mit Alkoholausschanklizenz. Weitere Einkehr- und Einkaufsmöglichkeiten in Fußwegnähe. Campingcard-Akzeptanz. WiFi-Zone. **Öffnungszeit:** Ganzjährig.

    FELLABÆR - SKIPALÆKUR

Stellplatzart:...Campingplatz
GPS:.. N65 16 50.9 W14 25 59.1
Adresse:.. Fellabær, an der 931
Tel.: ....+354 471 1324 oder 895 1324
mailto:... booking@skipalaekur.is
Homepage: .... www.skipalaekur.is
Zufahrtinfo: Von Egilsstaðir auf die Ringstraße Richtung Akureyri, am Flughafen vorbei über die Brücke auf die andere Seite des Lögurinn fahren. Es folgt eine kleine Steigung.
Gegenüber der Tankstelle links ab ausgeschildert. Der Platz liegt rechts der Fahrbahn.

Kurzbeschreibung: Familiärer Platz, Wiesengelände, Windschutz durch Bäume, Picknickplatz bei den Stellplätzen und beim Sanitärgebäude. Einfache, aber saubere Dusche/WC, Aufenthaltsraum, Stromanschluss. **Öffnungszeit:** Mai - September.

ROUTE 2

Zurück in Egilsstaðir orientiere ich mich ein Stück retour Richtung Seyðisfjörður, biege dann aber auf die 94 Richtung Norden ab. Dort, genauer in den Bergen um Borgarfjörður Eystri, kommen all die Wanderfreunde auf ihre Kosten, deren Fahrzeug eine Fahrt in die bunte Bergwelt von Landmannalaugar oder Lónsöræfi nicht zulässt.

Allerdings muss man zunächst etwas "Kilometer fressen". Bald weist die Strecke auch hier Schotterbelag auf, ist aber gut und zügig befahrbar. Nach etwa 35 km heißt es "Vogelfreunde aufgepasst"!

Die 94 knickt markant in östlicher Richtung ab und führt fast schnurgerade durch eine sumpfige, von vielen Teichen durchsetzte Ebene **Hjaltastaðaþinghá** zwischen **Lagarfljót** und **Selfljót**. Sie wurde von den großen Gletscherflüssen mit Millionen Tonnen Schwemmsand angespült - ein absolutes Paradies für allerlei Wasservögel. Hier bekommen Sie alles zu Gesicht, was in flachen Küstenabschnitten an gefiederten Freunden lebt, von der Küstenseeschwalbe über allerlei Entenarten, Haubentaucher, Singschwäne und und und. Fahren Sie vorsichtig - da und dort machen die Vögel auch schon mal auf der Straße eine Ruhepause.

Dann schickt sich die Piste an, in weiten Kehren (nach wie vor Schotterstraße mit jetzt auffällig hellem Belag) zügig bergwärts zu führen. Achten Sie auf die Hinweise auf Wanderwege. Eines davon trägt die Aufschrift "**Storuð**". Dies ist ein Felssturzgebiet, das mit einem schönen Wanderweg erschlossen wurde. Und gleich der erste dieser Parkplätze bietet Ihnen zugleich eine aussichtsreiche Möglichkeit fürs Bleiben auch über Nacht.

Hier können Sie dann auch gleich die Wanderstiefel und den Rucksack für eine schöne Wanderung auspacken.

P ÓSAFJÖLL - STORUÐ

Stellplatzart:...Parkplatz
GPS:.. N65 33 24.1 W14 01 52.0
Adresse:...An der 94
Zufahrtinfo: Auf der 94 von Egilsstaðir kommend nordwärts. Nach der Ebene führt die Straße in Kehren steil aufwärts (Geschwindigkeitshinweise bei den Kurvenwarnschildern beachten). Beim ersten Hinweisschild "Storuð" biegen Sie rechts ab. Der Parkplatz führt auf grobem Schotter in einem Bogen etwa 200 m weit in eine kleine Bergnische. Hier stehen Sie sicht- und windgeschützt.
Kurzbeschreibung: Schotterplatz ohne weitere Ausstattung, außer man zählt die Aussicht über die weite Ebene zu den Ausstattungsmerkmalen.
Wandertipp: Siehe Rother Wanderführer Route 21 "Storuð - Eine lange Wanderung zu einem gewaltigen Felssturzgebiet".

Mich dagegen zieht es weiter Richtung **Borgafjörður Eystri**. Das Örtchen **Bakkagerði** zählt irgendwie zu meinen Lieblingsplätzen in Island. So darf ich Ihnen nach dem vorgenannten Parkplatz gleich noch einen weiteren nennen, weiterhin gibt es den Campingplatz und einen dritten Parkplatz. Und als I-Tüpfelchen einen richtig schönen Vogelfelsen dazu, an dem Sie nun spätestens Ihre ersten Papageientaucher zu Gesicht bekommen sollten. Doch der Reihe nach.

(P) NJARÐVÍK - INNRÍ HVANNAGÍL

Stellplatzart: ....Parkplatz
GPS: N65 33 35.2 W13 55 15.1
Adresse: ....Njarðvík
Zufahrtinfo: Die 94 führt von der Passhöhe in imposanten Serpentinen zügig und aussichtsreich ins Tal. Bald ist ein Stück Asphaltstraße erreicht, an dem der Hinweis "Innra Hvannagíl" rechts auf eine grobe Schotterzufahrt weist. Vergessen Sie, was Sie von zu Hause unter dem Begriff "Parkplatz" gewohnt sind. Vielleicht sollten Sie auch erst zu Fuß ausprobieren, ob Sie auf den Parkplatz fahren möchten.
Kurzbeschreibung: Schotterfläche, die als Wanderparkplatz am unteren Ende der Schlucht dient. Von hier gelangen Sie auf Schusters Rappen nicht weit, aber mit reizvoller Aussicht in die recht kurze Schlucht mit fast unglaublich bunt anmutenden Schotterhängen und kleinen Lavaeinlagerungen. Da es nicht weit ist, sehe ich hier von einem "Wandertipp" ab.

   BAKKAGERÐI - TJALDSTÆÐI

Stellplatzart: ....Campingplatz
GPS: N65 31 27.4 W13 48 30.4
Adresse: ....Njarðvík
Tel.: ....+354 857-2005
mailto: ....borg@eldhorn.is
Homepage: ....www.borgarfjordureystri.is
Zufahrtinfo: Auf der 94 nach Bakkagerði und im Ort bis zur kleinen, grauen Kirche. Dort rechts ab ausgeschildert.
Kurzbeschreibung: Mittlerweile gut ausgestatteter Campingplatz auf einem Wiesengelände am Fuß des Álfaborg-Felsens mit Aufenthaltsraum, Waschmaschine/Trockner, Ver-/Entsorgung, Stromanschluss.
Öffnungszeit: Mitte Mai bis Mitte Oktober.

Der Ort ist an sich nichts Besonderes, hat aber seinen Reiz durch das landschaftliche Umfeld aus farbenprächtigen Rhyolith- und Basaltbergen. Nahe dem Campingplatz darf ich Ihnen noch einen Einkehrtipp geben, denn ich möchte ja die regionale Küche in den Vordergrund stellen. Zwar erhalten Sie auch die leider typisch isländisch gewordenen Fast-Food-Gerichte, doch stehen auch regionale Gerichte wie Fleischsuppe, Lamm etc. im Café Álfa schräg gegenüber des Campingplatzes auf der Karte. Wenn Ihnen die Selbstversorgung wichtig ist, gibt es einen Supermarkt.

Unbedingt sollten Sie einen Blick ins Kirchlein werfen, das als Altarbild die Szene der Bergpredigt zeigt, die der Maler kurzerhand in die Bergwelt um Bakkagerði angesiedelt zu haben scheint. Nicht zuletzt fehlt 5,5 km weiter der kleine, idyllische Fischerhafen, auf dem man (dank gedankenloser Zeitgenossen, welche hier wohl Feste gefeiert haben) nicht mehr nächtigen darf. Aber tagsüber parken darf man nach wie vor - und von dort aus sind es wenige Schritte zur Aussichtplattform, von der Sie prima Papageientaucher, aber auch Dreizehenmöwen, Eiderenten etc. beobachten können (Bild nächste Seite rechts). Wo hat man außerdem schon eine Picknickbank zur Verfügung, von der aus man den munteren Vögeln beim Futter holen zusehen kann?

Etwa 1 km zuvor habe ich eine Alternative gefunden, die bedingt auch für eine Nacht taugt, weshalb ich die **GPS-Daten** hier auch nur "im Text verstecke", denn ich weiß, dass man die freie Übernachtung im Ort nicht gerne sieht. Aber sollten Sie von der folgenden Wanderung fertig sein: **Wanderparkplatz Brúnavík 2**, **GPS** N65 32 09.7 W13 45 22.1 - Nr. 2 deshalb, weil es zuvor schon einen Parkplatz an der Stelle gibt, wo mein Wandertipp wieder auf Küstenhöhe führt. Dort aber kaum wohnmobil-tauglich.

Wandertipp: Einsame Bucht und bunte Berge

Zwischen dem markanten Funkmasten und dem Hafen liegt ein kleiner, leider nicht ganz ebener Wanderparkplatz (Schild: Brunavík). Hier steht der Wagen ganz prima, während Sie auf Schusters Rappen steil den Berg hinauf schnaufen und nach etwa einer Stunde die Passhöhe erreichen. Markierung: Graue Pflöcke mit gelbem Kopf. Für den Weg hinab in die malerische, verlassene Bucht Brunavík benötigen Sie ca. 30-45 Minuten.

Anders als im Rother-Wanderführer beschrieben, wandere ich von der Schutzhütte der gleichen Markierung folgend talaufwärts, bis nach gut 30 Minuten zusehends ein Fahrweg aus dem Pfad wird. In einer S-Kurve erreicht man ein Schild mit einer Wanderkarte, von wo die Jeep-Piste steil rechts hinauf führt. Nach 45 Minuten ist die Passhöhe erreicht, von wo der Fahrweg wieder hinab an den Borgarfjörður führt. Auf der Fahrstraße sind es dann ca. 20 Minuten, bis man die Wanderstiefel vors Wohnmobil zum Auslüften stellen kann. **Tipp:** Gute, stabile Wanderstiefel sind angesichts feuchter, stellenweise sumpfiger Wiesen wichtig. Die Tour ist nicht allzu anspruchsvoll, aber etwas Trittsicherheit vor allem bei den steilen An-/Abstiegspassagen im Wiesengelände ist nötig. Gehzeit insgesamt ca. 3,5 Std.

Weitere Wandertipps entnehmen Sie bitte der Wanderliteratur.

Nachdem die Rückfahrt auf gleicher Strecke hinter mir liegt, achte ich nach Durchfahrt durch die Ebene nach dem Richtungswechsel nach Süden auf die Abzweigung der 944 (**Lagarfljóts-Vegur**). Die Schotterstraße führt, wie der Name sagt, zum Lagarfljót. Es ist nicht einfach nur der gewaltige Fluss an sich, sondern das 2007/08 erweiterte Flusskraftwerk, das mein Ziel ist. Hier befindet sich ein netter Picknickplatz, der zumindest für all diejenigen, die sich vom mächtigen Rauschen des Wassers nicht stören lassen, auch für eine Übernachtung eignet.

LAGARFOSS/LAGARFJLÓTSVIRKJÚN

Stellplatzart:..Parkplatz
GPS:.. N65 30 06.5 W14 21 48.1
Adresse:...An der 944
Zufahrtinfo: Auf der 94 zurück in die Tiefebene Hjaltastaðaþinghá fahren. Nachdem sich diese wieder in südliche Richtung gewendet hat, weist bald ein Schild rechts ab auf die 944 (Ausschilderung Lagarfljótsvirkjun). Der guten Schotterstraße bis zum Kraftwerk folgen. Der Picknickplatz liegt nach der Überfahrt der Überlaufschleusen gleich rechts auf dem Damm.
Kurzbeschreibung: Geschotterter Parkplatz auf dem aufgeschütteten Damm neben der Kraftwerksschleuse. Picknickbank und darüber hinaus tolle Sicht auf die Berge beiderseits der Ebene.

 DAS FLUSSKRAFTWERK LAGARFLJÓTS-VIRKJUN

Schon seit 1974 wurde die natürliche Strömung des Lagarfljót zur Stromgewinnung genutzt. Der Name Lagarfoss deutet auf einen Wasserfall hin. Vielmehr ist es aber eher eine Stromschnelle, dessen Gewalt man zur Stromgewinnung gut brauchen konnte. Seit jedoch das Wasser des Gletscherflusses Jökulá a Dal vom Kárahnjúkar-Staudamm in den Lagarfljót umgeleitet wird, hat dieser nicht nur die Farbe völlig auf milchig-graubraun verändert, sondern vor allem die Wassermenge gewaltig erhöht. So war es möglich, die Leistung des Kraftwerkes durch eine weitere Turbine um ein Vielfaches auf 28 MW zu erhöhen.

Besonders beeindruckend ist das Schauspiel des Wassers, wenn die Überlaufschleusen geöffnet sind, wie es während meiner Recherche aufgrund extremer Schneeschmelze im Hochland der Fall war.

Fährt man auf der 944 weiter westwärts, so gelangt man bald zur Einmündung auf die 925, auf die ich rechts ab einschere. Wieder ist es nicht weit bis zur nächsten Sehenswürdigkeit, der alten, schwarz gestrichenen Kirche des **Pfarrhofs Kirkubær**. Der geräumige Parkplatz wäre eine gute Übernachtungsalternative - jedoch **keinesfalls** ohne die Nachfrage beim benachbarten Gehöft.

Nach der Besichtigung und einem gemütlichen Kaffee lasse ich den Motor wieder an, um nach einigen Kilometern der Ausschilderung **Húsey** rechts ab auf die 926 zu folgen. Sie sind auch Naturliebhaber, die gerne in aller Ruhe oder bei einer mehr oder

weniger langen Wanderung im Mündungsbereich der Flüsse Jökulsá a Dal und Lagarfljót den zahllosen Seevögeln zuschauen? Oder reiten Sie gerne? Egal was Sie antreibt - in Húsey werden Ihre Wünsche erfüllt. Und eine Stellplatzgelegenheit gibt es obendrein, damit Sie bleiben können, wenn es Ihnen gefällt.

ROUTE 2

P HÚSEY - REITERHOF UND JUGENDHERBERGE

Stellplatzart:..Parkplatz
GPS:.. N65 37 58.2 W14 16 29.4
Adresse:.. Húsey
Tel.... +354 471 3010
Homepage:...www.husey.de
Zufahrtinfo: Von der 944 kommend an der Einmündung rechts ab auf die 926 und dieser 21 km bis zum Ende folgen (gute Schotterstraße).
Kurzbeschreibung: Kleiner, geschotterter Parkplatz neben dem Gästehaus (auf vorherige Anfrage, da Kapazität auf 2 Wohnmobile begrenzt ist). Der Besitzer des Hofes spricht übrigens fließend deutsch.
Es werden Reiterausflüge angeboten. Hauptsaison tgl. 10⁰⁰h und 17⁰⁰ h. Kosten ca. EUR 40,00, Dauer ca. 2 Stunden - Ausritt zu den Seehundbänken und durch das sehr schöne Schwemmland mit reicher Vogelwelt.

Wandern in Húsey

Es sind mehrere Wanderpfade durch die Uferwiesen markiert (6,7 km, 14 km oder 17 km). Die kürzeste Strecke wurde mir als "Perlentour" beschrieben. Immer wieder wird der Rundgang durch Informationstafeln ergänzt, die Auskunft über die Vögel gibt. Zur Brutzeit gibt es intensive Unterhaltungseinlagen durch Angriffe der Skúas (Raubmöwe) oder Küstenseeschwalben. Es sei etwas wie bei Hitchcock, wie man mir schelmisch mitteilte, bevor ich die Wanderschuhe schnürte. Das sollten Sie auch tun, denn teils ist es etwas sumpfig. Zu sehen gibt es darüber hinaus am Strand und am Ufer der Flüsse Robbenkolonien. Es leben hier etwa 10-15% der gesamten Robbenpopulation Islands.
Über die 926 bin ich zügig wieder auf der 925 und mache an der Einmündung der 944 nochmals Halt. Hier steht gleich links

die Rekonstruktion einer alten Kirche aus der Wikingerzeit. Die ursprüngliche **Geirstaðakirkjá** dürfte aus der Zeit um 930-1260 gestammt haben. Bei der Kirche wurden Ruinen weiterer Hofgebäude entdeckt, die noch nicht freigelegt sind. Es dürften die Reste des Gehöfts des Hróar sein, dem Sohn des ersten Siedlers in Ostisland. So erklärt sich auch der Name des Gebietes **Hróarstunga**, auf dem der heutige Hof Geirstaður steht. Dort erhalten Sie die Schlüssel zur Torfkirche, wenn diese geschlossen sein sollte (in der Hauptsaison von ca. 10^{00}-16^{00} h offen). Auch dieser Parkplatz ist im Grunde übernachtungstauglich, aber wiederum nur nach Anfrage auf dem genannten Hof (**GPS** N65 30 16.6 W14 31 12.9)

Kurz, nachdem die Schotterpiste hinter uns liegt, können Sie an zwei Stellen einen Blick in die beeindruckende Schlucht werfen, welche die **Jökulsá a Dal** in das harte Gestein gefressen hat. 50 m nach Beginn des Asphalts führt die ehemalige Ringstraße auf eine sehenswerte Betonspannbrücke, von welcher Sie einen guten Blick in die Schlucht genießen. Wagemutige Jugendliche aus der Region machen sich hier häufig eine Spaß draus, ins tiefe Wasser zu springen - eine Sache, die ich keinesfalls empfehlen möchte, mag der Fluss auch noch so gemächlich dahinfließen, seit ihm die Hauptmenge des Wassers für die Stromgewinnung "geklaut" worden ist.

Schon sind wir an der Ringstraße angelangt. Neben der kurz darauf folgenden **Jökulsá brú** wurde ein schöner **Picknickplatz** angelegt (**GPS** N65 25 51.3 W14 35 57.9), der durchaus auch übernachtungstauglich ist. So viel ist die Straße schließlich nicht befahren. Nun haben Sie zwei Alternativen für die Weiterfahrt.

Auf der Ringstraße 1/Straße 85 nach Vopnafjörður

Wenn Sie gut ausgebaute Asphaltstraßen bevorzugen, folgen Sie der Ringstraße bis zur Abzweigung der neu gebauten 85 nach

Vopnafjörður. Sollten Sie unterwegs Bedarf nach einem Campingplatz oder einem Schwimmbad haben, oder wenn Ihnen der Magen knurrt, dann machen Sie in **Skjöldólfstaðaskóli** Halt. Hier im Restaurant werden regionale Gerichte angeboten, beispielsweise Rentier oder die klassische isländische Fleischsuppe. Eine nette Übernachtungsgelegenheit ist es überdies, zumal auch ein Schwimmbad zur Verfügung steht.

     FLJÓTSDALSHERAÐ-SKJÖLDÓLFSTAÐASKÓLI

Stellplatzart:...Campingplatz und Restaurant
GPS:... N65 19 01.3 W15 06 58.4
Adresse:...IS-701 Fljótsdalsherað, Jökuldal
Tel. .... +354 471 1085
mailto: ....
allij@centrum.is
Homepage: ....

www.ahreindyraslodum.is
Zufahrtinfo: An der Ringstraße etwa 28 m seit der Jökulsá brú (ausgeschildert).
Kurzbeschreibung: Rasenplatz nebst kleinem Schwimmbad, Kosten: ISK 1.000 p. P./N. Schwimmbad ist kostenfrei.
Öffnungszeit: Juni bis August.

Wer hier nicht bleiben möchte, fährt noch einige Kilometer weiter, bis links ein Picknickplatz ausgeschildert ist. Auf diesen biege ich zunächst ab, um mich über die Tourismusregion Vopnafjörður zu informieren. Schon rollt mein Wagen, nachdem eine Kaffeepause in der noch ungemütlichen Ecke des Hochlandes beendet ist, auf die völlig neu gebaute 85 Richtung **Vopnafjörður**. Schier wie auf Schienen gleitet der Wagen dorthin.

Alternativstrecke: Über die Hellisheiði nach Vopnafjörður

Diese Variante hat auch Nachteile: Ihr Wohnmobil wird nach der Fahrt nicht mehr sauber sein. Regnet es, bedeckt ein graubrauner Überzug den Lack oberhalb der Radkästen und die Heckwand. Ist es trocken und sonnig, stauben Sie Ihr Urlaubshotel auf Rädern ordentlich ein, wissen aber auch gleich, wo es Undichtigkeiten aufweist, denn die Piste ist durchgehend unbefestigt. Doch ist es nicht umsonst, dass ich Ihnen diese Strecke empfehle - die Aussicht ist überaus schön. Wenn Sie das neugierig macht, fahren Sie gleich nach der Jökulsá brú wieder von der Ringstraße ab und folgen der 917 (Ausschilderung Vopnafjörður).

Nun holpere ich also in östlicher Richtung bis fast zum Meer. Kurz davor beginnt der steile, kurvige Anstieg auf die **Hellisheiði**. Kaum liegen die Serpentinen hinter mir, drängt es mich an einem Aussichtspunkt förmlich zum Anhalten. Der Blick schweift weit über die Schwemmlandebene, die von den beiden großen Flüssen gebildet worden war. Unter mir liegen die Serpentinen, die sogar ein wenig an den Trollstigen in Norwegen oder die Gotthardstrecke in der Schweiz erinnern. Gegenüber liegen die imposanten Berggipfel mit immerhin knapp über 1.000 m Höhe, die wir schon kennengelernt hatten.

Nachdem ich mich satt gesehen habe, starte ich zur Weiterfahrt, die auf der anderen Seite kaum weniger schön wieder talwärts führt. Hier und da gibt es nette Picknickstellen, die zum Verweilen einladen. Kurz vor dem Zwischenziel Vopnafjörður achten Sie auf die markanten Felsformationen am Meer - entdecken Sie auch einen Elefanten?

In **Vopnafjörður** ist man übrigens, wie ich im Gespräch mit der Leiterin Tourismusentwicklung erfahren konnte, sehr bemüht, die touristische Infrastruktur deutlich zu verbessern. Dazu gehört, dass man (schade eigentlich) den wirklich schön gelegenen Campingplatz verlegen möchte. Wohin genau, steht bei meiner Recherche noch nicht fest. Doch soll er mehr Platz und eine moderne Ausstattung für Wohnmobile bieten. Eine Reihe bereits bestehender, ausgeschilderter Wanderwege wird noch vervollständigt und das **Torfhof-Museum Bustarfell** noch ansprechender gestaltet werden. Was man allerdings nicht verbessern kann, ist die Natur rundherum - die ist jetzt schon sehr schön!

Auch wenn klar scheint, dass die Tage des bisherigen Campingplatzes gezählt sind, hier meine Beschreibung. Der neue Platz soll mindestens so schön werden, wie der bisherige, wurde mir versprochen). Eine Stellplatzalternative gibt es obendrein, die Gegend hat schließlich etwas zu bieten.

VOPNAFJÖRÐUR - TJALDSTÆÐI

Stellplatzart:..Campingplatz
GPS:.. N65 45 27.8 W14 49 35.6
Adresse:.. Vopnafjörður, Lónabraut
Tel. ....(Tourist Information) +354 471 2211
mailto: .... info@vopnafjardar-hreppur.is
Homepage: .... www.vopnafjardar-hreppur.is
Zufahrtinfo: Von der 85 in den Ort abbiegen, dann ausgeschildert. Hinweis: Der Standort des künftigen Campingplatzes war bei Drucklegung noch nicht bekannt, wird aber ebenso gut ausgeschildert sein.
Kurzbeschreibung: Terrassierter Platz mit Buschwerk aufgelockert, WC/Du/Abwaschplatz. Noch keine Entsorgungsstation, Frischwasser mit Kanister am Geschirrwaschbecken. Stromanschluss (ISK 800/N, Preis ISK 1.000 p. P./N. zzgl. Strom) - Bild vorige Seite. Öffnungszeit Juni-August.

 BUSTARFELL - TORFHOF-MUSEUM

Stellplatzart:..Parkplatz
GPS:.. N65 36 57.3 W15 05 51.4
Adresse:...Vopnafjörður/Husardalur, Bustarfell
Tel. ....(Tourist Information) +354 471 2211
mailto: .... bustarfell@simnet.is
Homepage: ....www.bustarfell.is
Zufahrtinfo: Von Vopnafjörður kommend fahren Sie Richtung Egilsstaðir/917 und biegen, der Ausschilderung folgend, am Fjordende rechts ab auf die 920 (frühere 85). Entsprechend zweigen Sie von der Hellisheiði an gleicher Stelle links ab. Nach etwa 17 km ist das Museum links ab ausgeschildert. Weiterhin ist von der 85 kommend der Bau einer neuen Zufahrt geplant, für welche zur Recherche aber noch die Baustelle eingerichtet wurde.
Tipp: Fahren Sie bei der Abzweigung zum Torfhof noch ca. 10 Minuten steil in Serpentinen bergwärts, erwartet Sie ein herrlicher Aussichtspunkt mit Blick über das Hofsádalur und den Vopnafjörður (**GPS** N65 37 34.9 W15 07 16.9).
Kurzbeschreibung: Geschotterter Parkplatz des Museums, oberhalb gelegen das Café Hjáleiga, in dem täglich von 12^{00}-18^{00} Kaffee, Kuchen und Waffeln sowie - auf vorherige Bestellung - auch lokale Gerichte angeboten werden. Gästen des Museums und des Cafés ist man einem Übernachtungswunsch auf dem Parkplatz durchaus aufgeschlossen.

 DAS VOLKSKUNDEMUSEUM BUSTARFELL

Seit 1532 war das Gehöft im Besitz einer wohlhabenden Familie. Lange Zeit lebten in dem aus 6 zusammenhängenden Häusern zuzüglich Stallungen bestehenden Hof, an die 50 Menschen mehrerer Generationen.

Ein solcher Hof war nicht nur von einer Familie bewohnt, sondern auch von deren Angestellten. Wenn Sie sich vor Augen führen, dass in den Obergeschossen bis zu 25 Personen in einem Raum schliefen, geheizt mit Holz- oder Kohleofen ohne Kamin, können Sie sich vorstellen, weshalb die kurzen, ausziehbaren Betten meist im Sitzen genutzt wurden. Die Menschen litten schlicht an Atemwegserkrankungen. So war die sitzende Haltung einfach hilfreich.

Doch wurde in den Jahren 1942-44 - sehr modern - eine Zentralheizung eingebaut und Strom mit einem Windrad erzeugt (regenerative Energie schon damals...). Die Gebäude waren bis 1966 bewohnt. Ein Schlafraum mit der originalen Ausstattung der Familie aus dem Jahr 1962 ist noch erhalten.

Die heutigen Gebäude wurden nach 1770 errichtet, nachdem der Hof abgebrannt war. Die markanten gelben Steinblumen, die aus der Fassade wachsen, sollen übrigens einen Schutz vor dem Hausbrand bieten. Dass heute ein Museum mit authentischen Exponaten zu bewundern ist, ist dem letzten Eigentümer, Methúsalem Methúsalemsson zu verdanken, der viele Familienstücke zusammentrug und weitere dazukaufte. Später vermachte er die Gebäude dem Staat unter der Auflage, sie der Öffentlichkeit zugänglich zu machen (Bilder siehe unten).

Öffnungszeiten/Info: Mitte Juni-Mitte September tgl. 10⁰⁰-18⁰⁰ h. Eintrittsgebühr, Museumstag mit freiem Eintritt am 2. Sonntag im Juli.

Sehenswertes und Unternehmungen in Vopnafjörður

Es gibt eine Reihe markierter Wanderwege, wovon einer auf die Landzunge Kolbenstangi (Leuchtturm) führt. Ein weiterer, ca. 1-stündiger Fußmarsch verläuft von Bustarfell zum Elfenstein und zum dahinter liegenden Wasserfall, bei dem Knochen aus der Zeit weit vor der Eiszeit gefunden worden sind - die ältesten Funde in Ostisland.

Im alten Kaufmannshaus neben der Tourist Information gibt es ein Auswanderungszimmer. Dort wird die Lage der Menschen gegen Ende des 19. Jh. dokumentiert, als viele Einwohner nur den Ausweg der Auswanderung nach Kanada (New Iceland) sahen. Man versucht, die Bande mit dieser Einrichtung aufrecht zu halten, damit die Kanadier mit isländischen Wurzeln ihre Abstammung nachvollziehen können. Aus dem Ort stammenden Musikern der 60er-90er Jahre ist ein weiteres Zimmer gewidmet. Einkehr ist - mit üblichem Charakter der Fast-Food-Küche - bei der N1-Tankstelle möglich, empfehlenswerte isländische Küche bietet das Hotel Tangi. Wenn Sie selber kochen möchten, gibt es neben der Tourist Information einen Supermarkt.

ABSTECHER MÖÐRUDALUR - F905/F910/F88 ZUR ÁSKJA (4X4)

Für 4x4-Fahrer (geländegängige Fahrzeuge - siehe Bild unten rechts beim Furten auf der F905) darf ich hier einen Hochlandabstecher empfehlen, für den es eine Variante ab dem Kárahnjúkar-Staudamm gibt.

Wer von Egilsstaðir auf der Ringstraße Richtung Westen fährt, gelangt zum Campingplatz/Schwimmbad Skjóldólfsstaðir. Wenige Kilometer später zweigt die 901 links ab. Diese Piste ist die frühere Ringstraße und führt über Möðrudalur auf dieselbe zurück. Die Strecke wird nur noch etwas nachlässig unterhalten, was eine vorsichtige Fahrweise erfordert. In Möðrudalur ist ein Zwischenhalt angebracht, sofern man nicht schon in Skjóldólfsstaðir aufgetankt hat. Denn im Hochland gibt es keine Tankstelle. Auf dem Weg Richtung F905 und Möðrudalur durchquert man den Gebirgszug Möðrudalsfjall, eine karge Mondlandschaft. Hier sollen in den 60er Jahren die Astronauten für ihre Mondlandung trainiert haben. Das vulkanische Gestein (Tuff, Vulkanasche) fühlt sich wohl beim Hüpfen etwas ähnlich an. Was es auf dem Mond zu sehen gibt,kann ich nicht beurteilen. Auf der Passhöhe aber findet sich ein schöner, aussichtsreicher Picknickplatz, der durchaus auch mal für eine Nacht taugt (**GPS** N65 20 42.5 W15 46 14.0).

Es folgt die Abzweigung der F905 nebst Infotafel, anhand derer man sich ein Bild von der bevorstehenden Piste und den Furten machen sollte. Besser als eine Landkarte kann aber jemand Auskunft geben, der die Gegend kennt. So bin ich zunächst nach **Möðrudalur** gefahren. Dort findet sich ein schöner **Campingplatz** (**GPS** N65 22 26.1 W15 52 59.8) mit Blick auf die Herðubreið sowie die vielleicht urigste **Tankstelle** Islands. Jedenfalls habe ich nirgends eine entdeckt, die in in einem Holzhaus untergebracht ist. Ob in Mitteleuropa dafür eine Bau- und Betriebsgenehmigung erteilt worden wäre? Fürs leibliche Wohl sorgt das nette Café/Restaurant mit heimischer Küche, wo zudem isländische Handarbeiten verkauft werden. Vielleicht haben Sie fürs Hochland ja auch Bedarf an einem Islandpullover? Oder Sie brauchen Windschutz wie Familie Rose aus der Schweiz im Sommer 2013 (Bild links unten).

Nun heißt es, 2,7 km retour zu fahren und rechts auf die F905 abzubiegen. Die Strecke ist zunächst recht gut zu befahren, bis nach knapp 25 km, kurz vor der Einmündung der F910, zwei Furten zu kreuzen sind. Also aussteigen, durchwaten, grobe Steine prüfen und gegebenenfalls wegräumen - dann (vorsichtig mit 4x4 und eingeschalteter Sperre) ab durch die Mitte. Nein - nicht die Mitte - immer da, wo es am besten und nicht so tief ist. Und das ist in der Regel ein Bogen parallel zum aufgeschütteten Damm, der die starke Strömung bremsen soll.

Hier stoßen diejenigen hinzu, die ab der 910 (Zufahrt zum Kárahn-júkar-Staudamm) kommend auf die F910 gefahren sind. Auf dieser Passage sind keine nennenswerten Furten zu meistern. Vorsichtige, den Verhältnissen angepasste Fahrweise ist dennoch wichtig. Ich folge der F910 Richtung Áskjá. Nach etwa 20 km sind einige sandige Passagen zu meistern. Da wird ordentlich Staub aufgewirbelt, und die Reifen finden wenig Halt. Also fahren Sie gleichmäßig und mit Allradantrieb. Für die Sandpassagen entschädigt der Hochlandeindruck mit Blick auf die Herðubreið.

Nach 92 km ist der **Campingplatz Drekagil** erreicht (**GPS** N65 02 31.7 W16 35 44.2). Einfache Ausstattung, das Wohnmobil steht auf der Zeltwiese unter Gleichgesinnten. Die Hütte ist in den Sommermonaten besetzt, so zahlt man die Campinggebühr auch hier. Wenn Sie den Wagen abstellen, sollten Sie die Wanderschuhe schnüren. Die Schlucht Drekagil ist sehenswert, insbesondere auch die Wasserfälle am Ende.

Vom Campingplatz sind es noch 8,5 km zum **Wanderparkplatz**, von wo der Rest zum **Kratersee Víti** und zum etwas weiter entfernten **Öskjuvatn** zu Fuß zu bewältigen ist. Vergessen Sie nicht die Badesachen. Im Krater steht milchig-grünes, angenehm temperiertes Wasser (ca. 25-27° C). Etwas unangenehm ist nur der Abstieg vom Kraterrand.

Für die Fahrt zurück habe ich die **F88** ausgesucht. Zunächst geht es die ersten Kilometer auf der **F910** retour. Wenn diese rechts abknickt, hält man sich geradeaus. Die Piste führt geradewegs und ohne große Herausforderungen ins Traum-Wanderland **Herðubreiðarlindir**, wo der nächste Campingplatz zum Verweilen einlädt. Aus den Wandervorschlägen habe ich die Tour übers Lavafeld zum Zusammenfluss von **Jökulsá á Fjöllum** und **Kreppa** herausgesucht. Die Farben der Vegetation sind überwältigend, man kann Vögel beobachten (Wildgänse) und hat stets die Herðubreið und die umliegenden Bergzüge im Blick.

Erfahrene Alpinisten können von hier die Besteigung der **Herðubreið** in Angriff nehmen (ggf. das erste Stück in Absprache mit den Rangers auch fahren). Zudem sollten Sie die vorgesehene Rückkehrzeit abstimmen. Der Berg ist nicht ungefährlich (Geröll, Steinschlag, Vereisung) und mit 1.682 m auch eine richtige Herausforderung.

Man tut gut daran, sich vor Weiterfahrt bei den Rangers nach dem Pistenzustand und den ausstehenden drei Furten zu erkundigen. Die erste liegt beim Campingplatz, die zweite ist recht tief und schwer zu überblicken. Auch die dritte hat es in sich. Den Rest holpert man problemlos zur Ringstraße zurück und kann die Fahrt mit dem Abstecher zum Dettifoss/ Ásbýrgi und Vesturdalur oder über die 85 nach Vesturdalur fortsetzen.

Die Reise folgt von Vopnafjörður aus weiter der 85 nach Norden - für mich bei der jüngsten Recherche eine Reise der Mitternachtssonne entgegen. Doch Halt! Wollten Sie nicht auch in ein **Schwimmbad** gehen und das warme Wasser genießen? 10 km von Vopnafjörður entfernt zweigt links die Straße ins **Selárdalur** ab. 3,6 km von der Abzweigung entfernt heißt es Badezeug auspacken und rein in die originell gebaute Badeanlage direkt oberhalb des munteren Flusslaufs, die aus einer der wenigen Thermalquellen Ostislands gespeist wird. Der **Parkplatz Selardalslaug** (**GPS** N65 48 07.1 W14 54 38.9) ist, wie mir mehrere Leser bestätigten, übernachtungstauglich. Angesichts der Tageszeit, vor allem aber wegen der Renovierungsarbeiten, wollte ich es nicht ausprobieren. Sie jedoch werden hier ein frisch renoviertes, schön gelegenes Schwimmbad (dann auch wieder mit Wasser/Bild links) genießen.

Die auf der Weiterfahrt an mir vorbeiziehende Landschaft ist karg und wirkt ziemlich eintönig, sodass mich die Ausschilderung nach **Bakkafjörður** und der Hinweis auf gute Campingmöglichkeiten dazu verleiten, den Blinker rechts zu setzen und 5 km in den Fischerort zu fahren. Der **Campingplatz** (**GPS** N66 02 14.1 W14 48 12.4) allerdings ist prima, wenn auch einfach: WC/Geschirrwaschplatz und Stromanschluss - und das Ganze ist gratis. Nebenan liegt ein kleiner Supermarkt mit einem einfachen Café - hier lässt es sich auch gut mit den Einheimischen beim Kaffeeplausch ins Gespräch kommen. Man freut sich einfach, wenn Touristen den Weg hierher finden.

Fährt man weiter Richtung **Þórshöfn**, fällt 3 km nach der Einmündung von Bakkafjörður her links die Kirche des **Hofs Skegjástaðir** auf (Bild). Nach einem Blick ins Gotteshaus, das an einem historischen, schon bald nach der Landnahme besiedelten Platz steht, starte ich wieder den Motor. Erneut liegen 35 km durch eine ähnlich triste Landschaft vor mir, wobei diese spärlich bewachsene Landschaft eben typisch, fast wie in der Tundra erscheint.

Dann heißt es rechts ab nach **Þórshöfn** zu fahren und sich einen netten Platz auf dem Wohnmobil-Stellplatz oberhalb des Campingplatzes zu suchen. Wieder kann man die Badesachen (sie sind hoffentlich schon wieder trocken) einpacken und ein paar Minuten Fußweg zum Bad in der markanten Halle im Ort auf sich nehmen (Bild unten links).

Wer lieber etwas essen geht, kann dies bei der Tankstelle tun (hier werden, neben obligatorischen Hamburgern & Pizza auch kleine isländische Gerichte angeboten). Richtig gut ist das Essen im dahinter liegenden **Restaurant Báran** (Tel. +354 468-1250, mailto:baranthorshofn@gmail.com), wo ich mir ein schönes Stück Lachs auf Gemüsebett mit Kartoffeln habe schmecken lassen. Zwar hat man zunächst den Eindruck einer Kantine - eine typische Gaststätte in Island in den abgelegeneren, urtümlichen Regionen, die ich nicht zuletzt deshalb sehr schätze. Und was aus der Küche kommt, schmeckt einfach gut! Ansonsten bietet Þórshöfn einige schmucke Häuser und eine schöne moderne Kirche, die einen Blick ins Innere verdient hätte, wäre Sie bei meinem wiederholten Besuch nicht erneut verschlossen gewesen. Doch immerhin: Durch die Glastür kann man ja schauen.

    ÞÓRSHÖFN - TJALDSTÆÐI

Stellplatzart:...................................Campingplatz/Wohnmobil-Stellplatz
GPS:.. N66 11 55.9 W15 19 32.6
Adresse:... Þórshöfn, Hálsvegur
Tel. ....(Tourist Information) +354 468 1515
mailto: ....sund@sund.is
Zufahrtinfo: Von der 85 in den Ort abbiegen, bei der Tankstelle der abknickenden Vorfahrt folgen, dann ausgeschildert. Separater Wohnmobil-Stellplatz etwa 100 m oberhalb der Zeltwiese mit WC.
Kurzbeschreibung: Geschotterter Wohnmobil-Stellplatz mit Entsorgungsausguss und Stromanschluss (ISK 800 p. P./N). Kassiert wird abends ca. 18⁰⁰ h oder morgens ca. 9⁰⁰ h vom Platzwart. WC/Geschirrwaschplatz am Campingplatz (Bild rechts). **Öffnungszeit:** Juni-August.

AUSFLUG FÜR 4X4-FAHRZEUGE: HALBINSEL LANGANES

Das erste Stück bis zur Kirche von Sauðanes (erbaut 1889) ist für "normale" Wohnmobile machbar. Bis kurz nach dem Flugplatz gleiten Sie auf Asphalt dahin, erst zum Schluss folgt ein Stück guter Schotterpiste.

Bietet Ihr Wohnmobil 4x4-Antrieb, können Sie auf die Landzunge **Langanes** bis zum Leuchtturm **Fontur** hinaus gelangen. Oder fahren Sie bis zum Ende der 869 zum längst verlassenen Fischerdorf **Skálar**. An den Stränden liegen Unmengen an Treibholz, aber auch Teile eines alten Schiffswracks, die bei Sturmfluten hoch aufs Land geworfen worden sind. Eindrucksvoll sind die Vogelfelsen, die im letzten Abschnitt vor der Gabelung Fontur (geradeaus) und Skálar (rechts ab) zu sehen sind.

Skálar wurde verlassen, als Seeminen, die der Abwehr deutscher Landungstruppen dienen sollten, an die Ostküste von Langanes gespült wurden. Zwei detonierten vor Skálar und zerstörten zwei Fischerhäuser. Dies veranlasste die Einwohner, das Feld zu räumen. Zwar versuchte eine Familie nach dem Krieg einen Neuanfang. Doch gaben sie Mitte der 50er Jahre wieder auf. Eine Informationstafel unterrichtet Sie ausführlich über die Geschichte von Skálar sowie über die **US-Basis Camp Greely**.

Wenn Sie Zeit haben, können Sie Fontur von hier aus zu Fuß erreichen. Von Skálar zum Leuchtturm und retour der nördlichen Küstenlinie folgend verläuft ein Wanderpfad, der mit 24 km jedoch eine stramme Tageswanderung ergibt. Das ergibt eine Wanderzeit von 5-6 Stunden ohne Pausen.

Wer hier in Skálar übernachten möchte, kann auf dem geschotterten Platz stehen (**GPS** N66 19 42.9 W14 45 47.2, Bild unten links). Aber fahren Sie bitte **nicht** auf den noch sichtbaren Zufahrtsstraßen des Dorfes bzw. des US Army Stützpunktes herum. Offroad ist verboten! Es ist neben der Rettungshütte (... nicht für kostenlose Übernachtung!) sogar eine WC-Hütte aufgestellt, die ich allerdings verschlossen vorfand. Das Wasser von dort muss abgekocht werden (Hinweisschild).

Die Fahrt zum **Leuchtturm Fontur** habe ich nicht ausprobiert. Mein Dank für die schöne Aufnahme rechts und die Beschreibung gilt Sieglinde und Günter Hahn. Folgen Sie ihnen an der Abzweigung geradeaus, haben Sie nach ca. 13 km das Ziel, den Leuchtturm erreicht. Zumindest bei deren Besuch war die Türe zum Leuchtturm nicht versperrt und sie konnten ihn auch besteigen (selbstverständlich auf eigene Gefahr). Der Platz am Leuchtturm (**GPS** N66°22 42.2 W14 32 04.5) ist relativ eben und eignet sich hervorragend für eine Übernachtung. Allerdings sind weder Mülleimer noch Wasser vorhanden und auch eine Entsorgung ist erst wieder in Þórshöfn bei der Rückfahrt möglich.

ROUTE 2

P **RAUÐANES - PARKPLATZ**

Stellplatzart:..Parkplatz
GPS:.. N66 14 33.9 W15 42 38.5
Adresse:..Rauðanes, an der 85
Zufahrtinfo: Von Þórshöfn aus der 85 Richtung Raufarhöfn folgen. Nach 28 km rechts ab der Ausschilderung auf die 1,7 km lange, ziemlich ruppige Zufahrt folgen.
Kurzbeschreibung: Geschotterter, nicht ganz ebener Parkplatz mit Infotafel über den Wanderweg, Mülleimer.

Auf dem Abschnitt der komplett neu gebauten, asphaltierten 85 kann man zügig Richtung **Raufarhöfn** gelangen. Doch ganz so zügig ist gar nicht sinnvoll, sonst verpasst man eine tolle Küste mit filigranen Basaltklippen, die unzähligen Seevögeln einen Brutplatz abgeben. So setze ich 28 km nach Þórshöfn den Blinker und ruckele eine arg ruppige, aber bei langsamer Fahrweise problemlos befahrbare Zufahrt zum Parkplatz.

Wanderung zum Vogelfelsen Rauðanes

Diese Tour habe ich nur zum Teil erwandert und mich vor allem dem Fotografieren gewidmet und den Vögeln bei ihren Flugkünsten zugeschaut. Gewandert bin ich lediglich bis zur Landspitze der Halbinsel. Doch möchte ich Ihnen dringend gutes, festes Schuhwerk empfehlen. Teils wandert man in sehr steilem Wiesengelände, das nur wenig Halt gibt.

Vermutlich werden auch Sie viel mehr Zeit benötigen, als es 7 km Fußweg eigentlich erfordern (gut 2 Stunden), denn an den herrlichen Felsformationen und den Vogelfelsen kann man nicht einfach so vorbei gehen (Bild unten).

Wieder habe ich nicht weit zu fahren, bis ich einen weiteren Parkplatz für Sie entdeckt habe. Dieser ist problemlos für eine Nacht geeignet, zumindest aber für eine schöne, aussichtsreiche Kaffeepause auf dem Picknickplatz der Passhöhe **Hofaskarð**.

Auch die nächsten 5 km liegen zügig hinter mir. Dann folge ich rechts der Ausschilderung nach Raufarhöfn über die zur Nebenstraße "degradierte" frühere 85, die zur Nordspitze der **Halbinsel Melrakkasletta** führt. Doch liegt da unterwegs ja noch der Fischerort **Raufarhöfn** mit gepflegten Häusern, einer schönen Kirche und vor allem mit einem schönen Campingplatz, der eine tolle Aussicht aufs Dorf bietet.

ROUTE 2

  HOFASKARÐ - PASSHÖHE

Stellplatzart:..Parkplatz
GPS:.. N66 17 53.3 W15 53 27.5
Adresse:..Hofaskarð, an der 85
Zufahrtinfo: Von der Ausfahrt des vorherigen Parkplatzes sind es fast 23 km, um auf der Passhöhe rechts auf den Parkplatz zu fahren.
Kurzbeschreibung: Geschotterter Parkplatz mit Wendeschleife, 2 Picknickbänke und Informationstafeln.

   RAUFARHÖFN - TJALDSTÆÐI

Stellplatzart:..Campingplatz
GPS:.. N66 26 52.1 W15 56 33.9
Adresse:.. Raufarhöfn, Skólavegur
Zufahrtinfo: Nach der Ortseinfahrt sieht man rechts die Schule und die Sporthalle. Kurz danach zweigt die geschotterte Zufahrt zum Campingplatz rechts ab (ausgeschildert).
Kurzbeschreibung: Geschotterter Parkplatz für Wohnmobile vor dem eigentlichen Campingplatz (Bild links unten), der mit einem Erdwall vor dem Wind geschützt wird. Drinnen einwandfreie Sanitäranlagen (Dusche/ WC/Frischwasserhahn außen). Leider keine Entsorgungsstation - doch klagen wir nicht: Der Platz ist kostenlos! Für Stromanschluss bezahlt man ISK 500, zu bezahlen entweder zur Öffnungszeit im benachbarten Schwimmbad (tgl. 16⁰⁰-18⁰⁰ h offen) oder bei der Tourist Information ein Stück weiter im Dorf bei der N1-Tankstelle.

ⓘ WAS (NOCH) NICHT IST, KANN NOCH WERDEN: ARCTIC HENGE

Beachten Sie schräg links der Ortsausfahrt das Steinmonument, das zu meinem Besuch gerade im Aufbau befindlich war. Hier entsteht ein an steinzeitliche Anlagen erinnernder Steinkreis, ganz ähnlich wie in Stonehenge. Die Idee ist, dass man die exponierte Lage nur ganz knapp unterhalb des Polarkreises nutzen wollte. Auf dem Hügel sieht man die Mitternachtssonne rundherum ungehindert (es sei denn, die Wolken sind dagegen...). Ich sah dagegen sehr schön den Ort (Bild vorige Seite rechts).

Die Anordnung der aus Steinquadern errichteten Bögen markiert die vier Himmelsrichtungen. Schaut man durch die Öffnungen der zentralen Formation und blickt durch einen der äußeren Spitzbögen, hat man die exakten Himmelsrichtungen. Auch die in der isländischen Sagenwelt allgegenwärtigen Elfen kommen zu ihrem Recht, indem die Steinkreationen den Kalender der Zwerge beinhaltet. Mehr Details hält die Informationstafel neben der Straße 870 am Ortsausgang für Sie parat.

Das Kunstwerk soll nicht nur der mystischen Bedeutung solcher Plätze gerecht werden, sondern auch für Anlässe wie Hochzeiten, Geburtstage, Betriebsfeiern etc. genutzt werden können.

Ich bin gespannt, wie das Ganze nach Fertigstellung einmal aussehen wird. Sie können vielleicht schon bald über das fertige Monument berichten. Warten wir es ab, wann es soweit ist.

Auch, dass es ein recht gutes Restaurant im Ort gibt, soll nicht unerwähnt bleiben. Sie finden es, wenn Sie in Höhe der Kirche, die mit ihrem roten Dach und Turmhelm dem Ort ein markantes Wahrzeichen abgibt, rechts abbiegen. Das zweite, unscheinbare Gebäude rechts ist das Hotel Norðurljós. Im ersten Obergeschoss befindet sich das Restaurant, das ein Fischbuffet sowie Fleisch- und Fischgerichte à la carte anbietet.

Nachdem Raufarhöfn die nördlichste (noch bewohnte) zusammenhängende Gemeinde Islands ist, liegt es nahe, dass der offiziell nördlichste Leuchtturm (den wir mit dem Fahrzeug fast erreichen können) nicht weit sein kann. Fährt man auf der 870 nordwärts, sieht man schon von weitem den modernen Leuchtturm. Sobald die Straße dicht ans Meer führt, können Sie das Fahrzeug rechts abstellen (mehr Platz ist jenseits des Damms). Schnüren Sie die Wanderstiefel und folgen dem Weg über teils sehr groben Uferschotter. Mit etwas Glück können Sie Robben draußen im Wasser oder beim Ausruhen an Land beobachten. Sehr sicher werden Sie zahlreiche Vögel entdecken, die auch muntere Angriffe auf Sie starten dürften, besonders

zur Brutzeit. Je nach Laufgeschwindigkeit sind Sie nach knapp 30 Minuten am Leuchtturm.

Auch zum Wikingergrab aus der Landnahmezeit (sichtbar ist nur der Steinhaufen in der Nähe des Leuchtturms) ist ein Weg mit gelben Pflöcken markiert. Gutes Schuhwerk macht sich bezahlt, wenn Sie über die unwegsamen Steine stapfen, um ein Abrutschen oder Umknicken zu vermeiden. Weshalb ich das so herausstelle? Ich hatte eine Dame aus Belgien getroffen, deren Wohnmobilurlaub einen äußerst faden Nachgeschmack (sprich: Gipsfuß) erhielt. Sie war gleich zu Reisebeginn auf einem solchen Küstenabschnitt umgeknickt und hatte sich das Fußgelenk gebrochen. 4 Wochen Islandurlaub mit Gips - das war nicht, was die Dame sich erträumt hatte.

ROUTE 2

ℹ **HINWEIS FÜRS WANDERN IN VOGELGEBIETEN:**

Wenn Sie zur Brutzeit hier (oder in anderen Brutgebieten) sind, seien Sie vorsichtig und verlassen die markierten Wege nicht. Es wäre jammerschade, wenn Sie versehentlich ein Gelege zertreten.

Die Tiere haben es schwer genug, sich gegen Polarfüchse zu wehren und später für die Jungen genügend Futter heranzuschaffen. Da sollten Touristen nicht auch noch zur Gefahr werden.

Zur Erklärung: Die einen Vögel lenken durch ihre Angriffe auf Sie vom Gelege ab, die anderen tarnen sich bestens (z. B. Eiderenten), andere rennen wie verrückt am Boden herum und spielen den sterbenden Schwan, um von den Eiern oder Jung-

vögeln abzulenken. Wichtig ist nur eins: Es geht ihnen allen um den Schutz des Nachwuchses. Und bitte: **Finger weg** von den Nestern der Eiderenten! Diese gehören dem Landbesitzer, und der hat mehr als genug Arbeit damit, die Eiderdaunen einzusammeln. Zuwiderhandlungen können streng bestraft werden.

Nun rumple ich auf der in die Jahre gekommenen 870 (Schotterstraße, früher die 85) in nordöstlicher und später östlicher Richtung, bis ein Schild auf der westlichen Seite der Halbinsel rechts zum Hof **Núpskatla** weist. Wenn auch Sie gerne wandern und Vögel beobachten mögen, sollten Sie mir auf die 7 km lange Zufahrt folgen, auch wenn es eine unangenehmen "Waschbrettpiste" ist, die mir bei der Recherche übrigens einen Reifen gekostet hat. Am Parkplatz (**GPS** N66 30 25.2 W16 30 08.7) heißt es wieder "Wanderstiefel angezogen" und los - der Vogelfelsen liegt in Sichtweite. Hier ist einer der beiden Brutplätze des Basstölpels in Island - eine echte Rarität also.

ⓘ DER VOGELFELSEN RAUÐINÚPUR

Der Rauðinúpur ist ein Vulkan, der während der letzten Eiszeit ausgebrochen war. Markant ist die Steilwand, die zum Meer hin offen scheint und deren rostrote Grundfarbe mit schwarzbraunen und hellen Einlagerungen vor allem bei schönem Wetter farbenfroh strahlt. Aus dem Meer vor der Küste ragen zwei hohe Lavatürme, die den Seevögeln beste Brutplätze bieten. Wie der Bergfried einer wehrhaften Burg scheinen Sie der Brandung zu trotzen. Zugleich bietet der Kot der vielen lebhaften Vögel einen krassen Kontrast zum braunschwarzen Vulkangestein.

Auf der Wiese vor dem Leuchtturm Sölvanöf sitzend kann man dem Kommen und Gehen der Vögel bestens zuschauen und den klassischen Aufbau eines Brutfelsens studieren. Obenauf gilt es eine der beiden Kolonien von Basstölpeln, den größten Seevögeln des Nordatlantiks, zu bewundern. Sie leben in Nachbarschaft der putzigen Papageientaucher, die sich am Rand der Grasnarbe ihre Bruthöhlen graben.

Es folgen von oben nach unten die verschiedenen Möwenarten und Eissturmvögel, gefolgt von Tordalken und Trottellummen, die sich zu

Hunderten an die Felswand drücken, den Rücken zur See, damit bloß kein Ei verloren geht, das sie, ähnlich den Pinguinen, auf den Füßen liegen haben und sich zur Brut darüber hocken. Sieht dann ganz lustig aus, als ob sie einen Frack mit zwei weißen Knöpfen hinten trügen.

Der Weg vom Hof Núpskatla ist in 30 Minuten bequem zu machen, wäre da nicht das grobe Gestein, aus dem der Damm besteht. Deshalb sind gute Wanderschuhe sehr empfehlenswert, ebenso an der Wiese gegenüber der Brutkolonie, um ein Abrutschen zu vermeiden. Vorsicht also!

Die Wanderung ist übrigens im Rother Wanderführer Island beschrieben.

Eine Besonderheit im nahen **Kopasker** ist das **Erdbeben-Informationszentrum**. Es geht mit lebhaften Berichten (isländisch und englisch) auf das Beben von 1976 ein, das nahezu alle Häuser im Ort mehr oder weniger stark beschädigte. Doch immerhin, es gab keine Todesopfer zu beklagen (Bild rechte Seite). Das Epizentrum hatte nur 12 km entfernt im Öxafjörður gelegen. Die Besucher erhalten Hintergrundinformationen zu Islands Vulkanismus und der Kontinentaldrift, was die Erdbebenhäufigkeit begründet.

Ein weiteres Heimatmuseum ist etwas außerhalb des Dorfes an der Strecke gelegen, die ich auf der Weiterfahrt nehme. Sie sehen vom Ort aus die Kirche. Daneben befindet sich das Museum, das neben der üblichen Ausstattung mit Alltagsgegenständen früherer Tage eine Sammlung alter isländischer Bücher beinhaltet. Wer all das ausführlich anschauen möchte, richtet sich am besten auf dem örtlichen Campingplatz ein.

KÓPASKER - TJALDSTÆÐI

Stellplatzart:...Campingplatz
GPS:... N66 18 03.1 W16 26 32.2
Adresse:... Kópasker, Kópaskersvegur
Zufahrtinfo: Kurz nach Ortseinfahrt rechts ins Zentrum des Dorfes einbiegen und gleich wieder links auf den Campingplatz. Das WC-/Duschhäuschen steht gut sichtbar gleich neben der Straße (ehemalige Tankstelle).
Kurzbeschreibung: Wiesengelände, nicht ganz eben, mit Picknickbänken und Buschwerk als Windschutz. WC/Dusche oberhalb. Autowaschplatz gleich nebenan. Stromanschluss. Leider keine Ver-/Entsorgungsstation, dafür kostenlos. Keine feste Öffnungszeit bekannt (Bild unten rechts).

  LUNDUR - TJALDSTÆÐI

Stellplatzart:...Campingplatz
GPS:... N66 04 23.1 W16 25 45.9
Adresse:... Lundur
Zufahrtinfo: An der 85, etwa 2 km südlich der Höfe Ærlækur I+II. Eine Ausschilderung auf den Campingplatz gibt es leider nicht.
Kurzbeschreibung: Zu einem Kindergarten gehörendes Wiesengelände. Der Platz ist von Buschwald umgeben und bietet einen schönen Blick auf umliegende Berge. WC/Geschirrwaschplatz und kleiner Aufenthaltsraum in der dreieckigen Finnhütte. Stromanschluss (2 Säulen à 3 Steckdosen). Doch wurde ich um den Hinweis gebeten, dass der Pachtvertrag Ende 2013 endet. Zwar sei auch künftig ein Campingplatz geplant, aber Ausstattung, Preise und Öffnungszeiten seien offen. **Kontaktdaten/Öffnungszeit:** Noch nicht bekannt.

Die 870 zieht sich weiter in südlicher Richtung, bis sie auf die 85 trifft, die von links über die **Ösarfjarðarheiði** führt. Seit dem Neubau jener Strecke ist leider auch der Zustand der früheren 85 (jetzige 870) wesentlich schlechter geworden. Nun steht ein erlebnisreiches Wandergebiet rund um **Ásbyrgi** bevor, das Sie mit einem Besuch bei Europas größtem Wasserfall, dem **Dettifoss** verbinden können. Mehrere Campingplätze bieten sich als Ausgangspunkte für den Ausflug oder die Wandertouren an.

ÁSBYRGI - TJALDSTÆÐI

Stellplatzart: ....Campingplatz
GPS: N66 01 43.0 W16 29 14.8
Adresse: .... Ásbyrgi
Tel. .... (Informationszentrum) +354 471 2211
mailto: .... asbyrgi@vjp.is
Homepage: .... www.vjp.is
Zufahrtinfo: Auf der 85 die Abzweigung Dettifoss links liegen lassen, der Abzweigung nach Überquerung der Jökulsá á Fjöllum links folgen.
Kurzbeschreibung: Weitläufiges, durch Bäume und Buschwerk aufgelockertes, Gelände. Gut ausgestattet: Strom, Ver-/Entsorgung, Waschmaschine, Trockner. Nahe der Tankstelle das **Informationszentrum des Naturschutzgebietes Ásbyrgi**, das Sie über Zielsetzung und Besonderheiten des Nationalparks informiert. Hier für die Campingplätze anmelden (ISK 1.300 p. P./N zzgl. Kurtaxe (ISK 100) und Strom (ISK 800).
Öffnungszeit: Mitte Mai-Mitte Sept.

  VESTURDALUR - TJALDSTÆÐI

Stellplatzart: ....Campingplatz
GPS: N65 55 58.4 W16 33 42.2
Adresse: .... Vesturdalur
Zufahrtinfo: Auf der 85 zunächst am Informationszentrum vorbei fahren, dann nach etwa 3 km links ab auf die 862. Nach einem guten Stück wechselt man, der Ausschilderung folgend, auf die 888 ins Vesturdalur. Zu empfehlen nur für kleinere Wohnmobile mit robustem Fahrwerk und Bodenfreiheit. Sehr steile Zufahrt.
Kurzbeschreibung: Sehr schönes, durch Bäume und Buschwerk aufgelockertes, weitläufiges Wiesengelände in der Talsohle. Der Platz ist einfach ausgestattet, kostet aber dasselbe, wie der andere in Ásbyrgi. Man kann sich hier auch bei den Rangern anmelden, die vor Ort ein Büro haben (Kontaktdaten wie Ásbyrgi). **Öffnungszeit:** Juni bis Mitte Sept.

 ÜBERNACHTUNG IM GEBIET DES NATIONALPARKS

Im Vatnajökull-Nationalpark angegliedert wurde, ist die freie Übernachtung verboten, was auch überwacht wird. Jedoch gibt es für Wanderer ausnahmsweise die Möglichkeit, am äußerst südlichen Zipfel, beim Parkplatz Dettifoss an der jüngst asphaltierten Straße 862 von Süden her, zu übernachten. Eigentlich ist dies nur für die Übernachtung im Zelt gedacht, aber es wird schon mal ein Auge zugedrückt, wie mir gesagt wurde, wenn man eben eine längere Wanderung macht.

Wandern in Ásbyrgi und im Vesturdalur

Vom Besucherzentrum aus habe ich mir anhand der Wanderkarte, die dort für umgerechnet ca. EUR 3,00 verkauft wird, die Route 8 ausgesucht. Der mit gelben Pflöcken markierte Weg führt zunächst von der Freiterrasse aus nach links zum Fahrweg, der zum Gehöft Ás gehört, überquert diesen und verläuft weiter durch den herrlichen Birkenwald. Nach etwa 30 Minuten ist die erste Ausschilderung zum Campingplatz erreicht. Ich gehe weiter geradeaus und gelange nach weiteren 45 Minuten zur Gabelung, wo man geradeaus nach Vesturdalur weitergehen kann. Nachdem ich die schöne Aussicht in die tief eingeschnittene Schlucht genossen habe, folge ich dem Schild nach Ásbyrgi und überquere eine ein abwechslungsreiches Plateau (weitere 45 Min.). Sandige Abschnitte wechseln sich mit Birken- und Heidebewuchs und fantasievollen Lavaformationen ab, bis man, fast aus heiterem Himmel, auf der Abbruchkante ist und tief hinab in den sogenannten Hufabdruck des Pferdes des Odin blickt, wie die Schlucht nach altem Volksglauben genannt wird. Es geht weiter rechts, mehr oder weniger der Felskante folgend, bis - wiederum nach 45 Minuten - eine Stahltreppe und darunter ein mit Seil gesicherter Steig folgt, der mich in die Talsenke von Ásbyrgi führt. Es fehlen noch 15 Minuten zurück zum Informationszentrum.

Von Vesturdalur aus (Campingplatz) können Sie zwischen zwei Rundwanderungen wählen, die sich gut miteinander kombinieren lassen und dann eine längere Tour von 4-5 Stunden ergeben.

Ein gut markierter Weg führt vom Campingplatz aus zu einer Gabelung, wobei ich mich links halte. Auf einem schönen Pfad erreiche ich den sogenannten Echofelsen und gehe weiter zur Kirkja, einem Felstor, das einem gotischen Fenster gleicht. Es folgt ein recht steiler Anstieg zum roten Schuttkegel des **Rauðhólar**, der eine herrliche Aussicht bietet. Zurück geht man entweder auf gleicher Route oder auf einem fast parallel verlaufenden Weg.

Nimmt man an der Gabelung die Route rechts ab, gelangt man zu den Basaltformationen **Karl óg Kerling**, die der Strömung des Gletscherflusses widerstanden haben. Etwas vom Fluss entfernt geht man zur Steilklippe **Kallbjörg**, die den Blick auf die graubraunen Fluten tief unten ermöglicht. Dann durchwandert man eine heideähnliche Landschaft und folgt ab dem alten Gehöft Svinadalur einer Jeeppiste zurück zum Ausgangspunkt.

Gehzeit für jede Teilstrecke ca. 2 bis 2 1/2 Std. Gutes Schuhwerk ist erforderlich. Besonders bei Nässe ist der Pfad teils glitschig und unangenehm zu begehen. Weitere Wanderrouten beinhaltet die erwähnte Wanderkarte sowie der Rother Wanderführer.

Sicher ist es auch für Sie von Interesse, einmal **Europas größten Wasserfall** zu sehen. Der **Dettifoss** kann mit normalen Fahrzeugen von beiden Seiten erreicht werden. Doch ist die 862 von Ásbyrgi her (Abzweigung etwa 3 km weiter westlich ausgeschildert) zunächst eine etwas ruppige Schotterpiste, besonders im Abschnitt ab der Abzweigung Vesturdalur südwärts. Doch bei vorsichtiger und angepasster Fahrweise ist es, zumindest bei guter Witterung, gut machbar. Und es wurde mir im Besucherzentrum angekündigt, dass die 862 in den nächsten Jahren durchgängig asphaltiert werden soll. Die eingeschränkte Möglichkeit zur Übernachtung am Parkplatz Dettifoss hatte ich schon erwähnt.

 ## Wandern zum Dettifoss, Selfoss und Hafragilsfoss

Vom Parkplatz führt ein markierter Pfad zum gewaltigen Wasserfall, der schon aus der Ferne an der aufsteigenden Gischt erkennbar ist. Wenn Sie sich an dem Schauspiel satt gesehen haben, können Sie rechts hinüber zum nicht weit entfernten

Selfoss wandern und dessen weit aufgefächerte Kaskaden, die sich fast hufeisenförmig darstellen, bewundern.

Die Route zum **Hafragilsfoss** habe ich nicht selbst ausprobiert. Hier verweise ich auf die Wanderkarte des Besucherzentrums. Selbstverständlich ist es, wiederum bei vorsichtiger Fahrweise, möglich den Dettifoss auch von der anderen Seite zu sehen, indem Sie an der Ringstraße einige Kilometer ostwärts fahren und auf die 864 wechseln. Schimpfen Sie aber nicht, wenn die Waschbrettpiste Ihnen auf den Wecker geht. Diese Seite der Jökulsá á Fjöllum gehört übrigens nicht zum Nationalpark. So wäre eine Übernachtung auf dem **Parkplatz Dettifoss** möglich (**GPS** N65 49 09.0 W16 22 45.3). Doch wurde ein Campingverbotsschild angebracht, welches das Gegenteil besagt. Man befindet sich also in der berühmten Grauzone zwischen Parken und Camping.

Ähnlich sieht es aus, wenn Sie der 864 weiter nordwärts folgen und die (enge und teils steile!) Zufahrt zum **Parkplatz Hafragilsfoss** nehmen. Fahrzeuge mit langem Hecküberhang und wenig Bodenfreiheit könnten Probleme bekommen. Der Parkplatz ist mit derselben Einschränkung versehen, wie am Parkplatz zuvor (**GPS** N65 50 10.0 W16 23 58.3). Doch ist der Wasserfall ähnlich imposant, wie schon der Dettifoss. Lediglich die Fallhöhe unterscheidet sich. Immerhin stürzt hier derselbe Fluss in die Tiefe.

An der Ringstraße schließt sich der Kreis wieder bei **Ásbyrgi**. Jetzt heißt es, der 85 nach Nordosten zu folgen. Ich sause auf guter Asphaltstraße durch die Ebene, bis nach der Bucht **Lón** ein steiler Anstieg folgt. Verpassen Sie nicht den Aussichtspunkt, der sich oben befindet. Bei gutem Wetter können Sie ein Feuerwerk der Farben des Meeres erleben (Bild). Drunten tummeln sich mit etwas Glück Robben und Seevögel runden das Naturerlebnis ab. Diesen Platz (**GPS** N66 08 14.5 W16 57 01.3) nutzte ich seiner

Schönheit wegen wiederholt für eine Übernachtung, um keine weite Anfahrt mehr bis **Húsavík** zu haben. Das schmucke Hafenstädtchen an der Skjálfandi-Bucht ist nicht nur des Attributs "**Hauptstadt des Whale Watching Europas**" wegen bekannt. Es ist schlicht ein sehenswerter Ort, in dem sich ein etwas längerer Aufenthalt lohnt. Deshalb schicke ich auch hier die Stellplatzvorschläge voraus.

   HÚSAVÍK – TJALDSVÆÐIÐ HÚSAVÍKUR

Stellplatzart:...Campingplatz
GPS:.. N66 03 04.9 W17 20 41.1
Adresse:...641 Húsavík, Heðinsbraut
Tel... +354 464 4300
mailto:... info@visithusavik.is
Homepage:.. www.visithusavik.is
Zufahrtinfo: Auf der 85 von Osten kommend nach Húsavík fahren. Am Ende der Gefällstrecke nach Ortseingang links ab neben dem Sportplatz. **Kurzbeschreibung:** Ortsnah und doch ruhig gelegene Wiese mit Anschlusssäulen für Strom. Sanitärgebäude am Rand der Zeltwiese mit guter Ausstattung. DU/WC, Waschmaschine/Trockner, Geschirrspülplatz. Ver- und Entsorgung an der Einfahrt beim Häuschen der Rezeption (besetzt im Sommer 19^{00}-23^{00} h, außerhalb dieser Zeit bitte im Whale Center anmelden/5 Min. Fußweg). **Öffnungszeit:** Mai bis September.

 HÚSAVÍK – BOTSVATN

Stellplatzart:..Parkplatz
GPS:... N66 02 15.3 W17 17 43.0
Adresse:..641 Húsavík, Botsvatn
Zufahrtinfo: Nach der Kirche links in die Garðarsbraut und weiter geradeaus durch den Ásgarðsvegur. In Höhe des Paintball-Platzes Übergang in einen ruppigen und steilen Schotterweg Dafür entschädigt aber die Aussicht unterwegs. Die Piste führt hinauf zum Botsvatn. **Kurzbeschreibung:** Mehrere kleine Stellflächen in Ufernähe, aber auch etwas oberhalb. Keinerlei Ausstattung - ein Platz für absolute Naturliebhaber. Man kann den See in einer guten Stunde auch zu Fuß umrunden. Eine schöne Aussicht gibt es gratis dazu.

  HÚSAVÍK – HEIÐARBÆR

Stellplatzart:...Campingplatz
GPS:... N65 53 17.8 W17 19 08.6
Adresse:...641 Húsavík, Heiðarbær
Tel... +354 464 3903
mailto:... heidarbaer@simnet.is
Homepage:..www.heidarbaer.is
Zufahrtinfo: An der Straße 87 von Húsavík Richtung Mývatn rechts ausgeschildert. **Kurzbeschreibung:** Campingwiese mit Sicht- und Windschutz durch Hecken und Bäume, Du/WC im Restaurant (regionale Küche, einfach), Schwimmbad angegliedert (nicht im Campingpreis enthalten). Campingcard wird akzeptiert. **Öffnungszeit:** Anfang Juni-Mitte Sept.

Einkehrtipps und Einkaufen

Nutzen Sie die Gelegenheit, in einem der gemütlichen und guten Restaurants von Húsavík die regionale Küche zu genießen. Rund um den Hafen bieten einige davon in ansprechender Atmosphäre gutes Essen an. Ich selbst habe mehrfach das Essen im **Gamli Baukur** getestet, sei es der Fisch des Tages (nach Angebot der Fischerboote) oder eine kräftige Fleischsuppe mit reichlich Gemüse und Lammfleisch. Auch das Restaurant **Salka** ist empfehlenswert. Weitere Angebote gibt es wenige Schritte entfernt - bis hin zu Fish & Chips, den üblichen Fast Food Angeboten oder Kaffee und Kuchen. Wer gerne die eigene Küche nutzt, hat in Húsavík ebenso gute Karten. Es gibt zwei Supermärkte und eine Bäckerei mit Konditorei (ein Stück nach der Kirche schräg links ab). Fürs Frühstück ist also gesorgt, zumal dort von 8^{00}-10^{00} h ein kleines Frühstücksbuffet angeboten wird. Apotheke und Krankenhaus werden Sie (hoffentlich) ignorieren können.

 WHALE WATCHING IN HÚSAVÍK

Die Firma **North Sailing** hat sich seit 1995 in Sachen Walbeobachtung in Island einen Namen gemacht. Einerseits war die Skjálfandi-Bucht seit jeher ein Bereich, in dem sich Wale wohl fühlten. Die Strömungsverhältnisse und die in die Bucht mündenden Flüsse sorgen dafür, dass immer genug Krill und Plankton aufgewirbelt wird - ein Schlaraffenland für Buckel- und Zwergwale, die deshalb nahezu die gesamte Feriensaison über in der Bucht mit hoher Sichtungsquote zu beobachten sind.

Auch Großwale, ab und zu Blauwale oder ein Finnwal, werden im Juni/ Juli gesichtet, Delfine und Orkas sind ebenso Gäste. Was lag also für die Gründer von North Sailing näher, als mit dem Angebot des Whale Watching zu belegen, dass mit Walen Geld zu verdienen ist - aber nicht mit der Jagd, sondern mit dem Angebot der Walbeobachtung. Die Touristen haben das Angebot gerne und so zahlreich angenommen..

Überwiegend wurden traditionelle Fischerboote aus Eichenholz fürs Whale Watching umgerüstet. Zwei Segelschoner kamen hinzu, ebenso wie ein Filialbetrieb von North Sailing in Ólafsfjörður. Die Gesellschaft bietet auch längere Fahrten an, die mit den geräumigeren, besonders schönen Schiffen zur Papageientaucherinsel Lundey, nach Flatey oder Grimsey führen. **Info/Kontakt:** www.northsailing.is, mailto:info@north-sailing.is, Tel. +354 474 7272; Rabatt bei Online-Buchung).

Zwei weitere Anbieter bieten Walbeobachtungstouren ab Hafen Húsavík in die Skjálfanda-Bucht an. Es sind **Gentle Giants**, die auf eine alte Familientradition als Fischer in der Skjálfandi-Bucht verweisen und ebenfalls schon viele Jahre aktiv am Markt sind. **Info/Kontakt:** www.gentlegiants.is, mailto:info@gentlegiants.is, Tel. +354 464 1500). Auch sie bieten vielseitige Routen an, bis hin zur Fahrt nach Grímsey, nach Flatey und zur Vogelinsel Lundey. Mit dem Ticket gibt es 20% Rabatt auf den Einritt ins Wal-Zentrum Húsavík. North Sailing und Gentle Giants kooperieren eng mit dem Walzentrum Húsavík.

Der Dritte im Bunde ist seit 2013 das Restaurant **Salka**, wo Sie direkt buchen, genauso aber telefonisch oder online. **Info/Kontakt:** www.salkawhalewatching.is, Tel. +354 464 3999).

In Húsavík haben Sie in Island sicherlich auf kleinem Raum das kompakteste Angebot, um mehrmals am Tag in die Bucht auszulaufen. Kaum eine Fahrt bleibt ohne Erfolg. Die Fahrten starten ab ca. 8⁰⁰ Uhr bis in den Abend hinein. Geschultes Personal mit langjähriger Erfahrung ist an Bord. Am besten schauen Sie schon am Vorabend den Wetterbericht an und buchen dann die Fahrt für den nächsten Tag im Voraus. So haben Sie Ihren Platz auf einem der Boote sicher.

Sehenswertes in Húsavík

Ebenfalls am Hafen finden Sie das **Walzentrum/Walmuseum**, das Ihnen umfassende Hintergrundinformationen zu den Meeressäugern gibt. Wert wird Kindern und Jugendlichen beigemessen, die spielerisch lernen und sich kreativ zeigen sollen. Wanderungsverhalten,

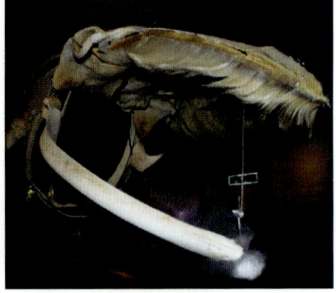

Fortbewegungstechnik, Körper- und Knochenbau der Wale werden sehr anschaulich und verständlich vermittelt. Thema sind auch die Essgewohnheiten der Meeressäuger. Die Menge an Milch, die den Walkälbern täglich als Nahrung dient, wird zum Beispiel anhand 240 Milchflaschen dargestellt.

Weiter ist die **Kirche aus dem Jahr 1904** zu erwähnen. Ihr kreuzförmiger Grundriss bietet mit der hellen Farbgebung sowohl innen als auch außen einen schönen Eindruck. Die Kirche ist in der Hauptsaison täglich von 10^{00}-18^{00} h für Gäste offen.

Geht man bei der Kirche die Straße hinauf, kann man nach wenigen Schritten die Schwelle ins **Naturmuseum** nehmen und sich über die Zusammenhänge der Natur und der Landwirtschaft der Region anschauen.

Ein schönes Ausflugsziel ist weiterhin der oberhalb von Húsavík gelegene **Botsvatn**, den man zu Fuß umrunden kann (gut 5 km). Zudem habe ich dort bereits mehrfach gut und ruhig im Wohnmobil übernachtet (siehe Parkplatz S. 84, Bild auf dem Weg dorthin unten). Die Runde um den See ist übrigens auch eine beliebte Strecke fürs Jogging.

Eine Jeeppiste führt auf das **Húsavíkurfjall**, den 417 m hohen Hausberg des Städtchens, welcher auch ein gutes Wanderziel ist. Sollten Sie zur Zeit der Mitternachtssonne hier sein, ist dieser Berg ein beliebtes Ziel, von dem das Naturschauspiel besonders gut zu beobachten ist.

Etwas außerhalb gelegen, aber noch zu Húsavík gehörend, ist der **Gemüsehof Hvervellir**. Ihn finden Sie später auf der Weiterfahrt an der Straße Nr. 87 Richtung Mývatn. Wenn Sie Bedarf verspüren, können Sie auf dem bereits erwähnten **Campingplatz Heiðarbær** einen Halt einlegen oder das dortige **Schwimmbad**

besuchen. Beides liegt an der Strecke. Sollte der Kühlschrank nach frischem Gemüse rufen - beim schräg gegenüber liegenden Gehöft **Hveravellir** wird dieses werktags frisch ab Hof verkauft (10^{00}-18^{00} h, im Angebot sind hauptsächlich Tomaten, Paprika und Gurken).

 BADEN IM KÄSEKESSEL? KEIN PROBLEM IN HÚSAVÍK!

Das Schönste soll man sich bekanntlich für den Schluss aufheben. So empfehle ich den "Käsekessel", der mit seinem heilsamen Wasser den Bürgern von Húsavík ein lieb gewonnenes Kind geworden ist. Der Name rührt daher, dass die Edelstahlwanne, in der Sie sich gemütlich im warmen Wasser ausstrecken können, in der Tat einmal in einer Molkerei der Produktion von Käse gedient hatte. Keine Angst - davon merken Sie nichts mehr. Die hölzerne Verkleidung nebst Dusche und Umkleideraum sind der angenehme Rahmen für diese Badestätte. Das Wasser des schönen Hotpots ist überdies gesund für die Haut. So wird ihm eine heilsame Wirkung bei Psoriasis (Schuppenflechte) zugesprochen.

Fahren Sie beim modernen Schwimmbad (das ich auch empfehle) die Straße Laugarbrekka bergan zum Ende und biegen rechts ab. Nach den letzten Häusern zweigt ein Schotterweg rechts ab. Noch ein Stück um die Bergnase herum gelangen Sie zum Käsekessel.

Für die Erhaltung dieses außergewöhnlichen Hot Pots wird die Bezahlung von 200 ISK erbeten - ein Betrag, den Sie gerne investieren sollten. Da inzwischen noch mehr Leute davon Wind bekommen haben, ist die Übernachtung auf dem Parkplatz im Wohnmobil oder Caravan verboten. Um 24^{00} h ist ohnehin Ende - dann wird das Wasser abgelassen.

Umweg über Grænjaðarstaður und Ystafell

Haben Sie Lust auf die Besichtigung eines ehemals bedeutenden und reichen Torfhofes und eines Automuseums? Dann folgen Sie der 87 und später der Ausschilderung rechts ab auf einen Abstecher nach **Grænjaðarstaður**. Die Schotterstraße führt zügig talwärts. Sie überqueren die **Laxá**, die vom Mývatn her kommt und ein sehr schönes, stellenweise schluchtartiges Tal durchfließt, auf einer Staumauer. Wie der Name schon sagt, ist es ein lachsreicher Fluss, sogar einer der besten Islands. Doch hüten Sie sich, die Angel auszupacken und einen Fisch zu fangen. Die Lizenz ist teuer, und Sie werden kaum eine bekommen. Sie ist so begehrt, dass sie im Losverfahren abgegeben wird.

Wenn Sie kleine Schotterstraßen nicht scheuen, möchte ich Ihnen einen zusätzlichen Ausflug ins **Laxádalur** vorschlagen. Fahren Sie nach Überquerung der Staumauer links ab talaufwärts (Schotterstraße 856) und holpern etwa 6 km bis zur Brücke auf die andere Talseite. Direkt danach biegen Sie wieder links ab und gelangen in einen kleinen **Vulkankegel** mit herrlichen Farben (**GPS** N65 46 19.8 W17 16 10.6). Er liefert die Erklärung, weshalb die Ebene vor der Skjálfandi-Bucht von einem dicken, zerklüfteten Lavafeld überzogen ist. Mitten im Vulkankegel bieten sich ein paar kleine Parkmöglichkeiten zur "Vulkan-Vesperpause" an .

Anderenfalls folgen Sie dem Sträßchen von der Staumauer aus schräg rechts zum Torfhof, der das Museum beherbergt. Der Parkplatz (**GPS** N65 49 13.5 W17 20 58.4) bietet genug Raum für Ihr Wohnmobil, damit Sie sich alles in Ruhe anschauen können.

DER TORFHOF GRÆNJAĐARSTAĐUR

Die ältesten Teile des Gehöfts stammen von 1865. Hier lebten einst an die 30 Menschen, teils betagte Personen aus dem Umkreis, die hier ihren Alterssitz erhielten. Altersheime in heutiger Form gab es ja noch nicht.

Im Hof erhalten Sie einen Eindruck von der guten Stube, im Obergeschoss liegt die Wohnung des Priesters, dem früher das Land des Hofes unterstand. Sie haben Einblick in die einfachen Räume der übrigen Bewohner und Beschäftigten, die häufig mit bis zu 20 Personen in einem Raum nächtigten, nötigenfalls im Schichtbetrieb oder zu mehreren in einem Bett. Deshalb sind die Betten entweder in der Länge oder in der Breite veränderbar. Tagsüber, in zusammengeschobenem Zustand, dienten die variablen Schlafmöbel als Sitzgelegenheit.

In den Lagerräumen sehen Sie, wie Skýr traditionell hergestellt und in Fässern gelagert wurde. Die Küchen sowohl im Erdgeschoss als auch eine Etage höher sind im Originalzustand aus dem 19. Jahrhundert erhalten. Zahlreiche Geräte und Arbeitsmittel sind zu sehen. So hatte jeder Bewohner sein eigenes, aus Holz geschnitztes Besteck oder kunstvoll verzierte Buttergefäße. Auch die Kirche ist sehenswert. **Öffnungszeiten/ Info:** Juni bis August täglich von 10⁰⁰-18⁰⁰ h, Eintritt, www.husmus.is, mailto:safnahus@husmus.is, Tel. +354 464 3688. Parken über Nacht ist nicht ohne Einwilligung möglich. Also bitte vor Ort nachfragen.

Bevor ich Sie zu einem der wichtigsten Tourismuszentren des Landes, dem Mývatn entführen möchte, können Sie einen weiteren Abstecher machen und auf der 845 nicht links ab zum Mývatn abbiegen, sondern rechts ab zur 85. So gelangen Sie nach etwa 8 km zum Hof **Ystafell**, wo Autofans (vor allem alter Modelle) ihrem Hobby frönen können. Zwar mutet die Sammlung ziemlich bunt zusammengewürfelt und auch etwas chaotisch an. Doch macht genau das auch ein wenig den Reiz des Ganzen aus.

Sie können der 845 südwärts bis zur Ringstraße folgen und dort links ab zum Mývatn weiterfahren. Wer dagegen Interesse hat, das schon erwähnte, eigenwillige Transportmuseum anzuschauen, folgt von Grænjaðarstaður aus dem Schottersträßchen 854, biegt bald rechts ab auf die 845 und fährt bis zur 85. Dort geht es links ab Richtung Akureyri. Auf sehr schmaler Brücke überquert man den mächtigen **Skjálfandafljót** und fährt weiter talaufwärts. In **Ystafell** ist das Museum links der Straße nicht zu übersehen.

🔘 DAS TRANSPORTMUSEUM YSTAFELL

Schon im Außengelände stehen einige interessante Gefährte. Schräg hinten dient ein vermeintlicher Schrottplatz wohl vor allem als Ersatzteillager. Das eine oder andere gute Stück aus früheren Tagen dürfte wohl noch eine Weile auf eine Restaurierung warten - es sei denn, das Gefährt versinkt nach und nach völlig im sumpfigen Untergrund. Besonders aufgefallen ist mir der Barkas 1000 aus DDR-Produktion (Bild unten), der in seinen letzten aktiven Tagen als Wohnmobil ausgebaut sogar unter dem Eiffelturm in Paris abgelichtet wurde. Ein Bild von der Reise hängt im Museum.Ingólfur Kristjánsón und Kristbjörg Jónsdóttir haben eine Vielzahl von Fahrzeugen, Baumaschinen und Zubehör aus den letzten ca. 50 Jahren zusammengetragen und zu einer sehenswerten Ausstellung zusammengestellt, die in der Halle und auf dem Vorplatz in passablem, teils richtig gutem Zustand präsentiert werden.

Öffnungszeiten/Info: Mitte Mai bis Ende September täglich 10^{00}-20^{00} h, www.ystafell.is, mailto:sverrir@islandia.is, Tel. +354 464 3133.

Von Ystafell fehlen noch 9 km bis zur Ringstraße. Auf ihr ist eine gute Dreiviertelstunde (ab der Einmündung der 845 vom Torfhof her etwa die Hälfte), bis sich die Museumsbesucher am Informations-Parkplatz zur Mývatnsveit an der 87 wieder mit der eigentlichen Route treffen. Wer den Abstecher nicht mitgemacht hat, rollt auf der 87 auf einer gut gepflegten Schotterstraße durch die Ödnis des Gebirgszugs **Geitafell**. Nach etwa einer Viertelstunde ist wieder Asphalt unter den Rädern, und schon kündigt der Hinweis auf einen Picknickplatz an, dass die **Mývatnsveit** erreicht ist. Vom Informations-Parkplatz hat man einen guten Überblick über die Höhepunkte des Sees. Der Vulkankrater **Hverfjall** zieht sicher auch Ihre Blicke auf sich. Genießen Sie die Aussicht, bevor Sie nach **Reykjahlíð** fahren, das meine erste Station ist. Zunächst aber ein paar allgemeine Informationen zur Mývatnsveit, bevor es los geht zur Erkundung dieses beliebten Tourismusmagneten.

ROUTE 2

 WARUM MÝVATN? UND WARUM EIN NATURSCHUTZGEBIET?

Der Name bedeutet Mückensee. Seien Sie sich gewiss - zumindest im Juni, wenn die Tage und das Wasser wärmer werden, sind Sie niemals alleine. Im Gegenteil! Myriaden von Mücken (meist harmlose, aber furchtbar lästige Zuckmücken) werden Sie begleiten und auch Ihnen den letzten Nerv zu rauben versuchen. Und sie werden Erfolg damit haben. Doch auch in den Wochen danach lässt die Plage nicht völlig nach. Nicht umsonst werden allerorten Mückennetze angeboten, die Sie über den Kopf ziehen können.

Die nervtötenden Biester haben aber auch ihren Nutzen, bieten doch die im und am Wasser lebenden Larven und Mücken den zahlreichen Fischen und Vögeln eine gute, schier unerschöpfliche Nahrungsgrundlage. Deshalb ist der Mývatn auch für seine Artenvielfalt bekannt. Während wir von den Fischen nicht viel zu Gesicht bekommen, können wir die Vogelwelt intensiv beobachten und bewundern. Nicht weniger als 35 Entenarten werden hier gesichtet, darunter die Spatelente, die am Mývatn ihren einzigen Brutplatz in Europa hat. Dazu kommt eine Vielzahl anderer Vogelarten.

Um es gleich deutlich hervorzuheben: Das Gebiet mit seiner vielfältigen Landschaft vulkanischen Ursprungs ist zu Recht eine der schönsten und damit auch beliebtesten Gegenden Islands. Damit dies so bleibt, hat man das gesamte Gebiet zum Naturschutzgebiet erklärt. Deshalb ist die freie Übernachtung strikt verboten! In der Brutzeit ist gar der Zugang zu den Uferzonen des Mückensees untersagt.

Der Mývatn entstand, als gewaltige Lavaströme den Abfluss versperrten. So gesehen, ist er ein natürlicher Stausee. Er ist nicht tief, kann sich im Sommer also recht schnell erwärmen, was durch die aktive Vulkantätigkeit der Region verstärkt wird. Selbst im Winter ist der See häufig nicht zugefroren. Doch hat dies auch den erwähnten Nachteil, dass die Mücken sich hier pudelwohl fühlen und sich munter und zahlreich vermehren. So zappeln früh im Jahr Abermillionen Mückenlarven im See, die allesamt - meist eben im Juni - zu ausgewachsenen Mücken werden. Es sei denn, es kommt ein Vogel oder Fisch daher, der sie als willkommenes Futter betrachtet. Wenn nicht, darf das Biest den Einheimischen und Touristen auf den Nerven herumtanzen, ins Auto sausen, in Nase und Ohren fliegen. Und manchmal, besonders an windstillen Tagen, bildet die "Iceland Airforce" gar richtige kleine, dunkle Wolken

Was tun dagegen? Eigentlich gar nicht viel! Sie können sich eines der erwähnten Netze kaufen. Oder suchen Sie, wenn möglich, eine andere Zeit aus, um den Mývatn zu besuchen. Doch lässt sich das halt nicht immer machen. Dann sollten Sie, wenn Sie im Freien sind, das Wohnmobil immer schön geschlossen halten. Eine kleine Hilfe ist es, sich an Orten aufzuhalten, die möglichst starken Wind haben. Das mag etwas ungewöhnlich klingen. Aber das mögen die Flattertiere gar nicht. Sehr beliebt sind bei den Mücken die von der Sonne aufgewärmten Blechflächen der Autos (und Wohnmobile) oder Zeltplanen. Und dann viel Spaß, wenn Sie die Tür öffnen :-) Die Biester wissen nämlich nicht ohne weiteres, wo der Ausgang ist. Und wenn Sie sie hinausjagen möchten, holen sie gleich Verstärkung von draußen rein. Es bleibt Ihnen gar nicht viel anderes übrig, als die Plagegeister einzeln zu erledigen.

Wie erwähnt, dürfen Sie hier nur auf einem der ausgewiesenen Campingplätze nächtigen, die ich den Beschreibungen vorausschicke. Einzige Ausnahme ist, wenn Sie essen gehen und dort das Einverständnis erhalten, über Nacht auf dem jeweiligen Parkplatz stehen zu bleiben.

   REYKJAHLÍÐ - HLÍÐ FERÐAÞJÓNUSTA

Stellplatzart:..Campingplatz
GPS:.. N65 38 57.5 W16 55 05.2
Adresse:...Reykjahlíð - Hraunbrún
Tel.: ....+354 464 4103 oder 8996203
mailto: ....info@myvatnaccommodation.is
Homepage: ....www.myvatnaccommodation.is
Zufahrtinfo: Von Norden kommend kurz vor dem Ort links hinauf ausgeschildert (zugleich Zufahrt zum Flugplatz).
Kurzbeschreibung: Weitläufiges, terrassiertes Gelände, auf dem Sie sich den Platz suchen, der Ihnen am besten gefällt. Aussicht auf Hverfjall und den See. Recht gute Ausstattung, Sanitärbereich mit Du/WC, WiFi-Zone, Waschmaschine, Trockner. Ver-/Entsorgung für Wohnmobile.
Vorteil: Preislich etwas günstiger als die anderen Plätze (2013: 1.200 ISK p. P./N. zzgl. Strom. **Öffnungszeit:** Ca. Mitte Mai bis Mitte September.

REYKJAHLÍÐ - BJARG

Stellplatzart:...Campingplatz
GPS:... N65 38 26.6 W16 54 44.2
Adresse:...660 Reykjahlíð, Bjarg
Tel.:..+354 464 4240
mailto:.. ferdabjarg@simnet.is
Zufahrtinfo: Auf der zur Nebenstraße "degradierten" früheren Ringstra-
ße, jetzt 848, in südlicher Richtung, kurz später rechts ab ausgeschildert.
Kurzbeschreibung: Sehr schönes, am See gelegenes Campinggelände
mit speziellen Wohnmobil-Stellplätzen (Bild unten). Teilweise Schatten
und Windschutz durch Büsche. Waschmaschine/Trockner, Ver-/Entsor-
gung. Preis 2013: ISK 1.300 p. P./N. zzgl. Strom ISK 800/Tag. **Öffnungszeit:**
Ca. Mitte Mai bis Mitte September.

    REYKJAHLÍÐ - VOGAR

Stellplatzart:...Campingplatz
GPS:... N65 37 25.0 W16 55 03.6
Adresse:..660 Reykjahlíð
Tel.:..+354 464 4399
mailto:..info@vogahraun.is
Homepage:...www.vogahraun.is
Zufahrtinfo: Vom letztgenannten Campingplatz etwa 1 km weiter fahren,
dann links ab ausgeschildert.
Kurzbeschreibung: Am Rand des Lavafeldes, kleines Restaurant (Pizza &
Co.), Ver-/Entsorgung, Du/WC, Preis wie Bjarg. Allerdings - hier wird für
Einzelreisende die Preisgestaltung zum Problem, denn Sie zahlen genau-
so viel, als seien Sie zu zweit. **Öffnungszeit:** Ca. Mitte Mai bis Mitte Sept.

Einkehrtipp: Jogafjós Restaurant. Wenn ein Essen mal etwas
mehr kosten darf, bietet sich der Besuch im schräg gegenüber
liegenden "Kuhstall-Café" an. Dort sollten Sie reservieren, denn es
wissen viele, auch Einheimische, von der Besonderheit des Restaurants:
Sie sitzen bei hervorragenden Essen mit Blick auf den See, in den
Kuhstall und auf den Melkstand für die Kühe. Fleisch, Käse, im Boden
gebackenes Brot und Fisch stammen aus eigener Produktion bzw. Fang,
das Gemüse überwiegend vom Gemüsehof Hveravellir.

Sind wir schon mal in **Reykjahlíð**, möchte ich ein paar Dinge herausstellen, die Sie nicht verpassen sollten. Zuerst ist die schöne **Kirche** zu nennen. Sie sollten auch die Reste der alten Kirche an der Friedhofsmauer anschauen. Dort gewinnt man einen Eindruck, wie die Lava des Mývatn-Feuers vor den Kirchenmauern Halt gemacht hatte. Die Kanzel der neuen Kirche zeigt diese Szene in künstlerischer Form dargestellt. Weiterhin hat Reykjahlíð eine gute **Tourist Information** zu bieten (Tel. +354 464 4390, www.visitmyvatn.is, im Ort ausgeschildert). Nicht weit entfernt, fristet das früher beliebte Schwimmbad sein etwas undankbares Dasein, seit das **Mývatn Nature Bath** eröffnet hat. Dabei ist es durchaus einen Tipp wert, zumal es wesentlich preisgünstiger ist.

 EIN AUSSERGEWÖHNLICHER BADETIPP: MÝVATN NATURE BATH

Nun verabschiede ich mich vorläufig vom See und folge der Ringstraße ein Stück Richtung Egilsstaðir. Bald fällt links der unwirklich schwimmbadblaue See **Bjárnaflág** auf. In ihm konnte man noch vor wenigen Jahren baden. Seit jedoch gegenüber das **Mývatn Nature Bath** diesem Zweck dient, wird das Wasser nicht mehr heruntergekühlt. Zum Baden ist es viel zu heiß - schlimme Verbrühungen wären die Folge. Also bitte Abstand halten! Setzen Sie lieber den Blinker und besuchen das neue Bad - es lohnt sich. Ein wenig fühlt man sich an die Blaue Lagune auf der Halbinsel Reykjanes erinnert - wenn man diese schon kennt. Auf alle Fälle ist es ein, lohnendes, wenn auch nicht ganz billiges Badevergnügen, zwischen Lavafeldern, dampfenden Bergrücken und blau schimmernden Bachläufen im ca. 35-38° C warmen Wasser zu baden. Die gepflegte Anlage wurde vor wenigen Jahren erbaut. Übrigens: Für Badegäste, so wurde uns signalisiert, ist man geneigt schon mal ein Auge zuzudrücken, wenn in Verbindung mit dem Besuch der Anlage der Wunsch nach der Möglichkeit für eine Übernachtung im Wohnmobil geäußert wird. Leserrückmeldungen bestätigten mir dies auch. Es bleibt dies aber ohne Gewähr, nur auf Anfrage vor Ort und je nach Betrieb (**GPS** N65 37 52.7 W16 50 55.7). **Öffnungszeiten/Info:** Juni-Aug. tgl. 9⁰⁰-24⁰⁰ h, sonst 12⁰⁰-22⁰⁰ h, www.jardbodin.is.

Von der Einfahrt des Schwimmbades aus beginnt die Steigung auf die Passhöhe am **Námafjall**. Hier wurde lange Zeit Schwefel abgebaut und für die Munitionsherstellung exportiert. Kurz vor der Passhöhe können Sie am Picknickplatz einen Halt einlegen und sich anhand der Infotafeln noch einmal ein Bild über die Sehenswürdigkeiten machen.

Bald werden Sie im **Solfatarenfeld Hverir** sehen, wie viel Schwefel hier aus des Teufels Küche emporkommt. Die Straße führt in einer weiten S-Kurve abwärts. Dann heißt es den vermutlich schon zahlreichen Touristen auf den Parkplatz rechts ab zu folgen. Wenn Sie trittsicher sind und die Witterung trocken ist (auch kein Regen kurz vorher), können Sie die festen Bergschuhe (mit gutem Profil!) schnüren und mir auf eine Wanderung folgen. Dazu später mehr.

Bitte lesen Sie die Infotafel am Zugang zum Solfataren- und Fumarolenfeld durch, während Sie schon die eine oder andere Dampfschwade des nach faulen Eiern "duftenden" Gebräus aus der Tiefe einatmen. **Achtung!** Die Warntafeln und Absperrungen haben ihren Sinn! Bitte beachten Sie diese und meiden vor allem die hellen Stellen am Boden - Einsturzgefahr! Und das gilt nicht nur hier, sondern immer in aktiven Vulkanzonen. Sie wären nicht der oder die Erste, die schlimme Verletzungen und Verbrennungen davonträgt.

Wanderung auf den Vulkankegel Námafjall

Vom Eingang zum Solfatarenfeld sieht man einen Pfad hinten links hinter dem Bergrücken verschwinden. Diesem folge ich, sobald ich mich am Dampfen und Zischen der Schlammpötte und Dampfaustritte satt gesehen habe. Ich nehme mir auch den Warnhinweis zu Herzen, der auf einem Schild am Wegrand vor dem Anstieg steht und auf die große Rutschgefahr im steilen, haltlosen Gelände hinweist. Sie sind auf eigene Gefahr unterwegs!

Ich habe Glück - das Wetter ist seit Tagen trocken. Dennoch wurde schnell klar, wie ernst der Hinweis zu nehmen ist. Selbst das gute Profil meiner Wanderschuhe gab gerade mal so genug Halt. Da und dort kam ich auf dem steilen, festgebackenen Terrain ins Rutschen. Nach einer halben Stunde ist das gemeistert und ich kann von der ersten Kuppe ein Auge voll nehmen, bevor ich zum eigentlichen Gipfel weitergehe. Dann verläuft der Weg zunächst leicht, später wieder recht steil abwärts. Was die Wanderung ausmacht, sind die unglaublichen Farben an den Dampfaustritten. Nach einer guten Stunde bin ich wieder unten am Wohnmobil.

Ich mag den Gestank gerne hinter mir lassen. Doch ist die Faszination zu groß. Ich genieße das Schauspiel also noch bei einer Tasse Kaffee. Dann geht es weiter.

Bald zweigt die Straße 863 ab. Ich folge dem Schild "Krafla". Das Vulkangebiet ist eines derer, die als "überfällig" gelten. Dass hier über 200 Bohrlöcher bis zu 2000 m tief reichen, um dem Geothermalkraftwerk Dampf zu liefern, mag für Laien der Gefahr zuträglich erscheinen. Die Fachleute sind jedoch sicher, die Lage im Griff zu haben und im Fall der Fälle schnell genug evakuieren zu können. Ich bin Optimist und glaube es, auch wenn es nicht wenige Stimmen in Island gibt, die der Sache kritisch gegenüber stehen und einen "provozierten" Ausbruch nicht ausschließen.

Wenn Sie das Thema interessiert - im Kraftwerksgebäude mit den großen Dampfschloten ist ein **Informationszentrum** eingerichtet. Hier wird ein Film (auch in deutscher Sprache) gezeigt. Was mich aber noch viel mehr reizt, sind zwei herrliche Wanderungen, die mitten ins Herz der Vulkanzone führen.

DAS MÝVATN-FEUER UND DIE ENTSTEHUNG DES VÍTI KRATERS

Das ausgedehnte Vulkansystem der Krafla war im 18. Jahrhundert Ausgangspunkt des sogenannten "Mývatn-Feuers" (1724-29 und 1746). Wie eine Initialzündung war die explosionsartige Entstehung des Kratersees Víti zu sehen. Diesem gewaltigen Ausbruch folgte eine über Jahre hinweg andauernde Ausbruchsserie, bei der einige Spalten entstanden und glühende Lava in großen Mengen ausstießen. Die wie ein zäher Teig zerklüftete Masse kam dem Dorf Reykjahlíð immer näher und zerstörte es zuletzt weitgehend - bis auf die Kirche. Hierauf hatte ich schon hingewiesen.

Das alte Lavafeld von damals ist stark zerklüftet, aber mittlerweile bemoost oder spärlich von Gras bewachsen. 1975-84 gab es eine neue, lange anhaltende Ausbruchsserie. Die Lava floss zum Teil in die gleiche Richtung, war aber nicht so ergiebig wie zuvor. Pechschwarz zieht sich das neue Lavafeld markant über das graugrün schimmernde, alte Lavagestein - herrlich!

Wandern am Spaltenvulkan Leirhnjúkur

In dieser Hexenküche möchte ich Ihnen zwei schöne Wanderungen empfehlen. Details können Sie auch hierzu dem Rother Wanderführer entnehmen. Das Bild unten zeigt das Wandergebiet.

Für die Wanderung zur Eruptionsspalte des **Leirhnjúkur** stellen Sie den Wagen nach dem steilen Anstieg oberhalb des Kraftwerks links ab auf den geräumigen **Parkplatz** (WC, Imbissbude - **GPS** N65 42 47.8 W16 46 27.2) und schnüren die Wanderstiefel. Es ist keine große Höhendifferenz zu überwinden, auch ist der Weg nicht schwierig, zumindest bis zur knapp 20 Minuten Gehzeit entfernten Aussichtsplattform.

Sie können die Route erweitern, unter anderem Richtung Reykjahlíð. An der Abzweigung gehe ich weiter Richtung Vulkanspalte. Sie passieren blubbernde und fauchende Solfataren (20 Minuten), aber auch farbenfrohe Ablagerungen - ein Zeichen, dass dieser Vulkan noch sehr nahe an seiner aktiven Phase ist.

Wenn das junge Lavafeld erreicht ist, können Sie sich vorstellen, wie sich die Lava glühend über ältere Schichten und zugleich über unberührte, vom Frost buckelig gewordene Wiesen ergossen hatte. Es geht nun durch die Eruptionsspalte der letzen Ausbrüche (es wird schon nicht gerade ein neuer Ausbruch kommen) und am Westhang zu einem schönen Aussichtspunkt, von dem gut zu sehen ist, wie die neue, schwarze Lava die ältere und auch sattgrüne Wiesen überzogen hat. Der Pfad führt links am Lavafeld abwärts. Am Ende der Lavazunge folgt eine Abzweigung des Wegs nach Reykjahlíð. Hier hätten wir vor einigen Jahren unsere Tour gerne um die Besteigung des markanten **Hlíðarfjall** ergänzt - und wurden sage und schreibe von einem Gewitter überrascht (etwas Seltenes in Island!). Die Gipfelwanderung wäre keine gute Idee gewesen, weshalb wir kurz unter dem Gipfel abbrechen mussten.

Wandern zum Kratersee Víti

Eine sehr schöne Entschädigung ist die Wanderung zum und um den **Kratersee Víti**, den ich um eine zusätzliche Runde um ein Solfatarenfeld ergänzt hatte - trotz Regen und mehrerer Rutsch-einlagen. Doch konnte ich diese Tour mit meiner Familie schon früher bei Sonnenschein machen, was das Foto eindrücklich belegt. Man kann vom gleichen Wanderparkplatz aus losgehen, oder man stellt das Wohnmobil auf den **Wanderparkplatz Krafla** (GPS N65 43 04.1 W16 45 27.1). Die Runde um den Krater ist einfach, wenn auch etwas Trittsicherheit nötig ist (man könnte abrutschen, weil der vulkanische, festgebackene Untergrund kaum Halt gibt, ganz besonders bei Nässe). Gehzeit etwa 45 Minuten, mit dem Solfatarenfeld 1 Std. - Bilder unten).

Nun führt mein Routenvorschlag nach eindrucksvollen Wander-touren am Tor zur Hölle auf gleicher Strecke zurück zum Mývatn. Auch jetzt wäre natürlich ein Entspannungsbad im Mývatn Nature Bath nicht zu verachten.

Kurz vor Reykjahlíð folge ich dem Schild auf das mittlerweile geteerte Sträßchen zur altbekannten Badestelle **Grótagjá**. Doch Vorsicht! Die Höhle soll gesperrt werden - Baden verboten. Wer es dennoch tut, begibt sich in erhebliche Gefahr (Einsturzgefahr, seit Erdbeben und vor allem stark schwankende Wassertem-peraturen ein nicht kalkulierbares Risiko bergen), welche die Grundeigentümer nicht mehr tragen können und möchten, wie mir von der Wirtin des Kuhstall-Cafés mitgeteilt wurde. Sie ist Miteigentümerin des Landes hier. Schade, hat man nun doch extra die Zufahrtsstraße zur mit warmem Wasser gefüllten Lavahöhle asphaltiert. Ein vorsichtiger Blick (nicht hineinklettern, schon gar nicht baden!) kann aber kaum schaden. Das bedeutet: Gesperrt wird nicht mit Stacheldraht und Zäunen, sondern mit einem Appell an die Vernunft und einem Verbotszeichen.

Es kommt aber auch ohne dies noch einiges Interessantes auf Sie zu, eigentlich noch viel dramatischer, nämlich die "düsteren Burgen" **Dimmuborgir** und die Besteigung des **Hverfjall**.

Wandern in den Dimmuborgir und zum Hverfjall

Die bizarren, fantasievollen Lavaformationen erreichen Sie, wenn Sie von Vogar aus ein Stück nach Süden fahren. Der Parkplatz ist links gut ausgeschildert. Also Blinker gesetzt, links ab und ausgestiegen! Gute Wanderschuhe sind angeraten und los geht's! Es gibt mehrere Routen zur Auswahl. Es ist für jeden Anspruch etwas dabei, vom Spaziergang bis zu schwierigeren Wanderung. Bei den **Dimmuborgir** sind mehrere Rundwanderungen markiert (Holzpflöcke unterschiedlicher Farben) und an der Infotafel beschrieben. Ein Weg führt zum **Borgarskora-Tunnel** (0,5 m), zur von fantastischen Lavaformationen umgebenen Wiese **Gatklettur** (1 km) oder über die **Kirchenroute** (Kirkjuhringur, 2,4 km). Die hellblau markierte Route erfordert Trittsicherheit, da ein paar Steige zu meistern sind. Dafür werden Sie mit besonders eindrücklichen Lavatürmen entlohnt. Als Höhepunkt erwartet Sie das **Lavator Kirkjan**, das anmutet wie eine gotische Kirchentür.

Wenn Ihnen das noch nicht genug ist, können Sie von Gatklettur zum **Explosionskrater Hverfjall** wandern. Das untenstehende Foto zeigt die Dimmuborgir mit Hverfjall im Hintergrund. Dort geht es ein Stück um den Krater herum und auf gleichem Weg wieder zurück. Weitere Alternativen sind eine Tour vom Hverfjall ins Gebiet **Hverfellssandur** zur **Kraterreihe Lúdentsborgir**. Von dort stammt übrigens die ganze Lava, die zur Entstehung des Mývatn beitrug.

In die andere Richtung führt ein Weg zur **Lavahöhle Grótagjá** und von dort weiter nach **Reykjahlíð** und zurück. Diese Route bietet sich an, wenn Sie den Wagen auf einem der Campingplätze stehen lassen möchten (natürlich mückensicher verschlossen...).

Die Tourist Information oder die Campingplätze sind behilflich bei der Auswahl der Route und halten auch Kartenmaterial bereit. Auch der Rother Wanderführer beschreibt mehrere dieser Touren ausführlich, sodass ich mich auf die oben erwähnten Angaben beschränke und den gewonnenen Platz für ein paar schöne Bilder als Anreiz für Ihre Wandererlebnisse reservieren kann.

Spaziergang Höfði

Kurz nach dem Parkplatz Dimmuborgir ist der **Wanderparkplatz Höfði** ausgeschildert, dieses Mal auf der rechten Seite. Hier können Sie eher einen Spaziergang durch den verwunschen wirkenden Wald machen. Immer wieder eröffnen sich herrliche Ausblicke auf den See und bizarre Lavatürme. Der Rundweg ist - je nach Fotopausen - etwa 20-30 Minuten. Am Parkplatz ein WC.

Auf der Weiterfahrt auf der südlichen Route um den See (früher Ringstraße), gelangt man über die Landbrücke zwischen Mývatn und Grænavatn zum Weiler **Skútustaðir**. Dieser ermöglicht wiederum einen eindrucksvollen Spaziergang. Von Wanderung möchte ich hier nicht sprechen. Viel mehr Zeit dürfte fürs Fotografieren draufgehen, wenn Sie zwischen den Pseudokratern spazieren gehen. Auch hier die dringende Bitte: Halten Sie sich an die abgesteckten Wege. Die Fotos werden auch so eindrucksvoll genug.

 ENTSTEHUNG DER PSEUDOKRATER

Eins ist jedenfalls sicher - aus den Kratern sind niemals Lavamassen ausgeworfen worden. Vielmehr hatte sich die gewaltige Lavamasse der Lúdentspalte über das sumpfige, wasserreiche Land ergossen. Klar, dass das Wasser zwangsläufig zum Kochen und Verdampfen kommen musste. Und wenn die Dampfblasen und der Druck groß genug waren, wurde die Lavadecke aufgesprengt. Hierdurch erkaltete und erstarrte die Lava an diesen Stellen. Stehen blieben die Pseudokrater.

Die Runde um den See kann man auf der Ringstraße wieder bis Reykjahlíð schließen. In diesem Fall sei auf den Aussichtsberg **Vindbelgjarfjall** (529 m) hingewiesen. Vom Parkplatz aus ist es eine schweißtreibende Tour. Da meine Beine "genug" melden, darf ich auf den Rother Wanderführer verweisen, der die Route ausführlich beschreibt. Und Ihnen darf ich schönes Wanderwetter mit nicht gar so vielen Mücken wünschen, damit die Aussicht auch ein Genuss wird.

Mit dem **Goðafoss** steht ein weiterer Höhepunkt dieser Route bevor. Die Ringstraße führt nach **Laugar**, einem schmucklosen Ort mit Campingplatz und Schwimmbad. Aber mich reizt das weniger und ich sause weiter. Bald steigt die Straße an. Die Einmündung der 745 mit der Ausschilderung "Grænjaðarstaður" folgt bald. Dann wendet sich die Fahrtrichtung und man überquert den Höhenzug **Fljótsheiði** in südwestlicher Richtung. Der **Goðafoss** zeigt sich bald ein erstes Mal. Die Parkplätze sind voll von Autos, Bussen und auch ein paar Wohnmobilen. Dies zeigt, dass der Wasserfall eine der Hauptattraktionen Islands ist, auch eine der am häufigsten fotografierten. Zwar übernachten immer wieder Wohnmobilisten auf dem Parkplatz auf der Insel, besonders außerhalb der Öffnungszeiten des Campingplatzes. Doch ziehe ich diesen vor, denn diese Seite des Wasserfalls ist weniger von Touristen frequentiert. Zudem bietet das Restaurant schmackhafte Kuchen und Gerichte aus der isländischen Küche.

> **ⓘ WARUM GOÐAFOSS?**
>
> Der "Wasserfall der Götter" ist mit 12 m Fallhöhe und markanten Basaltblöcken in der Mitte einer der schönsten Wasserfälle auf der Insel. Für die Isländer hat er auch seine geschichtliche Bedeutung. Der Gode und Gesetzessprecher Þórgeir Ljósvetningagoði hatte im Zuge der Christianisierung des Landes um das Jahr 1000 alle heidnischen Götterbilder seines Landes in die Fluten geworfen. Eine Gedenktafel auf der Insel zwischen den Flussarmen erinnert an dieses Ereignis.

GOÐAFOSS - FOSSHOLL

Stellplatzart:..Campingplatz und Restaurant
GPS:.. N65 41 09.1 W17 32 20.9
Adresse:... An der Ringstraße
Tel.:...+354 464 43108
mailto:.. fossholl@nett.is
Homepage:...www.godafoss.is
Zufahrtinfo: Vom Mývatn über die Ringstraße kommend nach Überquerung des Höhenrückens Fljótsheiði in der Talsohle nicht zu übersehen.
Kurzbeschreibung: Wiese hinter dem Restaurant, zur Straße abgeschirmt durch das WC-Gebäude und das Restaurant. Einkehr im Restaurant, Ver-/Entsorgung, Stromanschluss auf Anfrage. Tankstelle mit Schnellimbiss nebenan. **Öffnungszeit:** Mitte Mai bis Mitte September.

Ausflug auf der 843/842 und später F26

Vom Goðafoss aus besteht die Möglichkeit zu einem Ausflug von etwa 50 km (recht gut befahrbare Schotterpiste) bis zum sehenswerten **Aldeyjarfoss**. Bis dort kann die Piste auch mit nicht geländegängigen Fahrzeugen passabel bewältigt werden. Dann allerdings ist die Rückfahrt zur Ringstraße angesagt, denn kurz vor dem Aldeyarfoss, genauer gesagt beim Hof Mýri, beginnt die F26 (Sprengisandur). Wenn Sie also ein isländisches Mietwohnmobil haben, sollten Sie sich erkundigen, ob die Fahrt bis zum Wasserfall in den Mietbedingungen eingeschlossen ist.

Dies und ein einigermaßen robustes, hochbeiniges Fahrzeug vorausgesetzt, starte ich beim Restaurant Goðafoss auf der 843, die nach 24 km die Talseite wechselt. Es folgen weitere 15 km zum Hof Mýri. Dann folgt ein kurzer, etwa 4 km langer, steiler und ruppiger Anstieg, bis die Zufahrt zum Aldeyjarfoss links ab ausgeschildert ist. Notfalls lassen Sie das Fahrzeug also beim Hof Mýri stehen und schnüren die Wanderstiefel. Ob zu Fuß oder mit dem dem Wohnmobil: Das Viehgatter, welches die Straße versperrt, ist nach dem Passieren wieder zu schließen! Sie werden bemerken, dass das Bild der Landschaft seinen Charakter

grundlegend mit jedem Meter Anstieg verändert. Aus dem satten Grün des Weidelandes im Tal wird der typische Hochlandcharakter mit graubraunen Schotterwüsten.

Am **Parkplatz Aldeyjarfoss** angekommen (**GPS** N65 21 51.2 W17 20 27.7, WC am Parkplatz/

übernachtungstauglich) schließt sich eine kleine Wanderung an, um den Wasserfall in all seiner beeindruckenden Schönheit zu bewundern. Der Fußweg ist nur gut 15 Minuten lang (retour angesichts des Anstiegs etwas länger), wobei Trittsicherheit erforderlich ist (Absturzgefahr!). Bevor man den Wasserfall selbst sieht, erblickt man auf der anderen Talseite einige markante, sehr beeindruckende Basaltsäulen. Eine davon ist abgerutscht und lehnt wie ein überdimensionierter Bleistift an der Felswand.

Bald wird ein Plateau erreicht und an der Abbruchkante wird der Blick zur graubraun zu Tal tosenden Wassermasse des Skjálfandafljót frei - beeindruckend und fesselnd zugleich. Unsere damals 7-jährige Tochter hatte es vor Jahren so beschrieben: "Der Wasserfall kommt oben um die Kurve, als wenn er keine Zeit hätte". Schöner, als aus dem Kindermund, kann man es eigentlich kaum beschreiben. Sie können noch ein gutes Stück um den Kessel des Wasserfalls herumwandern, um ihn aus einer anderen Perspektive zu sehen.

 WEITERFAHRT ÜBER DIE F26/F821 LAUGAFELL (4X4-STRECKE)

Die Weiterfahrt ist dann ausschließlich 4x4-Fahrzeugen mit Geländetauglichkeit vorbehalten. Ich fahre knapp 60 km weiter auf der F26/Sprengisandur (lose, sandige Passagen und ein paar kleinere Furten!), jedoch nicht um das Hochland nach Süden zu überqueren.

Vielmehr nehme ich die Abzweigung der F881 rechts ab, die nach etwa 24 km (die letzten 4 km auf der F821) zum **Laugafell** führt. Dort lasse ich es mir, wie bereits früher bei Besuchen mit meiner Familie, im angenehm warmen Hot Pot einfach gut gehen und kann mich von der Anstrengung der Hochlandpiste bestens erholen (Bild unten: Tanja Dörnhöfer).

Die Nacht verbringe ich auf dem zugehörigen **Campingplatz Laugafell** (**GPS** N65 01 38.0 W18 19 57.4, Du/WC, Gebühr) und fahre anderntags über die F821 Richtung Akureyri, was sich bestens mit den Ausflugstipps im Eyjarfjarðardalur verbinden lässt - siehe Hinweise dort).

Variante: Alternativ können Sie auch auf der F26 18 km weiter fahren bis zur Abzweigung der F752, die dann über Laugafell weiter bis nach Varmahlíð führt

Islands Norden

Als zweiter Abschnitt in Island steht uns der Norden Islands bevor, der eine ähnlich kontrastreiche Landschaft aufweist, wie zuvor. Hier erwarten Sie deutlich lebhaftere und größere Ortschaften, allen voran Akureyri, besonders tief ins Land reichende Fjorde und ein abwechslungsreiches Naturschauspiel.

Vom Goðafoss her ist es nicht weit bis **Akureyri**. An der Ringstraße gelangt man an den **Ljósavatn**. Der dortige **Picknickplatz** (**GPS N65 42 19.1 W17 39 53.4**) ist prima geeignet für eine schöne Vesperpause, nötigenfalls aber durchaus auch für eine Nacht, sofern man sich nicht an den vorbeirauschenden Autos und vor allem an den LKWs stört.

Wenn Sie die Talsenke der **Fjnóská** erreicht haben, liegen links ein Schwimmbad, eine Schule und ein Gästehaus. Diese ignoriere ich und fahre auf der landschaftlich reizvollen Route durch das **Dalsmýnni**, auch wenn Schotter unter den Rädern knirscht. Die Straße ist recht gut im Schuss und zügig befahrbar. Wer das nicht mag, überquert auf der Ringstraße die **Vaðlaheiði** und biegt jenseits der Passhöhe rechts Richtung Grenivík ab.

Die am Wohnmobil vorbeiziehende Landschaft ist grün, die Bergkuppen jedoch häufig noch lange mit Schneeresten bedeckt. Nach 15 km knickt das Tal nach Westen ab. Der Grund ist eine Endmoränenablagerung aus der Eiszeit, welche dem Fluss den Weg versperrte. Deshalb suchte sich der ansehnlich große Fluss den Weg durchs weiche Gestein Richtung **Eyjafjörður** und hat ein markantes, enges, später sogar schluchtartiges Tal eingeschnitten. Noch einmal 12 km liegen vor mir, bis die 83 erreicht ist.

Grenivík ist rechts ab ausgeschildert. Zwar ist der Ort auch schön an einer Bucht des Eyjafjörður gelegen, bietet aber sonst nichts Außergewöhnliches (Campingplatz, Schwimmbad). So entscheide ich mich zum Besuch im **Torfhof Laufás**. Die zugehörige Kirche ist obendrein sehenswert. Ein nettes Café nebst Souvenirshop liegen nebenan. Nicht nur der übliche Touristen-Nippes, sondern auch schöne, isländische Handarbeiten sind im Angebot. Wenn Sie sich die Zeit nehmen möchten, hier die beiden zugehörigen Stellplatztipps, damit Sie vor dem Besuch in Akureyri nochmal in der herrlichen Fjordlandschaft Luft holen können.

DALSMÝNNI/LAUFÁS - PARKPLATZ

Stellplatzart:...Parkplatz
GPS:... N65 53 55.4 W18 03 58.6
Adresse:..An der 83/Grenivikurvegur
Zufahrtinfo: Vom Dalsmýnni kommend auf die 83 abbiegen, über die Brücke fahren, dann gleich rechts ausgeschildert und nicht zu übersehen. Alternativ von der Ringstraße hier rechts ab Richtung Grenivík halten und etwa 18 km zur erwähnten Brücke fahren (davor entsprechend links).
Kurzbeschreibung: Geschotterter Parkplatz mit Picknickbank und Infotafel. Tolle Aussicht auf den sumpfigen, vogelreichen Mündungsbereich der Fjnóská und auf die über 1.400 m hohen, teils vergletscherten Gipfel der Halbinsel Tröllaskági auf der anderen Seite des Fjords sowie im Norden von Grenivík mit über 1.200 m Höhe.

 LAUFÁS - ALTE STRASSE

Stellplatzart:...Inoffizieller Parkplatz
GPS:... N65 52 33.4 W18 04 33.7
Adresse:...Oberhalb der 83
Zufahrtinfo: Vom vorgenannten Picknickplatz Richtung Akureyri fahren, am Torfhof vorbei und nach knapp 1,5 km vorsichtig links hinauf auf die Trasse der früheren Straße fahren. Auf dem Scheitelpunkt ziemlich ebene Parkfläche.
Kurzbeschreibung: Durch die erhöhte Lage steht man recht ruhig, wenn man auf der bergseitigen Straße parkt (keinesfalls mitten auf der Fahrbahn! Die alte Straße wird noch für die Landwirtschaft genutzt!). Sehr schöne Aussicht wie zuvor beschrieben.

 DER TORFHOF LAUFÁS

Laufás ist ein uralter Siedlungsplatz. Der ehemals reiche Pfarrhof ist im typischen Baustil errichtet worden und wird immer wieder baulich auf Vordermann gebracht. So präsentieren sich die Gebäude in einem außerordentlich guten, ansehnlichen Zustand.

Bis 1936 war die Pfarrei noch von Þórvaldur Þórmar bewohnt. Als dieser in ein neues Haus zog, wurde nach wie vor eine umfangreiche Landwirtschaft mit Viehhaltung, Ackerbau und Eiderentenzucht betrieben. Davon zeugt auch die geschnitzte Eiderente am Giebel des mittleren der seeseitigen Gebäude. Inzwischen ist ein umfangreiches, mit Ausstellungsstücken aus dem Umland ergänztes Heimatmuseum daraus geworden. Man erhält einen umfassenden Eindruck vom Leben um das Ende des 19. Jahrhunderts. Die 1856 erbaute Kirche zeigt neben

dem schmucken Altar eine reich verzierte Kanzel. Beachtenswert ist darüber hinaus das moderne Taufbecken unter der, wie so häufig in Island, himmelblauen Decke. **Öffnungszeiten/Info:** Juni-August tgl. 9⁰⁰-17⁰⁰ h. Wer den Hof außerhalb der Saison besichtigen möchte, ruft vorher an unter Tel. +354 463 3196. www.minjasafnid.is.

Nun chauffiere ich das Wohnmobil auf der 83 zur Ringstraße und bin bald auf dem Damm und der Brücke zur Hauptstadt des Nordens. Gleich dort sei auf die große Tankstelle hingewiesen, die Sie nicht nur mit Sprit und den üblichen, amerikanisch angehauchten Fast Food Angeboten versorgt (das tun auch andere). Vielmehr gibt es am Rand des Autowaschplatzes eine **Entsorgungsstelle** für Ihr Abwasser und die Camping-Toilette (**GPS** N65 40 11.0 W18 04 53.1). Da Akureyri (Bild: Innenstadt) ein vielseitiges Angebot für Touristen hat, möchte ich die Stellplatztipps vorausschicken

und zugleich auf ergänzende Stellplatzmöglichkeiten auf der Weiterfahrt hinweisen, die vor den Toren der Stadt liegen. In Akureyri gibt es den zentral gelegenen Campingplatz (dafür eher zweckmäßig als gemütlich) und den landschaftlich sehr schönen, aber ein Stück außerhalb liegenden Platz Hamrar (gleicher Besitzer).

AKUREYRI - CITY-CAMPING

Stellplatzart: ....Campingplatz
GPS: N65 40 42.6 W18 06 02.5
Adresse: .... 600 Akureyri, Þingvallastræti
Tel.: ....+354 461 2265
mailto: .... hamrar@hamrar.is
Homepage: .... www.hamrar.is
Zufahrtinfo: In der City durch die Kaupvangstræti in die Þingvallastræti.
Kurzbeschreibung: Rasengelände mit wenig Charme - typischer Stadtcampingplatz, für den die zentrale Lage spricht (Nähe zum Schwimmbad, Supermarkt und Innenstadt). Typischer Durchgangsplatz mit entsprechend beanspruchter Sanitärausstattung und etwas unruhig.

AKUREYRI - HAMRAR

Stellplatzart: ....Campingplatz
GPS: N65 38 53.9 W18 06 09.7
Adresse: ....600 Akureyri, Hamrar
Tel.: .... +354 461 2265
mailto: .... hamrar@hamrar.is
Homepage: .... www.hamrar.is
Zufahrtinfo: An der N1 Tankstelle Richtung Eyjafjarðardalur fahren (Straße 821). Nach dem Flughafen ist der Campingplatz rechts ab ausgeschildert. In weiten Kehren durch das Waldgebiet Kjarnaskógur bergwärts.
Kurzbeschreibung: Weitläufiges Wiesengelände mit freier Platzwahl. Gut ausgestattet, ruhig gelegen. Offen Mitte Mai-Mitte September, ISK 1.100 p. P/N (2013). **Öffnungszeit beide Plätze:** Ca. 15. Mai bis September.

EIN BLICK IN DIE GESCHICHTE VON AKUREYRI.

Die Stadt wurde im 17. Jahrhundert von dänischen Kaufleuten gegründet. Damals gab es hier nur wenige Häuser. Nach und nach ließen sich immer mehr Erwerbstätige (Fischer und Handwerker) nieder und gründeten die Siedlung Oddeyri. Bis heute kann man den Unterschied zwischen den Stadtteilen der Kaufleute und der gewerblich Tätigen bemerken. Wie eine Provinzposse mutet es an, dass die Schule in der Mitte der Stadt gebaut wurde - damit keiner in den Teil "der anderen" gehen musste.

Der wirtschaftliche Aufschwung kam im 19. Jahrhundert mit der Gründung der Handelsgenossenschaft KEA (Kaupfelag Eyriðinga Akureyrar), die ihre Güter in ganz Island vertreibt. Natürlich spielen auch Fischfang und -verarbeitung eine große Rolle, wobei heutzutage auch moderne Technologien von Bedeutung sind, zumal es hier eine Hochschule gibt. Auch der Tourismus spielt eine immer wichtigere Rolle. Da ist man nicht nur über die Gäste der Kreuzfahrtschiffe froh. Gute Hotels bis hin zu zwei Campingplätzen zeigen, dass man alle Gruppen von Touristen ansprechen möchte.

ROUTE 3

In der Stadt stelle ich fest, dass sich trotz Finanzkrise baulich einiges getan hat. War noch bei der letzten Recherche die Tourist Information im Busbahnhof zu finden, ist sie jetzt ins graubraune **Kongresszentrum Hof** am Hafen (Bild unten) umgezogen. Der Rundbau, der für eine Stadt dieser Größe etwas überdimensioniert erscheint, zieht die Blicke auf sich - sofern nicht ein großes Kreuzfahrtschiff im Hafen die Schau stiehlt. Die Kreuzfahrt-Touristen ergießen sich dann in Scharen mit Bussen auf die Landausflüge und in die Fußgängerzone, wo man die Besichtigung des Städtchens in Angriff nimmt.

 Sehenswertes in Akureyri

Wie immer, wenn ich hier bin, stelle ich den Wagen auf den **Parkplatz beim Busbahnhof an der Hafnarstræti** (**GPS** N65 40 43.4 W18 05 20.2) und kann die Stadt bequem zu Fuß erreichen. Akureyri nennt sich, nicht zu Unrecht, Hauptstadt des Nordens.

In der Tat gewinnt man den Eindruck einer richtigen, wenn auch sehr kleinen Metropole. Es fehlt eigentlich an nichts, was in anderen Ländern eine Großstadt ausmachen würde: Hafen, Flughafen, Einkaufsmöglichkeiten aller Art, eine Fußgängerzone (die man allerdings in wenigen Minuten durchschritten hat) und eine markante, alles überragende Kirche. Neugierig? Dann rein ins Getümmel! Gemütlich und doch lebhaft geht es in der kleinen, aber feinen Fußgängerzone zu. Die farbenfrohen Häuser mit einem bunten Angebot (nicht nur für Touristen) geben einen schönen Rahmen ab. Hier lässt es sich bei gutem Wetter auch sehr gemütlich im Café sitzen oder flanieren.

Über die Kaupvangstræti gelangt man hinauf zur 1940 eingeweihten **Akureyrarkirkjá** - ein Muss für den Besuch in der Stadt.

 DIE AKUREYRARKIRKJÁ

Dem Baumeister Guðjón Samúelsen ist es mit seiner eigenwilligen, markanten Architektur gelungen, die Brücke zwischen dem Glauben und der rauen isländischen Natur zu schlagen. Die nach oben strebenden Säulen sind in zweierlei Hinsicht aussagekräftig. Einerseits erinnern sie an die häufig in Island zu sehenden Basaltsäulen, und das Streben zum Himmel spricht ebenso für sich. Die helle Farbe steht für den Schnee und das Eis, das schlichte Innere des Gotteshauses passt zur Kargheit des Hochlandes.

Ähnlich, jedoch um ein paar Nummern größer, hat Samúelsen die Hallgrímskirkjá in Reykjavík gestaltet.

Hier in Akureyri allerdings wurde eine Besonderheit in das Gotteshaus integriert: Das mittlere Fenster im Chorraum stammt aus der Kathedrale von Coventry in England. Es war ein Zeichen des Dankes der Briten, dass sie ihre Kunst- und Kulturgüter in Island sicher vor deutschen Bomben und Raketen aufbewahren konnten.

Die Fenster der Seitenschiffe stellen Szenen aus dem Leben Jesu und aus der Geschichte Islands dar.

Besonders schön sind die große, wertvolle Orgel und der interessante Taufstein, dessen Vorbild in der Marienkirche in Kopenhagen steht.

Die Kirche hat eine besonders gute Akustik zu bieten. So finden im Juli regelmäßig sonntags um 17^{00} h Konzerte statt. Sommeröffnungszeit für Besucher ansonsten (natürlich außerhalb der Gottesdienste) jeweils von 10^{00}-12^{00} h und 14^{00}-16^{00} h.

Vom Vorplatz der Kirche hat man einen sehr schönen Überblick über die Stadt und den Hafen. Geht man den Eyrarlandsvegur hinter dem Gebäude hinauf, gelangt man zunächst zum Denkmal "Der Geächtete" von Einar Jónsson und zur benachbarten katholischen Kirche St. Josef, einem sehr schönen Holzkirchlein.

Dort gegenüber zweigt man ab zum **Botanischen Garten**, der bei keinem Akureyri-Besuch fehlen sollte. Nehmen Sie sich die Zeit für einen gemütlichen Bummel durch die Blütenpracht und den Baumbestand. **Öffnungszeit** im Sommer werktags 8^{00}-22^{00} h, sonntags wird eine Stunde später geöffnet. Im Park befindet sich ein gemütliches Café, in dem Snacks sowie Kaffee und Kuchen angeboten werden.

Unterhalb des Denkmals am Rand des Gartens führt ein Fußweg in die Aðalstræti und weiter Richtung **Nónnahús** und **Minjasafn** (ausgeschildert), zwei sehenswerten Museen. Das **Nón-**

nahús, vor dem eine bronzene Skulptur des **Jón Svensson** steht, kümmert sich um das Leben und Wirken des Jesuitenpaters, der seine berühmten Kindheitserzählungen von **Nónni und Manni** hier geschrieben hat.

Das wenige Schritte entfernte **Heimat- und Volkskundemuseum** befasst sich mit der Geschichte und Kultur sowie mit der Religion ab der Landnahme und wechselnden Ausstellungen. Das **Luftfahrtmuseum** ist auch noch zu nennen. Auf dieses komme ich beim Ausflug ins Eyjafjarðardalur zurück. Weiter gibt es in der Kaupvangstræti das **Kunstmuseum** (offen Juni-Sept. Di-So 12^{00}-17^{00} h).

Auch in Sachen Gastronomie hat Akureyri ein großes Spektrum zu bieten - weit über Fast-Food-Tempel hinaus. In der Kaupvangstræti erwartet Sie beispielsweise das RUB23 mit einer ansprechenden Speisekarte, die auch und vor allem isländische Küche beinhaltet. Ähnlich sieht es im Bautinn etwas weiter unterhalb aus, wobei dort leider auch Walfleisch im Angebot ist (Anmerkung siehe Hinweise in den Infos von A-Z). Wer etwas außerhalb einkehren möchte, dafür preisgünstig und doch gut, geht ins Greiffinn in der Glerargata, das auch bei Einheimischen sehr beliebt ist. Und das deutet bekanntlich auf ein passendes Preis-Leistungs-Verhältnis hin.

WHALE WATCHING IM EYJAFJÖRÐUR

Der Eyjafjörður ist ein gutes Ziel für Freunde der Walbeobachtung. Die Strömungsverhältnisse und in den Fjord mündende Flüsse sorgen für nährstoffreiches Wasser. Dass zudem die Fischerei verboten ist, erhöht das Nahrungsangebot zusätzlich. So können sich die Wale hier den Sommer über so richtig Speck anfressen, um gestärkt die Rückreise in die Karibik anzutreten. Häufig sind Delfine, Schweinswale, Minky-Whales und Buckelwale, manchmal ist der eine oder andere Großwal (Blauwal, Pottwal, Finnwal) anzutreffen. Dies ist jedoch vorwiegend am Ausgang des Fjordes ins offene Meer der Fall, was ein Vorteil für **North Sailing in Ólafsfjörður** ist. Nicht zuletzt lassen sich unregelmäßig Orkas sehen. Bei der 2013 neu eröffneten **Whale Watching Firma Ambassador in Akureyri** habe ich die abendliche Fahrt in die Mitternachtssonne um 20^{30} h gebucht - ein traumhaftes Erlebnis. **Info/Fahrplan:** Tel. +354 462 6800, www.ambassador.is. Die Fahrten an Bord der komfortablen **Ambassador** dauern etwa 3-4 Stunden, wobei Wale häufig schon nahe bei Akureyri zu entdecken sind. Wenn es länger dauert - es gibt einen Aufenthaltsraum mit Kaffee und Snacks im geheizten Bauch des Schiffes.

Der nächste Anbieter erwartet seine Gäste seit 1993 mit dem traditionellen, 30 t schweren **Eichenboot Niels Jónsson EA 106** in **Hauganes**. Es ist auch einer der "alten", erfahrenen Anbieter, der auf sehr hohe Sichtungsquoten verweist, 2011 sogar auf 100 %. Die Touren werden von Juni bis August angeboten. Im Angebot sind auch Hochseeangeltouren, Fahrten zur Mitternachtssonne und zum Tauchen. **Info/Fahrplan:** Tel. +354 867 0000, mailto:niels@niels.is, www.whales.is.

In **Dalvík** können Sie ganzjährig, wieder mit fast 100 % Sichtungsquote, am Hafen buchen. Auch hier stechen Sie im **traditionellen Fischerboot** in See. Während der Tour wird die Angelrute ausgeworfen, und was am Haken ist, wird im Anschluss der Tour gegrillt. Im Angebot sind 4 Fahrten täglich im Sommer zwischen 9^{00} und 23^{00} h (zur Mitternachtssonne). **Info /Fahrplan:** Tel. +354 771 7600, mailto:book@arcticseatours.is, www. ArcticSeaTours.is.

Nicht zuletzt bietet North Sailing in **Ólafsfjörður** mit traditionellem Eichenschiff die Fahrt hinaus ins Meer zwischen Ólafsfjörður und Siglufjörður, was die Chancen auf die Sichtung von Großwalen erhöht. **Info /Fahrplan:** Vor Ort in Ólafsfjörður oder bei North Sailing in Húsavík unter +354 464 7272, www.northsailing.is, mailto;info@northsailing.is.

Welcher der Abfahrtshäfen und Anbieter Ihnen am meisten zusagt, mag Ihre Fahrtroute entscheiden. Wenn Sie von Akureyri über die **Öxnaheiði** sausen, liegt Akureyri fürs Whale Watching nahe. Folgen Sie mir auf den Abstecher um die **Halbinsel Tröllaskági**, können Sie - je nach Tageszeit und Wetter - auch einen der anderen Anbieter auswählen. Alle vier Anbieter geben sich große Mühe, Sie nicht nur mit Walsichtungen, sondern auch mit warmen Getränken und kleinen Snacks oder Kuchen zu versorgen. An warme Kleidung sollten Sie denken, auch wenn Overalls an Bord sind.

Abstecher ins Eyjafjarðardalur

Bevor ich Akureyri in nordwestlicher Richtung verlasse, möchte ich das **Eyjarfjarðardalur** erkunden, was Sie auch mit einem Ausflug ins Hochland verbinden können, wenn Sie Allradantrieb haben. Hier deshalb die Stellplatzvorschläge für Ihren Aufenthalt, wenn Sie dort eine Nacht hier verbringen möchten.

ROUTE 3

 HOCHLANDAUSFLUG FÜR 4X4-PILOTEN

Wer ein Hochlandabenteuer einlegen möchte (bzw. eingelegt hat), gelangt über die 821 (später F821) zum **Hochlandbad Laugafell**. Die F821 ist recht ruppig, weist aber keine Furten auf, die zu Problemen führen sollten. Dafür gibt es ein paar heftige Steigungen mit grobem Schotter, die recht ausgewaschen sein können. Dort ist Vorsicht angeraten. Dafür entschädigt nach etwa 42 km ab Einmündung der 827 von Hólar her das Hochlandbad Laugafell mit großem, urig-schönem Natur-Pool (38° C Wassertemperatur) und der Hochland-Campingplatz mit WC/Dusche (**GPS** N65 01 38.0 W18 19 57.4). Bild unten: Tanja Dörnhöfer.
Anfahrtalternativen nach Laugafell: Über die F26/F881 vom Aldeyarfoss kommend oder von Varmahlíð aus über die 752/F752, die beim Picknickplatz ab Varmahlíð startet.

EYJAFJARÐARSVEIT - TJALDSVÆÐI EYJAFJARÐARSVEITAR

Stellplatzart:...Campingplatz
GPS:.. N65 34 24.5 W18 05 26.5
Adresse:................................601 Eyjarfjarðarsveit, Hrafnargil
Tel.: ....+354 464 8144
mailto: ....esveit@esveit.is
Homepage: ....www.esveit.is
Zufahrtinfo: Auf der 821 talaufwärts fahren. Kurz nach dem Weihnachtsgarten in den Ort und dort gleich links ab ausgeschildert.
Kurzbeschreibung: Weitläufiges, durch ein paar Heckenreihen abgegrenztes Wiesengelände. Den Stellplatz sucht man selbst aus. WC/Dusche im Schul-/Schwimmbadgebäude, Geschirrwaschplatz auf dem Platz, Ver-/Entsorgungseinrichtung. WiFi-Zone gegen Gebühr auf dem gesamten Gelände. Benachbartes, schönes Schwimmbad mit Hotpot (ca. 38° C) und 25-Meter-Becken (ca. 30° C). **Öffnungszeit:** Ca. Juni bis August.

 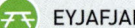 **EYJAFJARÐARDALUR - BOTNSVEIT**

Stellplatzart:...Parkplatz
GPS:.. N65 33 37.2 W18 06 23.5
Adresse:.....................................601 Eyjafjarðarsveit - an der 821
Zufahrtinfo: Ab der Zufahrt zum Campingplatz 1,8 km weiter talaufwärts auf der rechten Seite (Picknickplatz ausgeschildert).
Kurzbeschreibung: Kleine Parkfläche mit Picknickbank am Fuß eines Waldgebietes, in dem ein Spazierweg angelegt ist (Infotafel). Der Platz wurde vom Rotaryclub Akureyri gestiftet.

ROUTE 3

Zurück also zur N1-Tankstelle, von wo man die Landebahn des Flughafens von Akureyri sieht. Wenn da nur mal keiner der Piloten einen Fehler macht. Diese sehen das sicher gelassener, wovon ich mich beim Flugtag 2013 überzeugen konnte. Die Start- und Landebahn ist länger, als es einem vorkommt. Da ich schon mal da bin, kann ich den Blinker setzen und zum **Luftfahrtmuseum** fahren (**GPS** N65 39 05.5 W18 04 34.3). Zwar ist es keine allzu große Ausstellung, aber es steht doch die eine oder andere interessante und geschichtsträchtige Maschine in der großen Halle. Dominiert wird der Bestand an Luftfahrzeugen von einer viermotorigen Fokker F27-200, die der staatlichen Fluggesellschaft Iceland Air lange als Multifunktionsmaschine gedient hatte. Der vielfältige Einsatz der Maschinen ist auf den Inlandsflügen auch heute noch gängig: Post, Fracht, Passagiere und Ambulanzflüge werden in einem Aufwasch erledigt. Ein "Rosinenbomber" steht im Freigelände.

Wer etwa 8 km weiterfährt und Weihnachtsbräuche des Gastlandes schätzt, sollte den **Jólagarðinn** (Weihnachtsgarten) besuchen. Es duftet weihnachtlich, in allen Ecken des Lebkuchenhauses gibt es Weihnachtssachen aus aller Welt, so aus Deutschland eine typische Weihnachtspyramide aus dem Erzgebirge.

Besonderen Raum nehmen die isländischen Bräuche und Traditionen zu Christi Geburt ein. Besonders wichtig sind die 13 Weihnachtsmänner, deren Eltern Grýla und Leppalúði und die Weihnachtskatze. Diese Figuren entstammen Volkssagen. Sie sollen die Zeit des Wartens aufs Christkind kurzweilig machen, indem sie allerlei Schabernack treiben. Es ist Tradition, dass jede der 13 Figuren in den Wochen vor Weihnachten für eine bestimmte Zeit aufgestellt wird. Dies und der zugehörige Kalender wäre doch sicher auch ein traditionelles isländisches Mitbringsel für die Lieben daheim? Auch der Garten rund ums Haus ist unterhaltsam gestaltet und bietet sich nebst Picknickplatz zum Verweilen an. Nicht zuletzt sei der Kinderwunschbrunnen vor dem Haus erwähnt. Es soll Glück für den Kinderwunsch und das (die) Kind(er) bringen, wenn man die Wasseroberfläche berührt und seinen Wunsch im Stillen äußert. **Öffnungszeiten/Info:** Juni-Aug. tgl. 10^{00}-22^{00} h, Sept.-Dez. 14^{00}-22^{00} h, Weihnachten und Jan-Mai 14^{00}-18^{00} h, Tel. +354 4631433, mailto:jolagard@simnet.is.

Vielleicht sollte ich die Fahrt durch das Tal "Kleine Kirchenrunde" nennen, denn am Weg liegen interessante alte Kirchen. Die markanteste ist sicherlich diejenige in **Grund**. Sie ist von erstaunlicher Größe und wurde vom Grundbesitzer erbaut und gestiftet. Die prächtige Holzkirche, eine der größten in Holzbauweise im Land, ist noch heute Eigentum des Hofes Grund und. Ein gutes Stück talaufwärts ist die **Torfkirche Saurbær** rechts oberhalb der Straße ausgeschildert. Sie ist eine der besterhaltenen Torfkirchen Islands und war bis 1931 Pfarrkirche. Im 12./13. Jahrhundert gehörte sie zu einem Kloster, das aber nicht lange Bestand hatte. Das heute zum Nationalmuseum gehörige Kirchlein wurde 1858

erbaut und trägt die Glocken am Gebälk über der Kirchentür. Unterhalb der Kirche mag Sie das kleine **Museum** interessieren, das eine Unzahl von **Alltagsgegenständen** beinhaltet. "Kannst Du Dir vorstellen, dass es keine zwei identischen Dinge in dieser Welt gibt?" - das ist der Leitsatz aus dem Prospekt des Museums. Der Sammler Sven Hermannsson, ein Zimmermann, hat bei zahlreichen Hausrenovierungen über 20.000 Gegenstände des täglichen Gebrauchs früherer Tage zusammengetragen. Man mag es Nippes nennen, und unzählige Nägel, Schlüssel, Kugelschreiber etc. mögen am Ende doch identisch anmuten - jeder ist aber auf seine Art einmalig (Bild unten rechts). Es ist vor allem hochinteressant, wie alles akribisch geordnet und präsentiert ist. Zum Museum gehört ein kleines Café. **Öffnungszeit/Info:** Mitte Mai-Mitte Sept. tgl. 11⁰⁰-17⁰⁰ h oder auf Anfrage unter Tel. +354 463 1261, mailto:smamunir@esveit.is.

Nach der Abzweigung der 826 links ab müssen die Reifen mit gut befahrbarem Schotterbelag Vorlieb nehmen. Nach etwa 2 km liegt rechts die **Holzkirche Hólar** (Bild unten links). Wenn Sie die Runde um den **Hólarvatn** nicht machen möchten, fahren Sie zurück zur 821 und gleiten auf Asphalt dahin, bis die 829 auf die andere Talseite hinüber wechselt (Ausschilderung Laugadalur).

Dort liegen drei weitere interessante Kirchen. Die südlichste ist **Möðruvellir** (erbaut 1847). Dort hatte schon seit dem Jahr 1.000 eine Kirche gestanden. Talabwärts folgt die **Munkaþverá-kirkja** (erbaut 1844). Die Vorgängerkirche datierte um 1155 und gehörte zu einem Benediktinerkloster, das mit der Reformation aufgelöst wurde. Zuletzt gelangen Sie nach **Kaupangur**, wo 1318 erstmals eine Kirche dokumentiert war. Das heutige Gotteshaus wurde 1922 eingeweiht.

Sie erreichen die Ringstraße wieder bei Akureyri jenseits des Fjordes und überqueren diesen erneut, um die Reise in westlicher Richtung fortzusetzen.

Die Fahrt geht auf der Ringstraße gen Westen aus der Stadt heraus. Schon weist rechts ab ein Schild zu einer historischen Stätte - Gáseyri (Straße 816). Fährt man die 816 weiter, gelangt man zur 82, die um die Halbinsel Tröllaskagi herum führt. Kaum dort, fahre ich links - ab. Da wir schon das Nonnahús in Akureyri kennengelernt hatten, ist jetzt der Geburtsort des Jón Sveinsson von Interesse, der **Pfarrhof Möðruvellir**.

 DER HISTORISCHE HANDELSPLATZ GÁSEYRI

Wie die Endung "eyri" schon sagt, handelt es sich um eine Sandbank die schon zur Landnahmezeit besiedelt oder für die Einrichtung eines Handelsplatzes genutzt wurde. Von einem Hafen in heutigem Sinne konnte man damals nicht sprechen, denn die Handelsschiffe hatten keinen großen Tiefgang und wurden an flachen Uferabschnitten an Land gezogen.

Gáseyri wurde in den letzten Jahren archäologisch aufgearbeitet. Im Gelände erkennt man anhand der Informationstafel gut, wo einmal die Kirche und die Hütten oder Zelte der Händler gestanden hatten. Dass zugleich ein schöner Parkplatz mit WC (übernachtungstauglich und ruhig) eingerichtet wurde, kommt uns natürlich sehr gelegen.

    GÁSEYRI - WIKINGERDORF/HANDELSPLATZ

Stellplatzart:...Parkplatz
GPS:.. N65 46 56.9 W18 09 56.0
Adresse:...Straße 816
Zufahrtinfo: Von der Ringstraße auf die 816 rechts abbiegen (ausgeschildert als Sehenswürdigkeit - weißes Schild mit roter Schrift).
Kurzbeschreibung: Geschotterter Parkplatz mit WC, Mülltonne und Infotafel zu den historischen und archäologischen Hintergründen.

 DER PFARRHOF MÖÐRUVELLIR

Im 13.-16. Jahrhundert befand sich hier ein Augustinerkloster. Nach der Auflösung wurde das Anwesen Amtssitz und Schulplatz. Die Kirche blieb als Pfarrkirche erhalten, wurde jedoch 1868 durch das sehenswerte Gotteshaus ersetzt, das wir heute besichtigen können. Der Jesuitenpater und Autor von "Nonni und Manni", Jón Sveinsson (Nonni), wurde hier am 16.11.1857 geboren und verbrachte die ersten Lebensjahre hier, bevor er nach Akureyri ins Nonnahús zog und dort seine Kindheitserlebnisse zu Papier brachte.

ℹ **ABKÜRZUNG ÜBER DIE RINGSTRASSE BIS VARMAHLÍÐ**

Die Ringstraße führt auf einer Strecke von etwa 85 km von Gáseyri bis nach Varmahlíð, wo sich die Wege mit unserer ausführlichen Route wieder treffen. Die Straße verläuft durchs Öxnadalur und dann über Öxnaheiði (540 m) hinweg, um durchs weite, von einem verzweigten Fluss durchflossene Norðurdalur nach Varmahlíð zu gelangen.

Neben ein paar landschaftlich interessanten Aspekten passieren wir zwei Punkte die ich besonders hervorheben möchte. Zum einen ist dies der **Picknickplatz Jónasarlundur** (**GPS** N65 36 13.7 W18 30 37.9, WC, Picknickbänke) am Fuß des **Hraundrangi** (1075 m) mit dem Hof Hraun, dessen blaue Dächer weithin erkennbar sind. Nicht nur, dass es den passablen Parkplatz in einem kleinen Wäldchen für eine Rast gibt (Camping verboten - Parken zur Herstellung der Fahrtüchtigkeit aber nicht). Auch die markante Felszinne ist ausgesprochen sehenswert. Ich möchte Sie gar nicht animieren, hinauf zu klettern - das haben bis 1956 schon andere erfolglos abbrechen müssen. Und von der Goldkiste, die der Sage nach dort oben versteckt liegen soll, wurde auch nie wirklich etwas bekannt. Zum anderen ist dieser Abschnitt des **Öxnadalur** besonders schön.

Nach der Passhöhe gelangt man recht zügig zum nächsten, wiederum für die isländische Geschichte bedeutenden Platz: **Orlygsstaðir**. Auch hier informiert eine ausführliche Tafel über den Hintergrund einer der größten und blutigsten Schlachten aus der Sagazeit im Jahr 1238. Es sollen 67 Menschen den Tod gefunden haben, denen nun ein Gedenkstein gewidmet ist (Fußweg dorthin). Bis **Varmahlíð** sind es dann noch 10 km. Und dort können Sie sozusagen auf einem der zwei Campingplätze auf diejenigen warten, die um die Halbinsel **Tröllaskagi** fahren und dort einiges Interessantes erleben werden.

Doch nehme ich mir die Fahrt um die schöne Halbinsel vor, zumal sich hier doch einiges zum Besseren verändert hat. Und das bezieht sich nicht nur auf die Straßenverhältnisse, sondern auch und gerade ums touristische Angebot. Dazu gehören die Whale Watchig Angebote entlang der Westküste des Eyjafjörður, aber auch schöne Campingplätze, freie Stellplätze und nicht zuletzt ein verbessertes Angebot in der Gastronomie.

Als erstes erreiche ich, 18 km nach Möðruvellir in Höhe des auffälligen Kirchleins mit rotem Dach rechts ab die Abzweigung der 809 Richtung **Hauganes**. Dort im etwas trostlos anmutenden Fischerdorf, werden seit Jahren die schon erwähnten Walbeaobachtungstouren auf dem traditionellen Eichenboot angeboten. Dass das Örtchen auf den ersten Blick etwas heruntergekommen erscheint, liegt allein am auffällig großen Gebäude der ehema-

ligen Fischfabrik, die verlassen wurde, als die großen Heringsschwärme Ende der 60er Jahre ausgeblieben waren.

Der nächste größere Ort an der 82 ist **Dalvík**. Nehmen Sie
sich etwas Zeit und nisten sich auf dem guten Campingplatz ein.
Besonders erwähnen möchte ich, dass ich mit **Gregor´s Pub** unweit des Hafens eine zwar nicht gemütliche, aber gute Gaststätte
gefunden habe. Gehen Sie schräg gegenüber des Ticketbüros für
die **Fähre nach Grímsey** (auch das wäre ein netter Ausflugstipp)
und fürs **Whale Watching** links und gleich wieder links. Nach
wenigen Schritten erreichen Sie das Ziel. Der polnische Inhaber,
der schon lange hier wohnt, kocht eine isländische Fleischsuppe,
die weithin als eine der besten gilt. Nicht zu vergessen ist, dass Sie
sich fürs Frühstück gut versorgen können, denn ebenfalls unten
am Hafen gibt es eine Bäckerei, die frisches Brot und Brötchen
nebst Süßgebäck feilbietet.

🔺 📷 💧 ⚡ **DALVÍK - TJALDSTÆÐI**

Stellplatzart:..Campingplatz
GPS:... N65 58 04.9 W18 31 58.0
Adresse:.. 620 Dalvík, Sunnubraut
Tel.:.. +354 460 4940
mailto:... sundlaug@dalvik.is
Homepage:.. www.dalvik.is
Zufahrtinfo: An der Ortsdurchgangsstraße links ab gut ausgeschildert.
Kurzbeschreibung: Sehr schöner, direkt bei Schule und Schwimmbad
gelegener Wiesenplatz, Ver-/Entsorgung, Stromanschluss, Wasch-
maschine/Trockner, Spielplatz, Barfußparcours. Anmeldung beim
Schwimmbad, dort auch die Dusche. Das Schwimmbad ist sehr modern
und geräumig, bietet eine Riesenrutsche und neben dem Sportbecken
selbstverständlich die obligatorischen Hot-Pots. **Öffnungszeit:** Juni-Aug.

📷 ## Sehenswertes in und um Dalvík

Kurz vor dem Dorf ist in **Árskógssandur** rechts ab die Fähre nach
Hrisey ausgeschildert. Eine Überfahrt (ohne Wohnmobil) dürfte
vor allem für Vogelfreunde von Interesse sein, denn Hrisey bietet
ein ausgesprochen vielseitiges Vogelleben. Grund: Hier gibt es
nach wie vor keine natürlichen Feinde für die gefiederten Freunde
- keine Hunde, Katzen, Polarfüchse, Nerze oder Ratten.

In **Dalvík** selbst gilt es nicht nur das **Whale Watching** zu erwähnen (Ticketbüro direkt im Zentrum am Hafen ausgeschildert).
Sehenswert ist auch das Regionalmuseum (offen Juni-Sept. tgl.
13⁰⁰-17⁰⁰ h) in Form des klassischen Museumstyps. Immerhin liegt
in Dalvík der für lange Zeit größte Mann der Welt im wiederum

größten Grab Islands begraben - **Jóhann der Riese** genannt. Er war 2,34 m groß gewesen, hier geboren und nach Tätigkeiten in der Seefahrt und im Zirkus aufs Alter hin auch wieder heimgekehrt. Natürlich werden im Museum auch die übrigen Belange des Ortes und der näheren Umgebung beleuchtet.

Ein neues Reiseziel für alle Altersgruppen ist das **Birdland** etwas außerhalb im **Svarfaðardalur**. Man spricht mit Recht von einem hohen Unterhaltungs- und Überraschungspotenzial. Es gilt wissenschaftliche Betrachtungen der Vogelwelt zu sehen, Balzverhalten, Nist- und Brutzeit und die Vogelwanderung. Aber auch Betrachtungsweisen, Musik und vieles mehr aus der Vogelwelt sind zu hören und zu sehen. Und wer Interesse hat, die Vögel auch im "echten Leben" zu beobachten, wandert auf einem ausgeschilderten Pfad zu den Vogelbeobachtungshütten im unter Naturschutz stehenden Tal mit ausgedehnten Feuchtgebieten bis hinaus zur Küste. **Öffnungszeiten/Info:** Ca. Juni bis August täglich 12⁰⁰-17⁰⁰ h oder außerhalb dieser Monate auf Vereinbarung unter Tel. +354 466 1551, mailto:natturusetur@simnet.is, www.birdland.is.

Die Weiterreise führt nach 20 km nach **Ólafsfjörður**. Hier finden Sie einen guten Campingplatz für den Fall, dass Sie etwas verweilen möchten. Sie können aber auch schon auf dem Parkplatz vor der Tunneleinfahrt Halt machen. Das ist übrigens ein prima Tipp, um Ende Juni die Mitternachtssonne zu sehen.

Vom Campingplatz gelangen Sie zu Fuß zum Hafen. Neben der Walbeobachtung können Sie die Naturkundesammlung im Bankgebäude (3. OG) anschauen, was angesichts der kleinen Ausstellung recht teuer erscheint. Am Hafen finden Sie das Ticketbüro fürs **Whale Watching von North Sailing** (www.northsailing.is, telefonische Vorreservierung über das Büro Húsavík +354 464 7272, mailto:info@northsailing.is, Rabatt bei Online-Reservierung) die wir in bewährter Weise ja schon in Húsavík kennengelernt hatten.

ÓLAFSFJÖRÐUR - ÓLAFSFJARÐARMÚLI

Stellplatzart:...Parkplatz
GPS:.. N66 04 25.5 W18 32 16.2
Adresse:..An der 82
Zufahrtinfo: Auf der 82 Dalvík-Ólafsfjörður vor der Tunneleinfahrt rechts.
Kurzbeschreibung: Schöner Picknickplatz mit herrlicher Aussicht auf den Fjordausgang und bei guter Sicht bis hinüber nach Grímsey. Picknickbänke, Mülltonne. Sicht- und Lärmschutz durch die Lawinengalerie vor dem Tunnel, daher recht ruhig (Bild unten zur Zeit der Mitternachtssonne).

    ÓLAFSJFÖRÐUR - TJALDSTÆÐI

Stellplatzart:...Campingplatz
GPS:.. N66 04 15.1 W18 38 57.5
Adresse:...625 Ólafsfjörður, Aðalgata
Tel.:... +354 464 9200
mailto:..fjallabygd@fjallabygd.is
Homepage:...www.fjallabygd.is
Zufahrtinfo: Auch hier an der Ortsdurchfahrt gut ausgeschildert. Anmeldung im Ort beim Café Klara mit Tourist Information.
Kurzbeschreibung: Wiesengelände beim Sportzentrum, daneben schönes Schwimmbad. Ver-/Entsorgungsstelle, WC/Dusche. Einkaufs- und Einkehrmöglichkeit im Ort. **Öffnungszeit:** Juni bis August.

Die Weiterfahrt nach **Siglufjörður** gestaltet sich seit 2010 wesentlich einfacher. Die beiden Orte sind seither mit zwei Tunnels verbunden. So steht Ihnen am **Heðinsfjörður** ein Picknickplatz zur Verfügung, der mir trotz der Nähe zur Straße für eine Übernachtung geeignet erscheint. Zudem gibt es auch in Siglufjörður wieder einen gut ausgestatteten Campingplatz. Die Übernachtungsfrage ist dort also leicht zu beantworten.

ABKÜRZUNGSSTRECKE (SCHOTTER) ÜBER DIE LÁGHEIÐI

Sollten Sie sich nicht daran stören, über Schotterpisten zu holpern, können Sie Siglufjörður auslassen und direkt am Miklavatn wieder auf meinen Routenvorschlag stoßen. Doch sparen Sie nicht viele Kilometer und nehmen in Kauf, dass Sie Ihr Wohnmobil einstauben oder bei Nässe mit einem sandig-braunen Überzug versehen. Besonders überragend ist die Strecke auch landschaftlich nicht, sieht man einmal von der alten Holzkirche beim Hof Knappsstaðir aus dem Jahr 1840 einmal ab.

  FJALLABYGGÐ - HEÐINSFJÖRÐUR

Stellplatzart:..Parkplatz
GPS:.. N66 06 19.0 W18 48 59.0
Adresse:.. An der (neuen) 76
Zufahrtinfo: Von Ólafsfjörður Richtung Siglufjörður halten. Der erste Tunnel ist über 7 km lang, der zweite knapp 4 km. Dazwischen liegt die Talsenke mit dem Fjordende des Heðinsfjörður mit dem Picknickplatz.
Kurzbeschreibung: Asphaltierter Parkplatz mit Picknickbänken und Mülltonnen, jedoch recht nahe an der Straße. Übernachtungstauglich nur unter dem Vorbehalt, dass man sich nicht an den Autos und vor allem LKW stört, die den Fisch von Siglufjörður abtransportieren.

  FJALLABYGGÐ - TRÖLLASKAGI

Stellplatzart:..Parkplatz
GPS:.. N66 07 56.6 W18 54 15.7
Adresse:.. Siglufjörður (an der 76)
Zufahrtinfo: 750 m nach dem zweiten Tunnel rechts ab ausgeschildert.
Kurzbeschreibung: Ausstattung wie der Picknickplatz zuvor, dieses Mal jedoch mit schöner Aussicht auf Siglufjörður und ein kleines Waldgebiet. Ein weiterer Picknickplatz befindet sich beim Skilift (ausgeschildert) bei einer neu aufgeforsteten Waldschonung.

   SIGLUFJÖRÐUR - TJALDSTÆÐI

Stellplatzart:..Campingplatz
GPS:.. N66 08 57.0 W18 54 35.6
Adresse:...Siglufjörður,Gránugata
Tel.:.. +354 464 9100
mailto:...fjallabyggd@fjallabyggd.is
Homepage:..www.fjallabyggd.is

Zufahrtinfo: Am Heringsmuseum vorbei in den Ort fahren, dann neben dem Rathaus im Zentrum; dort auch Tourist-Information.
Kurzbeschreibung: Rasenfläche, Waschmaschine/Trockner (Extra-Gebühr), Picknickbänke. Direkte Nachbarschaft zum Supermarkt, Aðalsbakkari (Bäckerei), Fleisch-/Fischfachgeschäft, **Öffnungszeit:** Juni-August.

ROUTE 3

Sehenswertes - Museen in Siglufjörður

Das Heringsmuseum ist die Attraktion des Ortes. In der Roalds-barracke, einem 1907 erbauten Holzhaus, benannt nach den norwegischen Gebrüdern Roald, wurde über Jahrzehnte in harter Arbeit, aber unter vergleichsweise guten Rahmenbedingungen, Salzhering in Holzfässer eingelegt und in alle Welt verschifft. Aus dafür nicht geeigneten Fischen wurde Fischmehl und Tran hergestellt - Basis für Kosmetika, so zum Beispiel für eine bekannte Creme in blauer Blechdose aus Deutschland. Das historische Gebäude ist bis heute sehr gut erhalten (Bild vorige Seite und unten). Es stand früher direkt am Wasser, heute verläuft die Ortsdurchfahrt an der Haustür vorbei. So konnte einst der Fisch vor die Haustür geliefert und verarbeitet werden. Die Arbeits- und Wohnbedingungen der "Heringsmädchen" sind im Erdgeschoss (Verarbeitung) und im Obergeschoss (Wohnungen der Arbeiterinnen) hervorragend dargestellt. Es ist mir gut in Erinnerung, wie eine Angestellte mir und meiner Familie berichtete, dass sich eine Touristin bei ihr entschuldigt habe, versehentlich die Privaträume betreten zu haben. Die Zimmer sind so lebensnah gestaltet, dass man meint, die Arbeiterinnen wären nur mal eben aus dem Haus (Bild unten links). Auf dem Dachboden gibt es Gerätschaften für den Fang und zur Verarbeitung der Fische zu sehen.

Im **Folk Music Center** beim Rathaus um die Ecke findet sich das Volksmusik-Zentrum der Stadt. Hier wird noch heute bewusst und intensiv die isländische Musik gepflegt, gelehrt und gefördert. Das Museum gibt umfangreiche Hintergrundinformationen, aber auch musikalische Kostproben. Hier wird wirklich viel gesungen, musiziert und getanzt.

Die Uhren- und Silberschmiedewerkstatt geht auf eine Werkstatt zurück, deren Besitzer früh verstarb. Dann geriet sie in Vergessenheit. Lediglich Reparaturen wurden noch vorgenommen. Als auch damit Schluss war, besann man sich auf die gut

erhaltene, alte Werkstatt und machte ein Museum draus (Eyrargata 16, Tel. 467 1363). Neuerdings wurde eine kleine Werft zum Museum gemacht, in der in traditionelle Holzschiffe hergestellt und repariert werden (Bild vorige Seite rechts unten). Dieser Museumsteil befindet sich am Hafen (beim Rathaus zum Hafen gehen, dort rechts ab zum Ende der Straße).

Für die vier Museen gibt es ein preiswertes Kombiticket (**Öffnungszeiten** im Sommer jeweils 13^{00}-17^{00} h).

Einen Blick ins Innere hat auch die erstaunlich große **Kirche von Siglufjörður** verdient. Und wenn Sie möchten, können Sie das Hallenbad besuchen, das an der westlichen Durchgangsstraße Richtung Westen gut zu finden ist.

Die Tourist Information hält für wenig Geld Wanderbroschüren bereit. Allerdings habe ich mich hier eher um die Kultur und die Museen gekümmert und - ehrlich gesagt - um die Stärkung. Denn wenn ein Ort derart viel zu bieten hat, muss man etwas Anständiges essen. Und hierfür ist das Angebot in Siglufjörður erstaunlich groß. Besonders zugesagt hat mir das Hafnarkaffi/ Harbour House Café am Fischhafen. Hier sehen Sie auch gleich, was von den Fischerbooten eingebracht und frisch aus der See auf den Teller kommt. Ich kann die Fischsuppe nur empfehlen - ein Gedicht! Es gibt natürlich auch andere Seefische und Meeresfrüchte nach Tagesangebot (offen ca. Juni-Sept ohne feste Öffnungszeiten. Offen ist, wenn die Flagge draußen am Masten flattert). Beim Campingplatz um die Ecke Richtung Fischhafen finden Sie das Hannes Boy Café (gelbes Haus, offen 11^{00}-18^{00} h) und das gehobene Restaurant Rauðka (rotes Haus, offen 18^{00}-22^{00} h) mit jeweils regionalem Angebot, aber nicht so günstig wie im Hafencafé. Weiterhin bieten das Allinn und das Torgið regionale Gerichte, aber eher einer anderen Region: Sie legen den Schwerpunkt auf amerikanische Spezialitäten (... Fast Food), was nicht mein Ziel ist (aber durchaus nicht schlecht sein muss).

MIKLAVATN - AUSSICHTSPUNKT

Stellplatzart:..Parkplatz
GPS:..................................... N66 06 01.4 W19 04 14.0
Adresse:..An der 76
Zufahrtinfo: Von Siglufjörður Richtung Sauðarkrókur fahren. Dann folgt eine etwas rumpelige Passage durch Geröllhalden. Nach einer Bergnase befindet sich der Picknickplatz rechts der Straße mit Blick auf die Lagune Miklavatn.
Kurzbeschreibung: Parkplatz zwar nahe der Fahrbahn, aber diese ist nicht mehr so sehr genutzt, wie früher. Daher auch passabel für die Übernachtung, auch wenn abends noch einige PKW und LKW vorbeisausen. Dafür entschädigt die herrliche Aussicht auf den Miklavatn. Dorthin kann man auch prima wandern (am Hof unterhalb des Parkplatzes vorbei und im Ufergeröll nach Brauchbarem im Treibgut suchen, was besonders für Kinder immer wieder schön ist - siehe Foto von unserer Tochter, das vor einigen Jahren entstanden ist.

Bald gelangt man an die Einmündung der früheren Route von Ólafsfjörður her und hält sich Richtung Sauðarkrókur. Nach einem guten Stück erreiche ich das Schild "**Lónkot Ressort**" mit der Fußnote "Member of Slow Food Reykjavík", was mich neugierig macht. Ich kenne und schätze das Restaurant seit Jahren. Die Inhaberfamilie setzt nach wie vor auf Freundlichkeit und stilvolles Ambiente. Dabei wird noch stärker und bewusster als früher auf regionale, isländische Küche geachtet.

Im etwas südlich gelegenen Örtchen **Hofsós** kann man sozusagen etwas im Geschichtsbuch der Insel blättern, genauer gesagt im Kapitel "Auswanderung nach Amerika". Und was Sie sich dort auch unbedingt vormerken sollten, ist ein Besuch im vor wenigen Jahren eröffneten, modernen Schwimmbad mit direktem Meerblick aus dem Pool oder dem Hot-Pot heraus - toll!

HOFSÓS – LÓNKOT

Stellplatzart:..Gaststätte/Campingplatz
GPS:.. N66 00 18.1 W19 24 13.8
Adresse:..566 Hofsós, Lónkot
Tel.:.. +354 453 7432
mailto:.. lonkot@lonkot.com
Homepage:..www.lonkot.com
Zufahrtinfo: Auf der 76 vom Miklavatn aus weiter Richtung Hofsós/
Sauðarkrókur, nach 29 km rechts ab ausgeschildert.
Kurzbeschreibung: Schönes, direkt am Skagafjörður gelegenes Grund-
stück mit herrlichem Blick auf die Felseninseln Malmey und den felsigen
Höhenzug Þórðarhöfði. Schöner Skulpturenpark, Aussichtstürmchen,
Campingplatz. Öffnungszeit: Ca. Mitte Mai bis Ende August.
Kleines Bonbon: Mit der Tochter des Hauses, welche die Geschäfte
jetzt führt, habe ich den Vorschlag besprochen, dass Wohnmobil-Gäste,
die im Restaurant einkehren, im Gegenzug keine Camping-Gebühr zu
entrichten haben. Das will sie prüfen und fand den Vorschlag jedenfalls
prima. Fragen Sie am besten einfach nach, wenn Sie vor Ort sind, bevor
Sie weiter in südlicher Richtung fahren.

 DAS AUSWANDERUNGSMUSEUM HOFSÓS

Es wurde dort in historischen Gebäuden am Fischerhafen ein hochin-
teressantes Museum eingerichtet, auch für diejenigen, die keine Ange-
hörigen haben, die aus Island ausgewandert sind. An die Nachfahren
derer und der Auswanderer selbst richtet sich nämlich das Museum in
der Hauptsache. Man möchte beiden Seiten die Gelegenheit geben, die
Wurzeln der Familie zu studieren, Beweggründe der Auswanderung zu
lesen und einfach die Kontakte wieder zu knüpfen. So sind viele Isländer
nach der Vulkankatastrophe der Eruption der Askjá im 19. Jahrhundert
wegen der Hungersnot nach Kanada und North Dakota ausgewandert.
In Kanada gibt es gar eine Provinz "New Iceland". Die Schriftstücke und
Dokumente sind höchst interessant. Fotografieren ist zur Wahrung der
Privatsphäre verboten.

   HOFSÓS – TJALDSTÆÐI

Stellplatzart:...Campingplatz
GPS:.. N65 53 53.8 W19 24 21.4
Adresse:..566 Hofsós, Skólagata
Tel.:.. +354 899 3231
mailto:..tjaldstaedi@gmail.com
Homepage:.. www.tjolumiskagafirdi.is
Zufahrtinfo: Von der 76 der Ausschilderung in den Ort folgen. Der Cam-
pingplatz befindet sich gleich links am Ortseingang.
Kurzbeschreibung: Campingplatz auf einer durch Buschwerk und
Bäume vor dem Wind geschützten Wiesengelände. Einfache Ausstat-
tung, normaler Preis (2013: ISK 1.000/Pers./N. zzgl. Strom ISK 600).
Stromanschluss, WC. Bei Fragen und Problemen wird gebeten, über die
angegebene Nummer Hildur und Halldór anzurufen, die zugleich auch die
Campingplätze Sauðarkrókur, Varmahlíð und Hólar in vorbildlicher Weise
verwalten und betreuen. **Öffnungszeit:** Mitte Mai bis Mitte September.

Die Weiterfahrt nach Süden hält noch ein paar schöne Zwischenhalte bereit. Zunächst ist dies 200 m nach der Abzweigung der 481 die denkmalgeschützte **Torfkirche Gröf (Grafarkirkjá)**, das links ab als Sehenswürdigkeit ausgeschildert ist (Zufahrt zum kleinen Parkplatz über einen Schotterweg, auf dem ein Schafszauntor zu öffnen und natürlich wieder zu verschließen ist. Die Kirche (Bild unten links) war in den 50er Jahren und jüngst erneut renoviert worden. Sie untersteht seither dem Nationalmuseum. Wenn Sie es im Inneren anschauen, seien Sie vorsichtig, damit Sie sich an den Querbalken nicht die Stirn anrempeln, wie es mir bei einem früheren Besichtigungstermin passiert ist. So sah ich nicht die sonst in isländischen Kirchen häufigen Sternlein an der Kirchendecke funkeln, sondern die sprichwörtlich anderen... Doch auch Autorenköpfe lernen dazu - ein zweites Mal ist mir das nicht so ergangen. Aus Erfahrung wird man ja klug. Weiter in südlicher Richtung folgt bald ein kleines, auf privater Initiative beruhendes **Automobilmuseum** (Bild unten rechts). Das **Skagafjörður Transportation Museum** ist einen Besuch wert. Es erwartet die Besucher das eine oder andere Schmuckstück aus der Automobilgeschichte, darunter einige schön erhaltene oder hergerichtete Wagen aus deutscher Produktion (Ost und West). **Öffnungszeiten/ Info:** Mitte Juni bis 1. Sept. tgl. 11^{00}-18^{00} h, Tel. +354 845 7400.

Ein für die Kirchengeschichte Islands bedeutender Ort folgt etwas südlich mit dem ehemaligen Bischofssitz **Hólar**, wobei man ein gutes Stück auf der 769 links ins Hjaltadalur fahren muss. Dass es dort auch gleich einen zwar einfachen, landschaftlich aber äußerst schönen Campingplatz, ein Schwimmbad und ein Restaurant mit regionalem Tagesangebot (neben amerikanischen Spezialitäten) gibt, freut mich besonders.

Besichtigen sollten Sie auf alle Fälle die in Steinbauweise (Sandstein aus der Region) errichtete, ehemalige Bischofskirche mit hohem, weißem Turm. Sie wurde 1763 eingeweiht und ist sowohl von außen als von innen sehenswert.

ROUTE 3

Nebenan können Sie den 1854 erbauten Torfhof besichtigen, der dem Nationalmuseum untersteht. Die Schulgebäude dienen einer Fachschule für Tourismus und Landwirtschaft. Die Pferdezucht wird von der Hochschule betrieben.

Wandertipp: Geschichtspfad

Um den Ort führt ein markierter Weg, der in einer Broschüre (im Informationsbüro erhältlich) erklärt wird. Er streift alle Punkte von geschichtlicher Bedeutung. Ausgangs- und Endpunkt ist der Parkplatz am Informationsbüro. Gehzeit etwa 1 Stunde. Weitere Wandertipps hält der Rother Wanderführer bereit.

HÓLAR - TJALDSTÆÐI

Stellplatzart:..Campingplatz
GPS:.. N65 44 11.9 W19 07 12.6
Adresse:..Hólar, Tjaldstæðavegur
Tel.:.. +354 899 3231
mailto:..tjaldstaedi@gmail.com
Homepage:.. www.tjolumiskagafirdi.is
Zufahrtinfo: Auf der 769 nach Hólar, wo der Campingplatz ausgeschildert ist. Zufahrt über ruppige, aber bei vorsichtiger Fahrweise gut befahrbare Schotterstraße. Vorsicht wegen teils überhängender Äste der Bäume.
Kurzbeschreibung: Campingplatz im Wald, wodurch dieser Platz einen besonderen landschaftlichen Reiz hat. WC, Stromanschluss, Mülltonne. Sowohl den Eintritt ins Schwimmbad als auch die Campinggebühr (gleicher Preis wie z. B. Hofsós) können Sie im Informationsbüro entrichten. Dort befindet sich auch das Café/Restaurant. (Bild unten links).
Öffnungszeit: Mitte Mai bis Mitte September.

Auf gleicher Strecke gelange ich zur 76 zurück und fahre Richtung **Sauðarkrókur** rechts ab auf die 75, welche auf Dämmen und Brücken das Mündungsgebiet des Heraðsvötn überquert. Das sumpfige Schwemmland ist ein Paradies für Vögel. Um dies zu sehen, habe ich mir einen Picknickplatz für die Nacht ausgesucht, bevor ich anderntags nach Sauðarkrókur fahre.

SAUÐARKRÓKUR - VESTURÓSINN/FERJUMAÐURINN

Stellplatzart:...Parkplatz
GPS:... N65 44 47.9 W19 32 56.2
Adresse:..An der 75
Zufahrtinfo: Auf der 75 Richtung Sauðarkrókur, direkt nach Überquerung der kleinen Hochfläche Hegranes rechts ab ausgeschildert.
Kurzbeschreibung: Kleiner Parkplatz (Platz für max. 1-2 kleinere Wohnmobile) mit Picknickbank und Mülltonne. Herrliche Sicht aufs Mündungsdelta des Flusses in den Skagafjörður.

  DIE FRÜHERE FÄHRE DES JÓN OSMANN/WANDERTIPP

Ihr Wohnmobil wird von einer Skulptur "bewacht", die den Fährmann Jón Ósmann darstellt. Er hatte bis 1926 eine Fähre betrieben, welche die Reisenden am Stahlseil über den Fluss brachte. Den Stein, an dem das Stahlseil befestigt war, sowie die Reste seiner Wohnhütte können Sie auf einem Spazierweg besichtigen (ausgeschildert - siehe Infotafel). Als die erste Betonbrücke nahe seinem Wohnsitz errichtet und die Schotterstraße gebaut wurde, war sein Job hinfällig. Für die Menschen ein Fortschritt, für Jón nicht. Doch zeigt die Skulptur, dass man seine Dienste nicht vergessen hat. Die Infotafel zeigt für technisch Interessierte Konstruktionszeichnungen der alten Brücke, die vor wenigen Jahren erst durch ein neues Bauwerk ein paar Meter entfernt abgelöst worden ist.

Bevor ich in den Ort fahre, dehne die Rundtour aus und nutze sie zur ausgedehnten Strandwanderung. Ich gehe auf dunklem Sandstrand entlang der leicht begrünten Dünen über die nur noch für Fußgänger offene alte Brücke von 1926 hinweg bis fast nach Sauðarkrókur hinüber.

   SAUÐARKRÓKUR - TJALDSTÆÐI

Stellplatzart:...Campingplatz
GPS:.. N65 44 47.5 W19 38 47.6
Adresse:...550 Sauðarkrókur, Skagfirðingabraut
Tel.: .... +354 899 3231
mailto: ....tjaldstaedi@gmail.com
Homepage: .... www.tjolumiskagafirdi.is
Zufahrtinfo: In den Ort fahren bis zur Durchgangsstraße Skafirðinga-braut, links ab, nach dem Sportplatz rechts ausgeschildert.
Kurzbeschreibung: Wiesengelände mit Picknicktischen, Stroman-schluss, Dusche/WC, Waschmaschine/Trockner (Gebühr), Ver-/Ent-sorgung. An der Ortsausfahrt Richtung Varmahlíð großer Supermarkt.
Öffnungszeit: Mitte Mai bis Mitte September.

Sauðarkrókur gilt als Hauptort der Islandpferdezucht. Nirgends in Island sieht man mehr Pferde auf den Weiden. Entsprechend werden Sie auch hier wenig Probleme haben, einen Hof zu finden, der Pferde ausleiht oder organisierte Touren anbietet. Im Ort ist die

Kirche aus dem Jahr 1844 interessant, deren Fenster Szenen aus der Bibel und aus dem Kirchenjahr darstellen. Der Ortskern zieht sich von dort rechts ab weiter, wobei ich die benachbarte Bäckerei erwähnen möchte, die gutes, kräftiges Brot anbietet, darüber hinaus prima Konditoreiwaren.

📷 Sehenswertes in Sauðarkrókur

Geht man weiter, findet man rechts ab das Museum nebst Tourist Information. Das Museum zeigt die Handwerksberufe, die in Sauðarkrókur einst von großer Bedeutung waren. Ein Oldtimer ist im Eingangsbereich aufgestellt, und daneben - ziemlich unpassend, wie ich finde - ist der Eisbär ausgestopft ausgestellt, der 2008 an der Passhöhe zwischen Norðurdalur und Laxadalur (etwas weiter nördlich von Sauðarkrókur) geschossen wurde, weil (angeblich) kein Narkosemittel zur Verfügung gestanden hatte. Das Tier war vermutlich auf einer Eisscholle nach Island getrieben und an der Küste der Halbinsel gestrandet. Genauso erging es einem weiteren Eisbären, der an der Nordspitze der Halbinsel im gleichen Jahr entdeckt worden war. Artgenossen, die 2010/11 in Island gestrandet waren, ereilte das gleiche Schicksal. Das Thema ist in Island sehr in der Diskussion. Leider hat man sich von offizieller Seite entschieden, aus Kostengründen bei künftigen Sichtungen erneut von der Schusswaffe Gebrauch zu machen.

Etwas weiter an der Durchgangsstraße sollten Sie sich überlegen, was Sie einkaufen könnten. Fast egal, was es ist - sie werden es wahrscheinlich erhalten. Im Laden "**Verzlun H. Júlíusson**" wird seit 1919 alles angeboten, was im Städtchen gebraucht werden könnte. Sogar Sprit gibt es an der Tankstelle im Stil der 50er Jahre vor der Haustür am Straßenrand. Sehenswert ist die Geschäftsausstattung aus dem Gründungsjahr - es ist fast ein noch in Betrieb befindliches Museum.

Nun zieht mich der Bedarf an einem Hot-Pot weiter. Ist man fast am Hafen angelangt und fährt ein Stück weiter auf der 744 Richtung Norden, zweigt die 748 rechts ab (Schild: **Grettislaug**). Sie sollten vor einer Schotterstraße nicht zurückschrecken, die ab etwa halber Strecke von 16 km schon mal etwas ruppiger ist, aber letztlich doch problemlos. Als Lohn gibt es am Ende der Straße das heiße Bad im naturnah angelegten Hot-Pot und einen sehr schönen Campingplatz nebst Café/Restaurant obendrein.

Angeboten werden Bootsfahrten hinüber nach **Drangey**, wo

es vor allem Papageientaucher und Tordalken zu sehen gibt. Mit etwas Glück bekommt man Robben oder Seehunde zu Gesicht, manchmal sogar Wale. Die Tour dauert etwa 4 Stunden und beinhaltet die "Freilassung" auf der Vogelinsel, die man zu Fuß erkundet. Höhepunkt sind jedoch die beiden mit Natursteinen eingefassten Hot-Pots, die auf einer heißen Quelle erbaut wurden und, je nach Wetter, eine Temperatur von ca. 39-41° C aufweisen (bei meinem Besuch gar 42° C). Gebühr zu entrichten im Café, in dem neben kleinen Snacks und Kaffee/Kuchen auf vorherige Bestellung auch heimische Gerichte serviert werden.

Wandertipp: Glasstein-Bucht

Eine kleine Tour führt vom Grettislaug zum steinigen Ufer. Man klettert durch die Wackersteine an der Küste um die Bergnase und gelangt zu einem flacheren Bereich und einer Bucht. Wenn Sie dort zu Boden schauen, werden Sie transparente Steine entdecken - eine Besonderheit dieser Bucht. Nun steigen Sie auf den Fahrweg, der zurück zum Hof Reykir und zum Campingplatz führt.

   SAUÐARKRÓKUR - GRETTISLAUG/JARLSLAUG

Stellplatzart:..Campingplatz
GPS:.. N65 52 50.9 W19 44 12.2
Adresse:.. 550 Sauðarkrókur, Reykir
Tel.:...+354 821 0090 oder 821 0091
mailto:..drangey@fjolnet.is
Homepage:...www.drangey.net
Zufahrtinfo: Von Sauðarkrókur auf die 744 nordwärts, nach etwa 0,5 km rechts ab auf die 748 bis zum Straßenende.
Kurzbeschreibung: Sehr schön angelegter, landschaftlich bevorzugt liegender Campingplatz mit herrlichem Blick auf die vogelreiche Insel Drangey. Sanitäranlage in Bauweise traditioneller Torfhöfe einfach, aber in Ordnung. Wohnmobile und Zelte stehen auf einer ebenen Wiese. Stromanschluss. Keine Ver-/Entsorgungsstation. Wasser am Restaurant erfragen. Durchschnittliches Preisniveau. **Öffnungszeit:** Ca. Juni bis August.

ABSTECHER NÖRDLICH VON SAUÐARKRÓKUR

Man kann die Reise von Sauðarkrókur aus nordwärts über die 744 fortsetzen und entweder durchs **Laxadalur** hinüber ins **Norðurdalur** fahren. Oder man fährt um die Halbinsel komplett herum (bis Skagaströnd durchweg Schotterstraße). Besonders sehenswert sind an dieser (längeren) Strecke die Basaltformationen an der Küste nördlich von **Skagaströnd** (Campingplatz, Schwimmbad). In beiden Fällen gelangen Sie von Norden her zum nächsten Zwischenziel Blönduós, wo sich unsere Wege wieder treffen werden.

Ich dagegen entscheide mich für die Weiterreise südwärts auf der 75 Richtung **Varmahlíð**, um einen der beliebtesten Hochlandausflüge einfügen zu können. Auf knapp halber Strecke lege ich einen Halt im wohl bekanntesten Torfhof Islands ein: **Glaumbær**.

 DER TORFHOF GLAUMBÆR

Der Hof wurde in heutiger Form im 18./19. (Bild unten) Jahrhundert erbaut und beherbergt ein Museum.

Zu besichtigen gibt es in den historischen Gebäuden Alltagsgegenstände aus Ururgroßmutters Zeiten, Werkzeuge, Wohnräume, Wirtschaftsräume und nicht zuletzt die sehenswerte Kirche, die nunmal zu einem wohlhabenden Hof gehörte.

Wenn man den Sagas Glauben schenkt, wohnte Snorri Þórfinnsson hier in Glaumbær und erbaute bereits im 11. Jahrhundert die erste Kirche. Er soll der Sohn von Þórfinnur karlsefni und Guðríður Þórbarnardóttir gewesen sein, geboren in Vinland, also im heute als Amerika bekannten Kontinent. Wenn das so stimmt, wäre er wohl der erste Sohn von Europäern, der in der "Neuen Welt" geboren wurde. Benachbart steht das 1883-86 erbaute Áshús mit Souvenirshop und Café .

Öffnungszeiten/Info: Mitte Juni bis Ende August täglich 9⁰⁰-19⁰⁰ h.
Tel. +354 453 6173, mailto:bsk@skagafjordur.is, www.glaumbaer.is.
Ausstellung im Nebengebäude/Tourist Information 13⁰⁰-19⁰⁰ h offen.

Das nächste Zwischenziel ist **Varmahlíð**, zumal es dort einen der attraktivsten Campingplätze der Reise gibt. Das Örtchen bietet, davon abgesehen, nicht viel, war es doch noch vor wenigen Jahrzehnten gar keine zusammenhängende Siedlung.

Die verkehrsgünstige Lage an der Ringstraße allerdings macht das Dörfchen interessant. Beispielsweise werden Raftingtouren, Reiten und vieles mehr angeboten. Und selbstverständlich gibt es ein schönes Schwimmbad. Darüber hinaus stehen gleich zwei Campingplätze zur Verfügung, ein einfacher, aber günstiger und der erwähnte Super-Platz, wie ich es empfunden habe, wobei ich im Tal auch sehr gut übernachtete, wenngleich die Fahrzeuge von der Ringstraße etwas zu hören sind.

  VARMAHLÍÐ - LAUFTÚN

Stellplatzart:..Campingplatz
GPS:... N65 33 19.9 W19 26 05.9
Adresse:...560 Varmahlíð
Tel.:..+354 453 8133
Zufahrtinfo: Zunächst auf der 75 von Sauðarkrókur über Glaumbær nach Varmahlíð, dort auf die Ringstraße. Auf dieser Richtung Akureyri abbiegen, dann nach einem kurzen Stück links ab ausgeschildert.
Kurzbeschreibung: Großes Wiesengrundstück in der Flussebene, eingerahmt von Hecken bzw. Baumreihen. Stromanschluss, WC/Dusche. Keine Entsorgungsanlage. Wasser am Geschirrwaschplatz. Zwar einfach ausgestattet, aber eigentlich fehlt es an nichts. Und der Platz ist sehr günstig. Nur Barzahlung möglich. **Öffnungszeit:** Juni bis August.

    VARMAHLÍÐ - TJALDSTÆÐI

Stellplatzart:..Campingplatz
GPS:... N65 33 08.3 W19 27 21.6
Adresse:..560 Varmahlíð, Iþróttavöllur
Tel.:..+354 899 3231
mailto:...tjaldstaedi@gmail.com
Homepage:.. www.tjodumiskagafirdi.is
Zufahrtinfo: Links neben der N1 Tankstelle hinauf ausgeschildert. Durch den Ort der Vorfahrtstraße/Ausschilderung folgen, am Schwimmbad vorbei. Nach 900 m ist der schön angelegte Platz erreicht.
Kurzbeschreibung: Mehrere Wiesenflächen, die durch Hecken und Bäume aufgelockert sind. Gute Ausstattung mit modernem Sanitärgebäude, Aufenthaltsraum/Küche, Waschmaschine/Trockner (Zusatzgebühr), Ver-/Entsorgung, Stromanschluss. Darüber hinaus ruhig gelegen. **Öffnungszeit:** Mitte Mai bis Mitte September.

ROUTE 3

VARMAHLÍÐ – ABZWEIGUNG 752 (F752)

Stellplatzart:..Parkplatz
GPS:.. N65 32 49.4 W19 26 22.7
Adresse:.. 560 Varmahlíð, an der 1/Abzw. 752
Zufahrtinfo: Aus Varmahlíð herausfahren (Richtung Blönduós). An der Abzweigung der 752, nicht weit außerhalb, links ab als Picknickplatz ausgeschildert.
Kurzbeschreibung: Picknickplatz mit Infotafeln über die Gemeinde Skagafjörður, Mülleimer.

  VARMAHLÍÐ – DENKMAL STEFAN G STELASON

Stellplatzart:..Parkplatz
GPS:.. N65 31 46.0 W19 31 04.0
Adresse:..An der Ringstraße Richtung Blönduós
Zufahrtinfo: 4,2 km nach der Ausfahrt von der Torfkirche Viðimýri links.
Kurzbeschreibung: Geschotterter Parkplatz etwas abseits der Ringstraße, Denkmal für den "Dichter der Rocky Mountains", der 1873 aus Island nach Kanada ausgewandert war. Vom Denkmal (Bild links unten) herrliche Aussicht auf den Skagafjörður und das Mündungsgebiet der Heraðsvötn.

Nun mache ich mich auf den Weg über die Ringstraße (Richtung Blönduós/Reykjavík) und komme an den beiden oben erwähnten Picknickplätzen vorbei. Dazwischen gilt es noch die alte **Torfkirche Viðimýri** (Bild unten rechts) zu besichtigen (Eintrittsgebühr, offen im Sommer 9⁰⁰-18⁰⁰ h), wenn Sie Interesse haben. Die Ringstraße macht einen auffälligen Knick. Kurz zuvor zweigt die ausgeschilderte Zufahrtstraße zum Kirchlein links ab. Am zugehörigen Parkplatz gibt es ein WC, an welchem aber leider ein Schild angebracht ist, wonach Zelten und Übernachten im Wohnmobil angesichts der nahen Wohnhäuser nicht erwünscht sind. Doch geht es ja auch in erster Linie um die schöne Kirche, die dem Nationalmuseum angehört und zu den besterhaltenen Islands gehört. Die Ringstraße führt zügig über die Passhöhe ins Langidalur, wo die Abzweigung der F35 (Kjölur-Route) nach Süden erreicht wird.

ABSTECHER INS HOCHLAND/VERBINDUNG IN DEN SÜDEN

Die Kjölur-Hochlandstrecke ist mittlerweile für normale Fahrzeuge zugelassen. Allerdings - es ist nach wie vor eine ruppige, mit den meisten Wohnmobilen nur sehr vorsichtig und langsam befahrbare Hochlandstrecke, auch wenn das "F" vor der 35 weggefallen ist. Das eine oder andere Schlagloch oder im Weg liegende Steine werden Ihr Geschirr in den Schränken zu Freudensprüngen animieren. Der Staub tut ein Übriges (wenn es nicht regnet).

Dafür entschädigt Sie ein uriges Hochlandbad (**Hveravellir**) nebst Campingplatz und möglicherweise der Abstecher ins **Kerlingarfjöll**, ein farbenfrohes Geothermalgebiet. Auch die Zufahrt dorthin wurde wesentlich entschärft, seit die Furten "verrohrt" worden sind.

Von der Ringstraße führt die 731 noch auf Asphalt zur 35. Im Hochland eröffnet sich dann bald der Blick zu den Eiskappen des Langjökull und des Hofsjökull. Zwischen beiden führt die Piste nach Südisland. Vorbei am Stausee **Blöndulón** und vielen kleineren Seen wird das Umfeld immer hochlandtpyischer: Graubraune Schotterwüsten, aufgelockert durch sattes Grün an den Gewässern, gleiten am Wohnmobil vorbei. Nach dem Höhenzug Dufunesfell zweigt die Piste zum Hochlandbad Hveravellir rechts ab, wo Sie mit dem Wohnmobil auf dem **Campingplatz Hveravellir** nächtigen können (**GPS** N64 51 58.7 W19 33 13.7 - Gebühr).

Höhepunkt dort ist der urige Badepott, den die Badenden selbst durch Zufuhr von mehr oder weniger Heiß- oder Kaltwasser in der Temperatur regulieren - in Mitteleuropa fast unvorstellbar. Doch hier funktioniert es. Es wird auf das Denkvermögen und die Vernunft der Menschen gezählt. **Dennoch:** Prüfen Sie vor dem Einsteigen in den Pool, ob nicht ein Vordermann (oder -frau) vergessen hatte, das Heißwasserrohr aus dem Pool zu nehmen. Sonst könnte die "Mini-Blaue-Lagune" zum Baden viel zu heiß sein.

Hinter dem Hochlandbad erstreckt sich ein Geothermalgebiet mit dampfenden und zischenden Solfataren und Fumarolen. Über Holzplanken ist es in einem netten Spaziergang erreichbar. Es ist eine Freude für die Augen, das Wechselspiel der Farben zu genießen, die aus den Auskristallisierungen der chemischen Substanzen aus dem Erdinneren gebildet werden.

Da das Wasser ständig am Siedepunkt ist, soll der Gehechtete Eyvindur zur Sagazeit sich hier oben mit seiner Frau Halla in einer Lavahöhle versteckt gehalten haben. Ernährt haben Sie sich demzufolge von Schafen, die Sie gestohlen und in den heißen Pötten gegart haben sollen. Das, damit Sie wissen, wie heiß das Wasser hier oben in der Tat ist.

WANDERUNGEN VON HVERAVELLIR AUS

Die Hochlandregion bietet zahlreiche Wanderrouten. Eine zwischenzeitlich eingestürzte Lavahöhle, die Eyvindur als Heimstatt gedient haben soll, ist eines der Ziele. In einer Halbtagestour können Sie den Vulkankrater Stykur (847 m) mit seinem erstarrten Lavasee erwandern und vom Kraterrand die faszinierende Welt aus Feuer und Eis genießen. Will man nicht auf gleichem Weg zurückwandern, kann die Tour durch das Þjófadalur (Tal der Diebe) verlängert werden,und von dort zurück nach Hveravellir (ca. 8-9 Std. insgesamt).

Detaillierte Angaben zu den Wandermöglichkeiten gibt Ihnen die empfohlene Wanderliteratur. Der Hüttenwirt hält ebenfalls Informationen und Kartenmaterial für Sie bereit.

   ABSTECHER INS KERLINGARFJÖLL

Die 35 führt weiter nach Süden zum Gullfoss/Geysir. Sie können 28 Kilometer südlich der Abzweigung Hveravellir in die andere Richtung auf die F347 abzweigen und den **Hochland-Campingplatz Kerlingarfjöll** ansteuern. Dort gibt es ein typisches Wanderheim mit Restaurantbetrieb (**GPS** N64 41 00.2 W19 18 00.0 - Gebühr auch fürs Übernachten im Wohnmobil). Erkundigen Sie sich im Gästehaus nach dem Wanderweg talaufwärts und vergessen Sie Ihre Badesachen nicht, denn dort gibt es einen weiteren, naturbelassenen Badepott zum Entspannen.

Wer ein 4x4-Wohnmobil sein Eigen nennt, das kräftige, ruppige Anstiege meistern kann, fährt hinauf auf den Wanderparkplatz Kerlingarfjöll (**GPS** N64 38 47.5 W19 16 42.6). Von hier erwandern Sie das farbenfrohe, hier und dort dampfende und zischende Geothermalgebiet bei hoffentlich wesentlich besserem Wetter als ich es beim ersten Besuch mit meiner

Frau gemeinsam hatte. Wir hatten aufgrund Schneeregens zentimeterstarke Lehmklumpen an den Schuhsohlen und damit wortwörtlich schwere Füße. Und doch waren wir äußerst fasziniert von der herrlichen Vulkanwelt. Einen Leserhinweis möchte ich Ihnen nicht vorenthalten, auch wenn ich ihn nicht selbst nachgeprüft habe. Sie können ein Stück unterhalb des beschriebenen Wanderparkplatzes links abbiegen und zu einem schönen Aussichtspunkt mit Rundumblick gelangen (**GPS** N64 39 05.5 W19 15 15.8).

Von der Abzweigung Kerlingarfjöll sind es 67 km zum Gullfoss, wo Sie eine Asphaltstraße in Empfang nimmt, ebenso die Cafeteria nebst Parkplatz des Wasserfalls, auf den ich später noch zu sprechen komme.

Kommen wir zurück auf die normale Route, die alle Fahrzeuge bewältigen können. Es geht weiter durchs **Langidalur** nach **Blönduós**. Hier erhalten Sie und Ihr Wagen, was Sie brauchen - Supermarkt und Tankstelle sind nahe an der Ringstraße, ein recht gutes Restaurant ebenso. Die Kultur kommt auch nicht zu kurz.

BLÖNDUÓS - TJALDSVÆÐI

Stellplatzart:..Campingplatz
GPS:.. N65 39 33.7 W20 16 35.2
Adresse:...540 Blönduós
Tel.: ....+354 820 1300
mailto: .... gladheimar@simnet.is
Homepage: ....www.gladheimar.is
Zufahrtinfo: An der Ringstraße beim Ortseingang (gegenüber N1-Tankstelle) links ab ausgeschildert.
Kurzbeschreibung: Wiesengelände, aufgelockert durch ein paar Hecken, unterhalb der Straße und damit recht ruhig. Anmeldung im grauen Gebäude, in dem auch die Tourist Information untergebracht ist. Gute Ausstattung mit modernisierten Sanitäranlagen (Du/WC, Ver-/Entsorgung, Stromanschluss, Waschmaschine/Trockner gegen Zusatzgebühr).
Öffnungszeit: Juni bis August, durchschnittlicher Preis.

 BLÖNDUÓS - AUSSICHTSPUNKT

Stellplatzart:..Parkplatz
GPS:.. N65 39 01.0 W20 18 23.0
Adresse:.. 540 Blönduós, Þingbraut
Zufahrtinfo: Fahren Sie in Richtung des alten Ortskerns und folgen dem Hinweisschild zu einem Aussichtspunkt links hinauf. In einer weiten S-Kurve gelangen Sie zum Ende des Sträßchens.
Kurzbeschreibung: Geschotterter Parkplatz mit Aussicht über die Bucht, ruhig, aber ohne Ausstattung. Den herumliegenden .Scherben nach zu urteilen, könnte sich hier dann und wann ein Treffpunkt für Parties Jugendlicher befinden, was ich jedoch bei Recherche nicht feststellte.

ROUTE 3

Sehenswertes In Blönduós

Zunächst wird Ihnen die in den 90er Jahren eingeweihten **Kirche von Blönduós** auffallen, die an eine Muschel erinnert - ein Tribut an die Haupteinnahmequelle der Fischer, die nach dem Wegbleiben der Heringsschwärme auf die Zucht von Miesmuscheln setzten. Wenn es zeitlich passt, sollten Sie auch einen Blick ins Innere der Kirche werfen, wo das Spiel der Schatten der Fenster und der hellen Farben bei Sonnenschein fasziniert (offen im Sommer tgl. 10^{00}-15^{00} h, Eintrittsgebühr).

Im Zentrum des Ortes finden Sie das eine oder andere alte Gebäude nahe beieinander, was dein Eindruck eines intakten Fischerdorfes vermittelt, zumal mittendrin gastronomische Angebote und eine Bäckerei zu finden sind.

Im neuen Teil der Stadt finden Sie das **Textilmuseum** (Öffnungszeiten: Mitte Juni-Mitte August tgl. 14^{00}-17^{00} h). Über die Tourist Information am Campingplatz können Sie darüber hinaus **Robben- und Vogelbeobachtungstouren** buchen.

In der Nähe des Campingplatzes, bei der N1-Tankstelle, befindet sich in einem ungemütlich anmutenden Zweckbau das gute Restaurant Potturinn, in dem Gerichte (übrigens auch Kuchen, den ich getestet habe) aus der isländischen Küche im Angebot sind. Auch äußerlich gemütlich geht es im alten Teil des Ortes im Café Kilian zu, das mir die Tourist-Information auf die Frage nach regionaler Küche angeraten hat.

Wenn Sie Bedarf nach einem schönen, modernen und recht großen Schwimmbad haben - auch das finden Sie in Blönduós am Fuß der Kirche. Nach angenehmer Übernachtung auf dem Campingplatz und einem abschließenden Kaffee am beschriebenen Aussichtspunkt starte ich den Motor und rolle zur Ringstraße zurück, um auf dieser ein gutes Stück Richtung Westen zu fahren.

Auf der Weiterfahrt über die Ringstraße lege ich einen Abstecher von insgesamt 13 km zur **Þingeyrarkirkjá** ein. Die Straße 721 zweigt bei einem recht guten, wenn auch nahe an der Ringstraße gelegenen Picknickplatz rechts ab. Er taugt bei Bedarf auch für eine Nacht (**Parkplatz Ólafslundur** mit WC/Picknickbank - **GPS** N65 30 15.6 W20 22 36.8). Eingeweiht wurde das Gotteshaus 1877. Sein Standort deutet darauf hin, dass schon zur Sagazeit hier Gericht gehalten wurde. Eine Besonderheit ist nicht nur die Bauweise aus dunklem Stein, sondern dass Sie einen Flügelaltar aus Nottingham (GB) aus Alabaster beinhaltet, den man nur zu Gesicht bekommt, wenn man nicht zu spät kommt, wie ich... Zur Öffnungszeit erhalten Sie im benachbarten Informationszentrum

Kaffee und Kuchen und können nachfragen, ob Sie eine Nacht hier stehen bleiben können (**Parkplatz GPS** N65 33 17.1 W20 24 17.9). Ein Reiter von einem nahen Gehöft sagte mir, dass dies möglich sei, man aber nachfragen solle. Flexibel sind sie halt, die Isländer!

Doch ich habe ohnehin andere Pläne: Es steht die Umrundung der **Halbinsel Vatnsnes** an. Diese hat einiges zu bieten. Sie sollten hierfür etwa 1-2 Tage reservieren.

Die erste Sehenswürdigkeit an der Straße 716, sozusagen ein Kunst- und Befestigungswerk der Natur, ist die Felsenfestung **Borgarvirki**. Sie erreichen diese vom zugehörigen Picknickplatz aus in wenigen Minuten zu Fuß. Basaltfelsen eines alten Vulkans bildeten den Grundstock für eine fast runde Festung. Die Lücken haben wohl die Siedler zur Landnahmezeit mittels Mauerwerk ergänzt - fertig war die Burg. Allerdings gibt es keine schriftlich festgehaltenen Quellen über Zweck und Bauherren. Wenn Sie den kurzen Anstieg vom Parkplatz hinter sich haben, werden Sie mit einem überwältigenden Blick über die Fjordwelt und ins Landesinnere belohnt.

Die kurvige, steile Straße führt in stetigem Auf und Ab weiter zur 711, die (weiterhin geschottert) nordwärts führt, geradezu zum "Basaltungeheuer" **Hvitserkur**. Die Basaltformation können Sie kurz nach dem **Café Ósar** (Kaffee/kleine Snacks, WiFi Zone) auf einer steilen Zufahrt erreichen. Vom Parkplatz sind es nur wenige Schritte zur Aussichtsplattform. Oft denke ich mir, meine Leser mal zu fragen, für welches "Ungeheuer" sie das Naturgebilde halten, das bei Ebbe das Meer leer zu saufen scheint. Es bietet zahlreichen Seevögeln eine tolle Brutstätte. Lassen Sie Ihrer Fantasie einfach freien Lauf. Für mich ist die natürliche Skulptur am ehesten einem Nashorn ähnlich.

BORGARVIRKI

Stellplatzart:...Parkplatz
GPS:... N65 28 24.8 W20 35 47.0
Adresse:...An der 616
Zufahrtinfo: Von der Ringstraße rechts auf die 716 abbiegen (Schotterstraße, gut befahrbar, allerdings eng, später steil und kurvig). Man gelangt an einen See und hat dann noch einen kräftigen Anstieg vor sich, bis der Picknickplatz links erreicht ist.
Kurzbeschreibung: Kleiner, geschotterter (nicht ganz ebener) Parkplatz auf der Passhöhe am Fuß der Naturburg. ACHTUNG bei Sturm - sehr windexponiert, was ich bei der letzten Recherche allzu deutlich zu spüren bekam und nachts an die frische Luft durfte, um das Auto um 90° zu drehen...

P HVITSERKUR

Stellplatzart:..Parkplatz
GPS:.. N65 36 12.9 W20 38 25.0
Adresse:...An der 611
Tel.:...(Café/Gästehaus Ósar) +354 862-2778
mailto:.. osar@hostel.is
Homepage:..www.hostel.is/Hostels/Osar/
Zufahrtinfo: Entweder von der Ringstraße auf die 711 abbiegen oder über die beschriebene Route via Borgarvirki über die 716. Hvitserkur kurz nach Café Ósar gut ausgeschildert.
Kurzbeschreibung: Kleiner Parkplatz, etwa 5 Gehminuten oberhalb der Aussichtsplattform. Auf das Zeltverbot angesprochen, meinte der Inhaber des Café Ósar, man könne mit einem Wohnmobil schon stehen, wenn man WC/Dusche auch benutzt und nicht die Landschaft rundherum als WC missbraucht, denn die früher vorhandene Toilette wurde abgebaut. Von Vorteil für den Ruf der Wohnmobil-Touristen ist es, wenn Sie das Café Ósar mit einer Einkehr bedenken (dort gibt es übrigens jetzt ein modernes WC).

ROBBENBEOBACHTUNG AUF DER HALBINSEL VATNSNES

Nun können Sie bei Ebbe weiter hinabsteigen (Trittsicherheit und gutes Schuhwerk sind nötig, vor allem bei Nässe!) nach rechts am Kiesstrand entlang wandern, um später wieder rechts auf dem Fußpfad zum Parkplatz hinauf zu gelangen. Hauptziel ist die Beobachtung der Robbenkolonie auf der gegenüber liegenden Sandbank.

Damit habe ich schon einen wichtigen Aspekt eingeflochten, den Sie beherzigen sollten, wenn Sie darauf aus sind, die träge umherliegenden Tiere zu beobachten. Das tun Sie nur bei Ebbe. Bei Flut zeigen Sie sich im Wasser alles andere als faul und träge. Vielmehr sind sie von der Neugierde getrieben und kommen dem Ufer recht nahe (... wenn man ruhig ist). Sie behalten immer achtsam im Auge, was sich am Strand oder ringsherum tut, um schlagartig im Wasser verschwinden zu können. Noch etwas: Gehen Sie nur an den ausgewiesenen Beobachtungsplätzen heran. Nehmen Sie ein gutes Fernglas und einen Fotoapparat mit hohem Zoomfaktor mit. Vor allem: Verhalten Sie sich ruhig - die Tiere sind scheu. Wer Geduld und Ruhe beweist, wird meist mit neugierigen Blicken aus dem Wasser beäugt, und wie gesagt, bei Ebbe auch mit an Land dösenden Tieren belohnt. Weitere Beobachtungsstellen gibt es auf der westlichen Seite der Halbinsel beim Campingplatz und Hof Illugastaðir und beim Picknickplatz Tangar.

Damit sind wir auf der Westseite der Halbinsel angekommen. Der Robbenbeobachtungsplatz **Hindisvík** an der Landspitze wurde zur Schonung der Robbenkolonie und des Privatlandes gesperrt. Weiter südlich mag Sie ein isländisches neben einem schot-

tischen Fähnchen an der Zufahrt zum Hof **Geitafell** überraschen. Der Besitzer ist halb Isländer, halb Schotte. Nun mögen die Schotten sparsam sein. Isländer wiederum sind flexibel und pragmatisch. Beides ergänzt sich, wie man sieht. Als das Silo hinfällig wurde, war die Idee zum Restaurant geboren, das Sigrun und Robert Jón nun mit Bravour führen und ihren Gästen in familiärer Atmosphäre gute, frische Gerichte anbieten.

Auf der Weiterfahrt finden Sie weitere Plätze, um Robben zu beobachten. Beim Hof Illugastaðir können Sie dies zugleich mit der Übernachtung auf dem zugehörigen Campingplatz kombinieren, ein Stück südlich davon mit einem Picknickplatz.

 HÚNAÞING - GEITAFELL

Stellplatzart:.. Restaurant
GPS:... N65 37 27.0 W20 49 27.3
Adresse:..531 Húnaþing, Geitafell
Tel.:...+354 861 2503 oder 893 3380
Homepage:.. www.geitafell.is
Zufahrtinfo: Südwestlich der Landspitze Hindisvík links ab ausgeschildert und gut sichtbar.
Kurzbeschreibung: Parkplatz beim Restaurant. Trotz beschränktem Platzangebot sind die Besitzer aufgeschlossen, wenn Sie nach dem Essen im Restaurant anfragen, ob Sie eine Nacht bleiben dürfen. Reservierung ist zu empfehlen.

  ILLUGASTAÐIR - TJALDSTÆÐI

Stellplatzart:..Campingplatz
GPS:... N65 36 25.5 W20 52 41.7
Adresse:.. 531 Húnaþing - Illugastaðir
Tel.:...+354 451 2664 oder 894 0650
Zufahrtinfo: An der 711 nach der Landspitze rechts ab gut ausgeschildert.
Kurzbeschreibung: Wiese, topfeben, nebenan WC/Dusche/Geschirrwaschplatz, Stromanschluss. Günstiger Preis (2013) ISK 800 p. P./N zzgl. Strom. Zwar einfach, aber landschaftlich sehr schön. Startpunkt für einen etwa 15-minütigen Fußweg zu einer Beobachtungshütte, von der Sie die Seehunde und Robben mit Fernglas gut beobachten können (Ferngläser nebst Gästebuch sind vorhanden). **Öffnungszeit:** ca. Juni-August.

P HÚNAÞING - TANGAR

Stellplatzart:...Parkplatz
GPS:.. N65 35 04.0 W20 55 14.3
Adresse:...531 Húnaþing, An der 611
Zufahrtinfo: Einige Kilometer südlich von Illugastaðir an der 711.
Kurzbeschreibung: Parkstreifen auf der Seeseite, eine etwas tiefer liegende Parkfläche auf der anderen Straßenseite. Sollten Sie eine Nacht hier verbringen wollen, bietet sich letztere besser an. Doch liegt auch diese ziemlich nah an der Straße, welche allerdings wenig befahren ist.

△ ⛺ 💧 ⚡ HVAMMSTANGI - TJALDSTÆÐI KIRKJUHVAMMUR

Stellplatzart:...Campingplatz
GPS:.. N65 24 08.0 W20 55 44.5
Adresse:.................................530 Hvammstangi, Kirkjuhvammsvegur
Tel.:...+354 899 0008 oder 615 3779
mailto:..hvammur.camping@gmail.com
Homepage:..www.tjalda.is/Kirkjuhvammur
Zufahrtinfo: Im Ort links ab der Ausschilderung bergwärts, am Schwimmbad und dann am Wasserreservoir vorbei.
Kurzbeschreibung: Sehr schön gelegener, gepflegter Platz mit guter Ausstattung (V/E-Anlage, Frischwasser, Waschmaschine/Trockner gegen Zusatzgebühr, Stromanschluss). ISK 1000 p. P./N., sehr schöne Lage auf der Anhöhe über dem Ort. **Öffnungszeit:** Mitte Mai-Mitte Sept.

📷 Sehenswertes/Aktivitäten in Hvammstangi

Zunächst sollten Sie vor dem Spaziergang in den Ort die Kirche beim Campingplatz anschauen. Unterwegs überquert man die Reitanlage, geht auf dieser rechts und folgt dem Fahrweg schräg links zum Dorf. Ein paar Züge im Schwimmbad (ca. 33° C), etwas Entspannung im Hot-Pot (38°/41° C), schon ist man ein anderer Mensch. In der Tourist Information mit dem **Icelandic Seal Center** (Brekkagata 2/am Hafen, Tel. +354 451 2345, mailto:info@selase-

tur.is, www.selasetur.is) können Sie viel über die Robben lernen oder eine **Robbenbeobachtungsfahrt** buchen. **Sealtours** fährt im Sommer täglich hinaus. Nebenbei gibt es Seevögel zu sehen. Zur Zeit der Mitternachtssonne werden Abendfahrten angeboten, bei denen Sie die Sonne für kurze Zeit im Meer versinken sehen. Info: Tel. +354 897 9900, mailto:info@sealwatching.is, www.sealwatching.is. Haben Interesse an isländischen Strickwaren, sollten Sie die **Wollfabrik mit Werksverkauf**, die an der Ortsausfahrt in Richtung der Ringstraße ausgeschildert ist, aufsuchen.

Mein nächster Ausflugsvorschlag liegt dann etwas abseits. Er dürfte für diejenigen interessant sein, welche den Ausflug um die Halbinsel nicht machen möchten.

  ABKÜRZUNG / AUSFLUG ZUR SCHLUCHT KOLUGLJÚFUR

Sie lassen die Abzweigungen der 716/711 aus und bleiben auf der Ringstraße. Später folgen Sie der 715 (gute Schotterstraße). Wer den Ausflug von Hvammstangi her anhängen möchte, fährt auf der Ringstraße 10 km ostwärts bis zur Abzweigung. Das Naturschauspiel eines sehenswerten Wasserfalls mit anschließender Schlucht ist nach 6 km erreicht.

Sobald das Wohnmobil auf einem der Parkplätze (diesseits oder jenseits der Brücke) steht, heißt es die Wanderstiefel zu schnüren und auf der linken Flussseite dem anfangs gut, später kaum noch zu sehenden Wanderpfad zu folgen. Die Schlucht ist etwa 1 km lang und an die 50 m tief. Vor allem bietet sie spektakuläre Felsformationen, von denen teils kleine Wasserfälle herabplätschern. Unten tost der schäumende Bach, stürzt da und dort weitere Felsstufen hinab und fließt zwischendurch auch mal recht ruhig tief unten zwischen den Felswänden dahin - sehr abwechslungsreich und sehenswert! Doch seien Sie vorsichtig! Die Felswände sind teils senkrecht und tief (je nach Blickwinkel auch hoch), teils können Sie mit gebotener Vorsicht und Trittsicherheit bis zum Wasser hinabklettern. Grandiose Fotomotive sind Ihnen bei gutem Wetter sicher.

  KOLUGLJÚFUR

Stellplatzart:...Wanderparkplatz
GPS:.. N65 19 57.6 W20 34 11.8
Adresse:...An der 715
Zufahrtinfo: Von der Ringstraße die Abzweigung der 715 nehmen und

dieser 6 km bis zum ausgeschilderten Wanderparkplatz folgen. **Kurzbeschreibung:** Kleiner, geschotterter Parkplatz vor der Brücke, ein weiterer auf der anderen Seite der Brücke gleich links, dort mit Mülleimer und Picknicktisch. Kleine Wanderung zur Schlucht auf der Seite des Parkplatzes mit Picknickbank (Bild).

Island – Westfjorde und Snæfellsnes

Die Faszination der tief eingeschnittenen Fjorde im Kontrast zu schroffen Bergen hat mich und meine Familie, aber auch zahlreiche Leser stets aufs Neue in ihren Bann gezogen. Die Westfjorde erfordern jedoch weite Fahrtstrecken, dies zudem oft auf Schotterstraßen. Aufgrund des Zeit- und Fahrtaufwandes ist es der Teil Islands, der vom Tourismus am wenigsten abbekommt - ein Segen für diejenigen, welche die Einsamkeit suchen, schade für diejenigen, die zeitlich knapp bemessen sind oder Schotterpisten meiden.

Nach ein paar Kilometern lege ich den ersten Halt bei der Kirche von **Prestbakki** ein (**GPS** N65 18 55.2 W21 11 37.6, Bild unten links). Nicht, dass es ein unerhört schönes Kirchlein wäre. Der Ort strahlt einfach eine Ruhe aus, die ich schätze - die Westfjorde eben. Nach der Kaffeepause geht es zügig weiter und es folgt ein Abschnitt der 61, der mal wieder Schotter unter die Räder zaubert. Doch erlaubt der gute Zustand eine rasche Fahrt. Die Landschaft nimmt an Abwechslungsreichtum zu (Bild unten rechts). Ich umkurve felsige Hügel und Wiesen in stetigem Auf und Ab, bis am **Bitrufjörður** ein erster Picknickplatz eine passable Übernachtungsmöglichkeit bietet. Eine weitere Gelegenheit besteht am **Kollafjörður**. Beide Plätze sind zwar recht nah an der Straße, doch ist der Verkehr gering, weshalb es nicht allzu störend sein sollte.

Stehen Sie lieber auf einem guten Campingplatz, müssen Sie sich bis Hólmavík gedulden. Und vergessen Sie nicht, die Fjordlandschaft in sich aufzusaugen. Immer wieder bieten sich bei der Fahrt am **Steingrímsfjörður** entlang tolle Ausblicke. In Hólmavík gilt es dann einiges zu entdecken.

 **BITRUFJÖRÐUR**

Stellplatzart:...Parkplatz
GPS:... N65 28 46.7 W21 23 07.4
Adresse:...An der 68
Zufahrtinfo: An der 68, kurz nach Abzweigung der 641 Richtung Patreks-
fjörður, nach Umfahrung des Fjords auf der linken Seite.
Kurzbeschreibung: Geschotterter Parkplatz, Picknickbank.

  KOLLAFJÖRÐUR

Stellplatzart:...Parkplatz
GPS:... N65 37 29.3 W21 23 52.3
Adresse:...An der 68 nördlich des Fjordes
Zufahrtinfo: Auf der 68 den Kollafjörður umfahren, dann wiederum links.
Kurzbeschreibung: Geschotterter Parkplatz mit Picknickbank mit Blick
zu einer markanten Felsnase und hinaus aufs Meer (Bild unten links).

     HÓLMAVÍK - TJALDSTAÆÐI

Stellplatzart:...Campingplatz
GPS:... N65 42 07.6 W21 41 04.2
Adresse:... Hólmavík, Hafnarbraut
Tel.:.. +354 451 3111
mailto:...info@holmavik.is
Homepage:... www.holmavik.is
Zufahrtinfo: Von der 68 in den Ort abbiegen, gegenüber der Tankstelle
links abbiegen (ausgeschildert).
Kurzbeschreibung: In größere Einzelflächen aufgeteilter Campingplatz
beim Schwimmbad (separater Eintritt), am Ortsrand gelegen. Gute
Ausstattung (Strom, Ver-/Entsorgung, Waschmaschine/Trockner, WC/
Dusche). **Öffnungszeit:** ca. Mitte Mai bis Mitte September.

Besonders interessant ist das Museum im Gebäude der Tourist
Information von Holmavík (Bild rechts), das sich mystischen The-
men wie der Hexerei und aus dem Volksglauben resultierenden
Praktiken des Lebens widmet. Sie erhalten für den Rundgang ein
Heftchen mit allen Erläuterungen. Für Ihr leibliches Wohl wird
im Museumscafé gesorgt (Kaffee und Kuchen, einfache Gerichte).
Darüber hinaus finden Sie zwei Restaurants, in denen regionale
Küche im Angebot ist. Zum einen ist dies das Kaffi Riis (kurz vor

der Tourist Information auf der anderen Straßenseite), zudem das Kaffi Garður, wo Sie gute Muscheln auf den Teller bekommen (was zugegeben nicht mein Fall ist). Doch gibt es auch andere Gerichte aus dem Meer und Fleisch (www.galdrasyning.is).

Ausflug nach Drangsnes/Landspitze Bjarnarnes

Vor mir liegt eine ordentliche Strecke rund um den Steingríms-fjörður, um in **Drangsnes** im originellen Hot Pot zu entspannen und mich auf dem Campingplatz einzunisten. Der warme Bade-pott an der Durchgangsstraße liegt mitten in der Uferbefestigung des Fjordes. Das klingt für Mitteleuropäer ziemlich schräg. In Island ist es kein Problem. Das heiße Wasser war bei Bauarbeiten eher zufällig angezapft worden. Man entschied sich, es zu fassen und den Hot Pot einzurichten. Dusche und WC sind auf der anderen Straßenseite. So lässt es sich wohl fühlen in einem der drei Pötte mit 31°/39°/41° C Wassertemperatur und Meerblick. Zudem hat Drangsnes ein modernes Schwimmbad zu bieten. So wird auch zufrieden gestellt, wer gerne ein paar Züge schwimmt.

DRANGSNES - TJALDSTÆÐI

Stellplatzart:..Campingplatz
GPS:.. N65 41 28.6 W21 26 22.2
Adresse:.................................520 Drangsnes, Drangsnesvegur
Tel.:...+354 451 3277 oder 3207
mailto:...drangsnes@drangsnes.is
Homepage:.................................. www.tjalda.is/drangsnes
Zufahrtinfo: Von der 61 am Fjordende rechts ab nach Drangsnes (bis dort Asphaltstraße Nr. 645). Durch den Ort fahren, am Hot Pot vorbei, dann steil bergauf. Kurz später rechts und links der Straße ausgeschildert.
Kurzbeschreibung: Einfacher Campingplatz in schöner Lage mit Blick auf Grimsey und den Steingrímsfjörður. Du/WC, Stromanschluss an zwei Stellplatzebenen beidseits der Straße. **Öffnungszeit:** Juni bis Anf. Sept.
Entsorgungsstation für Abwasser/Toilette: **GPS** N65 41 23.3 W21 26 02.8 wenige Meter neben dem Restaurant Malarhorn.

Wenn Ihr Magen knurrt, Sie aber Ihre Wohnmobilküche kalt lassen möchten, besuchen Sie das Kaffi Malarhorn (www.malarhorn.is, Tel. +354 896 0337, mailto:malarhorn@malarhorn.is), das ein Stück hinter dem Schwimmbad direkt am Ufer des Fjordes liegt. Dort werden gute, regionale Gerichte serviert. Es gibt alles, was das Meer gerade an frischem Fisch oder Muscheln hergibt .

Darüber hinaus können Sie eine Bootstour nach Grimsey buchen. Die kleine Vogelinsel wird vom Bootsführer zunächst sehr dicht am Ufer umrundet. Das gibt Ihnen einen guten Einblick in die Brutfelsen. Hier gibt es nicht nur die häufig vorkommenden Möwen und Eissturmvögel zu entdecken, sondern auch Krähenscharben. Und natürlich kommt auch Ihr Wunsch nach der Entdeckung der putzigen Papageientaucher nicht zu kurz. Sie haben die Gelegenheit, für eine gute Stunde das Boot zu verlassen und die Insel auf eigene Faust zu erkunden. Auf dem Rückweg wird geangelt und den Fang können Sie im Erfolgsfall erwerben. Insgesamt dauert der Spaß etwa 3 Stunden.

Nun holpere ich auf der engen und teils steilen Schotterstraße 645 um die Halbinsel Richtung **Laugarhóll**. An einer schönen Bucht mache ich eine Pause. Diesen Platz (**GPS** N65 44 51.6 W21 21 59.6) hatte ich bei früheren Islandreisen schon für eine Übernachtung genutzt. Unsere Tochter konnte mit Freude im Treibgut nach brauchbarem Spielzeug suchen. Bald gelangt man zur 643 und erreicht rechts ab das **Hotel Laugarhóll**, wo ein einfacher Campingplatz sowie ein Schwimmbad zur Verfügung stehen. Das (ca. 35° C warme) Bad stammt aus den 30er Jahren. Der historische Hot Pot **Grendarlaug** beim alten Torfhof ist eine wichtige Sehenswürdigkeit und nicht mehr fürs Baden freigegeben.

LAUGARHÓLL - TJALDSTÆÐI

Stellplatzart:	Campingplatz
GPS:	N65 46 51.7 W21 30 57.6
Adresse:	510 Hólmavík, Laugarhóll
Tel.:	+354 451 3380 oder 698 5133
mailto:	laugarholl@laugarholl.is
Homepage:	www.laugarholl.is

Zufahrtinfo: Von Drangsnes über die Schotterstraße 645 um die Landspitze herum und weiter bis zur Einmündung auf die 643. Dort rechts abbiegen. Das Hotel ist kurz später talaufwärts links ab ausgeschildert.
Kurzbeschreibung: Kleine Zeltwiese etwa 150 m oberhalb der Hotelzufahrt, sehr ruhig gelegen mit schönem Blick ins Tal. WC, Kaltwasser hinter einem Entwässerungsgraben (Zugang über Holzsteg). Dafür ist der Platz sehr preisgünstig (2013: ISK 500 p. P./N). **Öffnungszeit:** Juni-August.

Wer keine Lust oder Zeit für längere Strecken auf Schotter zur Verfügung hat, fährt auf der 643 zurück zur 61 und folgt auf dieser der weiteren Route durch die Westfjorde.

Ausflug nach Djúpavík und zum Krossnesslaug

Der Ausflug nimmt mindestens einen Tag in Anspruch und umfasst ca. 194 km (hin und zurück ab Laugarhóll). Er führt durch eine grandiose Fjordlandschaft. Zumindest bis Djúpavík ist die Straße eine recht passable Schotterpiste. Danach, in den Passagen, auf denen die Straße durch Geröllhalden gebaut wurde (Steinschlaggefahr - nicht anhalten!), ist allerdings schon eine vorsichtige Fahrweise nötig. So starte ich beim Hotel Laugarholl und sause auf guter Schotterpiste zwischen steilen Berghängen des fast 800 m hohen Gebirgszuges zunächst bis **Djúpavík**.

 DJÚPAVÍK - EINST UND HEUTE EIN ERFOLGREICHER ORT

Vor Jahrzehnten war der Fischerort noch als erfolgreicher Standort einer Heringsfabrik bekannt - bis die Heringsschwärme in den 60er Jahren ausgeblieben waren. Danach fristete das Industrieanwesen nebst Arbeiterwohnungen ein trostloses Dasein. Die Gebäude waren der rauen Witterung schutzlos ausgeliefert und der Verfall nahm seinen Lauf, jedenfalls bis das Ehepaar Eva und Ásbýrgi beschloss, dem alten Ort zu einer neuen Blüte zu verhelfen. Das ehemalige Wohnheim für die Arbeiterinnen wurde renoviert.- heute ist es das im Sommer beliebte Hotel Djúpavík. Im Erdgeschoss können Sie einkehren (vorherige Reservierung ist empfehlenswert!) und erhalten in angenehmer Atmosphäre ein gutes, regionales Essen serviert.

Die ehemalige Fischfabrik ist heute nach wie vor in ihrem halb verfallenen Zustand. Aber auf den zweiten Blick wird auch Sie die Fasnination ergreifen, wie viele andere Gäste auch. Es war Ásbýrgi und Eva auch ein Anliegen, die Fabrikhallen zu erhalten. Dabei war es auch ein Verdienst von "Claus in Iceland", wie der junge Deutsche sich nennt, die dunkle, verwunschen erscheinende ehemals größte Betonhalle Islands zu einer Ausstellung umzubauen. Heute bewundern Sie dort Fotografien, aus alter Zeit, aber auch zeitgenössische Fotokunst im grauen Industriekomplex - eine grandiose, beeindruckende Idee, wie ich finde.

DJÚPAVÍK - HOTEL DJÚPAVÍK

Stellplatzart:..Restaurant
GPS:.. N65 56 40.9 W21 33 30.2
Adresse:....................................522 Kjörvogur - Árneshreppur/Djúpavík
Tel.:..+354 451 4037
mailto:...djupavik@snerpa.is
Homepage:.. www.djupavik.com
Zufahrtinfo: Auf der 643 von Laugarhóll aus auf landschaftlich sehr attraktiver Strecke bis Djúpavík fahren (ca. 46 km).
Kurzbeschreibung: Parkstreifen gegenüber dem Restaurant. Übernachtung für Restaurantgäste bitte ausschließlich auf Anfrage bei Eva bzw. dem Servicepersonal.

 NORÐURFJÖRÐUR - KROSSNESSLAUG

Stellplatzart:...Parkplatz
GPS:.. N66 03 22.9 W21 30 29.7
Adresse:.. Norðurfjörður, Krossness
Zufahrtinfo: Von Djúpavík liegen noch einmal 38 km Schotterpiste vor Ihnen. Kurz vor Norðurfjörður ist links steil hinauf das Krossnesslaug ausgeschildert (noch gut 3 km Fahrtstrecke bis zum Parkplatz)..
Kurzbeschreibung: Schotterplatz etwa 150 m oberhalb des Schwimmbades direkt an der Brandung des Meeres - ein außergewöhnlicher Badeort. Anders möchte ich es nicht bezeichnen. Wassertemparatur im Schwimmbecken ca. 35°, im Hot Pot etwa 39° C. Besonders zur Zeit der Mitternachtssonne haben Sie hier vom Parkplatz (und aus dem Pool heraus) die Chance, die Sonne für wenige MInuten untergehen und gleich wieder aus dem Meer emporsteigen zu sehen - herrlich!
Stellplatzalternative: Campingplatz kurz vor Norðurfjörður, den ich jedoch angesichts der bevorstehenden Badefreude nicht besichtigt habe.

ROUTE 4

Nach knapp 38 km können Sie auf dem Parkplatz **Krossnesslaug** parken und die Badesachen packen - und später vielleicht die Mitternachtssonne genießen, wie ich es konnte (Bild).

Nach kurzem Fußweg bezahlen Sie den Eintritt, um in die warmen Fluten zu steigen und das Bad mit Blick aufs offene Meer zu genießen (Bilder von Parkplatz und Bad unten). Mit einem Schmunzeln meinte der Bademeister, ich könne gerne, wenn ich vom Hot Pot aufgewärmt sei, das Meerwasser testen. Schließlich habe er dort soeben 9°C Wassertemperatur gemessen.

Ein Stück vor dem Bad steht Ihnen das Restaurant Kaffi Norðurfjörður offen (regionale Küche, auf Anfrage auch Übernachtung denkbar). Wer den Ausflug ausdehnen möchte, bucht eine Bootsfahrt nach **Hornstrandir**, zum noch einsameren Badeplatz am Reykjarfjörður oder in die menschenleere Bucht **Hornvík**, wo Freunde einsamer Wandertouren ihre Freude haben. Sie können das Boot auch weiterfahren lassen, das Schwimmbad genießen und die Rückfahrt abwarten, die Sie mit dem Kapitän abstimmen müssen. Diesen nicht selbst ausprobierten Ausflugstipp erhielt ich von Sigurður in der Tourist Information Hólmavík.

Einen Besuch wert ist die an der Strecke ausgeschilderte Handwerksausstellung Kört nahe der Siedlung **Finnbogaðaskóli** (Kirche), die ich nur von außen angeschaut habe. Warum nur von außen? Ich hatte das Krossneslaug einfach zu lange genossen.... Es ist eine Ausstellung von Kunstwerken, die aus Treibholz oder Walknochen gefertigt wurde. Sie können das eine oder andere schöne Stück auch erwerben - für die Lieben daheim oder für sich selbst. **Öffnungszeiten/Info:** Juni-August täglich 10^{00}-18^{00} h, Tel. +354 451 4025, www.trekyllisvik.is, mailto:arnes2@simnet.is.

Auf dem Rückweg nutzen Sie die gleiche Strecke wie zuvor. Nur haben Sie von Laugarhóll etwa 8 km zurück zur 61 zu fahren, wo das Wohnmobil wieder auf Asphalt dahin rollt. Kaum liegt die Überquerung der **Steingrímsfjarðarheiði** (Straße 61) hinter mir, entscheide ich mich für einen weiteren Abstecher, der dieses Mal eine Strecke von etwa 37 km in Anspruch nimmt (wiederum ausschließlich Schotterpiste, die bei meiner Recherche 2013 stellenweise in etwas dürftigem Zustand, aber doch gut befahrbar war).

Abstecher Kaldalón/Drangajökull

Ziel des Ausfluges ist der **Drangajökull** (Bild unten). Am Ende des fast versandeten Fjordes **Kaldalón** (benannt nach einem in Island bekannten Dichter, dem hier ein Denkmal gewidmet ist), zweige ich auf die Zufahrtpiste ab, die auf die Endmoräne zuführt. Parkmöglichkeit rechts hinter der Moräne, die 2013 noch im Juli wegen Schnee unerreichbar war. So stand ich zur aktuellen Recherche links am Fluss auf dem Schotterdamm. Sie können es komfortabler haben, indem Sie der Straße um die Bucht herum bis zum familiär geführten Campingplatz Dalbær fahren, den ich selbst besichtigt habe, den mir aber Leser sehr empfohlen haben.

P KALDALÓN/DRANGAJÖKULL

Stellplatzart:..Parkplatz
GPS:.. N66 05 47.6 W22 21 01.9
Adresse:..Stichstraße von der 635 nach rechts
Zufahrtinfo: Von der 61 am Fuß der Steingrímsfjarðarheiði auf die 635 abbiegen und dieser bis zur Bucht Kaldalón folgen, dann auf die Stichstraße rechts ab bis zur Endmoräne.
Kurzbeschreibung: Mehrere Möglichkeiten auf Schotter zu parken, was eine ruhige Übernachtung nach der anstrengenden Wandertour ermöglicht.

   DALBÆR - TJALDSTÆÐI

Stellplatzart: ....Campingplatz
GPS:.. N66 05 17.1 W22 33 00.2
Adresse:...................................... 401 Ísafjörður, Snæfjallastrandarvegur
Tel.: .... +354 898 9300
mailto: ....thruman@simnet.is
Homepage: ....www.campingcard.is
Zufahrtinfo: Um die Bucht weiter bis zur Ausschilderung (links ab).
Kurzbeschreibung: Einfacher Campingplatz mit persönlicher Atmosphäre. Gelegenheit zu schönen Spaziergängen in die fast menschenleere Umgebung mit verlassenen Gehöften. Auf Bestellung erhalten Sie im kleinen Restaurant regionale Gerichte. **Öffnungszeit:** Mitte Mai bis Mitte Sept.

Wandertipp: Zum Drangajökull

Ich kenne die Wandertour aus früheren Jahren. Selbst unsere damals 7-jährigen Tochter hatte die Route begeistert erwandert und das Gletschererlebnis genossen. Bitte entnehmen Sie Details dem empfohlenen Wanderführer.

Es ist mir, auch aufgrund eines Leserhinweises, ein Anliegen, darauf hinzuweisen, dass es keinen gut erkennbaren, markierten Wanderpfad gibt, einige Bäche zu überqueren (oder durchqueren) sind, weite Passagen auf losem Geröll verlaufen und daher Trittsicherheit, Orientierungssinn und Kondition dringend erforderlich sind. Der Gletscher zieht sich rasant zurück. Daher wird die von mir und meiner Familie benötigte Gehzeit von 2 Stunden je Richtung mittlerweile deutlich überschritten.

Bei allem Vorbehalt erwartet Sie eine grandiose Landschaft aus steilen Bergflanken, tiefgrünen Moospolstern an den Bachläufen, schönen Grund- und Endmoränen, und nicht zuletzt die mächtige Eiskappe des **Drangajökull**. Dass das Begehen des Gletschers ohne ortskundige Führung und angemessene Ausrüstung tabu ist, setze ich voraus.

Halten Sie sich in Blickrichtung vom Parkplatz zum Gletscher am unteren Ende des Berghanges und orientieren sich an den Steinmännchen. Lassen Sie am Gletscher Vorsicht walten. Immer wieder hört man Geröll von der steilen Eisfläche donnern. Am Gletschertor besteht Einsturzgefahr. Davon konnte ich mich mit meiner Frau bei der Recherche 2008 mit eigenen Augen überzeugen, als ein mächtiger Eisblock am Gletschertor abbrach. Es war beeindruckend, den Gletscher kalben zu sehen. Die Flutwelle und die Eismenge war noch beeindruckender....

Wenn Sie Ihren Beinen und dem Wohnmobil die Schottertour zum Gletscher ersparen möchten, können Sie sich schon bald auf einen interessanten Ort freuen: **Reykjanes**. Dort hat sich in

den letzten Jahren einiges zum Positiven entwickelt. Zwar macht das ehemalige Schulgebäude, das heute als Hotel und Restaurant genutzt wird, äußerlich einen kaum einladenden Eindruck. Doch was für uns Gäste geboten wird, ist aller Ehren wert! Ein gutes Restaurant hat regionale Speisen im Angebot (Fisch- und Fleischgerichte) . Und hinter dem Gebäude erwartet Sie ein neu eingerichteter, moderner Campingplatz.

  REYKJANES - TJALDSTÆÐI

Stellplatzart:..Campingplatz
GPS:... N65 55 37.8 W22 25 28.3
Adresse:.. 401 Ísafjörður - Reykjanes
Tel.:...+354 456 4844
mailto:..rnes@rnes.is
Homepage:.. www.rnes.is
Zufahrtinfo: Auf der 61 fahren, bis die Ausschilderung von der 2009 eröffneten neuen Trasse nach rechts weist. Sie landen direkt in der Siedlung mit Tankstelle und Hotel.
Kurzbeschreibung: Vor kurzem komplett neu angelegter Campingplatz mit modernem Sanitärgebäude; dort auch Entsorgungsstation für Abwasser. Waschmaschine/Trockner und WiFi in Kürze vorgesehen.

 DIE HEISSE QUELLE VON REYKJANES

Zum Hotel gehört auch das Schwimmbad aus den 30er Jahren, das mit einem großen Schwimmbecken überrascht. Die Wassertemperatur ist unterschiedlich, je nach dem, wie nahe man sich an einem Heißwasserzulauf befindet (ca. 33° bis 36° C habe ich gemessen).

Gehen Sie ins Hotel, dann fühlen Sie mal den Fußboden. Selbst die Vortreppe strahlt eine wohlige Wärme ab. Der Grund: Unter dem Gebäude befindet sich die kochend heiße Quelle. Auch das nahe "Gamli Sundlaug" profitierte früher davon (Bild unten). Einen Vorteil hatte deshalb auch der ehemalige Campingplatz auf der Rasenfläche vor dem Hotel: Auch dort fühlt sich der Boden warm an. Schnee zu schippen kennen die Leute also nicht. Die weiße Pracht taut selbst bei strenger Kälte von selbst wieder ab.

Wandertipp: Salzfabrik, altes Schwimmbad und Robben

Wenn Sie vom Campingplatz ein paar Meter unterhalb Richtung Meer wandern (Sie nutzen hierfür die frühere Straße 61), gelangen sie zu drei unscheinbaren Gebäuden. Dort wird seit kurzer Zeit in alter Tradition Salz gewonnen, das Sie im Hotel (und in vielen Lebensmittelgeschäften Islands, ja sogar in ganz Europa) erwerben können. Zur Gewinnung des Salzes wird Meerwasser in Tanks gepumpt, das ausschließlich mit der Wärme aus der ergiebigen, 96° C (!!!) heißen Quelle direkt unter dem Hotel erhitzt wird. Durch die Verdampfung entsteht eine angereicherte Salzlauge, die nach und nach abtrocknet - einfach, effektiv und gänzlich ohne Zuführung fremder Energie (Bild unten).

Folgt man der alten Straße weiter, weist ein Schild rechts zum "Gamli Sundlaug", dem alten Schwimmbad. Auch dort sprudelt heißes Wasser aus dem Boden. Der Bach wurde über Jahrzehnte in einem Becken aus Stein, später aus Beton, eingefasst und diente lange Zeit als natürliche Badestelle.

Dann wandert man parallel zur Landebahn des Flugplatzes. Wenn die Straße leicht rechts abknickt, kann man dem Ufer des Fjordes folgen. Später führt auch die Straße zum Ufer zurück. In diesem Bereich tummeln sich Robben, die sich gut beobachten lassen. Der Rückweg verläuft auf gleicher Strecke.

Die 61 folgt auf neuer Trasse auf einem Damm nach **Vatnsfjörður**, von dort zu einer kleinen Insel und dann auf einer Brücke über den **Mjóifjörður**. Das spart einige Kilometer in Richtung Isafjörður. Doch bis dort gibt es noch einige Zwischenstationen. Die erste ist

ROUTE 4

ein Picknickplatz hoch über dem **Skötufjörður** (**GPS** N65 56 40.9 W22 47 05.5 - Picknickplatz und tolle Aussicht über den Fjord). Für die Nacht erscheint er mir etwas zu nah an der Straße. Nachdem der Fjord umrundet ist, liegt 2 km vor der **Landspitze Hvitanes** hinüber zum **Hestfjörður** links oben der alte Hof **Litli Bær**. Ein altes Torfhaus wurde als Sommerhaus wieder hergerichtet. Eine Informationstafel gibt Aufschluss über die Geschichte des Hofes. Bald folgt ein weiteres, dieses Mal blaues Verkehrszeichen mit abgebildeten **Robben** - kein Schild, das den uns gewohnten Regelungen der StVO entspricht, aber klar zeigt, was es zu sehen gibt. Wenige Meter draußen im Fjord tummeln sich zahlreiche Tiere bei Flut im Wasser. Oder sie sonnen sich während der Ebbe auf einer kleinen Insel in einem Abstand, der den Tieren Ruhe lässt, aber zum Fotografieren taugt. An einem Verkaufsstand wird vom Hof Litli Bær Eingemachtes angeboten, beispielsweise Rhabarbermarmelade - zwar nicht billig, aber gut. Ein Glas für ISK 1.000 habe ich mir gegönnt und es schmeckte prima. Den Betrag wirft man in die aufgestellte Box. Die Straße folgt weiter der Küstenlinie. Nun ist der **Hestfjörður** zu umkurven. Es folgt nach Überquerung eines Höhenrückens der **Seyðisfjörður** (nicht zu verwechseln mit dem Ankunftsort der Norröna) und danach der **Álftafjörður**. Beide Fjorde haben etwas gemeinsam - schöne Picknickplätze nämlich, die aus meiner Sicht übernachtungstauglich sind.

P **🎿** SEYÐISFJÖRÐUR (WESTFJORDE)

Stellplatzart:..Parkplatz
GPS:.. N65 58 04.0 W22 55 04.1
Adresse:.................................. an der 61 (Fjordende des Seyðisfjörður)
Zufahrtinfo: Der 61 folgen, am Ende des Fjordes unterhalb der Straße.
Kurzbeschreibung: Geschotterter Parkplatz mit Picknickbank, bedingt übernachtungstauglich (Nähe zur Straße).

ÁLFTAFJÖRÐUR – AUSSICHTSPUNKT/INFOTAFEL

Stellplatzart:..Parkplatz
GPS:.. N66 02 11.7 W22 56 32.9
Adresse:..An der 61
Zufahrtinfo: Die 61 erklimmt die Landspitze zwischen den beiden Fjorden. Kurz vor der engen Kurve links ab ausgeschildert.
Kurzbeschreibung: Parkplatz (Schotter) mit Infotafel über die Region Ísafjörður/Westfjorde und Picknickbank. Tolle Aussicht über die Fjordlandschaft und weit hinaus aufs offene Meer. **Achtung!** Dieser Platz ist zwar sehr schön, aber auch sehr exponiert. Vorsicht bei starkem Wind/Sturm - diesem sind Sie schutzlos ausgeliefert; daher nur sehr bedingt übernachtungstauglich. Besser nutzen Sie die folgende Alternative.

 ÁLFTARFJARÐARHEIÐI

Stellplatzart:..Parkplatz
GPS:.. N65 58 00.5 W23 05 16.4
Adresse:.. Etwas abseits der 61
Zufahrtinfo: Vom vorherigen Picknickplatz folgen Sie der 61 bis ans Ende des Fjordes. Nach Überquerung der Brücke links ab ausgeschildert. Zufahrt ca. 200 m über einen Schotterfahrweg.
Kurzbeschreibung: Geschotterter, auch für 2-3 Wohnmobile ausreichender Parkplatz mit angemessenem Abstand zur Straße, sodass dieser Platz für die Übernachtung sicherlich der geeignetste der beschriebenen Alternativen ist.

    SUÐAVÍK – TJALDSTÆÐI

Stellplatzart:..Campingplatz
GPS:.. N66 02 12.0 W22 59 25.5
Adresse:.. 420 Suðavík, Túngata
Tel.:..+354 848 7959
mailto: ....info@melrakka.is
Homepage: ....www.melrakka.is
Zufahrtinfo: Auf der Ortsdurchfahrt zunächst ein ganzes Stück fahren, bis links oben das Café Melrakka nebst Arctic Fox Center ausgeschildert ist. Dort meldet man sich für den Campingplatz an, der wiederum ein Stück weiter links hinauf beschildert ist.
Kurzbeschreibung: Ruhig gelegener Platz am Ortsrand mit separaten Stellplätzen für Wohnmobile rechts vor dem WC-Häuschen. Dusche/WC nebst Geschirrwaschplatz. Ver-/Entsorgung auf der anderen Straßenseite. Frühstück im Arctic Fox Center auf Anfrage. **Öffnungszeit:** Juni-Aug.

Wandertipp: Valagil

Die ausgeschilderten Wege habe ich wegen "Weltuntergangs-wetters" nicht ausprobiert. Doch die Route zur Schlucht **Vanagil** (2 km ein Weg) ist einfach und gut markiert. Das Ziel ist vom Parkplatz zu sehen. Schlucht und Wasserfälle machen die Tour landschaftlich reizvoll, ohne dass wesentliche Steigungen oder Gefälle zu bezwingen wären. Weitere Wanderrouten sind am Parkplatz beschrieben (11 km Breiðdalsheiði, 15 km Korpudalur).

Das nach einer Lawinenkatastrophe 1995 teils verwüstete **Suða-vík** hat, wenn auch versteckt, eine einzigartige Besonderheit zu bieten, das **Arctic Fox Center** (Bilder unten). Dieses und das Café Melrakki befinden sich in einem altem Haus, das aus Norwegen stammt, dort abgetragen und von norwegischen Walfängern hier wieder aufgebaut wurde. Die heutigen Besitzer renovierten es zuletzt mit viel Liebe zum Detail unter Verwendung der noch guten Holzteile wieder auf. Im Erdgeschoss können Sie bei isländischer Küche einkehren (Bild: Tagesessen war Þlókkfiskur), und im Obergeschoss finden Sie das Arctic Fox Center.

 DAS ARCTIC FOX CENTER

Die Ausstellung des nicht kommerziellen Museums teilt sich in drei Bereiche auf. Zunächst sehen Sie die drei verschiedenen Arten des Polarfuchses. Der wohl häufigste ist kastanienbraun und im Winter weiß, beige und mittelbraun die anderen, die ihre Farbe im Winter nicht wechseln. Der zweite Bereich widmet sich der wissenschaftlichen Betrachtung der Lebensweise und Verbreitungsgebiete, Nahrung etc. Im dritten Bereich "Fuchsjagd" wird versucht, über den Bestand der kleinen Raubtiere mit Blick auf die Urängste vieler Isländer vor dem kleinen Räuber aufzuklären. Dass ein Polarfuchs einmal an die Schafe geht, ist angesichts der Größe der Tiere wohl kaum denkbar. Es sei denn, es handelt sich um ein bereits totes oder schwer verletztes Lamm, denn Aas fressen die Füchse schon. Die Nähe des Menschen meiden sie, denn sie wissen wohl, dass dieser das einzige Wesen ist, das ihm ständig nach dem Leben trachtet.

Von Suðavík ist es ein Katzensprung nach **Ísafjörður**. Allerdings haben Sie noch das hintere Fjordende zu umfahren. Dabei haben Sie vielleicht dasselbe Glück, wie ich bei einer früheren Islandreise. Ein Seeadlerpaar ließ sich ohne Flügelschlag hoch in die Lüfte tragen. Ähnliches Fluggeschick benötigt ein Pilot beim Landeanflug auf den Flughafen Ísafjörður, denn die Landebahn ist zwischen Berghang und Fjord eingezwängt. Es sieht richtig atemberaubend aus, wenn die gar nicht so kleinen Propellermaschinen beim Start oder der Landung eine enge Kehre ziehen müssen.

Am Fjordende gibt es einen Supermarkt nebst Tankstelle (Abzweigung der 60), eine weitere Tankstelle und einen Supermarkt gibt es im Ortszentrum, ebenso zwei gute Bäckereien/Cafés. Eine Auswahl haben Sie auch in Punkto Aktivitäten in Ísafjörður und in Sachen Campingplatz. Darüber hinaus habe ich noch einen Tipp für die freie Übernachtung vor den Toren der Stadt.

   ÍSAFJÖRÐUR - TUNGADALUR TJALDSTÆÐI

Stellplatzart:..Campingplatz
GPS:... N66 03 37.7 W23 12 16.1
Adresse:..400 Ísafjörður, Tungudalur
Tel.:..+354 456 5081
mailto:..info@isafjordur.is
Homepage:...www.isafjordur.is
Zufahrtinfo: Neben der Orkan-Tankstelle/Bonus Markt führt die 60 bergwärts. Von dort Richtung Stadt fahren. Gegen Ende der Kurve am Fjordende ist der Camingplatz links ab ausgeschildert. Am Golfplatz vorbei.
Kurzbeschreibung: Zwar recht einfach ausgestattet, und dennoch einer der teureren Plätze, dafür aber landschaftlich besonders schön und ruhig im Seitental gelegen. Nebenan der Golfplatz. Ver-/Entsorgung, Stromanschluss. WiFi. **Öffnungszeit:** Mai bis September.
Alternative: Nahe dem Museum finden Sie in der Aðalstræti einen weiteren Platz. Zwar ist auch dieser einfach ausgestattet, aber durch die Nähe zur Stadt mit Einkehr- und Besichtigungsmöglichkeiten interessant (Tel. +354 862 8623, **GPS** N66 04 24.4 W23 06 49.6).

 Ver-/Entsorgungsstation: Die öffentlich zugängliche Ver-/Entsorgungssation findet sich beim städtischen Bauhof am Seljalandsveur (**GPS** N66 04 10.4 W23 09 00.7).

P **ÍSAFJÖRÐUR - SKILIFT**

Stellplatzart:..Parkplatz
GPS:... N66 03 22.1 W23 13 29.7
Adresse:............................An der 60 Richtung Flateyri/Paktreksfjörður
Zufahrtinfo: Beim Bonus Markt rechts ab auf die 60 fahren, bergauf, kurz vor dem Tunnel rechts nicht zu übersehen.
Kurzbeschreibung: Schotterplatz vor dem im Sommer nicht genutzten Parkplatz des Skiliftes. Keine weitere Ausstattung, aber schöne Sicht auf Ísafjörður und das Tungudalur. Wenn Sie hier stehen, halten Sie sich bitte an die Regeln der freien Übernachtung (Sichtkontakt zum Campingplatz).

Ísafjörður (Bild rechts) ist so etwas wie die Metropole der Westfjorde - und das mit um die 2.800 Einwohnern.
Es fehlt es hier an nichts - Läden, Tankstellen, Campingplätze, Museen, Boots- und Naturführungen zu Fuß, im Kajak, zu Pferd. Überzeugt?

Sehenswertes und Aktivitäten in Ísafjörður

Die Landzunge im **Skutulsfjörður** war schon im 16. Jahrhundert besiedelt. Aus dem 18. Jahrhundert stammt das Ensemble von Holzhäusern, die heute das Regional- und Fischereimuseum bilden (Neðstikaupstaður - Bild unten). Es bietet nicht nur viel Hintergrundinformation zur Fischerei, die noch heute das Hauptstandbein der Wirtschaft ist. Der Tradition der Fischerei ist auch das Denkmal am Ortseingang gewidmet. Weiterhin gilt es im Museum eine große Sammlung schöner Schifferklaviere zu sehen. Im Dachgeschoss befindet sich die naturhistorische Abteilung. **Info/Öffnungszeiten:** +354 456 3297, Mitte Mai-Mitte Sept. oder nach Vereinbarung, offen tgl. 9^{00}-18^{00} h. Das Restaurant Tjöruhusið nebenan mit seiner rustikalen, traditionellen Einrichtung bietet eine ausgezeichnete Küche mit vielseitigen Fischgerichten. Mein Tipp: Gehen Sie zum Mittagessen zwischen 12^{00}-14^{00} h. Dann erhalten Sie Ihr Gericht in der Pfanne serviert zu einem günstigen Preis. Abends gibt es ein Lunchbuffett für das doppelte Geld (19^{00}-21^{00} h), man darf aber auch essen, soviel mag. **Info/Öffnungszeiten:** Reservierung empfohlen, Tel. +354 4419, geöffnet nur im Sommer, ca. Juni-Sept. Unbedingt anschauen sollten Sie die moderne Kirche, deren Altarbild aus einem Schwarm aus Ton gebrannter Vögel besteht - hergestellt von einer Behindertenschule. Die eigenwillige Architektur strahlt eine ruhige, aufs Wesentliche konzentrierte Ruhe aus. Das Gotteshaus war anstelle der abgebrannten früheren Kirche errichtet worden.

ROUTE 4

An Aktivitäten ist das Wandern groß geschrieben, allem voran im Naherholungsgebiet Tungudalur beim Campingplatz, wo man Ihnen bei der Auswahl der passenden Route hilft. Ebenso tut dies die Tourist Information in der Aðalstræti. **Info/Öffnungszeiten:** Tel. 456 8060, Mo-Fr 8⁰⁰-18⁰⁰ h, Sa/So 11⁰⁰-14⁰⁰ h. mailto:info@vestfirdir.is, www.westfjords.is. Ebenso können Sie dort Angeltouren bis hin zu beeindruckenden Bootsfahrten in den Norden der Westfjorde buchen, was sich mit (geführten) Wanderungen verbinden lässt. Sie können auch ein Mountain Bike mieten. (info@westtours.is, www.westtours.is, Tel. +354 456 5111). Zudem finden Sie ein großes Schwimmbad mit Sauna im Austurvegur.

Bevor Sie nach Süden starten, möchte ich Ihnen noch einen Abstecher nach Bolungarvík empfehlen, das seit dem Bau eines Verbindungstunnels wesentlich näher an Ísafjörður herangerückt ist.

Eine Besonderheit ist im historischen Fischerdorf **Ösvör** zu finden. Folgen Sie kurz nach der Tunnelausfahrt rechts ab der Ausschilderung. Die rekonstruierten Hütten zeigen, wie karg und hart das Fischerleben sein konnte. Üblich war es, dass die Fischerei nebenberuflich stattfand - im Juni, im Oktober und nach Weihnachten, wenn die Landwirtschaft Ruhepause hatte. Dann kamen die Bauern in den Fischersiedlungen zusammen. Meist bestand eine Bootsbesatzung aus 6-8 Mann, die in einer Hütte zusammen lebten, Netze knüpften, Fangleinen spannten und vieles mehr. Eine Frau war für den Haushalt da. Geschlafen wurde immer zu zweit in einem Bett - mehr Betten gab es nicht. Das Personal trägt lederne Fischeranzüge, wie sie früher üblich waren. **Info/Öffnungszeiten:** Im Sommer ca. 10⁰⁰-18⁰⁰ h. Zum Fischereimuseum Ösvar gehört auch das **Naturkundemuseum** in der Ortsmitte. Dieses informiert schwerpunktmäßig über Vögel, aber auch über die Jagd und Meerestiere. Wenn Sie einen Islandpullover oder andere Strickwaren haben möchten, schauen Sie in den Handarbeitsladen mit Tourist Information. Hier wird das Gestrickte günstig angeboten. Um die Ecke am Hafen erwartet Sie im alten Holzhaus das Restaurant Einarshusið mit regionaler Küche (Tel. +354 456 7901, mailto:ragna@einarshusid.is).

BOLUNGARVÍK - OSVÖR MUSEUM

Stellplatzart:...Parkplatz
GPS: N66 09 00.0 W23 12 59.3
Adresse: .... 415 Bolungarvík, Osvör
Tel.: ....+354 892 5744 oder 456 7005
mailto: .... osvor@osvor.is
Homepage: ....www.osvor.is
Zufahrtinfo: Nach dem Tunnel gleich rechts ab (ausgeschildert).
Kurzbeschreibung: Schotterparkplatz vor dem Museum. Bei Übernachtungswunsch wird schon mal wohlwollend ein Auge zugedrückt, wenngleich man natürlich die Nutzung des Campingplatzes empfiehlt.

    BOLUNGARVÍK - TJALDSTÆÐI

Stellplatzart:..Campingplatz
GPS: N66 09 18.1 W23 15 12.7
Adresse: .... 415 Bolungarvík, Túngata
Tel.: .... +354 456 7981 oder 7316 oder 7281
mailto: ....sundlaug@bolungarvik.is
Homepage: ....www.bolungarvik.is
Zufahrtinfo: In den Ort fahren, dann links ab ausgeschildert (Sundlaug und Campingplatz).
Kurzbeschreibung: Campingwiese liegt hinter dem Schwimmbad. Gute Ausstattung mit Ver-/Entsorgung, Waschmaschine/Trockner, Stromanschluss. **Öffnungszeit:** Mai bis September.

ROUTE 4

Ich mache mich auf den Rückweg über Ísafjörður und biege auf die 60 ab, um durch den Tunnel Richtung Flateyri zu fahren, der die Botnsheiði und Breiðdalsheiði unterquert.

Sie mögen vielleicht einen Abstecher nach **Suðureyri** wagen. Sparen Sie sich diesen eher, auch wenn es landschaftlich schön ist. Sie werden kaum einen akzeptablen Parkplatz finden, und der kleine, wenn auch schöne, Campingplatz bei der Tankstelle ist mit Abstand der teuerste, den ich in Island gefunden habe (pauschal ca. € 30,00 pro Wohnmobil). Wenn Sie es doch tun möchten - im Tunnel ist die Abzweigung hinab zum Fjord.

Besser sieht es in **Flateyri** aus. Ab der Abzweigung Suðureyri wird der Tunnel einspurig (Ausweichstellen, Gegenverkehr in nördlicher Richtung hat Vorfahrt). Bald biege ich Richtung Flateyri ab. Das Örtchen bietet wiederum eine Tankstelle, hinter der sich der Campingplatz im Schutz der Lawinenverbauung versteckt. Nachdenklich stimmt der Gedenkstein bei der Kirche für die Opfer der Lawinenkatastrophe vom Oktober 1995, bei dem ganze Familien ausgelöscht wurden (Bild nächste Seite rechts). Um künftige Katastrophen zu verhindern, wurde der Lawinenschutzwall errichtet. Oben ist ein Aussichtspunkt angelegt, von dem man einen prima Überblick über den Fjord und das Fischerdorf hat (Zugang vom Friedhofsparkplatz). Verschiedene Wandertouren sind zudem möglich, wobei ich die Wanderschuhe noch eingepackt lasse. In wenigen Minuten gehe ich in den Ort. Sehenswert ist (bei der Kirche links) das historische Kaufmannshaus (Buchladen) mit der Einrichtung aus Uromas Zeiten. Das Nonsense-Museum ist sicher nicht Jedermanns Sache, aber ein Unikat. Daneben können Sie im Restaurant Vagninn Fischgerichte genießen. Auf der anderen Seite des Buchladens werden Handarbeitswaren angeboten.

 FLATEYRI - TJALDSTÆÐI

Stellplatzart:..Campingplatz
GPS:...N66 03 08.2 W23 30 37.5
Adresse:..425 Flateyri, Ólafstun
Tel.:...+354-450-8000
mailto:..tjald@isafjordur.is
Homepage:...www.isafjordur.is
Zufahrtinfo: In den Ort fahren, gleich an der Tankstelle rechst abbiegen.
Kurzbeschreibung: Einfach ausgestatteter Platz (nur WC, Kaltwasser) an der Zeltwiese hinter der Tankstelle - Bild unten links. Für Wohnmobile nicht weiter ausgestattet. Deshalb gab mir eine Bedienstete den Tipp, dass der Parkplatz am Friedhof öffentlich sei und deshalb nichts koste. Es ist dennoch angemessen, sich im Schwimmbad anzumelden oder wenigstens fürs Schwimmbad zu zahlen. Oder Sie nutzen die Stellplatzalternative an der Zufahrt. **Öffnungszeit:** Mitte Mai bis Mitte September.

 FLATEYRI - SCHORNSTEIN DER FRÜHEREN WALSTATION

Stellplatzart:..Parkplatz
GPS:...N66 02 29.5 W23 27 34.7
Adresse:...an der 64
Zufahrtinfo: An der Zufahrt nach Flateyri auf etwa halber Strecke (nicht zu übersehen der markante Schornstein).
Kurzbeschreibung: Schotterplatz mit Aussicht auf den Önundarfjörður und die Ruine der 1912 abgebrannten Walfangstation. Das prachtvolle Wohnhaus des Besitzers wurde daraufhin in Flateyri abgetragen und nach Reykjavík verbracht, wo es heute der Regierung als Gästehaus dient.
Stellplatzalternative: Wieder an der 60 (rechts ab) befindet sich links ein weiterer Picknickplatz mit einer Informationstafel des Vereins der West-Wikinger (siehe Infotext in Þingeyri) zu Vesteinns letztem Ritt.

Weiter geht es auf der 60 über die **Gemlufallsheiði** an den **Dýrafjörður**. Dort angekommen, befindet sich rechts ein kleiner Picknickplatz mit einer weiteren Infotafel der Westwikinger. Bald ist das Örtchen **Þingeyri** erreicht, das ich sehr schätze. Zuvor, am hinteren Ende des Dýrafjörður, bietet sich wiederum ein schöner Picknickplatz etwas abseits der Straße mit tollem Blick über den Fjord und auf die ihn einrahmenden Bergketten zum Verweilen an.

  ÞINGEYRI - DÝRAFJÖRÐUR

Stellplatzart:..Parkplatz
GPS:.. N65 51 36.2 W23 18 53.5
Adresse:.. An der 60/Dýrafjörður
Zufahrtinfo: Von Flateyri kommend über die Gemlufallsheiði, am Dýrafjörður entlang, bis die Straße eine Rechtskurve nimmt und das Fjordende auf einem Damm abschneidet. Dort ist der Picknickplatz ausgeschildert.
Kurzbeschreibung: Schotterplatz mit Blick auf das Fjordende und die Berglandschaft links und rechts. Picknickbank und Traumblick - und das ist die schönste Ausstattung für einen Stellplatz (Bild unten)!

   ÞINGEYRI - TJALDSTÆÐI

Stellplatzart:..Campingplatz
GPS:.. N65 52 47.8 W23 29 34.4
Adresse:.......................................470 Þingeyri, Þingeyrarodde
Tel.:... +354 450 8470
mailto: ....tjald@isafjordur.is
Zufahrtinfo: In den Ort fahren, links ab zur Kirche und um diese herum.
Kurzbeschreibung: Hinter dem Hallenbad und der Sportanlage eine von Hecken und Bäumen umgebene Wiese. Strom, Ver-/Entsorgung, Waschmaschine/Trockner. 2013 ISK 1.300 p. P./N., Strom ISK 550. Campingcard wird akzeptiert. Das benachbarte Hallenbad ist sehr schön und modern. Hier ist auch die Anmeldung für den Campingplatz. Sonntag ist Warmbadetag (32° C, sonst ca. 30° C, Hotpots mit 39°/42°C). **Öffnungszeit:** Mitte Mai bis Mitte September.

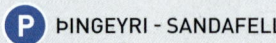

ⓟ ÞINGEYRI - SANDAFELL

Stellplatzart:..Parkplatz
GPS:.. N65 52 10.8 W23 29 45.8
Adresse:....................................... Sandafell (oberhalb der 60)
Zufahrtinfo: Von Þingeyri halten Sie sich Richtung Patreksfjörður und lassen den Motor auf dem steilen Anstieg etwas arbeiten, bis nach einem Rechtsbogen die Anhöhe erreicht ist, an welcher der Wagen auf dem Seitenstreifen stehen kann (Bild unten links - Blick auf den Fjord).
Kurzbeschreibung: Kleiner Seitenstreifen an der 60 für nicht schotterwegerprobte Wohnmobile. Wer einen guten, robusten Wagen mit Bodenfreiheit hat, kann die grobe, sehr steile Schotterpiste in Angriff nehmen und den Wagen zum Parkplatz schnaufen lassen (nach 1,6 km). **Achtung!** Der Platz ist sehr exponiert. **Vorsicht** bei Sturm!

ⓘ DIE WIKINGER DER WESTFJORDE

In den letzten Jahren wurde die Geschichte (oder die Geschichten) der Wikinger, die Sagas also, und hier besonders die Gisla-Saga, touristisch aufgearbeitet. Auf maßgebliche Initiative hat Sigmundur Þórdarson den Verein der Wikinger der Westfjorde ins Leben gerufen. Mit Hilfe vieler fleißiger Hände der Gleichgesinnten wurden an den Straßen der Westfjorde Informationstafeln aufgestellt und Picknickplätze eingerichtet, um den Reisenden die Sagas etwas näher zu bringen. In Þingeyri selbst wurde ein Festgelände mit Ringmauer und Bühne errichtet, wo alljährlich das Wikingerfest steigt. Bedeutend ist hier die Gisla-Saga, in der Gislis Leben, seine Familie und natürlich Liebe und Eifersucht eine Rolle spielen. Mehr dazu erfahren Sie in der Tourist Information im Ortszentrum (zwischen Restaurant und Kirche) oder unter www.westvikings.info.

Þingeyri ist der älteste Ort der Westfjorde und war einst Thingstätte. Die Kirche (Bild) stammt aus dem Jahr 1911. Zeitweise ließen sich im Ort auch amerikanische und französische Fischer nieder. Davon zeugt der kleine französische Friedhof, den Sie später auf der Fahrt nach Lokinhamrar sehen können. Das Dorf bietet ein sehr schönes, gemütliches Restaurant (Kaffi Simbahöllinn, Tel. +354 899 6659, www.simbahollin.is). Dort können Sie zum guten Angebot an Speisen und Getränken aus lokalen Zutaten eine geführte Tour zu Pferd oder mit einem Mountain Bike buchen.

AUSFLUG NACH LOKINHAMRAR (4X4-STRECKE ODER MTB)

Sie können auf eigene Faust in die Pedale treten und die Route um die Halbinsel herum nach Lokinhamrar radeln, von dort am Fjordufer bis kurz vor Hrafnseyri und dann über die Hrafnuseyrarheiði zurück nach Þingeyri. Doch dafür sollten Sie schon recht fit und geübt sein. Oder Sie fahren einfach nur ein Teilstück und auf gleichem Weg retour.

Bequemer haben es 4x4-Fahrer, die auf Höhe und Breite des Fahrzeugs achten sollten. Mein Fahrzeug ist 2,85 m hoch/2,10 m breit. Bei der Felspassage am nordwestlichen Zipfel der auf dem Bild unten zu sehenden Landzunge waren kaum 30 cm Luft zwischen Fels und Dachkante. Achten Sie zudem auf den Flutkalender. Die Strecke im südwestlichen Bereich ist nur bei Ebbe zu bewältigen. Ich selbst musste ein Stück zuvor abbrechen, da ein Felssturz das Weiterkommen verhinderte. Überhaupt ist die Strecke extrem steinschlaggefährdet. Im Bereich der Geröllhalden keinesfalls unnötig anhalten. Insgesamt sind es als Rundtour an die 70 km auf der ruppigen Piste. Der erste Teil (bis zum Schild "4x4-Strecke", davor kleine Parkplatzmöglichkeit mit Traumblick auf den Dýrafjörður), ist auch mit normalen, zumindest mit kleineren Fahrzeugen noch einigermaßen passabel machbar, aber ruppig, steil und eng.

Wandern von Þingeyri aus

Ich hatte schon erwähnt - das erste Stück der Strecke Richtung Lokinhamrar ist auch für normale Fahrzeuge machbar. Von Sigmundur, einem der Initiatoren der Wikingervereinigung, erhielten wir bei einer früheren Reise den Tipp, vom Haukudalur aus auf den **Kaldbakkur** zu wandern. Bis heute allerdings ist die Umsetzung dieses Tipps entweder aus Zeit- der aus Wettergründen gescheitert. Doch wenn ich mir den Panoramablick vom Sandafell vorstelle, liegt es auf der Hand, dass es eine beeindruckend schöne Tour ist, den 998 m hohen Berg (im Bild links) zu erklimmen.

Das **Sandafell** (367 m) ist ein leichteres, aber auch sehr schönes Ziel, zumal der Berg als einer der schönsten Aussichtspunkte der Westfjorde gilt. Folgen Sie also von Þingeyri aus der 60, die übrigens bis Bildudalur (bzw. Flokalundur) eine Schotterpiste ist, zumindest derzeit noch. Doch dazu später mehr. Stellen Sie den Wagen am Parkstreifen entlang der 60 Richtung Patreksfjörður ab. Sie haben dann etwa eine Stunde Gehzeit auf der Fahrspur vor sich, bis Sie den Gipfel beim Sendemasten erreicht haben und den Ausblick über den Dýrafjörður, hinüber zur Gemlufallsheiði und in die "Alpen der Westfjorde" mit dem Kaldbakkur genießen können. Þingeyri wiederum liegt tief unten und sieht aus, wie auf einer Modelleisenbahn modelliert.

Kleine und robuste Wohnmobile (4x4 von Vorteil) könnten die ersten zwei Drittel der Strecke aufs Sandafell bewältigen. Sie können den Wagen beim Parkparkplatz abstellen (siehe Parkplatztipp S. 162 oben) und dann losgehen.

In weiten Kurven windet sich das Wohnmobil auf der Weiterfahrt über die **Hrafnseyrarheiði** zum historischen Pfarrhof **Hrafnseyri**. Die Passstraße verläuft auf atemberaubend schöner Strecke talwärts. Genießen Sie den Blick auf die breit aufgefächerten Berge rund um den **Arnarfjörður**. Unten folge ich der Ausschilderung nach Hrafnseyri links ab. Der Hof ist für Island von großer historischer Bedeutung, war er doch der Geburtsort des Freiheitskämpfers Jón Sigurðsson (geöffnet Mitte Juni-AnfangSeptember täglich 11⁰⁰-18⁰⁰ h). Das Café öffnet eine Stunde früher, sodass Sie gleich die sehr guten Waffeln mit Konfitüre zu einem Kaffee genießen können. Die Inhaberin war sehr angetan, dass sich mehrere Leser meines früheren Buches über diesen Tipp gefreut hätten.

Das Museum, das dem Leben und Wirken des Jón Sigurðsson gewidmet ist, war eigens von der damaligen Präsidentin Vigðís Finnbogadóttir eröffnet worden. Sehenswert ist sowohl die moderne Kirche als auch die alte Vorgängerin in Holzbauweise.

Wenn Sie Lust haben, gehen Sie an die Einzäunung der alten Kirche heran und schauen nicht nur in die Kirche, sondern auch hinüber zum Fjordende. Dort zeigt sich (bei gutem Wetter) das nächste Reiseziel, der **Dynjandifoss**, der eigentlich Fjallfoss heißt.

Bis dort liegen noch 23 km abwechslungsreiche Schotterstraße vor mir. Die Fahrzeit vergeht im Nu und ich kann den Blinker rechts setzen, um auf den kleinen, aber feinen Campingplatz am Fuß der insgesamt sechs Wasserfälle setzen. Sobald das Wohnmobil eben steht, geht es ans Bestaunen der Wasserfälle, die ganz oben vom breit sich auffächernden Dynjandifoss gekrönt werden.

   DÝNJANDIFOSS (FJALLFOSS)

Stellplatzart:..Campingplatz
GPS:.. N65 44 11.8 W23 12 31.0
Adresse:...An der 60
Zufahrtinfo: Von Hrafnseyri 23 km der Schotterstraße 60 folgen, dann rechts abbiegen (ausgeschildert). Zufahrt zum Campingplatz von da aus 0,8 km.
Kurzbeschreibung: Zeltwiese auch für Wohnmobile nutzbar, in der Mitte gelegener Picknickplatz in einem Steinkreis, WC, Geschirrspülbecken, Müllcontainer. Besonders schöne Ausstattung ist der grandiose Wasserfall - der Lieblingswasserfall meiner Frau und meiner Tochter in Island (und übrigens auch einer meiner Favoriten). Der Platz ist im Grunde ganzjährig nutzbar. Für die Benutzung wird um eine freiwillige Spende für die Pflege des Platzes gebeten (Box am WC-Häuschen) - ein Wunsch, dem Sie gerne großzügig folgen sollten, ist es doch sicher einer der schönsten Plätze dieser Art in Island, der uns hoffentlich noch lange so erhalten bleibt. Jede Krone ist dazu ein kleiner Beitrag.

ROUTE 4

Wandertipp: Zum Dýnjandifoss (Fjallfoss)

Am Campingplatz steigt man in den Wanderpfad ein, welcher der Reihe nach zu den sechs Wasserfällen führt. Es sind dies (von unten gesehen) der Bæjarfoss, Hundafoss, Hrísvaðafoss, Göngumannafoss, Stromþgljúfrafoss, Hæstahjallafoss und eben Dynjandifoss. Der eigentliche Aufstieg ist in knapp einer halben Stunde gut zu machen. Doch werden auch Sie sicherlich länger brauchen, der Fotostopps wegen. Kalkulieren Sie für Hin- und Rückweg deshalb durchaus 1 1/2 Stunden ein.

Immer wieder ist zu lesen, dass man hinter dem Göngumannafoss hindurchgehen könne. Wiederholt habe ich versucht die Stelle zu finden - erfolglos. Mag sein, dass es bei geringer Wassermenge funktioniert, oder ich bin einfach zu wasserscheu.

Weiter geht es auf der 60 auf die Dýnjandisheiði. Nach 22 km teilt sich die Straße. Ich biege rechts ab Richtung Bildudalur (Straße 63). Hinsichtlich der Qualität der Schotterpiste lässt sich streiten, ob es eine gute Wahl ist. Aber die Zwischenziele unterwegs bis Bildudalur sind es mir wert. So holpere ich dahin, um auf den folgenden etwa 30 km möglichst viele der zahlreichen Schaglöcher zu umschiffen - nur teils mit Erfolg... Dafür belohnen mich einige Zwischenstopps, die ich mir nicht entgehen lassen möchte.

 ABKÜRZUNG AUF DER 62 RICHTUNG FLOKALUNDUR

Wenn Sie geradeaus auf der 60 bleiben, gelangen Sie nach 8 km zum Hof Flokalundur, heute ein Hotel nebst Campingplatz, auf den ich später zu sprechen komme. Dies könnte von Interesse sein, wenn Sie nun die Reise durch die Westfjorde beenden und nach Brjánslækur zur Fähre Baldur möchten, um sich nach Stýkkishólmur schaukeln zu lassen. Oder Sie fahren von dort aus auf Asphalt bis kurz vor Patreksfjörður, um Europas westlichsten Punkt - Látrabjarg - anzusteuern. Wenn der bekannte Vogelfelsen Ihr Ziel ist, haben Sie allerdings ab der Abzweigung wiederum eine 46 km lange Schotterpiste vor sich. Auch dazu später mehr.

ROUTE 4

Der erste Halt ist auf dem Picknickplatz kurz vor den **Suður-firðir** rechts neben der Straße. Sehenswert ist (neben dem Picknicktisch aus Stein) die kleine Schlucht nebenan. Nach weiteren 8 km ist der **Reykjarfjörður** erreicht, wo sich ein uriger Badeplatz gleich neben der Straße befindet. Oberhalb des 10-Meter-Beckens mit ca. 33° C Wassertemperatur befindet sich der alte, aus Steinen und Torfsoden aufgebaute Hot-Pot (Wassertemperatur etwa 42° C). Nebenan befindet sich ein Umkleidehäuschen nebst Dusche/WC - und eine Spendenbox, wo Sie bitte bei Benutzung einen freiwilligen Beitrag einwerfen. Wenn Sie gleich nebenan nächtigen sollten, darf es gerne etwas mehr sein.

Nun folgen noch etwa 10 km Schotterpiste und Ausweichmanöver vor den Schlaglöchern, bis wieder Asphalt unter den Rädern ist und die letzten 6 km bis **Bildudalur** sich ruhiger darstellen.

  SUÐURFIRÐIR

Stellplatzart:..Parkplatz
GPS:.. N65 36 34.3 W23 23 50.2
Adresse:..An der 63
Zufahrtinfo: Von der 60 auf die 63 abbiegen und 10 km weiterfahren (nicht eben eine der besten Schotterpisten...).
Kurzbeschreibung: Kleiner Parkplatz unterhalb der Straße mit schönem Blick auf die Suðurfirðir. Nebenan eine kleine Schlucht, Picknickbank zum Verweilen.

REYKJARFJÖRÐUR - REYKJARFJARÐARLAUG

Stellplatzart:..Parkplatz
GPS:.. N65 37 21.9 W23 28 06.7
Adresse:..An der 63
Zufahrtinfo: Vom vorigen Picknickplatz der 63 8 km weiter folgen, dann links ab ausgeschildert. Das Bad ist auch von der Straße gut zu sehen.
Kurzbeschreibung: Kleiner Parkplatz (nebenan kleine, ebene Wiese) mit dem Schwimmbad; erstaunlich großes, betoniertes Becken, oberhalb Naturbadeplatz), WC/Dusche im neuen Häuschen. Um eine angemessene Spende wird bei Benutzung gebeten (Bild unten).

In dem Fischerort sollten all diejenigen einen Halt einlegen, die gerne fantastische Erscheinungen mögen. Es gibt dort nämlich ein besonderes Museum nebst einem Restaurant. Das Monstermuseum nimmt für sich in Anspruch, ein ähnliches Seeungeheuer sein Eigen zu nennen, wie Loch Ness in Schottland - mit dem Unterschied, dass man diesem hier eben eine Ausstellung gewidmet hat. Hier finden alle Monster Berücksichtigung, die in der Umgebung (angeblich) gesichtet worden sind. Besonders beeindruckend ist dabei eine interaktive Karte der Westfjorde, bei der man mit einem magnetischen Stein auf der Landkarte Hintergrundinformationen zu den ausgesuchten Orten abrufen kann. Und natürlich sind die Fantasiegeschöpfe das Hauptthema, an das man glaubt - oder eben auch nicht. Auf alle Fälle können Sie sich im zugehörigen Restaurant regionale Gerichte schmecken lassen - vor allem natürlich Fisch. **Öffnungszeiten/Info:** Mai bis Mitte Sept. tgl. 9^{00}-22^{00}, Tel. +354 456 6666, mailto:skrimsli@skrimsli.is, www.skrimsli.is. Es gibt noch ein zweites Restaurant Vegamót und zwischen den beiden Restaurants ein Musikmuseum - es wird also auch hier etwas geboten, weshalb es erfreulich ist, dass ein modernerer Campingplatz als zuvor zur Verfügung steht.

   BILDUDALUR - TJALDSTÆÐI

Stellplatzarte: ....Campingplatz
GPS: N65 41 00.6 W23 36 13.4
Adresse: .... Bildudalur, Hafnarbraut
Tel.: .... +354 450 2354
mailto: .... bylta@vesturbyggd.is
Homepage: .... www.vesturbyggd.is
Zufahrtinfo: Von der 63 auf die 619 rechts abbiegen, in den Ort und dann der Ausschilderung folgen.
Kurzbeschreibung: Teils auf Rasen, für Wohnmobile aber vor allem auf einer betonierten Fläche Stellplatz mit 20 Stromanschlussdosen. Nebenan Sportzentrum, wo sich die Duschen/WC befinden. WiFi Zone gegen (hohe) Gebühr. **Öffnungszeit:** Ca. Juni-August.

Die Route führt weiter über die **Tunguheiði** nach **Talknafjörður**. Der Fischerort mit knapp 300 Einwohnern liegt am gleichnamigen Fjord und erwartet die Gäste mit einem Schwimmbad nebst Campingplatz (separater Eintritt ins Schwimmbad). Und wer kleine, aber feine Badepötte mag, dem bietet der Hot Pot **Pollurinn** drei warme Pötte mit Meerblick. Wenn Sie der Hunger treibt, finden Sie neben dem Campingplatz das neue Restaurant Dunhagi mit regionaler Küche (Öffnungszeit 11^{00}-21^{00} h, Tel. +354 456 5865).

Die architektonisch interessanteste Sehenswürdigkeit ist die 2002 eingeweihte Kirche mit viel Holz innen und außen. Altar und Lesepult sind im Kontrast zu den Wänden aus schwarzem Basalt gefertigt (Bild). Der Abstecher nach Talknafjörður lohnt sich also.

    TALKNAFJÖRÐUR - TJALDSTÆÐI

Stellplatzart:..Campingplatz
GPS:... N65 37 43.3 W23 50 39.8
Adresse:.. Talknafjörður, Strandgata
Tel.: ....+354 456 2639
mailto: ....sundlaug@talknafjoerdur.is
Homepage: ....www.talknafjoerdur.is
Zufahrtinfo: Von der 63 auf die 617 abbiegen und im Ort der Ausschilderung mit Schwimmbad-Symbol folgen. Der Campingplatz befindet sich direkt nebenan.
Kurzbeschreibung: Zwar kein überaus attraktiver, aber ein gut ausgestatteter Campingplatz (WC/Dusche, Waschmaschine/Trockner gegen Zusatzgebühr, Ver-/Entsorgung, Strom). **Öffnungszeit:** Ca. Juni-August.

  TALKNAFJÖRÐUR - POLLURINN TALKNARFIRÐI

Stellplatzart:...Parkplatz
GPS:... N65 38 57.1 W23 53 41.1
Adresse:..An der 617
Zufahrtinfo: Vom Schwimmbad/Campingplatz 3,5 km weiter fahren. Achten Sie gut auf das kleine Schild, das rechts ab zum Badepott weist - dieser ist von der Straße aus nicht zu sehen..
Kurzbeschreibung: Neben dem Schotterparkplatz Umkleidehäuschen (Dusche) und drei Pötte mit unterschiedlich warmem Wasser (ich habe 35°C/38° C/41°C gemessen). Schöner Blick auf den Fjord (Bild links).

ROUTE 4

Nächste Station ist der mit rund 650 Einwohnern recht große Ort **Patreksfjörður**. Besonders zu erwähnen ist das schöne, große Schwimmbad in der Nähe der Kirche, das vor wenigen Jahren das etwas in die Tage gekommene Bad abgelöst hat. Benachbart ist das Restaurant Stukuhusið (Aðalstræti 50, Tel. +354 456 1404, maito:stukuhusid@simnet.is, www.stukuhusid.is). Es wurde von der Inhaberfamilie mit viel Liebe und Arbeit zu einem richtig gemütlichen Gasthaus umgebaut. Besonders angetan hat es mir der Gastraum im Obergeschoss - und das gute Essen natürlich.

   PATREKSFJÖRÐUR - TJALDSTÆÐI

Stellplatzart:..Campingplatz
GPS:.. 65 35 30.6 W23 58 29.3
Adresse:...450 Patreksfjörður, Aðalstræti
Tel.:.. +354 450 2300
mailto: ....ba@vesturbyggd.is
Homepage: .... www.vesturbyggd.is
Zufahrtinfo: In den Ort fahren, in Höhe der N1 Tankstelle rechts hinauf ausgeschildert.
Kurzbeschreibung: Terrassiertes, durch Bäume und Erdwälle windge-schütztes Gelände links der Gemeindehalle, Blick auf den Patreksfjörður. Ver-/Entsorgung auf der anderen Seite der Halle. Küche/Aufenthalts-raum sowie Sanitärbereich neu eingerichtet/modern, Waschmaschine/Trockner. Preis ISK 1.000 zzgl. Strom. WiFi vorgesehen, aber noch nicht realisiert. Platzleitung (Michael) ist ein Deutscher. **Öffnungszeit:** Juni bis September.

Patreksfjörður ist Ausgangsort zum westlichsten Punkt Europas, dem Vogelfelsen **Látrabrjarg**. Tanken sie zuvor nochmals Sprit und füllen Sie die Vorräte im Wassertank und Kühlschrank auf. Auch Abwasser und Toilette sollten nochmals geleert werden, denn Sie werden mindestens einen Tag am westlichsten Campingplatz Europas verweilen wollen. Grund dafür ist nicht der Campingplatz. Vielmehr sind es die unzähligen Vögel, die am größten Brutfelsen Islands nisten, allen voran die allseits beliebten Papageientaucher.

Allerdings müssen Sie sich diesen Naturgenuss mit 12 km As-phalt- und 47 km Schotterpiste "erkaufen". Dass es auf der Fahrt nicht langweilig wird, dafür sorgen die atemberaubend schöne Landschaft, aber auch die nicht eben gute Straße. Nehmen Sie sich Zeit für den einen oder anderen Halt an besonders schönen Stellen. Die erste mag das Schiffswrack der Garður 64, dem ersten aus Stahl gefertigten Fischerboot Islands aus dem Jahr 1912. Es war hier gestrandet und rostet vor sich hin. Aufgrund des Zustandes ist das Betreten des Wracks ausdrücklich verboten.

Eine Abwechslung sind die Dünen und der weiße Sand im Bereich des Flugplatzes (... wo die Isländer doch überall eine Landepiste bauen!), aber halt auch die Waschbrettpiste dort. Also ein Auge für Straße behalten! Wenn Sie nach 10 km die Geröllhalden passiert haben, eröffnet sich der Blick über eine Bucht mit weiten Sandstränden und türkisfarbenem Wasser. Es folgt der Hof Hnjótur, wo Sie einen Halt beim Fischerei- und Heimatmuseum mit Café und Souvenirverkauf einlegen können.

 PATREKSFJÖRÐUR - SCHIFFSWRACK GARÐUR 64

Stellplatzart:..Parkplatz
GPS:... N65 31 01.5 W23 50 08.3
Adresse:..Vesturbyggd, an der 612
Zufahrtinfo: Von der 63 am Fjordende des Patreksfjörður rechts ab auf die 612, nach 3,5 km rechts der Straße.
Kurzbeschreibung: Schotterfläche nahe dem Schiffswrack am Kiesstrand mit Picknickbank und Mülltonne (Bild unten).

DAS MUSEUM HNJÓTUR

Der Gründer Egil Ólafsson hat interessante Stücke zusammengetragen. Sie stammen aus zahlreichen Höfen der Umgebung und dokumentieren die Arbeitsbedingungen früherer Zeiten. Interessant ist zudem die Dokumentation der Rettung Schiffbrüchiger des englischen Trawlers Dhoon, der kurz vor Weihnachten 1947 vor den Klippen von Látrabjarg gestrandet und gesunken war. In einer halsbrecherischen Rettungsaktion gelang es den Einheimischen, unter widrigen Bedingungen des harten Wintersturms über die Klippen hinweg zu den Schiffbrüchigen zu gelangen und diese vor dem sicheren Tod zu retten. Hierüber gibt es einen Dokumentarfilm zu sehen, den ein deutsches Filmteam nachträglich an den Originalschauplätzen gedreht hat. Sehenswert!
Die Sammlung historischer Flugzeuge und Flugzeugwracks in einem ehemaligen Hangar der Lufthansa ist leider nicht mehr zugänglich, nachdem sich die Eigentumsverhältnisse geändert haben. Es verbleibt aber ein Blick auf den im Freien auf bessere Zeiten hoffenden "Rosinenbomber" aus Kriegszeiten. **Öffnungszeiten/Info:** Im Sommer täglich von 10^{00}-18^{00} h, www.hnjotur.is, mailto:museum@hnjotur.is).

ROUTE 4

VESTURBYGGD - BRUNNARVERSTÖÐ

Stellplatzart:..Campingplatz
GPS:.. N65 30 47.5 W24 29 44.9
Adresse:..Vesturbyggd, an der 612
Zufahrtinfo: Auf der 612 weiterfahren bis 3,5 km vor Ende der Strecke an der Steilküste Látrabjarg/Bjargtangar. Vor dem letzten Anstieg der Straße links ab ausgeschildert.
Kurzbeschreibung: Herrlich bei den Ruinen des früheren Hofes gelegene Campingwiese, windgeschützt durch das hohe Bergmassiv. WC, Kaltwasser, also sehr einfach ausgestattet - dafür aber kostenlos.

Es folgt die Gabelung der Straßen 612/615, wo ich auf der 612 links steil hinauf bleibe, um die Hochfläche hinüber nach **Breiða-vík** zu überqueren (Campingmöglichkeit, die ich nicht besichtigt habe) und die fehlenden 12 km zum westlichsten Parkplatz Europas und zum Vogelfelsen und Leuchtturm **Bjargtangar** zu fahren. Bitte beachten Sie: Das Übernachten auf dem Parkplatz Bjargtangar ist nicht (mehr) zulässig - dem Naturschutz, aber auch Ihrer Sicherheit zuliebe. Der Grund ist das Risiko hereinbrechender, heftiger Stürme, die für die "Weißware" (Wohnmobile) nicht ganz ohne sein können. Da sind Sie auf dem 3,5 km entfernten (und kostenlosen) Campingplatz Brunnarverstöð besser aufgehoben, auch wenn dieser einfach ausgestattet ist.

  ## Wandern und Vogelbeobachtung Látrabjarg

Egal, welches Wetter hier herrscht - es ist immer beeindruckend, die Meeresvögel zu beobachten. Meine Erfahrung: Bereits wenige Meter vom Wanderparkplatz entfernt ist die Beobachtung

der Papageientaucher bestens möglich, zumindest von April bis Anfang August. Dann verlassen die Jungen die Kinderstube und kehren mit den Altvögeln aufs Meer zurück - adieu bis nächstes Jahr! Während der Brutsaison ist hier richtig was los. Doch vergessen Sie nicht, den anderen Vögeln Ihre Aufmerksamkeit zu schenken. Beispielsweise ist hier immerhin die größte Kolonie Tordalken zu bewundern, darüber hinaus Trottellummen und Möwenarten. Es ist ein überaus schöner Anblick, aber auch die Geräuschkulisse der Vögel ist mehr als beeindruckend, ja stellenweise fast ohrenbetäubend.

Schwierig ist es, die Vögel Vögel sein zu lassen und sich der schönen Wanderung entlang der Felskante zu widmen (Bild unten), wenn Sie möchten bis zur Bucht Kevlavík (14 km). Da Sie die ganze Strecke, die auf 444 m ansteigt und in Keflavík auf Meereshöhe endet, wieder zurück gehen müssen, ist es ratsam sich die Kräfte einzuteilen oder eben nur ein Stück zu gehen. Und wie gesagt - auch Sie werden mehr Zeit mit der Vogelbeobachtung als mit dem Wandern an sich verbringen...

 ABSTECHER RAUÐSANDUR

Vielleicht möchten Sie einen Abstecher zum sehr schönen Küstenstreifen Rauðsandur machen? Mir blieb dieser versagt - ich war am Wochenende eines Open Air Konzertes mit 500 Besuchern dort. Es regnete in Strömen und der Sturm peitschte nicht nur das Wasser vom Himmel, sondern auch zahlreiche Zelte der Besucher davon. Ende der Veranstaltung - Abbau der verbliebenen Zelte und viel, viel Gegenverkehr. So habe ich mich nochmals in den Windschutz des Campingplatzes Patreksfjörður verkrochen. Bekannte berichteten mir jedoch, dass der Strand sehr schön sei, das Café ebenso. Wenn Sie es allerdings probieren möchten - die Zufahrtsstraße (Schotter) ist in einem recht mitgenommenen Zustand.

BARÐASTRÖND - SUNDLAUG

Stellplatzart:...Parkplatz
GPS:.. N65 31 12.9 W23 24 18.2
Adresse:.......................................451 Höfðaströnd, an der 62
Zufahrtinfo: Auf der Fahrt von Patreksfjörður über die Kleifaheiði gelangen Sie ins Tiefland. Dort ist das Schwimmbad auf der rechten Seite gut ausgeschildert.
Kurzbeschreibung: Kurze Zufahrt hinab zum geschotterten Parkplatz, der mit dem nötigen Abstand zur Straße auch übernachtungstauglich ist (siehe Wartezeit auf die Fähre). Eintritt ins Schwimmbad mit schönem Schwimmbecken (ca. 34° C) und naturnahem Hot Pot (ca. 37° C).

    FLÓKALUNDUR - TJALDSTÆÐI

Stellplatzart:..Campingplatz
GPS:.. N65 34 38.2 W23 10 24.7
Adresse:.................................... 451 Vesturbyggd, an der 60/62
Tel.: ....+354 456 2011
mailto: ....flokalundur@flokalundur.is
Homepage: ....www.flokalundur.is
Zufahrtinfo: Direkt neben der Einmündung der 62 in die 60.
Kurzbeschreibung: Campingwiese oberhalb von Straße und Restaurant, ruhig und schöne Aussicht. Zur Anlage gehört ein Restaurant (regionale Küche - fangfrischer Fisch aus Patreksfjörður) und eine Tankstelle mit kleinem Lebensmittelangebot. 500 m entfernt liegt ein Schwimmbad, das zum Hotel/Campingplatz gehört (separate Eintrittsgebühr, Campingpreis vergleichsweise hoch). **Öffnungszeit:** Mitte Mai-Mitte September.

Es heißt Abschied zu nehmen von den Westfjorden, die meine favorisierte Gegend sind. Es sind noch einige Kilometer Asphaltstrecke bis **Brjánslækur** zu bewältigen, sofern Sie die Fähre Baldur über den Breiðafjörður hinüber nach Stýkikishólmur nutzen möchten. Dies macht Sinn, schneidet man doch eine recht lange Fahrt durch die einsame Fjordlandschaft des südlichen Abschnitts der Westfjorde ab. Um die Wartezeit auf die Fähre zu überbrücken, haben Sie die Möglichkeit, das sehr schön mit Meerblick gelegene Schwimmbad **Barðaströnd** zu besuchen und es sich einfach eine Weile im warmen Wasser gut gehen zu lassen. Wer lieber die Wanderstiefel schnürt, kann vom Fähranleger wenige Kilometer weiterfahren, wo bei der Einmündung der 62 in die 60 beim Hof Flókalundur ein Campingplatz nebst Restaurant zur Verfügung steht. Außerdem habe ich dort zwei sehr schöne Wandertipps für Sie (genauer gesagt ist der eine davon aus dem Rother Wanderführer).

Wandern in Flókalundur

Das Wohnmobil stellen Sie am besten auf den Parkplatz beim Restaurant oder buchen sich beim Campingplatz ein (und können übrigens auch noch Kraftstoff auftanken, wenn nötig, oder kleinere Einkäufe an der Tankstelle tätigen).

Die ca. 1 1/4 Std. dauernde Wanderung in die imposante Schlucht des Flusses Penna startet am Wanderparkplatz jenseits der Brücke an der 62. Schon nach wenigen Schritten gelangt man in niedrigem Birkenwald an die Abbruchkante zur abwechslungsreichen Schlucht, die sich durch schöne Basaltformationen, die teils im Flussbett stehen, auszeichnet. Nach einer guten halben Stunde kommt der Wasserfall in Sicht, welcher das obere Ende der kurzen Tour markiert. Der Rückweg verläuft auf gleicher Strecke, bietet aber durch den veränderten Blickwinkel eine sehr schöne Aussicht in die Schlucht (Bild unten links).

Die zweite, wiederum einfache Route von etwa 2 Stunden Gehzeit, startet beim Campingplatz und führt in einer guten Stunde hinauf zum **Helluvatn** (Anstieg gut 250 Meter). Der See liegt in einer hochlandähnlichen Landschaft (siehe Rother Wanderführer).

ROUTE 4

 DIE ÜBERFAHRT MIT DER BALDUR ÜBER DEN BREIÐAFJÖRÐUR

Die MS Baldur (Bild rechts) der Gesellschaft Sæferðir (Seatours/Stýkkishólmur) setzt täglich zwei Mal über den Breiðafjörður. Start ist in Brjánslækur, Ankunft in Stýkkishólmur auf Snæfellsnes. Abfahrt ist (Stand 2013) im Sommer (Juni-August) 12^{15} h und 19^{00} h ab Brjánslækur, in der Nebensaison nur So-Fr. **Infos und Fahrplan:** Tel. +354 433 2254, www.seatours.is, mailto: seatours@seatours.is. Das Büro Brjánslækur nebst Cafeteria und Souvenirshop (günstige Strickwaren) ist nicht zu übersehen. Buchen Sie möglichst am Vortag. Wenn Sie vor Ort buchen, sollten Sie frühzeitig da sein, um einen Platz zu erhalten. Sollte eine Wartezeit entstehen, dürften die Ausflüge bzw. Aktivitäten in der Umgebung interessant sein. Sie können auch bei der Cafeteria stehen, wo (auf Anfrage) für Kunden die Gelegenheit zur Übernachtung im Wohnmobil gegeben wird. Parkplatz Brjánslækur **GPS** N65 31 46.2 W23 11 55.3).

ℹ ALTERNATIVE FAHRT UM DEN BREIÐAFJÖRÐUR

Nachdem ich die Strecke (bei schlechtem Wetter) ausprobiert habe, kann ich sagen, dass es landschaftlich reizvoll ist, um den Breiðafjörður zu fahren. Langweilig wird es sicher nicht werden, denn die Reise führt durch eine eindrucksvolle Landschaft, wie wir sie vom bereits bekannten Teil der Westfjorde kennen. Schwieriger ist es allerdings, Parkmöglichkeiten zu finden, denn es handelt sich um einen zwar schönen, aber fast menschenleeren und touristisch wenig erschlossen Landstrich. Gerade dies könnte für Sie von Interesse sein. Zudem möchten Sie vielleicht wissen, was Sie erwartet, wenn Sie wegen der ausgebuchten Fähre keinen Platz auf der Baldur finden oder das Übersetzen ohnehin nicht Ihr Ding ist.

Folgen Sie mir auf der Fahrt um den Breiðafjörður. Nach wenigen Kilometern weisen auf der Landbrücke zwischen dem Vatnsfjörður und dem Vatnsdalsvatn Wanderschilder darauf hin, dass man hier gleich nochmals die Stiefel auspacken kann. Da ich dies nicht wollte (es trübte sich mächtig ein, starker Regen folgte) darf ich auf den Rother Wanderführer verweisen, der die Route ausführlich beschreibt.

Die erste passable Parkmöglichkeit bietet sich nach 83 km schräg gegenüber einer ehemaligen Rettungshütte auf einem Fahrstreifen der früheren Trasse (**GPS** N65 31 33.6 W22 24 39.9). Dafür dürften Sie schon bald weitgehend schon auf einer gut ausgebauten, breiten Asphaltstraße dahingleiten, während ich zur Recherche noch durch längere Schotterabschnitte und zwei ausgedehnte Straßenbaustellen holperte. Doch diese Verbesserung der Straßenverhältnisse werden Sie mir sicher nicht verübeln.

Nach einer äußerst schönen Passstraße (Schotterstraße) gelangen Sie ins **Djúpidalur**, wo ein weiteres, mich allerdings nicht sehr ansprechendes Schwimmbad zu finden ist. Am Fjordende biegt man links ab (ausgeschildert) und hat einen knappen Kilometer zu fahren. Es gehört zum benachbarten Hof, bei dem man sich anmelden muss (Eintritt bei Recherche ISK 300, **Parkplatz GPS** N65 34 56.9 W22 16 55.4) und den Schlüssel erhält. Weniger schön finde ich das Bad, weil rund um das Hallenbad und den im Freien liegenden Hot Pot ein Holzzaun in die Höhe ragt - nichts also mit schöner Aussicht beim Aufwärmen im Wasser.

Deshalb fahre ich weiter, werfe einen Blick zurück ins Djúpidalur und erklimme die nächste Passhöhe (Hjaltaháls). Es folgt - kurz nach Einmündung der 608 - ein historisch interessanter Ort, die alte Thingstätte Þorskafjarðarþing. Dort ist ein passabler Picknickplatz eingerichtet, von dem aus man die Reste der alten Thingstätte besichtigen kann (Infotafel mit Lageplan). Auf einem Felsen das Denkmal für Matthias Jóchumsson. Hier fanden einst die Frühjahrsversammlungen der Bauern der Westfjorde statt. Ab dem 16. Jahrhundert siedelten sich deutsche Kaufleute an, bis diese durch das dänische Handelsmonopol abgelöst wurden. 1849-95 fanden hier auch regelmäßige Versammlungen statt, die der Unabhängigkeit von der dänischen Krone dienen sollten.

Bald wird die Besiedelung wieder dichter und es folgt ein Campingplatz für diejenigen, die eine Übernachtung einlegen möchten. Mir persönlich hat der Platz eher nicht zugesagt. Hätte ich eine Übernachtung gebraucht, wäre mir die Einsamkeit der Thingstätte lieber gewesen.

Es folgt die Fahrt durch eine Senke, von der es bald wieder bergwärts geht, um den Höhenzug des Miðfjall auf herrlicher Strecke zu überqueren. Aufgrund eines schönen, großen Schwimmbades und zusätzlich einem alten Hot Pot im Außengelände oberhalb des Edda-Hotels (kostenlos nutzbar, keine Dusche, gemessene Temperatur 41° C) war mir der **Badeort Laugar** angesichts des Regens willkommen. Wandermöglichkeiten gibt es zur Genüge (Infotafel beim Hotel über die Routen). Aufs Wandern habe ich der Witterung wegen jedoch verzichtet, was Sie verstehen werden. Schließlich hätte ich vom wolkenverhangenen Svörtuklettar oder von der bunten Schlucht Ránagil nicht viel zu sehen bekommen (siehe Rother Wanderführer).

REYKHÓLARHREPPUR - ÞORSKAFJARÐARÞING

Stellplatzart:...Parkplatz
GPS:.. N65 35 19.2 W22 06 33.2
Adresse:...............................380 Reykhßolarhreppur, An der 60
Zufahrtinfo: Kurz nach der Einmündung der 608 vom Ísafjarðardjúp her.
Kurzbeschreibung: Geschotterter Parkplatz, einsame Lage über dem Fjord. Infotafel über die Ruinen der Thingstätte und der Hütten des Hofes.

REYKHÓLARHREPPUR - BJARKALUNDUR

Stellplatzart:..Campingplatz
GPS:.. N65 33 21.4 W22 06 11.8
Adresse:...............................380 Reykhßolarhreppur, An der 60
Tel.:..+354-434-7863
mailto:.....................................bjarkalundur@bjarkalundur.is
Homepage:...www.bjarkalundur.com
Zufahrtinfo: An der 60 - etwa 7 km nach dem Picknickplatz links.
Kurzbeschreibung: Etwas lieblos angelegter Platz auf terrassierter Wiese (vielleicht lag der Eindruck aber auch nur am miesen Wetter?), Stromanschluss, WC/Dusche, benachbart Hotel und Restaurant.

LAUGAR - TJALDSTÆÐI

Stellplatzart:..Campingplatz
GPS:.. N65 14 45.6 W2148 07.9
Adresse:... 371 Dalabyggð
Tel.:..+354 444 4930
mailto:...laugar@laugar.is
Homepage:...www.laugar.is
Zufahrtinfo: Auf der 60 das Miðfjall überqueren (farbenprächtige Berghänge!) und 3 km nach Ausschilderung Laugar 3 km/Byggdasafn folgen.
Kurzbeschreibung: Wiesengelände nahe dem Schwimmbad und Hotel/Restaurant, Heimatmuseum. (Bild unten)

Das 250 Einwohner zählende **Buðardalur** am **Hvammsfjörður** bietet als Sehenswürdigkeit die **Leifsbuð** (Regionalmuseum des Bezirks Dalir, offen Juni-Aug. tgl. 13⁰⁰-18⁰⁰ h, Tel. +354 434 1328). Das Kunst- und Geschichtsmuseum am Hafen widmet sich zeitgenössischen Werken und den Reisen des Erik des Roten und seines Sohnes

Leifur Eirkisson, die durch ihre Fahrten nach Grönland (der Vater) und Vinland (Amerika - der Sohn) in die Geschichtsbücher eingegangen sind.

    BUÐARDALUR - TJALDSTÆÐI

Stellplatzart:..Campingplatz
GPS:.. N65 06 28.7 W21 45 55.9
Adresse:..370 Dalabyggd, Gunnarsbraut
Tel.:..+354 434 1441
mailto:...leifsbud@dalir.is
Homepage:.. www.dalir.is
Zufahrtinfo: An der Ortsdurchfahrt gegenüber der Tankstelle rechts ab.
Kurzbeschreibung: Einfach ausgestatteter Platz, aber sauber und schön angelegt (Hecken/Bäume), Stromanschluss, WC, Dusche im Gemeindehaus. Preisgünstig (ISK 750 p. P./N. zzgl. Strom , Dusche inbegriffen.
Öffnungszeit: Mitte Mai - Mitte September.

Ein interessanter Abstecher ist die 7,5 km weite Fahrt auf der 586 bis nach **Eiriksstaðir** im **Haukadalur.** Der rekonstruierte Wikingerhof, der nahe den ausgegrabenen Resten des historischen Hofes nach hypothetischen Konstruktionszeichnungen errichtet wurde, gilt als Geburtsort von **Leifur Eiriksson,** dem Entdecker Amerikas (**Parkplatz Eiriksstaðir GPS** N65 03 30.1 W21 32 12.0). **Öffnungszeiten/Info:** Im Sommer tgl. 10^{00}-18^{00} h, Tel.

+354 434 1118, www.eiriksstadir. is). Meine Ankunft allerdings war leider nach 19^{00} h, weshalb ich mich auf eine Außenaufnahme beschränken muss.

Sicher ist es aber sehr interessant, einen Hof aus der Wikingerzeit anzuschauen, um die Lebensweise vor etwa 1.000 Jahren ein klein wenig beurteilen zu können. Dies mag ich aus der Kenntnis des Hofes Þjóðveldisbær (Nachbau des Hofes Stöng) beurteilen, den ich als hochinteressant empfunden habe. Doch dazu später mehr.

Nach dem Besuch in Eiriksstaðir kehre ich zur 60 zurück und fahre noch ein Stück weiter, bis die 54 rechts abzweigt. Die Fahrt durch die Westfjorde endet hier, denn nun gelange ich in die Region Snæfellsnes, was auch an den Straßennummern zu erkennen ist.

 WENN SIE DIE WESTFJORDE AUSGELASSEN HABEN

Unsere Wege hatten sich in Brú getrennt, nun gelangen wir wieder zusammen. Fahren Sie entweder von der Ringstraße etwa 9 Kilometer weiter nördlich und biegen auf die 59 ab. Über die Laxadalsheiði erreichen Sie das Laxadalur. So können Sie Buðardalur und den Hof Eiriksstaðir besuchen und sich in die Fahrt auf der 54 nach Stýkkishólmur einklinken (ca. 45 km ab Brú).
Alternativ bleiben Sie etwas länger auf der Ringstraße, schießen damit aber deutlich über das Ziel hinaus und müssen auf der 60 wieder ein gutes Stück nordwärts bis zur 54 fahren (ca. 90 km ab Brú).

Die 54 (auf 84 km gut befahrbare Schotterstraße) ist landschaftlich eine attraktive Piste. Sie führt nahe am Ufer des **Hvammsfjörður** entlang auf die Halbinsel Snæfellsnes. Immer wieder beeindruckt der Blick auf die Felsen, Inselchen und Inseln im Wasser. Niemand weiß wirklich, wie viele es sind. Die Angaben sind recht unterschiedlich, die häufigste ist "unzählige". Dafür gibt es kaum übernachtungstauglichen Parkgelegenheiten oder Campingplätze. Doch ist die Schönheit der Landschaft Ausgleich genug. In **Stykkishólmur** sieht das auch viel besser aus, und zwar sowohl in Form eines gut ausgestatteten Campingplatzes als auch einer schönen freien Parkmöglichkeit.

    STYKKISHÓLMUR - TJALDSTÆÐI

Stellplatzart:..Campingplatz
GPS:... N65 04 14.9 W22 43 52.9
Adresse:.................................340 Stykkishólmur, am Golfplatz
Tel.: ....+354438 1075
mailto: .... mostri@stykk.is
Homepage: ....www.stykkisholmur.is/mannlif/tjaldsvaedi-og-gisting
Zufahrtinfo: Auf die 58 abbiegen und nach Ortseingang bei der Tankstelle rechts ab - ausgeschildert.
Kurzbeschreibung: Zeltwiese und hinter dem Servicegebäude (Tourist Information) der Wohnmobil-Stellplatz. Gute Ausstattung (Strom, V/E-Anlage, Waschmaschine/Trockner, WiFi Zone). **Öffnungszeit:** Mitte Mai - Mitte September.

  STYKKISHÓLMUR - WALDPARKPLATZ

Stellplatzart:...Parkplatz
GPS:... N65 03 47.9 W22 44 13.0
Adresse:.................................340 Stykkishólmur, Arnarborg
Zufahrtinfo: Am Ortseingang, direkt beim Friedhof, rechts abbiegen (Schottersträßchen) und bis zum kleinen Waldgebiet fahren. Dort gleich beidseits eine Parkfläche.
Kurzbeschreibung: Schotterparkplatz, etwa 75 m weiter im Wald versteckt eine Grill- und Picknickstelle. Durch das Waldgebiet führen mehrere Spazierwege. Ich bin zunächst in den Wald geradeaus bis zum Waldrand, dann links und über den Rand des Golfplatzes als Abendspaziergang zurück zum Parkplatz gewandert.

Stýkkishólmur ist Treffpunkt mit denjenigen, die mit der Baldur über den Breiðafjörður übergesetzt sind. Es hat gut 1.100 Einwohner und bietet einiges an Sehenswürdigkeiten und Möglichkeiten für Aktivitäten. Wahrzeichen ist die architektonisch herausragende, einem Wikingerschiff nachempfundene **Kirche**, die 2011 eine Klaiss-Orgel erhalten hat. Das Altarbild mit der Muttergottes ist beeindruckend. Leider erlebte der Architekt Jón Haraldsson die Einweihung 1990 nicht mehr. Er verstarb kurz vor Fertigstellung im Jahr 1989, wie eine kleine Inschrift im Eingangsbereich besagt.

Der natürliche Hafen ist nicht nur Heimathafen der Baldur, sondern auch der Boote, mit denen Ausflugsfahrten angeboten werden .Unter anderem bietet **Sea Tours**, denen auch die Baldur gehört, eine **Naturbeobachtungs- und Inselrundfahrt** an, Viking Sushi Tour genannt (Bild nächste Seite unten rechts). Interessant ist das Angebot für Familien: Eigene Kinder bis 15 Jahre fahren von Juni bis August kostenlos, ab 16-20 Jahren zum halben Preis. Bei Online Buchung gibt es weitere 10% Rabatt. **Info/Buchung:** Tel. +354 433 2254, www.seatours.is, seatours@seatours.is. Das Informationsbüro mit Souvenirshop befindet sich am Hafen.

An der Hafnargata stehen einige historische Gebäude. Am markantesten sind die **alte Kirche** und das gegenüber stehende **Norska Husið** (Bild nächste Seite links). Das aus Norwegen stammende Gebäude wurde instandgesetzt und beherbergt das **Regional- und Heimatmuseum** mit Gegenständen und Einrichtungstücken aus dem 19. Jh. Die von Arni Torlacius 1845 eingerichtete Wetterstation gilt als eine der ältesten, übrigens noch funktionsfähigen, Einrichtungen. Wechselnde Ausstellungen regionaler Künstler werden ergänzend gezeigt. **Öffnungszeiten/Info:** Juni-August tgl. 12^{00}-17^{00} h, Tel. +354 438 1640, www.norskhus@.is.

Übrigens befinden sich am Ortseingang nicht nur ein Supermarkt und mehrere Tankstellen, sondern auch eine gute Bäckerei, in der Sie festes, dunkles Brot erhalten. Regionale Küche genießen Sie in mehreren Restaurants (Hotel Stýkkishólmur,

Fimm Fiskar). Nicht vergessen möchte ich natürlich das große Schwimmbad mit Frei- und Hallenbad, Riesenrutsche und den obligatorischen Hot Pots - Treffpunkt für Jung und Alt. So traf ich auch bei einer früheren Fahrt Hildibrandur vom Hof Bjarnahöfn, der das nächste Ziel ist, nachdem ich das Helgafell auf einer kurzen Wanderung erklommen habe, um die Aussicht zu genießen. .

  WC **Wandertipp: Helgafell**

Der 73 Meter hohe Berg bietet einen schönen Blick über den Breiðafjörður und die Bergwelt im Süden. Auf dem Gipfel stehen Reste einer Klosteranlage. Sie können von der 58 aus ein Stück mit dem Auto bis zum Parkplatz (WC/Übernachtungsverbot) fahren oder aber noch um den Hügel herum bis zur Kirche. Wenn Sie die zweite Variante wählen und das erste Mal hinaufsteigen, können Sie dem isländischen Volksglauben folgen und sich an folgende Regel halten: Starten Sie am Grab der Guðrun Ósvifursdóttir (kleine, eingezäunte Grabstätte oberhalb des Friedhofs) und besteigen den Berg ohne zurückzuschauen und schweigend. Wenn Sie dann vom Gipfel nach Osten blicken, haben Sie einen Wunsch frei - vorausgesetzt, es ist ein guter Wunsch. Da ich schon mehrfach oben war, erübrigen sich die guten Wünsche für mich - leider.

Zurück auf der 54 startet die Fahrt um die Halbinsel **Snæfellsness**. Die erste Station ist nicht weit entfernt. Zunächst durchqueren wir ein einzigartiges Lavafeld - **Berserkjahraun** genannt.

Sie können nach etwa einem halben Kilometer rechts ab auf die 577 fahren. Diese Variante führt näher am Meer entlang und ist landschaftlich reizvoller, doch mit Schotterbelag. Nehmen Sie die zweite Abzweigung, ist der Hof **Bjarnarhöfn**, der weithin für seine Spezialität Hákarl bekannt ist, jedoch schneller erreicht. An der 577 weist ein Hinweisschild zum Ziel und der Wagen gleitet auch auf Asphalt bis kurz vor dem Parkplatz.

📷 DAS MUSEUM BJARNARHÖFN

Hier haben Hildibrandur und sein Sohn Guðjón Hintergrundinformationen zu allem, was mit der Fischerei und der Jagd zu tun hat, zusammengestellt und führen durch die Sammlung. Die Besonderheit **Hákarl** genießt einen Sonderstatus. Sie sehen mit Bilddokumenten die Verarbeitung der Eishaie und können im Freigelände die Trockengestelle

besichtigen, wo die Haistücke an der Luft zur Reife gelangen. Wie das am Ende schmeckt, dürfen Sie im Museum kosten. Ich wäre gespannt auf Ihre Meinung - gute Mine zum ... na ja - Geschmackssache...! Zu meinen Lieblingsspeisen wird es nicht gehören. Dafür werde ich vielleicht nicht so alt, wie die Isländer, die auf den gesundheitlichen Nutzen schwören. Ich jedenfalls verstehe gut, dass Hákarl mit einem kräftigen Schluck Brennivín hinabgespült wird, was dem gesundheitlichen Nutzen nicht zuträglich ist. Und man sollte probieren, bevor man urteilt.

Zum Hof gehört eine alte Holzkirche. Auf Anmeldung, vorwiegend für Gruppen, kann sie besichtigt werden. Hildibranður zeigte mir und meiner Familie einmal das Kirchlein und ließ meine Frau auf einer der Sitzbänke mit dem Rücken zum Altar Platz nehmen. So hätten sündige Frauen in der Vergangenheit immer sitzen müssen, meinte er mit breitem Grinsen. Im Kirchlein gibt es ein Altarbild von einem unbekannten Schüler Rembrandts. Der Altar stammt von 1640. Mehrere Messgewänder von 1856 sind noch vorhanden, ja sogar eines aus noch katholischer Zeit (um 1500). Nimmt man den Kelch in die Hand, fühlt er sich warm an. Wenn es also einen heiligen Kelch gebe, müsse es wohl dieser sein. **Öffnungszeiten/ Info:** Im Sommer tgl. 10⁰⁰-18⁰⁰ h, Tel. +354 438 1581, www.bjarnahofn.is.

Weiter geht es auf der 54 Richtung Ólafsvík. Wer Schotterstraßen mag, folgt der alten Trasse, die ins Lavafeld führt und da und dort einen netten Stellplatz bietet. Nächste Station ist **Grundarfjörður**, ein alter Fischerei- und Handelsplatz. Das Wahrzeichen des Ortes hat wohl die Natur geschaffen - das markante Kirkjufell überragt mit seiner spitzen Form den Ort und den Fjord. Das Dorf hat auch einen hohen Freizeitwert. Wandern und organisierte Ausflüge stehen oben auf der Beliebtheitsskala. Zur Einkehr empfehle ich das **Hotel Framnes**, das regionale Gerichte mit frischem Fisch aus dem heimischen Hafen bietet.

Sie können bei **Láki-Tours Seeangel- und Naturbeobachtungs -Touren** oder die **Walbeobachtung** buchen, die ab **Ólafsvík** startet. Dort haben Sie gute Chancen, einen oder mehrere der großen Walsorten zu entdecken, die man bei **Láki-Tours "Big Five"** nennt: Blauwal, Finnwal, Buckelwal, Orka (siehe Bild) und Zwergwale.

Und wenn es zudem noch ein Delfin sein darf - auch das habe ich Ólafsvík beim Whale Watching schon gesehen, einen Eishai darüber hinaus. Die Bootsfahrt verläuft häufig entlang der Küste um den Leuchtturm Öndverdanes - spektakuläre Ansichten ders Naturschutzgebietes Snæfellsjökull sind also inbegriffen. **Info/ Fahrplan:** Tel. +354 438 6893, www.laki-tours.is.

  ## Wandern in Grundarfjörður

Empfohlen werden Wanderungen auf den Klakkur, einen Aussichtsberg mit 380 m Höhe, der bei sehr guter Sicht im Westen sogar den Snæfellsjökull erblicken lässt. Ich habe die Tour nicht selbst ausprobiert, ebenso wenig wie die Besteigung des Kirkjufell, für das eine ortskundige Bergführung empfohlen wird.

  GRUNDARFJÖRÐUR - TJALDSSTÆÐI

Stellplatzart:..Campingplatz
GPS:.. N64 55 12.8 W23 15 45.9
Adresse:....................................Grundarfjörður, Ölkelduvegur
Tel.: ....+354 8945309
mailto: .... grundarcamping@gmail.com
Homepage: ....www.grundarfjordur.is
Zufahrtinfo: In der Ortsmitte ausgeschildert (links Richtung Schwimmbad).
Kurzbeschreibung: Zeltwiese/Stellplatz mit Stromanschluss, V/E-Station, nahes Schwimmbad., ISK 1.200 p. P./N. zzgl.Strom. **Öffnungszeit:** Juni bis August.

  BÚLANDSGÍL - AUSSICHTSPUNKT

Stellplatzart:..Parkplatz
GPS:.. N64 57 01.9 W23 28 34.7
Adresse:...An der 54
Zufahrtinfo: Auf halber Strecke nach Ólafsvík erreicht man eine Bergnase. Kurz danach rechts ab die Zufahrt zum rechts gelegenen Parkplatz.
Kurzbeschreibung: Schotterparkplatz (Vorsicht - holprige Einfahrt, mit wenig Bodenfreiheit etwas kritisch!). Dafür tolle Aussicht zurück zum Kirkjufell oberhalb Grundarfjörður und weit hinaus auf den Atlantik. Schauplatz für herrlichen Sonnenuntergang, wenn das Wetter passt.

ÓLAFSVÍK - TJALDSSTÆÐI

Stellplatzart:..Campingplatz
GPS:... N64 53 21.4 W23 41 15.2
Adresse:..355 Ólafsvík, Dalbraut
Tel.:..+354 433 6929
mailto:...info@snb.is
Homepage:...www.snb.is
Zufahrtinfo: Kurz vor Ortseinfahrt Ólafsvík links ab ausgeschildert. An der Einfahrt steht ein altes, hölzernes Fischerboot, dort abbiegen.
Kurzbeschreibung: Einfacher Wiesenplatz, Sanitärausstattung etwas betagt, Ver-/Entsorgung an der Zufahrt, Stromanschluss. Auch hier ein schönes Schwimmbad, das allerdings etwas entfernt liegt (Ennisbraut 9) und gute Einkaufsmöglichkeiten, darunter (in Höhe des Hafens) eine gute Bäckerei, wo es kräftiges Brot zu kaufen gibt. **Öffnungszeit:** Juni bis Mitte September.

Das in Ólafsvík startende **Whale Watching** von **Laki Tours** hatte ich schon erwähnt. Fahren Sie nach dem Pakkhúsið rechts ab und parken am Pier, wo Sie auch ein WC finden. Unweit davon liegt der Supermarkt, bei dem Sie Ihren Kühlschrankvorrat ergänzen können, sowie das Schwimmbad. Wenn etwas Zeit bleibt, sollten Sie einen Blick in das schwarz gestrichene Pakkhúsið werfen. Dort sind das Regionalmuseum und ein Souvenirladen untergebracht. In der ebenfalls dort befindlichen Tourist Information sollten Sie sich schlau machen, wenn Sie eine Gletschertour planen oder mit Ihrem Wagen über die F570 fahren wollen. Sie erhalten Hinweise auf den Straßenzustand oder man ist bei der Buchung der Bergführung, einer Fahrt mit dem Pistenbulli oder füs Whale Watching behilflich. (Tel. +´354 430 6929, www.snb.is).

 ABSTECHER HOCHLANDSTRECKE F570

Ich habe die Strecke jüngst von Arnarstapi her und früher schon mit unserem VW-Bus Syncro gemeistert. Vor Jahren war es August und die Strecke zwar ruppig, aber problemlos befahrbar gewesen. Im Juli 2013 dagegen war die Fahrt grenzwertig, auch wenn ich ein geländegängiges Fahrzeug habe. Durch Schneereste und große Schmelzwassermengen war die Piste derart durch Erosionsrillen, ja richtige Bäche, zerfurcht, dass Allradantrieb mit Untersetzung sowie Differentialsperren die einzige Chance für ein Durchkommen boten. Nehmen Sie also (wie auf allen Hochlandstrecken) den Rat Einheimischer in Anspruch. Weichen Sie im Zweifel auf die Gletschertouren aus, die sowohl in Arnarstapi als auch in Ólafsvík angeboten werden. Das ist zwar nicht billig, ein defektes Wohnmobil aber weitaus teurer. Auf der Seite von Arnarstapi ist der Parkplatz Sönghellir erwähnenswert. Lassen Sie den Wagen dort stehen und wandern ein kleines Stück zu den interessanten Höhlen, die ihren Namen vom vielfachen Echo erhalten haben, das manches wie einen Gesang erscheinen lässt. (Bilder rechte Seite oben).

Da die meisten meiner Leser kein 4x4 Fahrzeug besitzen und daher grobe Schotterstraßen nicht zu den bevorzugten Pisten zählen dürften, widme ich mich ausführlicher der normalen Route, die meiner Ansicht nach landschaftlich ohnehin viel ansprechender ist. Zunächst gelange ich noch zu zwei interessanten Plätzen, die einen Besuch verdient haben.

Der erste davon ist das Dörfchen Rif. Etwas weiter folgt der Vogelfelsen **Keflavíkurbjarg**, den Sie auf einer kleinen Stichstraße erreichen (**Parkplatz GPS** N64 55 03.2 W23 51 55.5, geschotterter, nur bedingt übernachtungstauglicher Platz, keinesfalls aber zur Vogelbrutzeit hierfür verwenden!). Sie werden ohnehin nicht viel Spaß an einem längeren Aufenthalt in der Nähe der Wiesen haben. Die Küstenseeschwalben einer größeren Brutkolonie werden Ihnen während der Brutzeit sehr schnell zu zeigen wissen, wer der Herr im Hause Keflavikurbjarg ist. Der zweite Ort, den Sie besuchen sollten, ist **Hellisandur**. Im Fischereimuseum gilt es das älteste erhaltene Ruderboot Islands, die Bliki aus dem Jahr 1826, zu sehen. Im Garten steht zudem ein sehenswertes Denkmal für die Fischer (Bild unten). Und vor allem der vor kurzem neu angelegte Campingplatz ist erwähnenswert, seiner schönen Lage mitten in einem zerklüfteten Lavafeld wegen.

Der Nationalpark Snæfellsjökull

Der **Nationalpark Snæfellsjökull** wurde 2001 eingerichtet und umfasst 167 km². Sie können im Krater des Snæfellsjökull eine Reise zum Mittelpunkt der Erde beginnen (... allerdings nur, wenn Sie Jules Vernes Roman glauben). Doch auch ohne die Reise ins Erdinnere sehen Sie faszinierende Lavaformationen, Vulkanschlote, Küstenabschnitte und einiges aus der Geschichte und Kultur des Landes. Das Informationszentrum befindet sich in Hellnar. Wichtig ist der Hinweis, dass die **freie Übernachtung im Nationalpark verboten** ist. Dass es da und dort trotzdem praktiziert wird, schadet den Belangen des Wohnmobil-Tourismus. Lassen Sie es bleiben und nutzen die Camingplätze, die schön gelegen sind. Außerdem gibt es freie Alternativen außerhalb des Nationalparks.

  HELLISANDUR - TJALDSSTÆÐI

Stellplatzart:...Campingplatz
GPS:.. N64 54 44.7 W23 53 21.2
Adresse:.. 360 Hellisandi, Hellisandur
Tel.: ....+354433 6929
mailto: ....info@snb.is
Homepage: ....www.snb.is
Zufahrtinfo: An der Ortsdurchfahrt, links ab ausgeschildert.
Kurzbeschreibung: Schöne Lage im zerklüfteten Lavafeld, moderne Sanitärausstattung, V/E-Station, Stromanschluss, Müllentsorgung. Tankstelle und Einkehrmöglichkeit im Hotel Hellisandur. **Öffnungszeit:** Juni bis Mitte September.

    ARNARSTAPI - TJALDSTÆÐI

Stellplatzart:...Campingplatz
GPS:.. N64 46 04.0 W23 38 02.0
Adresse:.. Arnarstapi, Arnarstaparvegur
Tel.: ....+354 435 6783
mailto: ....snjofell@snjofell.is
Homepage: .... www.snjofell.is
Zufahrtinfo: In den Ort fahren, bei der Tankstelle links.
Kurzbeschreibung: Wiese mit sehr einfacher Campingausstattung, Spielplatz. Restaurant im benachbarten Torfhof (regionaler Küche, sehr guter Kuchen. Buchung der Schneemobil-Touren. **Öffnungszeit:** Juni bis August.

   Weiteres Restaurant Samkommunhúsið mit isländischen Spezialitäten ohne Menükarte, ausschließlich mit lokal hergestellten Zutaten nach Tagesangebot, Tourist Informationsbüro.

Die Rundfahrt durch den Nationalpark beginnt in Hellisandur. Etwa 3 km später reckt sich ein 420 m hoher Sendemast gen Himmel. Er stammt aus Zeiten des kalten Krieges, als das U.S. Militär den Stützpunkt Gufuskálar unterhielt. Seit dem Abzug der Truppen dient er zivilen Zwecken. Wenig später erinnern Ruinen von Fischerhütten und einer Kirche an irische Wurzeln: Írskra brunnar und Írksra kirkja.

Bald knickt die 574 südwärts ab. Hier zweigt die 579 rechts ab und führt, zunächst auch noch asphaltiert, in teils abenteuerlicher, aber problemloser Streckenführung ins Lavafeld. Nach einem Parkplatz an der Bucht **Skarðsvík** wird es etwas schwieriger. Die nun holprige und steinige Schotterstraße bietet kaum Ausweichstellen. Kastenwagen und 4x4-Fahrzeuge sind nun im Vorteil. Nach etwa 2,5 km gabelt sich die Straße. Ich fahre rechts zum **Leuchtturm Öndverdanes**, um zu wandern (**Parkplatz GPS** N64 53 05.2 W24 02 39.1). Doch dazu kommt es nicht. Fasziniert entdecke ich nahe am Ufer schwarze Flossen, die munter hin und her ziehen - eine Gruppe Orkas auf Jagdausflug vor der Küste. Gebannt schaue ich dem Schauspiel zu, bis mich der Hunger packt und der Regen beginnt, mir durch Mark und Bein zu gehen. Sonst hätte ich noch den alten Brunnen Fálki des früheren Gehöftes besichtigt.

Den zweiten Leuchtturm **Skálasnagi**, den Sie an der Abzweigung links erreichen, sollten Sie 4x4-Fahrzeugen überlassen - oder dorthin wandern (gerne auch weiter bis Beruvík). Es ist eine faszinierende Steilküste. Fährt man die 574 weiter, gelangt man zum Parkplatz **Beruvík**, etwas weiter zum markanten, rechts der Straße gut sichtbaren **Vulkankegel Saxholl**, den man erklimmen kann (**Parkplatz Saxhóll GPS** N64 51 03.9 W23 55 28.2).

Wieder ist es nicht weit zum nächsten sehenswerten Haltepunkt: Der **Ringwallkrater Hólarhólar** erinnert ein wenig an eine

alte Arena. Und dann sind es 2,8 km, bis die 572 rechts abzweigt und zum ehemaligen Fischerort **Dritvík** führt. Der dortige Parkplatz bietet sogar ein WC (**Parkplatz Dritvík GPS** N64 48 47.5 W23 57 40.1). Ein Fußweg führt zur Steilküste (Bild unten links). Die gefährlichen Strömungen draußen im Meer, gepaart mit oft heftigen Stürmen, haben so manchem Schiff Probleme bereitet. Unlösbare Probleme sogar, wie man an den umher liegenden Wrackteilen erkennt, die als geschütztes Kulturgut gelten und nicht entwendet werden dürfen. Zudem liegen drei Steine am Ufer, die der Sage nach zum Kräftemessen dienten (stark - halbstark - schwach) und damit zur Beurteilung, ob ein Aspirant für die Arbeit auf dem Fischerboot taugte.

Weitere 5 km liegen auf der 574 vor mir, bis eine Stichstraße zum **Parkplatz Malarrif** (**GPS** N64 43 50.1 W23 48 13.7) führt. An der Landspitze gibt ein Leuchtturm Orientierung für die Seefahrt. Wenn man auf die andere Seite eine Viertelstunde wandert, steht man vor den markanten, im Nebel gespenstisch wirkenden Lavatürmen, die Vögeln als Brutplatz dienen.

Kurz nach der Abzweigung liegt an der 574 noch ein **Picknickplatz** mit Blick auf die Türme (sozusagen für die Faulen - **GPS** N64 44 14.8 W23 46 31.2).

Ein weiterer Platz unterhalb der 574 steht beim **Denkmal für Guðriður Þórbjarnardóttir**, der Schwägerin von Leifur Eikrksson, zur Verfügung (**GPS** N64 45 21.8 W23 41 18.2). Sie war die erste Isländerin, die in Amerika ein Kind gebar.

Dann gelangt man zur Abfahrt nach **Hellnar**, wo ein Besuch im **Informationszentrum des Nationalparks** lohnt, aber auch der Besuch im **Café am Vogelfelsen**. Wenn Sie dort mehr Wetterglück haben, als ich, sollten Sie sich auf der Sonnenterrasse Kaffee und Kuchen schmecken lassen.

Wenige Kilometer weiter östlich liegt **Arnarstapi** (Bild unten) ein kleiner Weiler, wo Sie sich auf dem Campingplatz einnisten und einiges unternehmen können.

Wandern im Nationalpark Snæfellsjökull

Von **Ólafsvík** können Sie den 410 m hohen Hausberg Enni erklimmen, der in vielen Elfengeschichten erwähnt wird (ca. 1,5 Std.). An der Abzweigung der 579 kann man entlang der Fahrbahn zur **Muschelbucht Skaðsvík** wandern und sich den Vogelfelsen widmen (ca. 1 Std., zum Wandern eher ungeeignete Asphaltstraße). Besser geht man zum **Vulkankegel Vatnsborg** und weiter zu den Leuchttürmen Skálasnagi und Öndverdanes, um auf der Schotterstraße zum Ausgangspunkt zurück zu gehen (ca. 3-4 Std.).

Vom Wanderparkplatz **Beruvík** (an der 574) führt ein Pfad entlang der Klippen zur Felszinne und Leuchtturm Skálasnagi und weiter zum Leuchtturm Öndverdanes (ca. 3 Std.). Als ginge es darum, der Wanderung so etwas wie einen kleinen Nervenkitzel zu verleihen (... obwohl die Route gar nicht eintönig ist) durchquert man bei Öndverdarnes Kolonie der Küstenseeschwalben ...

Zwischen Hellnar und Arnarstapi verläuft einer der schönsten Wanderwege entlang der Felsenküste. In welcher Richtung Sie den Weg gehen, ist gleich. Sie werden sehr schöne Felsformationen und Vogelfelsen genießen können. Ebenso sieht es aus, wenn Sie von Arnarstapi Richtung Buðir entlang der Küste wandern.

Die Landspitze um den Snæfellsjökull herum ist ein Erlebnis der besonderen Art. Dennoch heißt es Abschied zu nehmen von der Vulkanwelt und auf der 574 westwärts zu fahren. Kurz vor der Einmündung in die 54 können Sie nach **Buðir** abzweigen, um das Wohnmobil auf den Parkplatz der Kirche abzustellen (**GPS** N64 49 17.9 W23 23 05.1). Es ist ein alter Handelsplatz, von dem nur noch die vor etwa 50 Jahren wieder instandgesetzte Kirche und Reste der Häuser vorhanden sind. Den Schlüssel für das Gotteshaus erhält man gegen einen kleinen Obolus beim Hotel. Dort gibt es isländische Küche (Fisch, Lamm). Das Essen können Sie sich "verdienen",

indem Sie von Buðir aus durchs Lavafeld **Buðahraun** mit Höhlen und zerklüfteten Felsformationen Richtung Arnarstapi wandern.

Die Landschaft wird rechts, von der Bucht **Faxaflói** abgeschlossen. Zur Linken erheben sich mächtige Berge, deren vulkanischer Ursprung sich in der Vielfalt von Farben und Formen zeigt. Bald sind zwei Plätze links ausgeschildert, die mit besonderen Quellen ausgestattet sind. Der alte **Hof Lýsuhóll** mit zwei Hot Pots (ein historischer, kaum noch nutzbarer und ein in einer Plastikwanne gefasster Pott) ist links nebst einer Campingmöglichkeit ausgeschildert, die ich nicht überprüft habe. Erneut links folgt nach einem weiten Linksbogen der Kirchhof **Staðastaður** (dort ein an der Straße ausgewiesener Picknickplatz, aber kaum übernachtungstauglich, **GPS** N64 49 01.78 W23 00 19.4). Nicht weit davon liegt der **Hof Ölkelda**, der über das Stichsträßchen 571 erreicht wird. Er besitzt eine **Mineralquelle**. Zugang erhält man bei der Informationstafel (Parkplatz), wobei gebeten wird, bei Wasserentnahme einen Obolus einzuwerfen. Einheimische tun dies gern, weil sie um die Wirkung wissen. Sie wurde 1972 durch Analysen bestätigt. Hilfreich soll das Wasser für Herz-/Kreislaufbeschwerden, Nierenleiden und bei Diabetes sein. Die Wirkung habe ich nicht ausprobiert. Aber schaden dürfte das Wasser nicht.

Im weiteren Verlauf nähert man sich links dem Waldgebiet Hofstaðaskog. An der Straße ist eine Picknickstelle ausgewiesen. Also blinke ich links, um auf den Spazierwegen die Beine zu vertreten und eine Pause zu genießen. Von einer Wanderung mag ich nicht sprechen. Doch übernachten kann man prima dort.

Bevor die Straße nach Süden abknickt, fallen links markante Vulkankegel auf, deren Krater (**Geldingaborg** - Bild rechte Seite) und Schutthänge (**Rauðamelskúlur**) in der Sonne leuchten. In Sichtweite und mit Blick auf die Eldborg findet sich denn auch

ein weiterer, allerdings nicht so ruhig gelegener **Picknickplatz** (**GPS** N64 50 47.6 W22 22 42.6). Schon führt die Straße südwärts durch ein Lavafeld - **Eldhraun**. Es stammt aus der Eldborg, die ihrer markanten Form in der Ebene wegen wohl als Burg benannt wurde. Der Hof **Eldborg** bietet sich als Ausgangspunkt für eine Wanderung zum Krater an, aber auch als Campingplatz. Kurz vor den Toren von Borgarnes endet nun die Route durch die Westfjorde und die Halbinsel Snæfellsnes. Wer diese Route der weiten Strecken nicht mitgemacht hat, stößt auf der Ringstraße von Norden kommend kurz vor **Borgarnes** wieder hinzu.

P HOFSTAÐASKÓG

Stellplatzart:..Parkplatz
GPS:.. N64 50 07.2 W22 49 48.2
Adresse:.. An der 54 gelegen
Zufahrtinfo: Auf der 54 von der Einmündung der 571 etwa 6,5 km weiter.
Kurzbeschreibung: Zwei geschotterte, große Parkflächen nebst Picknickstelle, ausgeschilderte Spazierwege im Aufforstungsgebiet.

 ELDBORG - TJALDSVÆÐI

Stellplatzart:...Campingplatz
GPS:.. N64 46 26.5 W22 18 07.8
Adresse:...311 Borgarnes, Laugargerðisskóli
Tel.:... +354 435 6602
mailto:...hoteleldborg@hoteleldborg.is
Homepage:...www.hoteleldborg.is
Zufahrtinfo: Auf der 54 weiter Richtung Borgarnes fahren.- rechts ab ausgeschildert (Hotel und Campingplatz Eldborg).
Kurzbeschreibung: Kleine Wiese mit einfach ausgestattetem Campingplatz. Benachbartes Schwimmbad mit Hot Pot und Restaurant im Hotel. Das Schönste ist aber die Wandermöglichkeit durch niedrigen Buschwald zum Vulkankrater Eldborg (ca.1,5 Std. Gehzeit, einfach - siehe Wanderliteratur).
Öffnungszeit: Mitte Mai bis Ende August.

Island - Südwesten

Wenn ich vom Südwesten Islands spreche, ist die Hauptstadtregion einer der Schwerpunkte. Doch hat der Südwesten Islands viel mehr zu bieten. als die nördlichste Hauptstadt der Welt mit ihrem liebenswerten Charme und dem lebhaften Nachtleben. Es ist auch mehr als nur der sogenannte Goldene Zirkel. Zum Südwesten gehören herrliche Fjorde, Vulkanzonen und viel Platz für die schöne, farbenfrohe Natur.

Abkürzung Borgarnes - Akranes - Hvalfjörður-Tunnel

Ist Ihre Zeit eher knapp, können Sie auf der Ringstraße südwärts nach **Borgarnes** fahren und von dort aus einen Besuch in Akranes mit seinem **Museumsbereich** einfügen. Themen sind die Schifffahrt/Fischerei, die Regionalgeschichte, Landvermessung/Geologie (Bild rechts) und das Sportmuseum. Für die Übernachtung besteht die Möglichkeit, den schönen, am Meer gelegenen Campingplatz einzuplanen. Für die Stärkung empfiehlt sich die Museums-Cafeteria, die auch kleine Gerichte bietet. Restaurants befinden sich im Zentrum. Die Tourist Information befindet sich bei den Museen. Das Außengelände wird vom Schoner Sigurfari geprägt. Alte Häuser aus der Umgebung geben den Museen einen idealen Rahmen.

Die Weiterfahrt verläuft auf der 51 südwärts bis zur Ringstraße, die dort unter dem Hvalfjörður verschwindet. Die Tunnelpassage ist mautpflichtig, und wenn Sie das Tageslicht wieder erblicken, ist schon (fast) die Hauptstadt erreicht, zumindest deren Trabantenstädte, allen voran das schnell wachsende Mosfellsbær.

Wandern in Akranes

Einerseits wartet der alte Vulkankegel Akrafjall darauf, in einer schönen Wanderung bezwungen zu werden. Andererseits ist die Tour entlang der Küste der Halbinsel, besonders hinaus zur Landspitze mit Leuchtturm, zu empfehlen.

   TJALDSVÆÐIÐ KALMANNSVÍK

Stellplatzart:...Campingplatz
GPS:.. N64 19 33.6 W22 04 04.0
Adresse:..Akranes, Kalmannsbraut
Tel.: ....+354 8619910
mailto: .... tjalda@akranes.is
Homepage: .... www.akranes.is
Zufahrtinfo: Von der Ringstraße zunächst auf die 51, dann auf der 509 in die Stadt fahren. An der Zufahrtstraße geradeaus halten, dann ist der Platz rechts ab ausgeschildert.
Kurzbeschreibung: Schön am Meer gelegenes Wiesengelände mit sauberen Sanitäreinrichtungen, WC/Dusche, Waschmaschine/Trockner, Strom. (Bild vorige Seite). Campingcard. **Öffnungszeit:** Mai bis Sept.

Abstecher ins Reykhóltsdalur und nach Borgarnes

Als Einstieg habe ich einen Abstecher nach Reykhólt und dessen Umgebung vorgesehen, der viel Natur und Kultur zu bieten hat. So halte ich mich an der Ringstraße links und fahre in nordöstlicher Richtung, um bald Richtung Reykhólt abzubiegen.

An der Abzweigung der 50 kann man an der Tankstelle mit angeschlossenem Lebensmittelladen Sprit und Lebensmittel auffüllen. Dass bei einer früheren Recherchefahrt mit unserer damals noch kleinen Tochter ein Karton mit Eiern in unseren Einkaufskorb wanderte, erklärt sich später beim Besuch der Heißwasserquelle Deiltartunguhver. Doch bereits an der Ringstraße bietet sich eine Gelegenheit für eine Rast oder Übernachtung.

 RINGSTRASSE - RASTPLATZ DANIELSLUNDUR

Stellplatzart:...Parkplatz
GPS:.. N64 39 30.1 W21 42 40.0
Adresse:.. An der Ringstraße
Zufahrtinfo: Von der Einmündung der 54 in nördlicher Richtung 15,5 km fahren, dann auf der rechten Seite ausgeschildert.
Kurzbeschreibung: Geschotterte Parkfläche mit Picknickbank etwas abseits der Ringstraße. Ausgeschilderte Spazierwege ins Waldgebiet, das sich am Berghang hinaufzieht.

ROUTE 5

DEILTARTUNGUHVER – HEISSWASSERQUELLE

Stellplatzart:...Parkplatz
GPS:.. N64 39 47.5 W21 24 34.8
Adresse:...An der 50
Zufahrtinfo: Von der Ringstraße 3 km nördlich des Picknickplatzes rechts auf die 50 Richtung Reykhólt/Husafell abbiegen. Gut 17 km fahren (bei Einmündung der 522 knickt die Straße markant nach Süden ab), dann rechts ab ausgeschildert Deiltartunguhver II.
Kurzbeschreibung: Geschotterter Parkplatz zwischen den Gewächshäusern des Bauernhofes und dem Pumpwerk des Fernwärmenetzes. Am Parkplatz ein Verkaufsstand des Bauern, der hier Tomaten (nach Angebot auch anderes Gemüse) zum Verkauf anbietet. Einwurf des angegebenen Kaufpreises in die entsprechende Box. Tagsüber im Sommer zudem Marktstand eines benachbarten Landwirtschaftsbetriebes (Handarbeiten, Schmuck aus Lava, Brotaufstriche, Gemüse etc.).

 DIE HEISSWASSERQUELLE DEILTARTUNGUHVER

Der Hof gleichen Namens liegt neben der ergiebigsten Heißwasserquelle der Welt, die pro Sekunde etwa 180 l kochend heißes Wasser ausspuckt und unter Naturschutz steht. Die Energie reicht aus, die Gewächshäuser des Bauern und zugleich die drei Orte Akranes, Borgarnes und Hvanneyri mit Fernwärme zu versorgen. Obwohl die Strecke der Leitung an die 74 km beträgt, kommt in Akranes immerhin noch um die 80° C heißes Wasser durch die Fernwärmeleitung.

Für meine Familie und mich hat die Quelle einen hohen Erinnerungswert. Beim ersten Besuch im Jahr 2000 (unsere Tochter war 7 Jahre alt), musste der kochende Bach zum Beweis herhalten, wie das mit dem Eier kochen ohne Elektrizität klappt. Eier aus dem Kühlschrank, in Stofftaschentücher eingewickelt und eine Schnur dran. Dann vorsichtig in den Bach damit. Derweil wird Brot, Käse und Wurst gerichtet. Und am Verkaufsstand des Hofes am Parkplatz werden Tomaten gekauft. Nach 10 Minuten ist ein richtig gutes, mit frischen Zutaten bereitetes Abendessen fertig! So lässt sich Urlaub genießen!

ROUTE 5

Vom Parkplatz am Pumpwerk der Fernwärmeleitung fahre ich weiter Richtung Reykhólt. Die 50 verläuft in südwestlicher Richtung auf Borgarnes zu, während ich links auf die 518 abbiege. Das Asphaltband führt zügig nach Reykhólt, wobei sich unterwegs eine Einkehrmöglichkeit auf einem Bauernhof anbietet.

BORGARNES - SVEITAKAFFI FARM HOLIDAYS

Stellplatzart:...Gaststätte
GPS: N64 39 48.6 W21 20 16.0
Adresse: ....311 Borgarnes, Reykholtsdal
Tel.: .... +354 435 1472
mailto: ....Sveitakaffi@gmail.com
Zufahrtinfo: Von Deiltartunguhver über die 518 Richtung Reykhólt weiter. An der geraden Strecke ist das Hofrestaurant rechts ab ausgeschildert.
Kurzbeschreibung: Parkplatz vor der 2013 eröffneten Gaststätte mit regionaler Küche, deren Zutaten selbst hergestellt oder von umliegenden Bauernhöfen zugekauft werden. Campingmöglichkeit im Nachbarhof. Bei Einkehr kann man fragen, ob man auf dem Parkplatz stehen bleiben kann, was die Besitzer mit dem Nachbarn abstimmen.

Im Angebot sind mittags Suppen (Fleisch- oder Gemüsesuppe), nachmittags Kaffee und hausgemachter Kuchen und abends ein Menü nach aktuellem Angebot.

REYKHÓLT - SNORRASTOFA

Stellplatzart:...Parkplatz
GPS: N64 39 52.4 W21 17 38.7
Adresse: .... 320 Reykhólt, Reykhóltsvegur
Tel.: .... +354 433 8000
mailto: .... snorrastofa@snorrastofa.is
Homepage: .... www.snorrastofa.is
Zufahrtinfo: Von der 50 auf die 518 links abbiegen und bis Reykhólt fahren, das am schlanken Turm der modernen Kirche weithin erkennbar ist.
Kurzbeschreibung: Parkplatz am Fuß der Kirche und beim Eingang zur Snorrastofa.

ZUM HISTORISCHEN HINTERGRUND VON REYKHÓLT

Der Hof wurde im 13. Jahrhundert vom mächtigen Gesetzessprecher Snorri Sturlusson gegründet Hier schrieb er seine Sagas nieder (oder diktierte sie einem Schreiber?). Zwischenzeitlich hatte Snorri am Hof des Königs in Norwegen gedient, war dort aber in Ungnade gefallen, weil er sich nicht der Vorstellung des Herrschers ergab, seine isländische Heimat endgültig der norwegischen Krone zuzuschlagen. Deshalb kehrte er zurück und begann die Überlieferungen der Sagas zu Papier zu bringen. Ebenso war es hier, wo ihm die Häscher des norwegischen Königshauses auflauerten und ihn erschlugen. Zwar hatten sie ihm freies Geleit zugesagt, weil sie ihn nicht fanden. Er hatte sich im Geheimgang zwischen seinem Haus und dem Snorralaug versteckt. Er jedoch stellte sich nicht seinem Schicksal, was er mit dem Leben zu bezahlen hatte. Das heiße Bad (Snorralaug) wird seit jeher aus der Quelle Skrifla gespeist, die auch heute noch zur Heizung der Gebäude genutzt wird.

Sehenswertes in Reykhólt

Das **Snorralaug** (Bild unten rechts) ist am Fuß der Schule zu besichtigen, wenn auch in restaurierter Form, nachdem es bei den Bauarbeiten von Archäologen freigelegt worden war, ebenso wie die Reste des Tunnels, der früher Snorris Wohnhaus mit dem Pool verbunden hatte. Die Ausgrabung weiterer historischer Gebäude ist geplant, musste aber wohl noch warten, oder die Ruinen sind durch die umfangreichen Bauarbeiten unwiederbringlich verloren gegangen. Sehenswert für geschichtlich Interessierte ist die **Snorrastofa**, ein Museum, das dem Leben und Wirken des wichtigsten Schreibers der Sagas gewidmet ist. Die Ausstellung ist von Juni bis August täglich von 10^{00}-18^{00} h offen (Eintritt). Vor der Bezirksschule steht eine bronzene Skulptur des Snorri, die der norwegische Künstler Gustav Vigeland geschaffen hat.

Sehenswert sind auch die beiden Kirchen - die neue (Bild links unten) mit sehr schönen Farbglasfenstern stammt aus dem Jahr 1991. Das alte Gotteshaus von 1886/87 hat nach seiner umfassenden Renovierung ebenso einen Besuch verdient. Auf dem drum herum liegenden Friedhof ist der berühmteste Sohn des Ortes, der Schreiber der Sagas Snorri Stúrlusson, begraben.

Folgt man der 518 talaufwärts, gelangt man nach Überquerung eines Höhenrückens zum **Hraunfoss**. Dessen Name rührt von seiner weit aufgefächerten Ausdehnung, die dadurch verursacht ist, dass ein Lavafeld, gemischt mit brüchiger Blocklava, sich über die Flussniederung der **Hvítá** gelegt hatte. Weit verzweigt fließt das Wasser nun unterirdisch und tritt auf gut 1,5 km verteilt wieder als Hraunfoss ans Tageslicht. Auch dieser Wasserfall ist sicherlich einer der schönsten Islands, ganz gewiss aber einer der außergewöhnlichsten. Einzelne Kaskaden bilden fantasievolle Figuren, wie die Engelsfigur zeigt, von der nicht nur meine Frau immer wieder begeistert ist (Bild rechte Seite).

Wenige Schritte flussaufwärts erwartet Sie der **Barnafoss** (Kinderwasserfall). Weshalb der Name? Ob es aus dem Reich der Sagen und Erzählungen entspringt oder der Wahrheit entspricht - ich weiß es nicht. Der Hintergrund ist trauriger Natur: Als eine Mutter ihre Kinder am Weihnachtsabend während des Gottesdienstes alleine ließ, war es diesen wohl langweilig und sie gingen zum Wasserfall, der seinerzeit noch von einem natürlichen Steinbogen überspannt war. Sie stürzten und kamen in den Fluten zu Tode. Aus Gram ließ die Mutter, welche die Spuren verfolgt hatte, den Steinbogen zerschlagen. Die Hintergrundkulisse zum Schauspiel der Natur bildet die hoch hinausragende, flache Eiskappe des **Langjökull**, des zweitgrößten Gletschers Islands.

Der **Parkplatz** (**GPS** N64 42 05.7 W20 58 40.8, WC gegen Gebühr/Kiosk) ist angesichts des Besucherandrangs ziemlich klein. Platz für Busse ist genug, nicht aber für PKW. Deshalb, nicht zuletzt aber wegen der unbeliebten Längsparker, die oft nachts hier stehen und anderntags dann mehreren PKW oder Reisebussen den Platz versperren, hat man die Übernachtung im Wohnmobil untersagt. Zwar heißt es nur "Camping verboten", sodass ich es Ihrem Fingerspitzengefühl überlasse. Aber halten Sie sich peinlichst genau an die Regeln zur freien Übernachtung oder weichen Sie auf die nahen Campingplätze aus.

Folgt man der 518 talaufwärts, gelangt man nach kurzer Fahrt im Feriengebiet **Húsafell**. Dort können Sie beim Campingplatz einbuchen, der recht gut ausgestattet und sehr schön gelegen ist. Kurz zuvor fällt rechts das Kirchlein und die **Kunstgalerie des Þáll Guðmundsson** auf, erkennbar an einem zum Turm umgebauten Futtersilo.

🄿 DIE GALERIE VON ÞÁLL GUÐMUNDSSON

Kunstliebhaber sollten bei **Þáll Guðmundsson** Halt machen (Bilder unten). Der weit über Húsafell und Island hinaus bekannte Künstler hat in der ehemaligen Scheune und im Freigelände eine sehenswerte Ausstellung seiner Werke zusammengestellt. Ich traf ihn bei der Arbeit, als er einen Stein in Arbeit hatte, der den Vorplatz des Museums bereichern wird: Eine Hand, die einen Schlüssel hält.

Wenn Þáll Zeit hat, wird er auch Ihnen auf seinen handgefertigten Musikinstrumenten - eine Panflöte aus Stängeln von Rhabarberblüten und zwei große Xylophone aus Klangsteinen - isländische Lieder oder klassische Musik vorspielen. Sie werden begeistert sein. Seine Skulpturen, alle aus Steinen der Umgebung, sind beeindruckend, ebenso wie auch seine Zeichnungen, Gemälde und Eisdrucke. Eisdrucke? Die Technik war mir fremd, faszinierte mich aber. Zunächst bearbeitet Þáll einen Eisblock mit Hammer und Meißel. Dann wird er eingefärbt und wie ein Stempel aufs Papier gedrückt. Heraus kam ein Portrait von Björk, der isländischen Popsängerin, und Bilder anderer Persönlichkeiten.

Mein Tipp: Unbedingt Zeit für die Ausstellung einplanen! **Öffnungszeiten und Eintrittspreis** standen zu meiner Recherche noch nicht fest. Þáll behandelt das auch pragmatisch - ein echter Künstler eben im positiven Sinne: Wenn er da ist, dann kann er auch öffnen. Damit Sie das im Voraus wissen, rufen Sie an unter +354 864 0910, www.pallg.is.

Bei der Kirche, welcher einst der Pfarrer Snorri vorgestanden hatte, liegen ein paar mächtige Steine, die Snorri für Kraftproben verwendet haben soll. Vielleicht wurde Þáll hierdurch die Begeisterung für die Arbeit mit Steinen in die Wiege gelegt? Er ist ein Nachfahre von Snorri.

🔺 🏕 💧 ⚡ **HÚSAFELL - TJALDSTÆÐI**

Stellplatzart:..Campingplatz
GPS:... N64 41 57.5 W20 52 07.0
Adresse:..320 Húsafell
Tel.:.. +354 435 1551
mailto:.. camping@husafell.is
Homepage:.. www.husafell.is
Zufahrtinfo: Vom Hraunfoss der 518 folgen. Die Ferienhaussiedlung ist kaum zu erkennen, denn die Talsenke ist mit Buschwald bedeckt.
Kurzbeschreibung: Der gut ausgestattete Campingplatz liegt weitläufig im Buschwald. In der Tankstelle werden Lebensmittel angeboten und ein Restaurant bietet regionale Gerichte. Darüber hinaus mag Sie interessieren, dass es ein Schwimmbad gibt. **Öffnungszeit:** Juni bis August.

FLJÓTSTUNGA - TOURIST FARA

Stellplatzart:... Camping auf dem Bauernhof
GPS: ....vergessen zu nehmen - aus Nüvi suchen
Adresse: .... 320 Reykhólt, Fljótstunga
Tel.: ....+354 865 4060 oder 435 1198
mailto: .... fljotstunga@fljotstunga.is
Homepage: ....www.fljotstunga.is
Zufahrtinfo: Von Husafell zur Abbzweigung der (F)550. Die 518 verläuft geradeaus und über einen Bergrücken hinweg. Danach ist der Hof ausgeschildert und rechts oben am Hang auch zu sehen.
Kurzbeschreibung: Campingwiese oberhalb des Hofgebäudes. Auf Anfrage kann man gegebenenfalls auch auf dem Parkplatz oder bei der Höhle Viðgelmir nächtigen. Darüber hinaus werden Reittouren angeboten - auch hier natürlich bitte vorab anfragen.

FÜHRUNGEN IN DIE LAVAHÖHLE VIÐGELMIR

Das Lavafeld, das die Region fast vollständig überdeckt, hat gewaltige Ausmaße. Es beinhaltet riesige Lavahöhlen. Während man die Höhlen Surtshellir und Stefánshellir auf eigene Faust erkunden kann (auf eigenes Risiko, die Zufahrtstraße F578 ist ruppig), wird die Höhle **Viðgelmir**, die zum Hof Fljótstunga gehört, in geführten Höhlenexkursionen gezeigt.

Die Lavahöhle ist mit 1.585 m Länge und 148.000 m² Volumen eine der größten der Welt. Die Höhe der Halle beträgt bis zu 15,80 bzw. 16,50 m. Der Eingang wird seit 1993 verschlossen gehalten, um die Stalaktiten und Stalakmiten - teils aus Lava, teils aus Eis - vor Beschädigungen zu schützen. Wissenschaftler schätzen diese Höhle aufgrund der geologischen, aber auch der historischen Funde (Knochen und Schmuck) als eine der wertvollsten weltweit ein.

Führungen gibt es ab 4 bis zu 15 Personen (reservieren/anfragen). Man geht an die 300 m in die Höhle. Da und dort muss man auf Knien oder dem Hosenboden rutschen, teils auf Eis durch einen Tunnel gleiten. Bringen Sie warme Kleider, Mütze und Handschuhe sowie gute Wanderschuhe mit. In der Unterwelt ist es bis weit in den Sommer hinein ziemlich kalt - so kalt, dass das Eis oft den Sommer über gar nicht abtaut. Helme und Stirnlampen werden zur Verfügung gestellt. **Info und Öffnungszeiten:** Kurze Tour ca. 1 Std. für alle Gäste ab 8 Jahren, im Sommer tgl. 10^{00} h, 12^{00} h, 15^{00} h und 17^{00} h. Um 10^{00} h gibt es für Interessenten eine große Höhlentour, die etwas Kletterei erfordert. Mit Freunden und Familie hatte ich diese vor einigen Jahren ausprobiert. Und wir waren begeistert! (**Bilder:** Mit freundlicher Genehmigung von Fljótstunga/Halldór u. Lilián).

ABKÜRZUNG ÜBER DIE HOCHLANDSTRECKE KALDIDALUR

Kurz nach Húsafell müssen Sie sich über Ihre Fahrtroute klar werden. Entweder folgen Sie meinem Routenvorschlag und kehren über Borgarnes zur Küste zurück. Oder Sie nehmen die (F)550 **Kaldidalur**, eine **Hochlandstrecke**, die inzwischen auch für Nicht-Allradler freigegeben ist. Erwarten Sie keine gepflegte und für Wohnmobile gut befahrbare Strecke. Es ist und bleibt eine ruppige Hochlandstrecke (Bild unten links von 2008). Sie ist eine landschaftlich durchaus interessante Abkürzung für den Fall, dass Sie den Südwesten mit der Hauptstadt Reykjavík und die Halbinsel Reykjanes aus Zeitgründen auslassen oder über Þingvellir dorthin gelangen möchten. Lassen Sie sich von der manchmal abfällig verwendeten Bezeichnung "Hochlandstrecke für Anfänger" nicht beeinflussen und entscheiden selbst. Vielleicht ist das Bild von meiner Recherchefahrt 2008 zu unserem früheren Buch eine wertvolle Hilfe, zu entscheiden, ob Sie das sich und dem Wagen zumuten möchten.

Nun fahren Sie entweder auf der 518 retour, oder Sie folgen der Schotterstraße von Fljótstunga aus talwärts, bis sie in die 518 mündet und weiter bis zur 50. Bis **Borgarnes** nehmen Sie die gut ausgebaute Strecke, welche entlang der Fernwärmeleitung von Deildartunga verläuft. Unterwegs und in Borgarnes warten zwei Campingplätze auf Sie. Und für die Stadt am **Borgarfjörður** sollten Sie durchaus etwas Zeit einplanen.

BORGARFJÖRÐUR - FOSSATÚN

Stellplatzart:..Campingplatz
GPS:... N64 35 34.0 W21 34 37.7
Adresse:..311 Borgarfjörður, an der 50
Tel.:...+354 433 5800
mailto:...info@fossatun.is
Homepage:.. www.fossatun.is
Zufahrtinfo: Auf der 50 Richtung Borgarnes. Nach knapp 13 km rechts.
Kurzbeschreibung: Für Familien mit Kindern ausgelegter Campingplatz an der Grímsá. Spielplatz, Spazierwege durch den Trollgarten, der mit Skulpturen einige Trollgeschichten für Groß und Klein darstellt (Bild unten rechts). Gute Ausstattung, Strom, Ver-/Entsorgung, Aufenthaltsraum/Küche. **Öffnungszeit:** Ende Mai bis Mitte September.

BORGARNES - GRANASTAÐIR

Stellplatzart:..Campingplatz
GPS:... N64 33 04.9 W21 54 31.2
Adresse:.................................311 Borgarfjörður, Borgarvík 13 (an der 1)
Tel.:..+354 695 3366
mailto:...borgarnes@hostel.is
Homepage:...www.borgarneshostel.com
Zufahrtinfo: Die Ringstraße verläuft von der Einmündung der 50 über einen Damm nach Borgarnes. Auf der Ringstraße nordwärts bleiben, bis der Campingplatz am Ortsausgang links ab ausgeschildert ist.
Kurzbeschreibung: Landschaftlich sehr schön gelegen. Leider liegt der Platz aber sehr nah an der Ringstraße und kann deshalb nicht als ruhig bezeichnet werden. Strom und Ver-/Entsorgung (letztere an der Einfahrt). **Öffnungszeit:** Mitte Mai bis Mitte September.

Borgarnes ist auf den ersten Blick nicht allzu sehenswert. Doch bietet die Stadt jegliche Art von Versorgungsmöglichkeiten, die sich am Kreisverkehr nach der Überquerung auf dem Damm befinden. Dort finden Sie die **Tourist Information für den Westen Islands** (Borgarbraut 58-60, Tel: +354 437 2214, mailto:info@westiceland.is). Nicht weit entfernt liegt ein großzügiges Schwimmbad. Ein echter Höhepunkt ist jedoch das **Landnahme-Museum**, das Sie auf Ihren Besuchsplan nehmen sollten. Folgen Sie der Ausschilderung von den Tankstellen aus der Borgarbraut auf die Halbinsel hinaus. Kurz vor der Brücke auf eine kleine Insel befindet sich der Parkplatz (**GPS** N64 32 07.8 W21 35 27.7). Der Rundgang erfordert eine Stunde, die sich lohnt. Im einen Geschoss wird die Gisla-Saga mit einem Audioguide erläutert, in der anderen hören Sie Wissenswertes zur Besiedelung Islands vor 1.100 Jahren. Der Gebäudekomplex ist ein sehr schön wieder hergerichtetes Kaufmannshaus. Empfehlen möchte ich das angeschlossene Restaurant mit isländischer Küche. Lassen Sie es sich schmecken. Vielleicht haben Sie Bedarf, auf dem Parkplatz die Fahrtüchtigkeit wieder herzustellen? Ich stand über Nacht hinter dem Felsen zwischen dem Restaurant und Museum.

ROUTE 5

ℹ️ WHALE WATCHING VS. WALFANG IN ISLAND – WER GEWINNT?

Bis 1989 wurde in Island kommerziell Walfang betrieben. Dann trat die Inselrepublik der Internationalen Walfangkommission bei und verbot die Jagd. Auf Betreiben der Walfänger, die in Island eine Lobby haben, aber keine markante Mehrheit, wurde nach Streitigkeiten in der Walfangkommission (auf Betreiben von Norwegen und Japan) der Austritt beschlossen. 2003 wurden die ersten Wale zur Jagd freigegeben - offiziell aus wissenschaftlichen Gründen. Dass seit der Wiederaufnahme der Jagd auf Speisekarten immer häufiger Walsteaks stehen und Walfleisch auch in namhaften Supermarkt-Ketten in der Fleischtheke liegen, deutet darauf hin, dass die wissenschaftlichen Zwecke nur vorgeschoben sind.

Als Begründung wird oft auf die alte Walfangtradition Islands hingewiesen. Dies ist jedoch nicht ganz richtig. Diese "Tradition" wurde gegen Ende des 19. Jahrhunderts aus Norwegen "importiert". Als die norwegischen Gewässer fast walfrei geschossen waren, suchten die Norweger neue Fanggründe und wurden in Island fündig.

Richtig ist, dass in Island Walfleisch seit jeher gegessen wurde. Nur wurde früher nicht nach Walen gejagt (das wäre mit leichten Ruder- und Segelbooten kaum geglückt). Vielmehr wurden gestrandete Wale geschlachtet, das Fleisch, der Speck verteilt (nicht verkauft!) und die übrigen Bestandteile verarbeitet, und sei es als Baumaterial.

Das half in schlechten Zeiten mit Hungersnöten über den größten Mangel hinweg, der Zehntausende Isländer zum Auswandern bewog. Dass in Notzeiten auch mal ein Wal erlegt wurde (man harpunierte die Wale in Küstennähe und hoffte, die gestrandeten Tiere würden am eigenen Land angespült), ist verständlich. Aber Island hat - trotz Finanzkrise - heute bei weitem keine Hungersnot zu befürchten.

Ich halte nichts davon, zu Boykottmaßnahmen zu rufen. Damit werden die Fronten nur noch härter. Außerdem hat in Island der Walfang nicht nur Freunde. Im Gegenteil - eine Mehrheit der Isländer verzehrt keinen Wal und lehnt den Walfang eher ab.

Hier die Bitte von Seiten von Whale Watching Anbietern (naturgemäß Gegner des Walfangs): Viele Walfänger ziehen ihre Berechtigung aus der Tatsache, dass von Touristen immer wieder Wal auf der Speisekarte nachgefragt wird. Dies kann ich aus Berichten einiger meiner Leser nicht von der Hand weisen. Sie waren sich aber durchweg nicht der Tragweite bewusst. Sie hätten "eigentlich nur probieren wollten, wie das schmeckt, weil man zu Hause keinen Wal angeboten bekommt."

Seien Sie sich bewusst: Wenn die zurzeit jährlich etwa 650.000 Touristen (mit steigender Tendenz) nur je ein Mal ein Walsteak "probieren", sind hierfür etwa zwischen an die 15 Tonnen Walfleisch nötig. Für diese Menge (Muskel-)Fleisch müssen einige Wale ihr Leben lassen. Mit dem "Probieren" liefern Sie den Walfängern Wasser auf die Mühlen (bewusst oder unbewusst). Verzichten Sie bitte auf den Verzehr. Anders gesagt: Schauen Sie die Wale lieber lebend im Meer an als auf dem Teller! Der isländischen Wirtschaft hilft dies auch mehr, als der defizitäre Walfang. In diesem Zusammenhang ist es wichtig auf die 2013 ins Leben gerufene Initiative hinzuweisen, mit der sich "**Walfreundliche Restaurants**" zur Ablehnung des Walfangs bekennen, indem sie keinen Wal anbieten. Verzichten Sie bei Ihrer Bestellung bitte auf Walfleisch. Und wenn Sie Wal auf der Karte entdecken, merken Sie im Restaurant durchaus bitte gerne an, dass Sie den Walfang missbilligen.

Ausflug um den Hvalfjörður

Ich entscheide mich statt des Tunnels für die Fahrt um den Fjord und möchte dies all denjenigen empfehlen, die etwas mehr Zeit haben und Islands höchsten Wasserfall sehen möchten. Der Abstecher macht etwa 67 km insgesamt aus. Damit die nötigen Ruhepausen gewährleistet sind, habe ich mich auch hier auf die Suche nach schönen Übernachtungsplätzen gemacht.

Auf der Nordseite des Hvalfjörður fällt der riesige Industrie-komplex einer Aluminiumschmelze auf. Interessanter ist die Besichtigung der **Kirche Saurbær** aus dem Jahr 1957, die durch ihre Glasfenster, das alte Kruzifix und das Altarbild auffällt (Bild unten links). Der **Parkplatz Saurbær** (**GPS** N64 24 19.6 W21 37 37.6) wäre übernachtungstauglich, liegt mir aber zu nah am Wohnhaus. Nicht weit entfernt sehen Sie links die Fahne von "Icelandic Farm Holidays". Blinken Sie links, wenn Sie auf dem Bauernhof-Campingplatz bleiben oder dort produzierte Lebens-mittel (Brotaufstrich, Fleisch, Käse) oder Strickwaren ab Hof erwerben möchten.

  AKRANES - BJARTEYJARSANDUR

Stellplatzart: .... Bauernhof-Camping
GPS: N64 23 54.5 W21 30 34.9
Adresse: .... Akranes, Bjarteyjarsandur
Tel.: .... +354 433 8831
mailto: .... arnheidur@bjarteyjarsandur.is
Homepage: .... www.bjarteyjarsandur.is
Zufahrtinfo: An der 47 von Saurbær Richtung Fjordende, dann links ab ausgeschildert (nach ca. 6 km).
Kurzbeschreibung: Wiese beim Gehöft, Stellplatzmöglichkeit auch für Wohnmobile. In einem kleinen Restaurant/Aufenthaltsraum wird für die Gäste auf Bestellung auch lokale Küche angeboten. Der Bauernhof wirt-schaftet nach den Prinzipien nachhaltiger Landwirtschaft (Schwerpunkt Schafzucht und Milchvieh). Verkauf eigener Produkte. Campingplatz mit guter Sanitärausstattung, Stromanschluss, keine Entsorgungsstation.
Öffnungszeit: Ca. Juni bis Mitte September.

Nicht weit vom Hof Bjarteyjarsandur fallen Öllagertanks auf, die nicht recht ins Landschaftsbild passen wollen. Sie liegen bei der ehemaligen Basis der britischen Streitkräfte, die während des 2. Weltkrieges im Hvalfjörður eine Marineeinheit stationiert hatte. Der Hvalfjörður war von Kampfhandlungen durch Angriffe deutscher Bomber und U-Boote betroffen. Die Amerikaner hatten ihren Stützpunkt im Süden auf der Landzunge Hvammsvík, wobei davon fast nichts mehr zu sehen ist.

Noch weniger passt für mich ins schöne Bild Islands und des Hvalfjörður, was kurz später rechts unterhalb der Straße am Fjord vor sich geht: Islands einzige derzeit (noch?) im Betrieb befindliche **Walfangstation** liegt am Fuß des Bergmassivs **Þyrill** (siehe Hinweise auf Seite 202).

Bald ist nun das Ende des Fjordes erreicht und damit die Abzweigung der Zufahrt zum Wanderparkplatz Glýmur.

🏃 Wandern vom Hvalfjörður zum Glýmur

Vom Fjordende führt ein gut 3 km langes Schottersträßchen zum **Wanderparkplatz Glýmur** (**GPS** N64 23 07.4 W21 17 41.4), der an schönen Tagen zur Hauptreisezeit schon mal recht überfüllt sein kann. Daher (und wegen des benachbarten Naturschutzgebietes) beschreibe ich ihn nicht als übernachtungstauglich. Dafür dienen die beschriebenen Stellplatzalternativen.

Wichtiger Hinweis: Um den **Glýmur** (Bild unten) mit einer Fallhöhe von fast 200 m zu sehen, sollten Sie Ihre festen Wanderstiefel schnüren. Es ist eine anspruchsvolle Wandertour, die teils mit

steilen und bei Nässe nicht ganz ungefährlichen Klettersteigen und einer Flussüberquerung auf einem Baumstamm gespickt ist. Gute Kondition, Schwindelfreiheit und Trittsicherheit sind nötig.

Nachdem Sie ein Stück Birkenwald durchquert haben, wandern Sie nach etwa 30 Minuten durch eine kleine Höhle, steigen dann zum Fluss ab und überqueren diesen auf dem erwähnten Baumstamm. Es folgt die steilste, teils mit Seilen gesicherte Passage, die zu zwei Aussichtspunkten führt (gut 50 Minuten zum ersten, weitere 20 Minuten zum zweiten Aussichtspunkt). Bei der oberen Felsnase, von der man den Wasserfall gut sieht, bin ich umgekehrt und auf gleichem Weg abgestiegen. **Vorsicht!** Verpassen Sie die Stelle nicht, an der beim Abstieg der Pfad links abknickt, um eine schluchtartige Senke zu umgehen. Es muss Ihnen nicht gehen, wie mir und einem jungen Pärchen aus den USA. Wir haben die Stelle übersehen und mussten den teils mit Klettereinlagen versehenen alten Weg nehmen. Leider ist dieser nur beim Aufstieg, nicht aber beim Abstieg durch ein Seil abgesperrt.

Gehzeit insgesamt knapp 3 Stunden. Landschaftlich eine herrliche Route, aber bei Regen doch eine etwas knifflige Sache. (Abstieg auf der rechten Flussseite siehe Rother Wanderführer).

Nach der Wanderung fahre ich die 47 zu Ende. Zunächst passiert man den **Wanderparkplatz Fossa** (Stellplatztipp) und die Halbinsel **Hvammsvík**, auf der die US Navy Basis gestanden hatte. Darüber informiert eine Tafel an einem Picknickplatz. Gut 27 km liegen noch vor mir, bis ich auf die Ringstraße gelange. Wenn Sie zeitlich knapp kalkulieren müssen, haben Sie zwei gut befahrbare Abkürzungsvarianten zur Verfügung. So heißt es, sich zu entscheiden, ob und in welchem zeitlichen Umfang man sich der Hauptstadt und der Halbinsel Reykjanes widmet.

P 🏕 **HVALFJÖRÐUR - FOSSA**

Stellplatzart:..Parkplatz
GPS:.. N64 21 11.8 W21 27 55.3
Adresse:................................ An der 47/Südseite des Hvalfjörður
Zufahrtinfo: Von der Einmündung der Zufahrt zum Glýmur 8,1 km weiterfahren. Der Parkplatz ist mit einem Picknicksymbol links ab ausgeschildert.
Kurzbeschreibung: Schotterparkplatz etwas oberhalb der Straße an einem Waldgebiet. Picknickstelle/Grillplatz. Ausgeschilderte Spazierwege durch die Aufforstung mit einer Länge von 2,5 km (rot), 2,1 km (blau) und 1,1 km (orange).

ⓘ ABKÜRZUNG 1: VOM HVALFJÖRÐUR NACH ÞINGVELLIR

Nicht weit von Hvammsvík entfernt, zweigt die (nur zum Teil asphaltierte) 48 links **Richtung Þingvellir/Þingvallavatn** ab. Sie führt über eine Hochfläche zur 36 und von dort weiter zur historischen Parlamentsstätte Islands. Von dort aus können Sie entweder direkt zum Geysir & Co. durchstarten oder über die 36 weiter Richtung Reykjanes/Reykjavík.

ⓘ ABKÜRZUNG 2: AUF DER RINGSTRASSE NACH HVERAGERÐI

Ich würde die Hauptstadt nur sehr ungern aus meiner Islandreise nehmen, ebenso wenig die restliche Halbinsel Reykjanes. Zu sehr schätze ich den großstädtischen Flair der kleinen Großstadt (oder ist es doch eher eine große Kleinstadt? Jedenfalls ist es die nördlichste Metropole und Hauptstadt der Welt). Sofern Sie ab Reykjavík (bzw. Keflavík) ein Mietwohnmobil genommen haben und es dort zurückgeben möchten (müssen), stellt sich die Frage nicht, auf die Abkürzung hinzuweisen.

Einen anderen Aspekt darf ich jedoch in den Raum stellen: Oft wurde ich von Lesern vor Ort angesprochen, oder ich erhielt zu Hause Leserzuschriften. Es wurde dann und wann zum Ausdruck gebracht, dass man sich in Reykjavík, ebenso wie an anderen touristisch stark frequentierten Plätzen (Þingvellir, Geysir, Gullfoss etc.) gar nicht so recht wohl gefühlt habe. Grund: Man hatte sich schlicht so sehr an die Ruhe und teils auch Einsamkeit anderer Regionen Islands gewöhnt, dass manchmal die Zahl der Touristen hier im Südwesten gar als störend empfunden wurde. Wenn Ihnen das auch so geht, dann können Sie sich, in der Tat, die Abkürzung überlegen. Doch wie gesagt - ich schätze die Halbinsel viel zu sehr, als dass ich sie gerne weglassen würde.

Ich setze voraus, Sie haben dieses Problem nicht, möchten auf die **Halbinsel Reykjanes** fahren und die quirlige Hauptstadt **Reykjavík** besuchen. Doch ist es mit einem Wohnmobil in einer größeren Stadt immer so eine Sache. Echte Wohnmobilplätze gibt es (noch?) nicht. Der Campingplatz Lagardalur ist stark frequentiert und unruhig. Wenn Ihnen das nicht zusagt, habe ich Alternativen auf Lager.

Zunächst folgen Sie der Ringstraße, bis diese nach Hveragerði abzweigt und halten sich nach Reykjavík. Bald können Sie den ausgeschilderten **Torfhof Arbær** besuchen. Sie bleiben geradeaus oder kehren nach dem Museumsbesuch hierher zurück. Ein Kreisverkehr folgt dem anderen. Wenn Sie nach der Abzweigung der 41 (Reykjanesbraut) weiterfahren, sehen Sie bald das Hinweisschild **Kringlan.** Einen Besuch empfehle ich nicht der Werbung halber, sondern weil es ein Einkaufszentrum mit ansprechender, moderner Architektur ist. Der Clou: Im Parkdeck 1 haben Fahrzeuge bis 3,50 m Höhe Platz. Wo sonst finden schon Wohnmobile einen überdachten Parkplatz? Die Fahrt in die Stadt entscheidet sich mit der Frage nach einem Stell- oder Parkplatz. In der Stadt sind Parkplätze, wenn überhaupt wohnmobilgeeignet, meist kostenpflichtig. Im Randbereich des Zentrums sind auch hier kostenfreie Plätze zu finden, wenn man bereit ist, ein paar Schritte zu Fuß zu gehen. Das soll der Gesundheit ja nicht abträglich sein. Deshalb hier gleich im Vorfeld meine Vorschläge, die teils in Fußwegnähe zur Innenstadt liegen (Campingplatz und Perlan ca. 30 Minuten Fußweg, Nauthólsvík ca. 10 Minuten zusätzlich über den Öskjuhlíð/Perlan hinweg).

  REYKJAVÍK - LAUGADALUR TJALDSTÆÐI

Stellplatzart:...Campingplatz
GPS:.. N64 08 47.1 W21 52 31.9
Adresse:...101 Reykjavík, Sundlaugavegur
Tel.: ....+354 568 6944
mailto: ....info@reykjavikcampsite.is
Homepage: ....www.reykjavikcampsite.is
Zufahrtinfo: Sie gelangen über die Sæbraut in die Stadt und können dort der Ausschilderung links ab folgen (entsprechend rechts ab, wenn Sie vom Hafen/Kongresszentrum kommen sollten).
Kurzbeschreibung: Zeltwiese, separater Teil für Caravans/Wohnmobile mit Stromanschluss. Waschmaschine/Trockner. Bislang keine Ver-/Entsorgungsstation. Für die Anzahl von Campinggästen zu kleine Sanitäranlagen, Aufenthaltsräume platzten, besonders bei schlechtem Wetter, aus allen Nähten. Doch wird für Abhilfe gesorgt: Es ist ein neues Servicegebäude geplant, das nach Saisonende 2013 gebaut und für die Saison 2014 fertig werden soll. Der Platz wird jedoch zumindest an gleicher Stelle bleiben. Nebenan befindet sich das große Schwimmbad.
Öffnungszeit: Mitte Mai-Mitte Sept.

  REYKJAVÍK - VER-/ENTSORGUNGSSTATION/GASVERSORGUNG

GPS: ....(Ver-/Entsorgungsstation) N64 09 20.2 W21 58 24.5
GPS: ....(N1 Verslun Reykjavík) N64 09 12.0 W21 52 11.0
Adresse: ....101 Reykjavík, Klettargata 14
Zufahrtinfo: Vom Campingplatz durch die Dalbraut, über die Sæbraut geradeaus (Sundagarðar). Am Kreisverkehr in die Klettargarðar und am Anleger für Kreuzfahrtschiffe vorbei. Zunächst liegt rechts eine Orkan-Tankstelle, wenig später links der N1 Autoteilemarkt. Gut 100 m weiter, dieses Mal rechts liegt die Ver-/Entsorgungsstation (ausgeschildert).
Kurzbeschreibung: Bei N1 Autoteile/-zubehör tauschen Sie die deutsche/graue (österreichische/niederländische) Gasflasche. Nur ist das Gas in Island wesentlich teurer.
Bei meiner Recherche war der Schlüssel für den Wasserhahn der Ver-/Entsorgungsstation für Wohnmobile an einer Kette befestigt. Wenn nicht, erhalten Sie den Vierkantschlüssel bei der Kläranlage (**Öffnungszeit** 10⁰⁰-17⁰⁰ h werktags) oder beim Campingplatz gegen Pfand von ISK 500.

REYKJAVÍK - PERLAN/ÖSKJUHLÍÐ

Stellplatzart:..Parkplatz
GPS:... N64 07 43.2 W21 55 02.9
Adresse:..125 Reykjavík, Öskjuhlíð
Tel.: ....+354 562 0200
mailto: .... perlan@perlan.is
Homepage: ....www.perlan.is
Zufahrtinfo: Am besten fahren Sie auf der Sæbraut bis kurz vor die Skulptur des Wikingerschiffs. Kurz vorher links ab in die Snorrabraut. An deren Ende halten Sie auf den Inlandsflughafen zu und dann geradeaus. Die Straße verläuft in einer leichten Linkskurve bergwärts, bis Öskjuhlíð/Perlan (nach der Tankstelle) rechts ausgeschildert ist.
Kurzbeschreibung: Es gibt vor dem arichtektionischen Meisterstück der "Perle" zwei Parkplatzebenen. Ich wurde ausdrücklich darauf hingewiesen, dass Gäste mit Wohnmobil durchaus willkommen sind. Es wird davon ausgegangen, dass Sie in der Cafeteria oder im Restaurant Perlan einkehren und sich vor dem Übernachten beim Personal melden.

   REYKJAVÍK - NAUTHÓLSVÍK

Stellplatzart:..Parkplatz
GPS:... N64 07 20.3 W21 55 39.1
Adresse:.. 625 Reykjavík, Hlíðdafotur
Zufahrtinfo: Ähnlich, wie Perlan, nur halten Sie sich am "Kleeblatt" geradeaus zum Inlandsflugplatz, fahren am Iceland-Air Hotel vorbei und folgen der Straße. Am Kreisverkehr ist Nauthólsvík ausgeschildert.
Kurzbeschreibung: Zwei Parkplätze. Der erste dient ausschließlich für Badegäste. Wenn Sie dies sind, sprechen Sie das Personal an. Aufgrund häufig wechselnden Personals könnten Sie den Hinweis erhalten, dass es kein Campingplatz sei und keine Dusche/WC oder Strom zur Verfügung steht. Machen Sie deutlich, dass das alles auch gar nicht nötig ist. Bei mir wurde nach dieser Aufklärungsarbeit in die Übernachtung eingewilligt. Ebenso können Sie im benachbarten, neuen Restaurant einkehren und dort nachfragen. Dazu gehört der zweite Parkplatz. Auch hier wird dann vom Verzehr im Restaurant ausgegangen.

Nachdem die Stellplatzfrage geklärt ist (parken wäre natürlich auch an anderen Stellen erlaubt, Camping nicht), können wir uns der Stadt widmen, die allerlei zu bieten hat.

Sind Sie beim Campingplatz gelandet, lassen Sie sich über die Reykjavík-Begrüßungs-Karte informieren. Sie öffnet für einen günstigen Preis Tür und Tor zu allerlei Sehenswürdigkeiten. Private Anbieter sind nicht inbegriffen, wohl aber der öffentliche Personen-Nahverkehr (ÖPNV). Und das hat deutliche Vorteile, kann das Wohnmobil doch einfach während des Aufenthaltes stehen bleiben. Natürlich erhalten Sie die Reykjavík-Card auch bei der offiziellen Tourist Information (Aðalstræti 2, Tel. +354 590 1550, www.visitreykjavik.is).

🔘 SEHENSWERTES IN REYKJAVÍK

Beim besten Willen kann ich nicht ermessen, was Ihr Hauptziel in Reykjavík ist. Vielmehr darf ich mich darauf beschränken, die Punkte zu beschreiben, die ich für Besonderheiten halte, die man einfach nicht verpassen sollte. Dazu gehören die zwei größten, das Stadtbild prägenden Kirchen.

Die **Hállgrímskirkjá** überragt die Stadt mit ihrer einprägsamen Architektur. Bei näherem Hinsehen entdeckt man, dass sie (übrigens auch die katholische Kirche und die Akureyrarkirkjá) die Handschrift des Guðjón Samuelsson trägt. Geweiht ist sie dem Pastoren Hallgrímur Petursson, einem isländischen Dichter des Mittelalters. Die Planung des Gotteshauses begann 1937, der Bau 1945. Die Fertigstellung zog sich bis 1986 hin. Wie in Akureyri, ist die Struktur der Außenfassade an Basaltsäulen angelehnt. Die Farbe entspricht dem Eis der Gletscher, die schlichte Innenausstattung der Kargheit und Weite des Hochlandes. Doch entdeckt man im Inneren Kunstwerke wie den eindrucksvollen Marmoraltar und das silberne Kreuz. Die Holztöne des Gestühls geben einen warmen Grundton ab. Die bekannte, oft für Konzerte verwendete Orgel stammt aus der Werkstatt des Bonner Orgelbaumeisters Klaiss. Die Glasfenster sind aus Spenden finanziert. Wenn Sie also noch eine milde Gabe aus dem Urlaubsetat übrig hätten... Auch wenn es nicht für ein Fenster reicht - es gibt auch Opferstöcke für den Einwurf von Kleinbeträgen zum Erhalt des Gotteshauses.

Vor dem Haupteingang der Kirche steht die von den USA zum 1000. Jahrestag der Entdeckung Amerikas durch Leifur Eiriksson gestiftete Skulptur "des eigentlichen Kolumbus". Schließlich war Leifur nun wahrlich viel früher in Vinland, als jener Italiener im Auftrag des spanischen Königs auf der Suche nach Indien.

Auch, wenn Sie etwas unscheinbar am Rand der Innenstadt steht - die **katholische Landakótskirkjá** hat ebenso einen Besuch verdient. Auch sie geht auf Guðjón Samuelsson zurück, wurde aber bereits in den Jahren 1925-29 erbaut. Die Kirche ist ebenso von erstaunlicher Größe, besonders für das überwiegend evangelisch-lutherischen Island.

Perlan wurde schon im Zusammenhang mit dem Stellplatztipp erwähnt. Allein schon die futuristisch anmutende Architektur ist einen Besuch wert. Doch nicht das Gebäude allein, die gesamte Außenanlage gehört zum Besuchsprogramm. Es wurden eigens 176.000 Bäume in den Parkanlagen des Hügels gepflanzt und ein Rad- und Wanderwegenetz geschaffen, damit die Bürger der Stadt ein schönes Naherholungsgebiet hätten. Dazu gehört auch ein künstlicher Geysir und Kunstwerke. Schaut man genau hin, hoppeln zahlreiche Kaninchen, die wohl aus dem einen oder anderen Wohnzimmer entwichen oder ausgesetzt worden sind, am Hügel herum. Das von einer Glaskuppel und den aluminiumfarbenen Zylindern geprägte Gebäude misst 25,70 m Höhe, hat ein Volumen von 20.000 m³, 3.700 m² Nutzfläche: Die Fläche der Galerie mit Rundumblick beträgt noch einmal 1.000 m². 28 Scheinwerfer außen sowie 105 Leuchten für die Vorplätze und Außenanlagen rücken Perlan auch nachts ins rechte Licht, 1.900 Leuchten im Inneren und 442 für den Sternenhimmel in der Glaskuppel lassen es auch selbst erstrahlen. Man sieht, dass Island nach wie vor ein Niedrigpreisland in Sachen Strom ist. In der Glaskuppel dreht sich das Spitzenrestaurant stündlich ein Mal rundum, während die Gäste sich das anspruchsvolle (und nicht billige) Abendessen munden lassen.

Die Idee für das Gebäude wurde bereits in den 1930er Jahren durch den Maler Jóhannes Kjárval geboren. In seiner Vorstellung sollte es ein Tempel werden, in dem sich die Polarlichter und die Sterne spiegeln. Und was ist der eigentliche Zweck? Die zylinderförmigen, mit Aluminium verkleideten Behälter fassen je 4 Mio Liter heißes Wasser. Letztlich ist die Anlage nichts anderes, als der Ausgleichs- und Vorratsbehälter für die Warmwasserversorgung der Hauptstadt.

Die nahe **Meeresbucht Nauthólsvík** ist eigentlich nur ein "Abfallprodukt" des Heißwasserbehälters. Anstatt den Überlauf an heißem Wasser nutzlos ins Meer plätschern zu lassen, kamen findige Studenten auf die Idee, man könne daraus doch eine originelle Badeanlage kreieren. So wurde ein Sandstrand aufgeschüttet, das zu schnelle Abfließen des warmen Wassers durch Betoneinfassungen vermindert und zwei Hot-Pots gebaut, einer davon am Strand, der andere am Umkleidegebäude. Dieses Bad ist seiner Originalität ein unbedingter Tipp.

Ich hatte mit meiner Frau immer sehr angenehm empfunden, Reykjavík zu Fuß zu erkunden, denn so riesig ist das Sehenswerte der Stadt nun nicht. So hatten wir vom Öskjuhlíð/Perlan aus den Fußweg Richtung Hallgrímskirkjá auf uns genommen. Hier ist es zu empfehlen, zunächst am Denkmal Leifur Eiriksson durch den Frakkastigur zur modernen **Skulptur eines Wikingerschiffs** an der Sæbraut zu schlendern. Unterwegs sind links und rechts die einen oder anderen netten Geschäfte zu finden, unter anderem ein schönes, altes Haushaltswarengeschäft oder auch Einkehrmöglichkeiten aller Kategorien.

Vom Wikingerschiff ein Stück nach rechts finden Sie **Höfði**, Islands vielleicht einziges Gebäude, in dem in jüngerer Zeit Weltgeschichte geschrieben wurde. Hier hatten Ronald Reagan und Michail Gorbatschow das Start II Abkommen geschlossen und so vielleicht einen wesentlichen Schritt nicht nur zur Beendigung des Kalten Krieges, sondern auch zur politischen Wende in einigen europäischen Ländern getan.

In der anderen Richtung gelangen Sie zum neuen Glaspalast des **Kultur- und Kongresszentrums Harpa Concert Hall**. Mir persönlich erschließt es sich nicht, dass es oft als neues Wahrzeichen der Stadt bezeichnet wird. Wie andere Gebäude in Island, wird es (auch von Isländern) als ein Beispiel überdimensionierter Prunkbau betrachtet, der in Zeiten der Finanz- und Wirtschaftskrise gebaut wurde, als die Isländer nun wirklich ganz andere Sorgen hatten, als solche Projekte zu realisieren. Aber nun steht es da - und gefällt mir persönlich gar nicht so recht.

Das kulturelle Angebot der Stadt ist in Form verschiedener Museen in der ganzen Stadt verteilt. Vieles konzentriert sich aber auch rund um den alten Hafen. Aus dem vielfältigen Museemsangebot der Hauptstadt hatte ich mich auch bei früheren Besuchen vor allem auf das Nationalmuseum (Suðurgötu 41, Tel. +354 530 2200) und das Kunstmuseum (Hafnarhús, Tryggvagata 17, Tel. 590 1200) konzentriert. Da ich Ihre Vorlieben in Sachen Museen und Kultur nicht kenne, kann ich Ihnen nur empfehlen, sich beim Kauf der Reykjavík Welcome Card am Campingplatz oder bei der Tourist Information ein aktuelles Verzeichnis der Museen zu holen. So haben Sie auch gleich die aktuellen Öffnungszeiten parat. Das **Saga-Zentrum**, das von Ernst J. Backman und seinem Team in fleißiger Arbeit eingerichtet wurde, befindet sich ab 2014 nicht mehr im Perlan-Gebäude, sondern am Hafen, unweit des neuen Glaspalastes (Grandagarður, neben dem Maritimen Museum). Es werden 16 Szenen,

Bilder: Bunte Dächer Reykjavík - Snorri im Sagamuseum - Domkirche neben dem Alþing - Skulptur am Stadtsee - Rathaus von Reykjavík - Perlan

beginnend mit der Landnahme bis zu den Sagas aus dem Mittelalter, mit lebensecht gestalteten Wachsfiguren dargestellt. Die Figuren sind nach Abgüssen Reykjavíker Bürger angefertigt worden. **Öffnungszeiten/Info:** Sommer tgl. 10⁰⁰-18⁰⁰ h, www.sagamuseum.is, Tel. +354 511 1517.

Seit dem Ausbruch des Eyjafjallajökull scheint das Thema Vulkanismus zum neuen Klondike zu werden. Es gibt mittlerweile das **Volcano House** unten am Hafen (mit interessanter Ausstellung vulkanischer Steine sowie Filmvorführung nebst Cafeteria, Tel. +354 555 1900, Trýggvagata 11).

Alles andere als ein Geheimtipp, für mich eine klare Besuchsempfehlung ist die **Volcano Show in the Red Rock Cinema** des Villi Knudsen und seines Vaters Osvaldur Knudsen. Den Herren war es gelungen, jahrzehntelang über Vulkanausbrüche in Island Dokumentarfilme zu drehen. Dazu gehören nicht nur die jüngsten Ausbrüche, die teils ja weltweit für Furore sorgten, sondern auch Eruptionen der Hekla, in der Askjá und in den Grimsvötn. Letztere hatte 1996 einen verheerenden Gletscherlauf der Skeiðarasandur-Ebene zur Folge. Ein zweiter Film kümmert sich um die ebenso in aller Welt mit Erschütterung, aber auch Bewunderung verfolgte Eruption des Vulkans Eldfell auf der Insel Heimæy 1973. **Öffnungszeiten/Info:** Juli/August finden tägliche Vorführugen statt (Englisch/Deutsch) Eine deutsche Simultanübersetzung ist bei allen Vorstellungen über Kopfhörer möglich. Karten erhalten Sie unter +354 562 3044 oder an der Kinokasse in der Urðarstræti. Wenige Schritte entfernt ist die Deutsche Botschaft zu finden. Und vor dieser scheint der Berliner Bär zu verkünden, wie weit er von zu Hause entfernt ist - 2.380 km nämlich.

Da nicht unbedingt alle Touristen das Glück haben, während ihrer Islandreise Nordlichter zu Gesicht zu bekommen, kümmert sich das **Northern Lights Center Aurora Reykjavík** darum, dass Sie Aurora Borealis nicht verpassen. (Grandagarður 2, Nähe Hafen). Dies habe ich nicht ausprobiert. Ich hatte mit meiner Familie in der Vergangenheit mehrfach das Glück, in klaren Nächten Ende August Nordlichter zu sehen (auf dem Sandafell bei Þingeyri und in der Nähe von Hvolsvöllur). Vielleicht haben Sie während Ihres Aufenthalts zu nachtschlafender Stunde ja auch mal Lust, einen Blick auf den klaren Nachthimmel zu werfen? Das echte Naturerlebnis dürfte in einem Kino nur schwer zu übertreffen sein.

Wiederum am Hafen können Sie eine **Walbeobachtungstour** buchen, wobei auch hier in der Hauptstadt mehrere Anbieter um Ihre Gunst buhlen: Life of Whales/Tel. +354 562 2300, Elding Reykjavík/Tel. +354 555 3565 und Special Tours Whale & Puffin Watching/Tel. 592 0099 - alle in der Ægisgarður am Hafen zu finden.

Und wenn Ihnen am Ende gar nichts mehr einfällt, als sich alle möglichen Themen (Eyjafjallajökull, Þhingvellir, Vatnajökull Nationalpark u. v. m.) im Kino anzuschauen, dann besuchen Sie das **Cinema at Old Harbour Village No. 2** - www.thecinema.is. Ich will zugeben, dass man das eine oder andere Thema in der Natur nicht erleben kann (oder jedenfalls nur sehr unwahrscheinlich). Doch bevorzuge ich doch das Erlebnis in der freien Natur und nicht im Kinosessel sitzend.

Nicht Jedermanns (-fraus) Sache ist das **Penismuseum** (offen täglich 10⁰⁰ - 18⁰⁰, Laugavegur 116 in Reykjavik, Tel. +354 868 7966 oder 561 6663, mailto:phallus@phallus.is). In der Sammlung sind die "besten Stücke" von 217 Säugetieren, darunter 17 Walarten, zu besichtigen (zu bestaunen oder zu belächeln), darunter auch menschliche Exemplare. Hinzu kommt ein Andenkenshop - wenn Sie ein Andenken zu brauchen glauben.

Zugegeben - es ist thematisch ein gewaltiger Sprung: Vom alten Hafen gelangen Sie über die Ægisgata zur **katholischen Kirche** und können diese besichtigen, bevor Sie links ab und vorbei an einigen Botschaften durch die Tungata auf das **Rathaus** zugehen. Das moderne Gebäude ist halb in den Stadtsee gebaut und war umstritten. Viele hatten befürchtet, der Glasbau störe die Natur am Stadtsee. Doch die Enten und Gänse freuen sich mehr denn je über den einen oder anderen Brocken, den die Leute mit Kindern oder Enkeln ihnen zuwerfen.

Das Rathaus passt als moderner Kontrast gut ins Bild. Drinnen sollten Sie das große Relief der Urlaubsinsel aus Feuer und Eis anschauen (mal ganz ohne Wolken...). Ein Rundgang um den See ist sicher auch empfehlenswert. Am anderen Ende des Sees befindet sich übrigens das **Nationalmuseum**, auf der schräg gegenüber liegenden Seite das **Nationale Kunstmuseum**, welchem ein modernes Museumscafé angegliedert ist.

Nur wenige Schritte entfernt vom Rathaus befindet sich das **Parlament (Alþing)** und daneben die **Domkirche** - Bischofssitz, seitdem dieser von Skáholt hierher verlegt wurde. Über die Aðalstræti gelangt man zur Tourist Information und kann (muss) nun den Rückweg zum Wohnmobil via Hallgrímskirkjá und Perlan in Kauf nehmen. Hierbei kann man sich die "Einkaufsachse" Reykjavíks vornehmen (Austurstigur und Bankastræti) und dann bis zum Frakkastigur gehen, der zur Hallgrímskirkjá und von dort über die Miklabraut zum Öskjuhlíð zurück führt.

Während des längeren Stadtrundgangs wurde mir auch einmal der Magen rebellisch und rief nach einer Füllung. Hierzu habe ich aus dem vielfältigen Angebot an Restaurants und Cafés das **Geysir Bistro** neben der Tourist Information ausgesucht und einen leckeren Spieß mit Lammfilet probiert. Im gegenüber liegenden Hotel/Restaurant Reykjavík übrigens fand ich noch eine kleine Ausstellung zum alten, historischen Reykjavík. In dieser Ecke der Altstadt wird die Wiege der Stadt vermutet, der Platz, an dem die erste Siedlung an der "rauchenden Bucht" Reykjavík stand.

Fahrt um die Halbinsel Reykjanes

Ich bin mir bewusst, dass ich vom Angebot der Hauptstadt Islands nur einen Bruchteil beschrieben habe. Andererseits bin ich mir sicher, dass viele von Ihnen gerne draußen in der Natur sind. So verabschiede ich mich von Reykjavík in der Gewissheit, dass es ein Wiedersehen geben wird. Und Ihnen bleibt Freiraum für Ihre eigenen Entdeckungen. Wenn Sie Lust haben, das Nachtleben der Stadt zu erleben, schlendern Sie durch die Straßen und besuchen die eine oder andere Kneipe, in der oft Livemusik geboten wird und lassen das rege Treiben auf sich wirken.

Ich fahre stadtauswärts zur Abzweigung der 41 (Reykjanesbraut) und durch die Trabantenstädte Garðabær sowie **Hafnar**fjörður, wo ich einen Tipp für Freunde der Wikinger auf Lager habe. Wenn Sie die Wikinger auch mögen, folgen Sie dem Schild ins Zentrum. Auf Meereshöhe angekommen, biegen Sie links ab und sehen nach wenigen Metern eine Stabkirche im norwegischen Stil nebst den Gebäuden des Wiklingerlandes. Es handelt sich um eine Ferienanlage mit Gästehäusern, wobei mich in erster Linie interessiert, dass der Parkplatz wohnmobiltauglich ist und das Essen schmeckt. Im Fischerhaus reicht das in Wikingerkluft gekleidete Personal deftige Gerichte (18^{00}-22^{30} h, Do/Fr/Sa auch über Mittag). Auf der Karte stehen Lachs und Lamm, gutes Bier und nach Wikinger Sitte Met aus dem Horn. Was die Bedingungen sind, um als Wikingerhäuptling gekrönt zu werden, habe ich nicht ausprobiert. Sehr wohl habe ich aber besprochen, dass wer nach der Einkehr freundlich nachfragt, auf dem Parkplatz seine Fahrtüchtigkeit wiederherstellen darf.

🍴 HAFNARFJÖRÐUR - WIKINGERDORF FJÖRUKRÁIN

Stellplatzart: ....Gaststätte
GPS: N64 03 54.0 W21 57 19.2
Adresse: ....220 Hafnarfjörður, Vikingastræti 1-3
Tel.: .... +354 565 1213
mailto: .... booking@vikingvillage.is
Homepage: .... www.vikingvillage.is
Zufahrtinfo: Von der 41 der Ausschilderung Hafnarfjörður C folgen (C=Centrum) und über die Lækjargata Richtung Hafen fahren. Dort links abbiegen und bis zum unübersehbaren Restaurant weiter (Bild unten). Parkplatz rechts neben dem Restaurant, dahinter und bei der Kirche.
Kurzbeschreibung: Parkplätze in der Stadt, daher nicht der Kategorie "besonders ruhig" zuzurechnen. Das Restaurant ist ein uriger Tipp für alle, die einmal die authentische Wikinger-Atmosphäre erleben möchten.

ROUTE 5

Wieder auf der 41, geht es an der Nordküste der Halbinsel weiter. Die Aluminiumfabrik am Rande des endlosen Lavafeldes fliegt vorbei, während ich auf der vierspurig ausgebauten Strecke Richtung Keflavík sause, ohne dass etwas Besonderes einen Halt erfordern würde. Auch **Keflavík**, das zusammen mit den Teilorten **Njarðvík** und **Hafnir** die Stadt **Reykjanesbær** bildet, ist nicht der Ort, den man unbedingt gesehen haben muss. Keflavík und Njarðvík sind fast zusammengewachsen. Doch nennt die Stadt den **Nachbau eines Wikingerschiffs** sein Eigen und bietet ein **Wikingermuseum**, das über Hintergründe der Urahnen der Isländer informiert. Wer die Gelegenheit für eine **Walbeobachtung** sucht, sollte

zum Hafen fahren bzw. vorher anrufen unter +354 421 7777 bzw. 897 3332. Bei Misserfolg erhalten Sie eine Gratisfahrt. Es gehört ein Schwimmbad ins Angebot der Stadt (Sunnubraut).

Wenn Ihr Kühlschrank nach Nachschub ruft, sollten Sie die Gelegenheit zum Einkauf wahrnehmen, denn bis Grindavík ist kein größerer Laden mehr in Sicht. Mich selbst überraschte bei meinem letzten Einkauf dort, dass die Bäckerei beim Einkaufs- zentrum dunkles, kräftiges Brot und richtig gute Laugenbrezeln im Angebot hat.

Von Bedeutung allerdings ist natürlich der internationale Flughafen, auf dem viele von Ihnen die Füße erstmals (oder wiederholt?) auf isländischen Boden setzen dürften. Deshalb finden sich hier alle Auto- und Wohnmobilvermieter von Rang und Namen. Und ein Zeltplatz ist beim Hotel Alex auch zu finden, der mir allerdings für Wohnmobile nicht allzu geeignet erscheint und ein ganz typischer Durchgangsplatz ist

So zieht es mich weiter zur Landspitze Garðskagi, die weiter nordwestlich ins Meer hinausragt. Dort, zwischen altem und mo- dernem Leuchtturm, liegt ein schöner, kostenloser Campingplatz. Benachbart gelegen ist das **Heimatmuseum** nebst Gaststätte im Obergeschoss. Dort reicht man regionale Gerichte, vor allem Fisch, sowie Kaffee und Kuchen. Unübertrefflich schön ist die Außenterrasse und der Ausblick aufs Meer. An besonders schö- nen Tagen (... das hatte ich leider nicht) haben Sie die Chance, die Sonne glutrot im Meer versinken zu sehen. Und wenn das Glück perfekt ist, gelingt es Ihnen Wale zu beobachten, wie mir Leser meines früheren Buches berichteten. Ganz sicher werden Sie am reichen Vogelleben teilhaben, das auf einer Informationstafel erläutert wird. Draußen vor der Tür stehen zwei alte, eichene Fischerboote. Im Museum wird allerlei über die Küstenfischerei, eine Sammlung interessanter, alter Motoren und das damit ver- bundene Handwerk gezeigt. (Eintritt frei, tgl. 13^{00}-17^{00} h).

ROUTE 5

GARÐUR - GARÐSKAGI TJALDSTÆÐI

Stellplatzart:..Campingplatz
GPS N64 04 56.9 W22 41 32.3
Adresse: ....Garður, Garðskagi
Tel.: .... +354 422 7220
mailto: .... gardskagi@simnet.is
Homepage: .... http://svgardur.is/Ferdathonusta/Tjaldstaedi/
Zufahrtinfo: Von Keflavík über die 45 hinaus zur Landspitze fahren.
Kurzbeschreibung: Zeltwiese hinter der Küstenbefestigung zwischen dem alten Leuchtturm draußen am Meer vom Ende des 19. Jh. und dem neuen, vor dem Restaurant und Heimatmuseum stehenden, größeren Leuchtturm (1944 erbaut). Einfache Ausstattung mit WC/Geschirr-waschplatz, Stromanschluss ab 2014 gegen Gebühr. **Öffnungszeit:** In den Sommermonaten (keine feste Zeit, da frei zugänglich).

Die Reise auf der 45 führt um das ehemalige Militärgelände der U. S. Army und den Flughafen nach **Sandgerði**. Dorthin und weiter über Hafnir bis zum südlichen Leuchtturm Reynisdrangar können Wanderfreunde auf dem Küstenwanderweg gelangen, der für Vogelfreunde von Interesse ist. Hier sind weite Bereiche zur Brutzeit gesperrt (Mai bis ca. Mitte Juli). Dieser Küstenabschnitt ist für die Seefahrer gefährlich. Es sind immer wieder Schiffe gestrandet und Besatzungen bei Stürmen ums Leben gekommen. Auf einen Ausschnitt der Wanderung komme ich später zu sprechen.

Zunächst kann man einen Abstecher zur aus dunklem Stein gebauten Kirche von **Hvalsnes** mit ihrem bunten Turmhelm machen (Bild links). Dann geht es auf der 44 vorbei am Örtchen **Hafnir**, bis ich am Parkplatz Hafnarbjarg anhalte, um die Wanderung zu machen.

Wandern von Hafnarbjarg aus

Der bereits erwähnte Küstenwanderweg wird über einen Zugang vom Parkplatz aus erreicht. Dieser führt durch ein abwechslungsreiches Lavafeld zum **Vogelfelsen Hafnarbjarg**. Dort

nisten vor allem Lummen und Möwen. Für den Hin- und Rückweg habe ich 1,5 Std. gebraucht - Zeit zum Fotografieren nicht
eingerechnet, wobei ich dies bei der letzten Recherche aufgrund
Nebels und Nieselregens auf eine kurze Zeit beschränkt habe.

Vom Vogelfelsen können Sie südwärts bis zum Leuchtturm
Reykjanesvíti und nach Norden über Hafnir und Sandgerði bis
hinauf nach Garður wandern. Bei gutem Wetter sieht man draußen die Insel Eldey, die als Naturreservat aber einzig den Vögeln
vorbehalten ist und nicht besucht werden darf. Der **Parkplatz
Hafnarbjarg** (**GPS** N63 53 01.5 W22 41 30.6) ist bedingt übernachtungstauglich, sofern Sie sich an der nahen Straße nicht stören,
die allerdings wenig befahren ist.

Etwas weiter südlich folgt links ein interessanter Parkplatz etwas von der Straße weg. Hier an der **Brücke von Amerika nach
Europa** herrscht reger Besucherverkehr. Es kommen verstärkt
auch Reisegruppen mit Bussen angesaust. Doch ist das nachts
kein Thema. Bald ist die Südwestspitze der Halbinsel Reykjanes
erreicht, wo sich - kaum anders zu erwarten - auf einem markanten Hügel ein Leuchtturm erhebt. Unweit davon können Sie
ruhig mit dem Wohnmobil stehen und genussvoll der tosenden
Brandung zuschauen, welche die Vogelfelsen sowie die markante
Basaltzinne Kárl im Meer umspült. Von dieser war im Winter
1969-70 ein großes Stück abgebrochen und ins Meer gestürzt.
An der Zufahrt sollten Sie sich einen Besuch der **Ausstellung
"Kraftwerk Erde"** im 2004 eröffneten Geothermalkraftwerk nicht
entgehen lassen.

Unweit vom Leuchtturm können Sie darüber hinaus das
Geothermalgebiet Gunnuhver anschauen (Parkplatz siehe Stellplatztipp). Da hier Energie im Überfluss zur Verfügung steht, wird
in der Nachbarschaft seit langer Zeit Salz aus dem Meerwasser
gewonnen. Die Anlage zeichnet für die riesigen Dampfschwaden
verantwortlich, die sich weithin sichtbar übers Land ziehen.

REYKJANESBÆR - BRÜCKE VON AMERIKA NACH EUROPA

Stellplatzart:..Parkplatz
GPS: N63 51 59.8 W22 40 34.0
Adresse: ....An einer Stichstraße neben der 44
Zufahrtinfo: Auf der 44 etwa 2 km weiter südlich fahren, dann links ab.
Kurzbeschreibung: Asphaltierter Parkplatz in Fußwegnähe zur Brücke, die einen Graben überspannt, der durch die Kontinentaldrift entstanden ist. Die eine Seite gehört tektonisch zu Amerika, die andere zu Europa.

  ### REYKJANESBÆR - REYKJANESVÍTI

Stellplatzart:..Parkplatz
GPS:... N63 48 45.0 W22 42 57.4
Adresse: ....Reykjanesvíti (Stichstraße von der 425 abzweigend)
Zufahrtinfo: Von der 425 der Zufahrt zum Geothermalkraftwerk folgen (ausgeschildert). Von dort führt ein Schottersträßchen (Vorsicht, stellenweise etwas ruppig) zur Landnase hinter dem Hügel, auf dem sich der Leuchtturm befindet. An der Gabelung rechts ab halten (ausgeschildert).
Kurzbeschreibung: Schotterplatz direkt bei Vogelfelsen - einsam und sehr naturbezogen. Kleine Wanderung auf die Vogelklippen.

 ### REYKJANESBÆR - GUNNUHVER

Stellplatzart:..Parkplatz
GPS: N63 49 06.4 W22 41 15.0
Adresse: ....233 Reykjanesbær, an der 42

Zufahrtinfo: Wie Reykjanesviti, jedoch an der Gabelung links abbiegen (ausgeschildert) und bis zum Parkplatz fahren. Ein weiterer Parkplatz liegt wenige Meter entfernt, ist jedoch nur von der 425 aus zu erreichen.
Kurzbeschreibung: Schotterplatz am Solfataren- und Fumarolenfeld Gunnuhver, das sich mit sehr bunten Farben zeigt - sehenswert!

 ### DIE AUSSTELLUNG KRAFTWERK ERDE

Im Eingangsbereich wird die Theorie des Urknalls erläutert. Von oberhalb der Treppe ins Obergeschoss beäugt Sie eine Büste des Albert Einstein. Sie können sich oben über erneuerbare Energieträger informieren. An Bildschirmen eignen Sie sich interaktiv das Wissen über das Kraftwerk Erde an. Themen sind das Sonnensystem, der Mensch und die Energie, erneuerbare Energie, speziell natürlich die Geothermalenergie in Island. Mein Tipp: Sehr empfehlenswert. **Info/Öffnungszeiten:** Juni-August Sa/So 12^{30}-16^{30} h oder auf telefonische Vereinbarung unter Tel. +354 436 1000, www.powerplantearth.is. Von der Energiegesellschaft ist übrigens auch die Brücke von Amerika nach Europa und der Planetenweg mit allen Gestirnen unseres Sonnensystems finanziert worden.

ROUTE 5

Der nächste Ausflug dürfte ein Höhepunkt der Islandreise werden. Andere meinen, es sei zu viel Rummel um die Blaue Lagune. Auf jeden Fall ist es ein besonderes Badeerlebnis. Wenn Badegäste auf dem Parkplatz übernachten möchten, ist man auf Anfrage aufgeschlossen dafür. Ob es eine gute Idee ist, angesichts des Kommens und Gehens der Busse und PKW, des Lieferverkehrs etc. hier zu bleiben, ist fraglich. **Parkplatz Blaue Lagune** (**GPS** N63 52 52.6 W22 27 12.7, 240 Grindavík). Eine Alternative ist der Campingplatz in Grindavík, einer der komfortabelsten im Land.

  DIE BLAUE LAGUNE BEI GRINDAVÍK

Die Blaue Lagune ist ein künstlicher See mit mineralhaltigem Geothermalwasser in einem etwa 800 Jahre alten Lavafeld. Aus Brunnen in fast 2.000 m Tiefe wird Wasser in die Lagune gepumpt, wobei die Temperatur (37-39° C) durch Beimischung kalten Wassers erreicht wird. Das Badebecken (teils unter Dach) ist maximal 1,40 m tief und so auch für Nichtschwimmer geeignet. Durch die Zufuhr frischen Wassers erfolgt alle ca. 40 Stunden ein kompletter Austausch. Die Mineralsalze, der Kieselschlamm (Silicat) und blaugrüne Algen geben der Lagune ihre schöne, blaugrüne Farbe.

1967 begann die Erforschung und Nutzung der Erdwärme für die Warmwasserversorgung der Halbinsel Reykjanes. 1981 wurde zufällig entdeckt, dass die Mineralien bei der Linderung der Psoriasis (Schuppenflechte) helfen. Ein Arbeiter hatte Pausen zum Bad genutzt, und seine Beschwerden ließen nach. Dies wurde wissenschaftlich bestätigt.

So war die Idee geboren, ein Heilbad zu bauen, das 1987 eröffnete. 1994 kam eine Klinik hinzu, das Bad wurde vergrößert. 1999 folgte die Eröffnung neuer Gebäude, das Badebecken wurde verlegt und vergrößert. Die Besucherzahlen stiegen an und pendelten sich auf hohem Niveau von über 300.000 Besuchern jährlich ein.

ROUTE 5

Das Wellness-Angebot (Massageangebote auf Vorbestellung, Sauna, Dampfbad), das gastronomische Angebot (Cafeteria, Lava-Restaurant auf Vorbestellung) und der Verkauf der Kosmetika und Souvenirs wurden ausgebaut. So ist die Blaue Lagune ein hochprofessionell geführter Wellness-Tempel. Dass dies seinen Preis hat, ist klar. Doch dafür wird etwas geboten. Auch zu Hause haben gute Erlebnis- und Thermalbäder ihren Preis. Weshalb sollte dies in Island anders sein?

Entscheiden Sie selbst, ob Sie einen Besuch einplanen. Sie werden es genießen, und Ihre Haut vermutlich auch.

Öffnungszeigen und Info: Geöffnet ist die Blaue Lagune ganzjährig täglich, im Juni und Mitte bis Ende August täglich von 9^{00}-21^{00} h, Juli bis Mitte August bis Mitternacht, restliches Jahr 10^{00}-20^{00} h. Tel. +354 420 8800, www.bluelagoon.com, mailto:bluelagoon@bluelagoon.com.

Wer die Blaue Lagune auslässt, aber eine Bade- oder Einkehrgelegenheit besuchen möchte, wird in **Grindavík** fündig. Zudem können Sie das **Schwimmbad** oder das **Salzfischmuseum** besuchen. Ein Restaurant mit gleichem Namen (Salthúsið) mit regionaler Küche liegt in Fußwegnähe des Campingplatzes. Informativ ist die Besichtigung der **Fischfabrik**, um einen Einblick in die Verarbeitung des Lebensmittels zu bekommen.

Die nächste freie Stellplatzgelegenheit ist die **Vogelklippe Krýsuvíkarbjarg**. Diese kann ich aber nur empfehlen, wenn Sie ein robustes Fahrzeug haben, am besten mit 4x4-Antrieb. Neben der teils ruppigen Schotterstraße könnte ansonsten eine (kleine) Furt etwas Probleme bereiten. Dafür entlohnt Sie der Vogelfelsen und das Wandern an der Felskante (Absturzgefahr!).

    GRINDAVÍK - TJALDSTÆÐI

Stellplatzart:...Campingplatz
GPS:... N63 50 37.3 W22 25 16.6
Adresse:.. 240 Grindavík, Austurvegur
Tel.:...+354 660 7323
mailto:.. grindavik@grindavik.is
Homepage:.. www.grindavik.is
Zufahrtinfo: In Grindavík auf der 427 Richtung Osten fahren. Der Platz ist kurz vor Ortsausgang rechts ab ausgeschildert.
Kurzbeschreibung: Moderner Campingplatz mit neuem Gebäude für Sanitäranlagen sowie für die Rezeption, Aufenthaltsraum, Küche, Waschmaschine/Trockner, Stromanschluss, Ver-/Entsorgung, letztere an der Zufahrt. Lärmschutz zur Straße hin durch einen Erdwall. Oberes Preissegment (1.100 ISK p. P./N, Strom ISK 800). **Öffnungszeit:** ca. Mitte Mai bis September.

P KRÝSUVÍKARBJARG

Stellplatzart:...Parkplatz
GPS:.. N63 50 09.8 W22 05 55.4
Adresse:.. Unterhalb der 427
Zufahrtinfo: Wieder von der 427 rechts ab ausgeschildert (9,2 km nach der Abzweigung Selatangar). Die 3,2 km lange Zufahrt von der 427 aus sieht übrigens interessant aus. Der Straßenbelag (teils grober Schotter, einige Schlaglöcher und Erosionsrinnen, eine kleine Furt) scheint für Gäste aus Deutschland ausgewählt zu sein: Anfangs ist die Piste gelblich, dann folgt roter und wenig später schwarzer Schotter... Der nicht ganz ebene Parkplatz ist ca. 250 Meter nach der Furt gelegen. Kleine Parkgelegenheiten vor der Furt möglich.
Kurzbeschreibung: Parkplatz am Straßenrand mit Blick auf den Vogelfelsen, an dem neben Möwen und Eissturmvögeln auch einige Papageientaucher, Tordalken und Trottellummen zu sehen sind. Diese widmeten sich allerdings bei meinem Besuch wohl der Futtersuche draußen auf dem Meer (Bild rechte Seite links unten).

Folgt man der 427 nach der Zufahrt zum Vogelfelsen ein Stück weiter, zweigt links die 42 ab, die am **Kleifarvatn** vorbei nach Hafnarfjörður führt.

Doch so weit will ich zunächst ja gar nicht, schließlich möchte ich Ihnen nur zwei weitere freie Stellplatzmöglichkeiten zeigen, die sich mit schönen Wanderungen in ein hochaktives Vulkangebiet verbinden lassen und problemlos mit jedem Wohnmobil erreichbar sind.

An der Zufahrt können Sie es sich übrigens sparen, dem Hinweisschild "Krýsuvíkarkirkjá" zu folgen. Die Torfkirche ist bis auf kümmerliche Reste den Flammen zum Opfer gefallen. Vielmehr ist es der **Grænavatn**, zu welchem man nach wenigen Kilometern rechts abzweigt und einen netten Parkplatz bietet.

 GRÆNAVATN

Stellplatzart: ....Parkplatz
GPS: N63 52 58.0 W22 03 24.1
Adresse: ....An der 42
Zufahrtinfo: Von der 427 auf die 42 links ab, dann nach 900 m rechts oberhalb der Straße, kaum zu übersehen ausgeschildert.
Kurzbeschreibung: Parkstreifen am Rand der Wegschleife um eine kleine Grünfläche, genügend Abstand zur 42, um den Parkplatz als übernachtungstauglich zu bezeichnen. Unweit vom Parkplatz ist der Grænavatn gelegen, der bei schönem Wetter in fast unwirklichem Türkis erstrahlt. Wandermöglichkeit siehe Markierungen am Parkplatz.

  SELTÚN - SOLFATARENFELD

Stellplatzart: ....Parkplatz
GPS: N63 53 44.9 W22 03 08.9
Adresse: ....An der 42
Zufahrtinfo: Vom Stellplatz Grænavatn aus 1,6 km weiterfahren, dann links ab ausgeschildert.
Kurzbeschreibung: Geschotterte Parkfläche mit WC (um Einwurf eines angemessenen Obolus wird gebeten). Parkplatz im Bild rechts unten.

Wandertipp: Solfatarengebit Seltún

Ich schnüre die Wanderschuhe, packe den Rucksack und starte zum bunten, dampfenden und brodelnden **Solfatarenfeld Seltún**. Dort sind mehrere Aussichtsplattformen, teils auf Holzplanken, angelegt, von denen man das Naturschauspiel beobachten kann. Dabei ist zu beachten, die Wege unbedingt einzuhalten. Es ist gefährlich, diese zu verlassen, denn der brodelnde Boden ist stellenweise brüchig. Die Dampfschwaden lassen erahnen, was beim Ausrutschen oder gar Einbrechen im heißen Dampf oder Wasser passieren könnte.

Der Weg führt teils kräftig bergan. Auf der ersten Kuppe dampft und zischt es erneut. Dann steige ich weiter hinauf zur Bergkuppe und mache gleich dahinter meine Vesperpause, um den Blick zum Grænavatn auf der einen und zum Kleifarvatn auf der anderen Seite zu genießen. Vor mir schweift der Blick zum Wanderparkplatz, auf die Solfatarenfelder und in die Landschaft ringsum. Aufstieg ca. 45 Minuten, Abstieg ca. 30 Minuten (Bild unten).

Die Wanderliteratur beschreibt eine Route bs zum 270 m hohen Ketill-Gipfel und zurück.

Ich fahre zurück zur 427 nehme und sause auf dieser in östlicher Richtung weiter. Für Wanderfreunde sind mehrere Routen ausgeschildert. Nur ist es etwas schwierig, das Wohnmobil während des Wanderns abzustellen, weshalb ich dies nicht näher ausprobiere. Auf der gut ausgebauten Asphaltpiste gelange ich bis zur Abzweigung zur Strandarkirkja und fahre rechts bis zur Holzkirche, wo ich das Wohnmobil auf dem großen Parkplatz abstelle. Wer einen (einfachen) **Campingplatz** vorzieht, kann an der Zufahrt einen der Plätze aussuchen.

ROUTE 5

SELVOGUR - T-BÆR

Stellplatzart:	...................Campingplatz
GPS:	N63 49 55.4 W21 41 15.3
Adresse:	Þórlakshöfn, Stichstraße von der 427 abzweigend
Tel.:	+354 483 3150
mailto:	siggakjartans@gmail.com
Homepage:	www.tjalda.is

Zufahrtinfo: An der Zufahrt zur Strandarkirkja rechts der Straße ausgeschildert.

Kurzbeschreibung: Einfacher Platz, aber preisgünstig, schön und ruhig. Nebenan Café/Restaurant. Rad- und Wandertouren bis Þórlakshöfn möglich, ebenso zur Strandarkirkja. **Öffnungszeit:** Mai bis September

  SELVOGUR - STRANDARKIRKJA

Stellplatzart:	...................Parkplatz
GPS:	N63 50 07.5 W21 42 18.5
Adresse:	Þórlakshöfn, Strandarkirkja

Zufahrtinfo: Von der 427 aus rechts ab bis zum Parkplatz am Ende der Nebenstraße nach 3,2 km.

Kurzbeschreibung: Geräumiger Schotterplatz am Fuß der Strandarkirkja, WC links neben der Kirche in einem nachgebildeten Torfhof.

 DIE STRANDARKIRKJA

Die Kirche (Bild unten) aus dem Jahr 1888 wurde von Seeleuten gestiftet, die sich die Hilfe Gottes bei Seenot erhofften. Um den Bitten an den lieben Gott für Beistand auf langen Seefahrten Nachdruck zu verschaffen und ihn gnädig zu stimmen, war (und ist) es üblich, Spenden für das Kirchlein zu bringen. Es lohnt sich, einen Blick ins Innere mit geschmackvoller Farbgebung zu werfen. Das Altarbild zeigt die Auferstehungsszene. Auch das Außengelände ist sehenswert. Achten Sie auf die kleinen Torfhäuschen, die da und dort (hinter dem Friedhof) ins Gras gebaut wurden und wie bunte Tupfen recht lustig aussehen. Wohnen hier wohl Elfen.... ?

Früher war **Þórlakshöfn** der Ausgangspunkt, wenn es galt die Westmännerinseln zu besuchen. Der Hafen war auch Anlaufstelle für die Schiffe im Zuge der erfolgreichen Evakuierung von Heimæy beim Vulkanausbruch des Eldfell im Jahr 1973. Doch wurde der Fährhafen verlegt, worauf ich noch zurückkommen werde.

So folge ich stattdessen der Ausschilderung Richtung **Hveragerði**, wo sich diejenigen wieder einklinken, die von Mosfellsbær kommend die Strecke auf der Ringstraße abgekürzt haben. Es gibt in Hveragerði einiges Interessantes zu entdecken.

HVERAGERÐI -REYKJAMÖRK TJALDSTÆÐI

Stellplatzart:	Campingplatz
GPS:	N63 59 56.2 W21 10 53.1
Adresse:	810 Hveragerði, Reykjamörk
Tel.:	+354 483 4605
mailto:	reykjamoerk-camping@simnet.is
Homepage:	www.reykjamoerk-camping.is

Zufahrtinfo: Vom Kreisverkehr an der 1 in den Ort fahren (Breiðamörk), immer geradeaus, dann rechts ab Þórsmörk, gleich wieder links ab, nun noch wenige Meter fahren (ausgeschildert).

Kurzbeschreibung: Im Ort gelegener, gut ausgestatteter Campingplatz mit festem Sanitärgebäude/Aufenthaltsraum/Küche. Ver-/Entsorgung an der Zufahrt, für Durchreisende allerdings recht teuer/videoüberwacht. Rezeption tgl. 8^{00}-11^{00}, 17^{00}-18^{00} h, 20^{00}-22^{00} h. Schwimmbad und Sportanlagen sowie der Geopark sind nur wenige Gehminuten entfernt.

Öffnungszeit: Ca. Juni bis September.

 HVERAGERÐI - REYKJADALUR

Stellplatzart:	Parkplatz
GPS:	N64 01 20.9 W21 12 41.2
Adresse:	810 Hveragerði, Breiðamörk

Zufahrtinfo: Zunächst wie Campingplatz, jedoch geradeaus bleiben, aus dem Ort heraus und auf Schotterstraße (Nr. 376) bis zum Parkplatz immer geradeaus. Er liegt vor der Furt etwa 4 km ab Ringstraße.

Kurzbeschreibung: Schotterparkplatz, nebenan eine kleine Cafeteria. Nach dem Parkplatz können 4x4 Fahrzeuge durch die Furt fahren zum nächsten Parkplatz. Dort allerdings Campingverbot.

 Sehenswertes in Hveragerði

Das Tourist Informationszentrum für Südisland ist im Ort beim Einkaufszentrum zu finden. In Hveragerði sollten Sie für wenig Eintrittsgeld den **Geothermalpark** besuchen. Auf informativen

Tafeln erfahren Sie viel über die Geothermalenergie, die prägend für den im 20. Jahrhundert entstandenen Ort ist, in dem es allerorts zu dampfen und zischen scheint. Dort können Sie auch ein Schlamm-Fußbad nehmen - sehr angenehm!

Nur wenige Schritte entfernt finden Sie das **Restaurant Kaffi & Kunst**. Wenn Sie nicht wissen, weshalb es aus den Holzgestellen an der Terrasse dampft (Bild linke Seite), fragen Sie in der Küche nach. Hier wird auf Anfrage gezeigt, wie man im Dampf Gutes aus Topf und Pfanne zaubern kann. Auch in der Küche wird die Naturenergie aus dem Boden genutzt. Empfehlen darf ich Ihnen das mittägliche Lunchbuffet. Es ist gut und preisgünstig.

In Gewächshäusern gedeihen Gemüse und Südfrüchte. Leider ist der Garten Eden abgebrannt. Dort war ein schönes Café unter Palmen eingerichtet. Drücken wir die Daumen, dass ein Wiederaufbau dieser Attraktion in naher Zukunft wieder möglich wird. In der Rehaklinik können Sie - neben den obligatorischen Anwendungen - auch nach der Nutzung des Thermalbades fragen oder essen gehen. Oberhalb des Schwimmbades ist jüngst ein neues **Solfatarenfeld** entstanden (Bild). Bei der Recherchefahrt

2008 konnte ich dieses "geburtsfrisch" und unerschlossen anschauen. Heute gelangen Sie auf ausgeschilderten Wegen (auf eigene Gefahr) dorthin. Niemand weiß, wann und wo der nächste Riss im Boden entsteht und heißen Dampf entlässt.

  Wandern ins Hochtemperaturgebiet Hengill

Das Wetter war mir nicht hold. Wie schon bei meinen früheren Reisen herrschte zur Recherche 2013 hier wechselhaftes und nebliges Wetter mit nur wenigen Lichtblicken. Deshalb kann ich nur kurz von der Wanderung mit meiner Frau vor wenigen Jahren zu den nahen heißen Quellen und Schlammtöpfen berichten.

Denken Sie an gutes Schuhwerk und packen Ihre Badesachen in den Rucksack, denn Sie können in angenehm temperiertem Wasser im Bach baden.

Folgen Sie über die Brücke vom Parkplatz aus der Wandermarkierung ins Reyjkjadalur. Nach etwa 1 3/4 Stunden erreichen Sie die Stelle, wo der Zusammenfluss heißer und kalter Bäche eine Badestelle bilden (siehe empfohlener Wanderführer).

Durch den Ort gelangt man schnell zurück zur Ringstraße. Von dort fahre ich in Richtung Selfoss, biege aber vorher schon auf die 35 ab. Drei Ziele, die als Herzstücke des "Goldenen Zirkels" gelten, sind mein Ziel. Zunächst nehme ich mir die geschichtlich bedeutendste Stätte Islands vor: Þingvellir. Dies ist der Platz, an dem das älteste Parlament seine historischen Wurzeln hat. Dort trafen sich die Menschen aus ganz Island schon vor über 1000 Jahren alljährlich zum "Alþing", um Recht zu sprechen, Gesetze zu beraten und zu verkünden und um andere wichtige Dinge zu beschließen. Es gibt zwei Routen zur Auswahl, um Þingvellir zu erreichen, von welchen ich die asphaltierte Variante bevorzuge.

Variante 1: Südliches/westliches Ufer des Þingvallavatn

Die 350 ist (noch) nicht durchgehend asphaltiert. Sie zweigt nach 7 km, kurz vor der Überquerung der Hvitá, links ab und führt südwestlich des **Þingvallavatn** zur 360. Auf dieser geht es zur 36. Jene ist die Strecke, auf der Sie zum Ziel gelangen, wenn Sie von Reykjavík/Mosfellsær oder vom Hvalfjörður (über die 48) anreisen.

Haben Sie eine dieser Routen gewählt, gibt Ihnen der **Picknickplatz Skálabrekka** (8 km nach Einmündung der 48 bzw. 3 km nach Einmündung der 360 auf die 36) oberhalb des Sees die Gelegenheit, die landschaftlich sehr schöne Szenerie bei einem gemütlichen Kaffee zu genießen (**GPS** N64 13 49.5 W21 11 51.8). Aufgrund der Lage an der 36 halte ich den Platz nicht für einen attraktiven Übernachtungsplatz, auch wenn er noch außerhalb des Nationalparks liegt (Straßenlärm, kein Sichtschutz).

Variante 2: Östliches Ufer des Þingvallavatn

Wenn Sie auf der 35 bleiben, biegen Sie 2 km nach der Abzweigung der 350 (nach der Hvitá) der Ausschilderung Þingvellir folgend links ab (Straße 36). Nun gondeln Sie durch lichten Buschwald mit zahllosen Ferienhütten. Oberhalb des nordöstlichen Seeufers können Sie an einem schönen Picknickplatz halten. Vom Parkplatz (**GPS** N64 14 52.5 W21 01 26.9, keine Übernachtung/Naturschutzgebiet!) blickt man kaum über die Wipfel der Bäume hinweg. Schauen Sie etwas genauer hin, können Sie auf einem kleinen Pfad schräg rechts unterhalb des Parkplatzes zu einem **Aussichtspunkt** gelangen. Unter Ihnen zieht sich eine Schlucht hin bis zum See. Jenseits dessen haben Sie die Felsspalten der **Almannagjá** und die Bergkette dahinter im Blick.

Vom Picknickplatz sind es 5,2 km, bis Sie bei der Rezeption des Campingplatzes (Informationszentrum des Nationalparks) den Zündschlüssel ziehen können.

Sowohl vom **Tourist Informationszentrum Þingvellir** als auch aus der anderen Richtung vom Skálabrekka Picknickplatz aus sind es jeweils gut 4,5 km, bis Sie das **Besucherzentrum des Þingvellir-Nationalparks** erreichen. Der große Parkplatz bietet auch für Wohnmobile Platz, wobei ich empfehle, keine Uhrzeit zu wählen, zu der die meisten Besucher vor Ort sind. Sie sollten eher den späten Nachmittag aussuchen und den Besuch der Thingstätte auf den frühen Abend oder Morgen des nächsten Tages legen - ein Vorteil unserer Art zu reisen.

    ÞINGVELLIR - TJALDSTÆÐI

Stellplatzart:..Campingplatz
GPS:.................................(Tourist Information) N64 16 46.7 W21 05 17.3
Adresse:.. Þingvellir,
Tel.: .... +354 482 2660
mailto: ....thingvellir@thingvellir.is
Homepage: .... www.thingvellir.is
Zufahrtinfo: Über die beschriebenen Anfahrtvarianten - jeweils auf der 36 - bis zum nördlichen Ufer des Þingvallavatn fahren.
Kurzbeschreibung: Das weitläufige Gelände ist aufgeteilt in vier Teilbereiche (Fagrabrekka, Syðri-Leirar, Hvannabrekka und Nyrðri-Leirar) neben dem Informationszentrum und beidseits der Zufahrt vom Informationszentrum zum Parkplatz der historischen Thingstätte. Gute Ausstattung, Ver-/Entsorgung auf dem Campinggelände, das an der Zufahrt zur Thingstätte links ab liegt. **Öffnungszeit:** Juni bis September.

 DER ÞINGVELLIR-NATIONALPARK

Islands erster Nationalpark wurde 1930 gegründet. Er ist aus geologischer und historischer Sicht interessant und bietet eine vielfältige Flora und Fauna. Im Juli 2004 wurde er von der Unesco zum Welterbe erhoben. Das Land um den See wird mit viel Mühe aufgeforstet. Dabei wurden Pflanzen gesetzt, die eigentlich hier nicht zu Hause sind. Die geschützte Lage lässt zahlreiche Kräuter, Blumen und Beeren gedeihen, im Spätsommer Birkenpilze, die einem das Wasser im Munde zusammenlaufen

 lassen. Der See bietet Brutvögeln eine Heimat, nicht zuletzt dem Eistaucher, aber auch aus der Heimat bekannte Arten wie der Zaunkönig. Den Wettbewerb „Alternativer Grand-Prix" der besten Singvögel in Tallinn im Jahr 2002 gewann der für Island nominierte Goldregenpfeifer, der hier ebenfalls vorkommt. Insgesamt werden 60 Vogelarten gezählt.

Vom Jahr 930 bis 1798 trat hier das Parlament Islands immer im Sommer zusammen, um unter freiem Himmel Gesetze zu beraten. Seit 1662 Island zur dänischen Krone gehörte, war es Gerichts- und Hinrichtungsstätte. Die Versammlungstätte Lögberg (Gesetzeshügel) wird am Ostrand der Almannagjá vermutet - da und dort finden sich alte Ruinen. Die Þingvallakirkja, erbaut 1859, ist in der Sommersaison (Mitte Mai bis Anfang Sept.) täglich von 09⁰⁰-17⁰⁰ h offen. Eine der drei Glocken, die Islandglocke, wurde von König Olaf von Norwegen gestiftet, der den Bau einer Kirche veranlasst hatte. Auf Anfrage beim Informationszentrum (Tel. +354 482 2660, mailto:thingvellir@thingvellir) ist auch eine Besichtigung zu anderen Zeiten möglich (Bild rechts unten).

Das Hofgebäude nebenan wurde von Guðjón Samuelsson anlässlich des 1000-Jahrfeier des Inselstaates geplant. Einst war es Sitz des Pfarrers, der später auch den Nationalpark verwaltete. Zudem ist hier auch der Sommersitz des Präsidenten Islands. Nach 1798 verlor Þingvellir mit dem Umzug des Parlaments nach Reykjavík an Bedeutung - nicht aber in den Köpfen der Isländer. 1874 wurde im Rahmen einer Nationalfeier die Verfassung verkündet. Am 17. 6.1944 wurde an gleicher Stelle die isländische Republik ausgerufen und Þingvellir zum Nationalheiligtum erklärt.

Nicht nur aus historischer Sicht ist diese Stätte von großem Interesse. Hier können Sie ohne gute Fernsicht von Amerika nach Europa schauen und umgekehrt, denn wir befinden uns an der tektonischen Bruchstelle zwischen den Kontinenten. Die Schlucht verläuft in Verlängerung des nordatlantischen Rückens von Südwesten nach Nordosten, was auch der vulkanisch aktiven Schnittstelle zwischen den Erdteilen entspricht. Noch heute driften die Kontinentalplatten jährlich um etwa zwei Zentimeter auseinander. Auf diese Weise ist die Senke in den letzten etwa 10.000 Jahren um 40 m eingesunken und bildet die heutige Almannagjá-Schlucht. Die tektonische Bewegung erfolgt dabei nicht gleichmäßig, sondern in Schüben. Immer wieder gibt es deshalb schwere Erdbeben, beispielsweise 1789, als die Senke in kurzer Zeit um einen halben Meter einsackte.

 DAS BESUCHERZENTRUM IM NATIONALPARK ÞINGVELLIR.

Im modernen Gebäude wird eine interessante Multimediashow geboten, die über die Geschichte und die Naturphänomene des Nationalparks informiert. Zur Hauptsaison, besonders an schönen Wochenenden, herrscht reger Betrieb und tagsüber auch schon mal Parkplatzmangel. Genießen Sie dennoch den Blick von der Aussichtsplattform in die Almannagjá und über den See, was wir übrigens im Januar schon mal in völliger Ruhe und ganz für uns alleine im winterlich-diffusen Licht genießen konnten (Bild unten links).

Wandertipp: Durch die Almannagjá

Am Campingplatz startet ein Pfad entlang der Bruchkante der Schlucht. Nach 30 Minuten ist der Wasserfall erreicht, kurz darauf die Thingstätte, wo die Nationalflagge flattert. In der Senke des Þingvallavatn, sehen wir den Pfarrhof Þingvellir.

Þingvellir - Laugarvatn - Geysir - Gullfoss

Wenn Sie auf der 36 retour fahren (Anfahrtvariante 2), können Sie kurz nach der Nationalparkgrenze links auf die 365 wechseln, um via Laugarvatn zum Geysir zu gelangen. Die neue Strecke bietet zwei übernachtungstaugliche Picknickplätze. Der erste liegt von Þingvellir her diesseits der **Lygndalsheiði** (**GPS** N64 11 32.4 W20 57 04.1), der andere kurz vor Laugarvatn (**GPS** N64 12 21.0 W20 47 00.1). Sind Ihnen diese Parkplätze zu unruhig und Sie eine teils waschbrettartige Schotterstraße nicht stört, können Sie auf etwa halber Strecke links der Ausschilderung **Laugarvatnhellir** folgen. Die Lavahöhlen liegen an der alten Trasse der 365. Der Parkplatz ist sehr ruhig - herrlich für Freunde einsamer Plätze.

 LAUGARDALUR - LAUGARVATNHELLIR

Stellplatzart:..Parkplatz
GPS: N64 12 58.3 W20 53 01.7
Adresse: .... Laugarvatn, An der ehemaligen 365
Zufahrtinfo: Von der neuen Passstraße 365 (Lygndalsheiði) links ab und von der alten Trasse später rechts ab als Sehenswürdigkeit ausgeschildert.
Kurzbeschreibung: Schotterplatz am Fuß der beeindruckenden Lavahöhlen, Informationstafel über den geschichtlichen Hintergrund.

 DIE SAGE VOM WUNDER DER LAUGARVATNHELLIR

Die Höhlen waren früher von den Bauern aus Laugarvatn bewohnt, zumindest von den Viehhütern. Die Schafe wurden hier des Nachts eingepfercht. Einer Erzählung nach wollte der Hirte Þórsteinn die Tiere in die Höhle treiben. Doch diese blieben stur. Erst als der Hirte vorging, folgten die Tiere widerwillig. Als der Hirte endlich in seiner Schlafecke zur Ruhe kam, wurde er von guten Geistern herausgezogen. Völlig erschreckt und verwirrt trieb er seine Herde in den Ort zurück und wollte fortan nie mehr zu den Höhlen zurückkehren. Kaum war er zurück, setzte nämlich ein Schneesturm ein, der den sicheren Tod bedeutet hätte.

VARIANTE: ANFAHRT AUF DER 35 NACH LAUGARVATN

Sofern Sie zuvor schon in Þingvellir gewesen waren, können Sie von der Ringstraße her auf der 35 zum Geysir reisen. Sie passieren dann südlich des Laugarvatn den **Vulkankegel Kerið** mit farbenfrohen Schotterhalden und einem markanten Krater. Der Parkplatz (4,6 km nach Abzweigung der 36) liegt abseits der Straße und ist übernachtungstauglich (**GPS** N64 02 29.5 W20 53 12.7). Wenn Sie dort verweilen, sollten Sie nicht die Gelegenheit zum Spaziergang verpassen. Die Sicht auf den bunten Krater mit seinem See im Schlund ist unvergesslich. Ein Stück weiter nehmen Sie die Abzweigung auf die 37 nach Laugarvatn und stoßen dort auf meine Route, um entweder das neue Thermalbad Fontana in Laugarvatn zu genießen oder einen schönen Hofladen mit Restaurant zu besuchen.

Laugarvatn am gleichnamigen See mit dem neuen **Thermalbad Fontana** ist ein besonderer Tipp für diejenigen, die gerne einen gepflegten Hot Pot genießen. Dass Sie nicht nur zum erholsamen Wellness-Erlebnis, sondern anschließend auch über Nacht willkommen sind, ist eine schöne Sache. Der Campingplatz Bláskogar machte bei der Recherche keinen einladenden Eindruck. Das Restaurant war geschlossen, in der Rezeption niemand anzutreffen. Doch ist der Platz schön gelegen (Tel. +354 486 1155).

 DIE LAUGARVATN FONTANA GEOTHERMAL BATHS

Das ganzjährig geöffnete Thermalbad im historischen Badeort wurde vor kurzem fertiggestellt. Die architektonisch gelungene Anlage umfasst drei Außenbecken mit einer Temperatur von 32-40° C. Ein Hot Pot mit 42° C war bei der Recherche fast fertig. Mit der finnischen Sauna und einem Dampfbad direkt auf der heißen Quelle wird der Aufenthalt bei jedem Wetter zum Wellness-Erlebnis. Zwar ist der Eintritt nicht billig, aber es wird etwas geboten. Auf Anfrage erhält man nach dem Besuch des Bades auch die Einwilligung, auf dem Parkplatz für eine Nacht zu stehen (kein Camping, keine weitere Ausstattung). Wer gern ein paar Züge schwimmt, kann sich im Laugarvatn abkühlen oder das nachfolgend beschriebenen Parkplatz benachbarte normale Schwimmbad (Hverabraut 2) besuchen.

   LAUGARVATN - FONTANA

Stellplatzart:..Parkplatz
GPS:... N64 12 53.5 W20 43 51.9
Adresse:............................... 840 Laugarvatn, Hverabraut 1
Tel.:...+354 486 1400
mailto:...fontana@fontana.is
Homepage:.. www.fontana.is
Zufahrtinfo: Wenn Sie in den Ort fahren, ist das Fontana Thermalbad rechts gut ausgeschildert. Der Parkplatz, liegt etwa 150 m vom Thermalbad entfernt neben der Sporthalle/Schwimmbad.
Kurzbeschreibung: Geschotterter, ebener Parkplatz nahe der neuen Therme, in der sich auch eine Cafeteria befindet. Dort erhalten Sie Kaffee und Kuchen sowie einfache Gerichte. Das Restaurant Lindin (regionale Küche Tel. +354 486 1262, mailto:lindin@laugarvatn.is) ist benachbart.

Auf dem Weg zum Geysir lege ich einen weiteren Halt ein. Das Schild "**Efstidalur II**" neben der 37 macht mich neugierig. Es weist auf einen **Hofladen nebst Restaurant** hin. Die Betreiberfamlie hat sich ins Zeug gelegt, den Gästen ein gutes Angebot aus Speisen und Getränken anzubieten. Dazu gehören hausgemachtes Eis, Milchprodukte und Fleisch. Das Restaurant ist abends offen. Vom Tisch blickt man in die Stallungen und kann den Bauern bei der Arbeit über die Schulter schauen. Die Parkflächen bieten Platz für Ihr Wohnmobil. Ob Sie nach der Einkehr für eine Nacht stehen dürfen, ist bis Drucklegung dieses Buches offen geblieben. Bekanntlich kostet eine freundliche Frage aber nichts (Tel. +354 486 1186, mailto:efstadal@eyjar.is).

Nun ist es Zeit zum Geysir zu fahren. Verabschieden Sie sich aber vom Gedanken, dort einen ruhigen, beschaulichen Platz vorzufinden. Hier tanzt der Bär, wie man sagt, ebenso wie beim Gullfoss. Wenn Sie es einrichten können, sollten Sie gegen Abend da sein. Dann werden die Touristenströme geringer und Sie haben mehr Ruhe, das Naturschauspiel von Strokkur & Co. zu genießen.

GEYSIR - TJALDSTÆÐI

Stellplatzart:...Campingplatz
GPS:... N64 18 35.5 W20 18 18.8
Adresse:...An der 35
Tel.:..+354 480 6800
mailto:...geysir@geysircenter.is
Homepage:... www.geysircenter.is
Zufahrtinfo: An der Straße 35 gegenüber dem Geysir-Center.
Kurzbeschreibung: Wiesenplatz mit Stromanschluss, vor dem Santitär-gebäude zusätzlich Schotterplatz (wichtig bei Regen). Dusche/WC gegen Gebühr, ohnehin ein vergleichsweise teurer Platz. Ver-/Entsorgung am Vorplatz. Restaurant im Hotel Geysir, ebenso Schwimmbad mit Hot Pots.
Öffnungszeit: ca. Juni bis Anfang September.

HINTERGRUNDINFORMATIONEN ZU GEYSIR & CO.

Einen Besuch im **Geysir Center** mit einer Multivisions-Show ist zu empfehlen. Sie erhalten umfassende Informationen zum Vulkanismus, zur Entstehung der Springquellen und - besonders interessant - einen Eindruck von einem "echten" Erdbeben. Hierfür ist eigens ein Erdbebensimulator angebracht worden.

Der Name **Geysir** steht für die berühmte Springquelle, die lange Zeit aktiv war und regelmäßig eine Wasser- und Dampfsäule von 60-80 m Höhe ausstieß. Geysir wurde Namensgeber für alle Springquellen weltweit. Sie werden jedoch außer der flachen Sinterterrasse mit 18 m Durchmesser und dem natürlich entstandenen, 20 m tiefen Wasserloch mit siedendem Wasser kaum etwas vom Geysir sehen. Seit 1915 ging seine Aktivität zurück. Lediglich nach dem schweren Erdbeben im Frühling 2000 war die Aktivität vorübergehend etwas stärker.

Jedoch ist auf **Strokkur** (Butterfass - Bild) Verlass. Alle etwa 6-8 Minuten schießt auch er eine Fontäne von immerhin 20-25 m in die Höhe.

Die Bruchkante des nordatlantischen Rückens ist labil. So entstanden bei Erdbeben immer wieder neue Quellen, die mehr oder weniger lange aktiv blieben, teils auch wieder versiegten. Die Springquellen füllen sich durch das Einsickern von Wasser in den Boden, wo es sich unter Druck auf mehr als 100° C erwärmt und einen sehr hohen Dampfdruck erzeugt. Sobald dieser hoch genug ist, um die darüber lastende Wassersäule auszustoßen, wird das Wasser in die Höhe katapultiert.

Das Heißquellengebiet von etwa 3 km³ umfasst noch einige Quellen mehr. Die Namen sind unter anderem **Sóði** (Grassode), **Smiður** (Schmied), **Óþerrishola** (Regenmacher), **Litli Geysir und Litli Strokkur** (kleiner Geysir bzw. Strokkur), **Konungshver** (heiße Königsquelle) und **Blesi** (Blazer, Sakko).

Einen guten Überblick über das Ganze erhalten Sie, wenn Sie sich die Mühe machen, in etwa 15 Minuten zum Aussichtspunkt Konungsstinar (Königssteine) zu wandern. Zumindest ist der Blick von dort so schön, dass sich auch die dänischen Könige Christian IX (1874), Frederik VIII. (1907) und Christian X. (1922) die Mühe des Aufstiegs machten.

Beachten Sie bitte: Die Heißwasserzone ist ein Schutzgebiet. Auch wenn es viele Besucher nicht wahr haben wollen: Das Verlassen der Wege ist nicht nur streng verboten, sondern auch sehr gefährlich. Nicht umsonst wird vor der erheblichen Verbrühungsgefahr gewarnt. Verboten ist es ebenso, von den Sinterterrassen der Springquellen Steine zu entnehmen oder gar herauszuhauen. Der Respekt vor dem Werk der Natur gebietet es, rücksichtsvoll mit den Schätzen der Schöpfung umzugehen.

Meine Familie und ich hatten am 26.8.2000 und erneut am 27.8.2000 das unbeschreibliche Glück, Zeitzeugen von zwei Ausbrüchen der Quelle **Fata** zu sein (Bild unten). Anders als Strokkur, stieß die Quelle ihre Fontäne dabei mehrere Minuten lang in schätzungsweise gut 5 m in die Höhe. Die Besonderheit war, dass Fata zuvor 340 Jahre lang völlig ruhig geblieben war - und auch nach unserem Besuch wieder jegliche Aktivität ausblieb. Vermutlich lag die Ursache für den Ausbruch nicht an meiner Frau, meiner Tochter oder mir selbst. Eher war auch hierfür das Erdbeben kurz zuvor verantwortlich, das die Region erschüttert hatte.

Folgen Sie mir nun etwa 10 Kilometer in nördlicher Richtung. Dort erwartet Sie mit dem **Gullfoss** einer der schönsten Wasserfälle Islands. Sie können für Ihr Wohnmobil dort zwischen **zwei Parkplätzen** wählen. Der erste ist näher am Geschehen und bietet eine Aussichtsplattform (**GPS** N64 19 30.8 W20 07 47.0), der andere vor dem Informations-Zentrum nebst Cafeteria (**GPS** N64 19 30.5 W20 07 30.0). Wenn Sie hier übernachten möchten - es ist nicht verboten. Ich bitte Sie jedoch ausdrücklich, die Regeln der freien Übernachtung genau einzuhalten. Jedes negative Ereignis (dazu gehören auch die Längsparker, die anderen Fahrzeugen den Parkplatz versperren!), für das Gäste mit Wohnmobilen verantwortlich gemacht werden könnten, wäre ein weiterer Schritt für ein Verbotszeichen. Helfen Sie mit, dass dies vermieden werden kann.

🏃 Wandern zum Gullfoss

Sie möchten sich in die Scharen von Touristen an der Aussichtsplattform und bei der Cafeteria nicht einreihen? Dann schnüren Sie Ihre Wanderschuhe, nehmen Regensachen mit und stiefeln entlang der Seilsicherung an der Oberkante des Canyons der **Hvitá** zum Wasserfall. Der Gletscherfluss entspringt am Langjökull und ist deshalb milchig-trüb. Vorsicht! Durch die Gischt ist der Weg schmierig und nass. Sie können bei der nach 10-15 Minuten erreichten Gesteinsstufe noch etwas weiter klettern bis zu einer Aussichtsplattform. Dort lässt sich schön beobachten, wie die Wassermassen über mehrere Stufen mehr als 32 m in den tief eingeschnittenen, 2,5 km langen Canyon stürzen.

Sie haben die oben erwähnte Ausstattung dabei? Dann ist es gut. Dann können Sie mit über andere Touristen schmunzeln, die (je nach Windrichtung) bei gutem Wetter oft in T-Shirt, kurzer Hose und Sandalen unterwegs sind - und bald wie begossene Pudel in der Gischt stehen und frieren.

🚙 HOCHLANDAUSFLUG KJÖLUR ROUTE (EHEMALS "F") 35

Wenn Sie die Kjölur-Route (F)35 noch nicht von Norden bis Hveravellir oder nach Kerlingarfjöll gefahren sind, besteht nochmals die Chance. Allerdings - die Route von Süden her ist ruppiger als die nördliche Variante. Auch hier möchte ich darauf hinweisen, dass es sich um eine typische Hochlandstrecke handelt. Sie ist zwar auch mit "Normalfahrzeugen" machbar, teils aber nur mit äußerster Vorsicht und Konzentration sowie mit langsamer, umsichtiger Fahrweise. Achten Sie auf den rückwärtigen Verkehr. Nicht jeder Geländewagenfahrer möchte sich von "langsamen Joghurtbechern" (so bezeichnete einer von diesen die Wohnmobile) den Spaß am Hochland verderben lassen. Machen Sie an einer Ausweichstelle Platz. Sie kommen zwar später in Hveravellir oder im 190 km entfernten Blönduós an - aber auch sicherer.

Island - Süden

Erleben Sie Feuer und Eis hautnah nebeneinander! Die Reise führt (mit Hochlandbus oder 4x4) rund ums "explosive Ensemble" aus Hekla, Eyjafjallajökull, Mýrdalsjökull (Katla), Grímsvötn und anderen Vulkanen. All dies geht einher mit einer faszinierenden Farbwelt. Sie erleben riesige Vulkanspalten und fahren fort im Bann des größten Gletschers Europas, dem Vatnajökull.

Was Sie jetzt erwartet, setzt dem bisher Erlebten fast die Krone auf. Zugegeben - es ist nicht einfach, alles zu erreichen. Entweder Sie haben ein robustes Allradfahrzeug oder müssen für den einen oder anderen Hochlandausflug auf die Linien- und Hochlandbusse ausweichen.

Wenn Sie ein paar Kilometer sparen möchten, dafür aber auch auch ein Stück Schotterpiste (gut befahrbar) in Kauf nehmen, biegen Sie etwas südlich vom Gullfoss auf die 30 ab und fahren über **Fluðir** (Einkaufsmöglichkeit) bis zur 32 in südlicher Richtung. Wenn es das Wetter zulässt, können Sie den Blick zurück zum Langjökull und die abwechslungsreiche Landschaft genießen.

Alternativ nehmen Sie die 35 (asphaltiert) und fahren über **Reykhólt**. Dort können Sie bei zwei Bauernhöfen Landprodukte erwerben und zudem Sprit tanken. Auch ein Campingplatz steht zur Verfügung, den ich aber nicht näher begutachtet habe.

Etwa 5 km weiter südlich zweigt die 31 ab, die über **Laugaras** zum historischen Bischofssitz **Skáholt** führt. Dort hatte 1086 der erste Bischof Islands seinen Sitz, und dies sollte bis zum Ende des 18. Jahrhunderts so bleiben. Dann wurde der Bischofssitz nach Reykjavík verlegt. Das prächtige, hölzerne Gotteshaus, das Þáll Jónsson hatte errichten lassen, brannte Anfang des 14. Jh. nieder. Nachfolgerkirchen entstanden und, die alle die Jahre nicht überdauerten. Das letzte Kirchlein stand bis 1956 und wurde durch das heutige Gotteshaus ersetzt. Sehenswert sind die Glasfenster und das Altarbild mit Christus bei der Segnung von Brot und Wein. Die früheren Bischöfe sind in der Krypta neben dem Steinsarg des ersten Bischofs bestattet.

Der Abstecher zur Kirche unterhalb der 31 lohnt sich also. Wer Hunger verspürt, kann im benachbarten Café essen gehen. Der Parkplatz eignet sich eher nicht für die Übernachtung, denn zahlreiche Reisebusse besuchen den alten Bischofssitz (Bild). Dafür habe ich Alternativen gesucht und gefunden, die allerdings noch ein Stück entfernt liegen. So fahre ich weiter bis zur 30, biege links ab und kurz später gleich wieder rechts auf die 32. Wer über Fluðir gefahren ist, zweigt an gleicher Stelle entsprechend links auf die 32 ab.

Der erste Ort ist **Arnes**, wo sich nahe dem Schwimmbad und der Tankstelle ein kleiner, sehr einfacher **Campingplatz** befindet (**GPS** N64 02 34.6 W20 15 11.4). Da mir das Preis-Leistungs-Verhältnis dieses Platzes nicht angemessen erscheint (Dusche/WC sind arg in die Jahre gekommen, um es diplomatisch auszudrücken), fahre ich weiter und werde auf der Anhöhe **Gaukshöfði** fündig. Auf der Weiterfahrt, etwa 7,5 km nach dem Einscheren zurück auf die 32, lässt sich bei guter Sicht der Haifoss erblicken, einer der höchsten Wasserfälle Islands. Dorthin zu gelangen, ist allerdings nicht ganz einfach.

   GAUKSHÖFÐI - AUSSICHTSPUNKT

Stellplatzart:..Parkplatz
GPS:... N64 04 50.9 W20 01 03.9
Adresse:..Oberhalb der 32
Zufahrtinfo: Von der 30 kommend auf die 32 abbiegen und weiterfahren, bis ein Schild links hinauf (alte Trasse der Straße) zur Sehenswürdigkeit Gaukshöfði weist (Aussichtspunkt/Picknickplatz). Etwas ruppige, aber mit Vorsicht gut befahrbare Schotterstraße.
Kurzbeschreibung: Kleiner Parkstreifen an der Schotterstraße sowie auf dem Rasen neben der Picknickbank. Nur ein paar Minuten steilen Fußmarsches sind nötig, um bergauf zu gelangen. Oberhalb des Picknickplatzes befindet sich ein beeindruckender Aussichtspunkt mit Blick weit über die Ebene der Þjórsá. Doch Vorsicht - ein Warnschild weist auf die Absturzgefahr hin (fast senkrechte Abbruchkante des Felsens, was von der Parkplatzseite so nicht erkennbar ist).

Wird der Platz knapp, folgen Sie einfach der alten Strecke, die im weiteren Verlauf problemlos für einen Halt geeignet ist.

ABSTECHER ZUM HÁIFOSS MIT WANDERTIPP

Die erste Gelegenheit, zum Haifoss zu gelangen, bietet sich im Zuge einer anstrengenden und schwierigen Wanderung. Davor liegt die Zufahrt zum Hof **Stöng.** Es handelt sich um die ausgegrabene Ruine eines Hofes aus der Wikingerzeit. Er ist bei einem Ausbruch der Hekla, ähnlich wie Pompeji, unter einer dicken Ascheschicht versunken. Die Bewohner fanden dabei den Tod. Der Hof war verloren. Mittlerweile wurden die Fundamente freigelegt und mit einem nicht eben schönen Dach vor weiterer Zerstörung gesichert. Eine Besichtigung ist möglich (freier Zugang). Allerdings ist die 6 km lange Zufahrt mittlerweile so schlecht, dass sie nur noch für 4x4-Fahrzeuge zugelassen ist. Wer es dennoch wagt (nennenswerte Furten gibt es nicht) und ein entsprechendes Fahrzeug hat, steht auf dem **Wanderparkplatz mit WC/Infotafel** (**GPS** N64 08 59.1 W19 45 22.9). Sofern Sie ein gutes, geländegängiges Fahrzeug haben, können Sie der 327 weiter folgen. Sie mündet später wieder auf die 32, nicht weit von der alternativen Zufahrt zum Háifoss.

Vom Parkplatz gelangt man in wenigen Minuten über den Hügel zu einer Fußgängerbrücke, die zur Ruine des Hofs Stöng führt, der beeindruckende Ausmaße hatte. Die Wanderung zum 122 m hohen Wasserfall ist nicht einfach. Flüsse/Bäche sind zu furten und es gibt ein paar knifflige Passagen, die Trittsicherheit erfordern. Wer das nicht mag, sollte lieber verzichten. Von Stöng aus wandert man über das Lavafeld Þórsárdalshraun am Berghang des Stangarfjall entlang auf Flussschotter und bleibt stets auf der in Fließrichtung linken Seite der Fossá. Dann ist Orientierungssinn nötig, denn eine Markierung gibt es nicht. Nach etwa 3 Stunden ist der Kessel des Háifoss erreicht.

 ÞJÓÐVELDISBÆR – MUSEUMSHOF

Stellplatzart:	Parkplatz
GPS:	N64 07 07.3 W19 49 20.1
Adresse:	Unterhalb der 32
Tel.:	+354 488 7713
mailto:	Kontaktformular der Homepage
Homepage:	www.thjodveldisbaer.is

Zufahrtinfo: Kurz nach der Abzweigung der 327 zweigt rechts die Zufahrt zum Kraftwerk Burfell und zum Museumshof ab (ausgeschildert). Die Museumszufahrt führt dann wiederum links ab und in weitem Linksbogen zum Parkplatz.

Kurzbeschreibung: Asphaltierter Parkplatz, WC beim Museum (zu Öffnungszeiten). Museum ca. 200 m entfernt (Bild). Eintrittsgebühr.

Nun folgt die Überquerung des Höhenrückens **Burfell**. Auf der anderen Seite geht es in die Flussniederung der **Þjórsá**. Bald zweigt links eine Schotterpiste ab, auf der Sie zum Haifoss gelangen können. Das Wohnmobil kann beim Gehöft am Fuß des Bergrückens stehen (Campingmöglichkeit mit Ver-/Entsorgung, die ich nicht besichtigt, sondern einem Leserhinweis entnommen habe). Vielmehr bin ich weitergefahren, um den **Háifoss** von oben zu betrachten, was ich allerdings ich nur 4x4-Fahrzeugen empfehle, wie Günter und Sieglinde Hahn es haben, von denen das Bild unten stammt - sie hatten mehr Wetterglück, als ich. Lieber schnüren Sie die Wanderstiefel, gehen vom Hof aus 5,5 km bergan und biegen bei der Hochspannungsleitung links ab, um zum Wasserfall zu gelangen.

Sobald die Einmündung der 32 in die (F)26 erreicht ist, heißt es zu überlegen, wie es weitergehen soll. Es folgen 57 km auf der F208 bis **Landmannalaugar**. Eine Entscheidungshilfe erhalten Sie im Restaurant Hrauneyjar. Möchten Sie die Strecke nicht wagen, gelangen Sie mit dem Linienbus auch ins Hochland hinauf.

🍴 HRAUNEYJAR - RASTSTÄTTE/GÄSTEHAUS

Stellplatzart: ....Gaststätte
GPS: N64 11 49.4 W19 17 05.2
Adresse: .... Hella, Sprengisandsleið
Tel.: .... +354 487 7782
mailto: .... hrauneyjar@hrauneyjar.is
Homepage: ....www.hrauneyjar.is
Zufahrtinfo: An der Einmündung links ab Richtung Sprengisandur.
Kurzbeschreibung: Asphaltierter Parkplatz, Restaurant, Tankstelle. Nach Einkehr gewährt man gerne auch die Übernachtung im Wohnmobil. Bevor Sie ins Hochland fahren, bitte unbedingt ans Tanken denken, damit Sie dort oben nicht ohne Sprit liegen bleiben.

AUSFLUG NACH LANDMANNALAUGAR

Auf der zunächst asphaltierten F26 starte ich Richtung Landmannalaugar. Zunächst führt die Strecke über die Schlucht Hrauneyjarstöð und um den **Hrauneyjarlón**. 12,5 km nach der Tankstelle geht es rechts ab entlang der Hochspannungsleitung auf eine Schotterpiste. 2,1 km weiter zweigt links die Hochlandpiste F208 ab. Nach 9 km ist der **Naturpark Fjallbak** erreicht, in dem freies Übernachten verboten ist - auch im Auto/Wohnmobil! Die Strecke wird stellenweise sandig. Holprige Passagen mit ruppigen Waschbrettern lassen das Geschirr klappern und zwingen zur langsamen Fahrt. Bei der Abzweigung „**Landmannaleið/F225**" geht es geradeaus. 4,7 km weiter scharf um eine Bergnase herum und 1,4 km steil abwärts, bis zur Abzweigung nach Landmannalaugar rechts ab. Jetzt fehlen noch 1,8 km zum Ziel. Prinzipiell ist die Strecke auch ohne 4x4 machbar - erkundigen Sie sich aber unbedingt im Vorfeld!

Was jeder Gast gerne nutzt, ist der natürliche Pool, der am Zusammenfluss zweier Bäche (kalt und heiß) zum Entspannungsbad einlädt. Es herrscht oft reger Betrieb, zudem ist das Wasser stellenweise sehr heiß, der Boden rutschig. Vorsicht beim Einsteigen in den Pool!

   LANDMANNALAUGAR - TJALDSTÆÐI

Stellplatzart: ....Campingplatz
GPS: N63 59 25.9 W19 03 37.8
Adresse: ....Landmannalaugar/ Fjallafang
Tel.: .... +354 618-7822
mailto: .... laugar@landmannalaugar.info
Homepage: ....www.landmannalaugar.info
Zufahrtinfo: Von der F26 zur F208 (ausgeschildert - siehe Beschreibung). Kurz vor dem Campingplatz eine Furt, die mit Vorsicht zu genießen ist. Parkplatz davor als Alternative. Der Platz gehört zum Campingplatz - Gebühr ist entsprechend zu entrichten.
Kurzbeschreibung: Weitläufiges Wiesengeländ bei der Hochlandhütte. Abgesehen von den guten Sanitäranlagen in festem Gebäude (Dusche Zusatzgebühr) einfache Ausstattung. In der Hauptsaison viel Betrieb. Anmeldung in der Hütte bei den Rangern. **Öffnungszeit:** Solange die F208 offen ist.

  WANDERUNGEN VON LANDMANNALAUGAR AUS

Planen Sie rechtzeitig, den Zeitbedarf fürs Wandern, denn das Angebot an Wanderungen durch die farbenprächtige Landschaft ist groß.

Eine Rundwanderung von ca. 2 1/2 Stunden führt vom Campingplatz aus links am Bach entlang und dann durchs Lavafeld **(Græna-gil)**, bis man das Solfatarenfeld am 855 m hohen **Brennistein-salda** erreicht. Der Berg gilt als einer der buntesten in Island (Bild von Günter und Sieglinde Hahn). Von dort führt der Pfad ums Lavafeld Laugahraun herum und zuletzt an dessen Rand wieder zum Ausgangspunkt.

Am Brennisteinsalda kann man Richtung **Hrafntinnusker** abbiegen (erste Etappe des Laugavegur). Dann erreicht man durch die farbige Landschaft mit sanften Bergrücken, vorbei an einer dampfenden Springquelle, über Schneefelder und durch einen Lavastrom mit vielen Obsidianen nach etwa 2 1/2 Stunden ab Brennisteinsalda die Wanderhütte. Hier kann man im Matratzenlager übernachten. **Achtung**: Voranmeldung obligatorisch). Der Rückweg erfolgt auf dem gleichen Weg (Bild unten links - meine Frau und Tochter beim Anstieg Richtung Hrafntinnusker).

Die dritte Variante ist die Besteigung des **Bláhnúkur**, die von Landmannalaugar aus etwa 3 Stunden in Anspruch nimmt. Diese Route ist durch die steilen Pfade und große Höhenunterschiede anstrengend, dafür aber der Aussicht in die bunte Landschaft wegen lohnend.

Nicht zuletzt sei hier auf die legendäre **Tour von Landmannalaugar nach Þórsmörk und weiter nach Skógar** hingewiesen, die als „Laugavegur" bekannt ist. Die mehrtägige Tour erfordert eine gute Vorbereitung und Ausrüstung. (Siehe empfohlene Wanderbücher).

Nach einem hoffentlich auch für Sie farben- und erlebnisreichen Aufenthalt genießen Sie das warme Bad, die bunte Bergwelt und lassen die Eindrücke einfach noch ein wenig auf sich wirken, wenn das Wetter passt. Dann stehen Sie wahrscheinlich (zumindest ohne 4x4-Antrieb) vor der Rückfahrt auf der gleichen Strecke, auf der Sie nach Landmannalaugar gekommen sind (Bild unten rechts Günter und Sieglinde Hahn).

🟢**4x4** ALTERNATIVEN: ÜBER DIE F225 ODER AUF DER F208 WEITER?

Zunächst fahre ich auf der bekannten Strecke 4,5 km zurück zur Abzweigung „Landmannaleið". Dann geht es auf die F225 links ab (Ausschilderung **Landmannahellir**).

Diese Hochlandpiste ist kürzer als der Rückweg über die F208 (von Landmannalaugar bis zur Straße 26 nur 50 km) und darüber hinaus landschaftlich sehr schön. Dafür ist sie mit Furten gespickt, weshalb ich sie nur 4x4-Piloten empfehle. Wir treffen uns an der Einmündung in die 26 wieder.

Zudem können Sie (ebenfalls nur mit 4x4-Fahrzeug) einen Abstecher hinauf zur Hekla machen. Das wäre dann ja auch eine schöne Alternative zum Wandern.

Wenn man einen gänzlich anderen Tourenverlauf plant, über ein geländegängiges Fahrzeug verfügt und gleich den nächsten Hochland-Höhepunkt **„Eldgjá"** aufsuchen möchte, bietet sich die F208 an, und zwar in die andere Richtung, als wir sie bereits kennen. Die 30 km bis zur Eldgjá sind mit vielen Furten gespickt, die teilweise an die 50 cm tief sind. Also bitte keine Experimente machen!

Unser nächstes Ziel ist jetzt, möglichst nah an die mit 1.491 m Höhe majestätisch aus der Ebene ragende **Hekla** zu kommen. Sie ist der aktivste, einer der höchsten, sicher aber der markanteste Vulkan Islands. So nehmen wir die 26 und fahren ein gutes Stück nach Süden, bis die F225 links abzweigt.

4x4 AUSFLUG ZUR HEKLA

Wer also mit diesem Vulkan „auf Tuchfühlung gehen" möchte, fährt ein Stückchen auf der F225. Ein 4x4-Fahrzeug ist zwar bei guten Bedingungen nicht unbedingt zwingend nötig, aber sinnvoll). Wanderlustige können eine der ausgeschilderten Wanderstrecken ausprobieren. Nach etwa 6,9 km zweigt rechts eine Piste in Richtung des Bergmassivs ab. Auf ihr fährt man 7 km, bis ein kleiner Parkplatz mit Blick zum schneebedeckten Gipfel zur Pause einlädt (**GPS** N64 02 24.8 W19 34 47.6 - Bild unten).

Den Rest von gut 1000 Höhenmetern/10 km zum Gipfel kann man teils auf dem Fahrweg zu Fuß meistern, was meine Frau und ich angesichts unsicheren Wetters nicht gewagt hatten. Machen Sie sich kundig und hinterlassen bei einem Hof oder im Vulkanzentrum Leirubakki Nachricht, dass Sie zum Gipfel unterwegs sind. Dort erhalten Sie auch Informationen über Zufahrt und Fußweg.

Wenn Sie auf der 26 statt des Hochlandausflugs südwärts fahren (derzeit noch eine lange Schotterpassage, die jedoch asphaltiert werden soll), können Sie das Gasthaus **Leirubakki** besuchen, wo Sie die Ausstellung über den Vulkanismus anschauen, im Restaurant einkehren und auch übernachten können.

HELLA -LEIRUBAKKI

Stellplatzart: ....Gaststätte
GPS: N63 59 33.8 W20 00 46.9
Adresse: .... 851 Hella, Leirubakka
Tel.: ....+354 487 8700
mailto: ....leirubakki@leirubakki.is
Homepage: ....www.leirubakki.is
Zufahrtinfo: Auf der 26 Richtung Hella halten (links ab ausgeschildert).
Kurzbeschreibung: Geschotterter Parkplatz Restaurant. Campingmöglichkeit auf dem Grundstück auf Anfrage. WiFi-Zone, Hot Pot.

Die noch fehlenden 31 km nach Süden zur Ringstraße liegen zügig hinter mir und ich biege links ab, nicht ohne immer wieder das mächtige Massiv der Hekla und später die Gletscherkappen des **Eyjafjallajökull** und des **Myrdalsjökull** zu bestaunen. Im Meer lassen sich in Küstennähe schon die **Westmännerinseln** blicken.

Hella ist vor allem interessant, wenn Sie einkaufen oder tanken müssen. Ansonsten bietet der Ort nichts Überwältigendes. Nach weiteren 13 km ist **Hvolsvöllur** erreicht, das architektonisch ebenfalls ohne Reiz ist. Es gibt einen Supermarkt, eine Tankstelle und Restaurants, daneben einen **Hofladen**. Unterhalb des Austurvegur (Ringstr.) finden Sie einen **Zeltplatz**, den ich allerdings als wenig attraktiv empfunden hatte. Der "Farmers Market" versteckt sich hinter dem Supermarkt. Hier kaufen Sie von der Erzeugergenossenschaft. Die **Tourist-Information** neben der Polizeistation beherbergt das **Sagazentrum**. Bei Bedarf sind dessen Gäste gerne auf dem Parkplatz vor dem Gebäude auch für eine Übernachtung willkommen (**GPS**: N63 45 02.2 W20 13 30.5, Hlíðarvegur 14, 860 Hvolsvöllur).

  DAS SAGA-ZENTRUM IN HVOLSVÖLLUR

Die Ausstellung gibt Einblick in die Njals-Saga und die Wikingerzeit. Es gibt Führungen durch die Ausstellung. Oder man erhält einen Begleittext in der Muttersprache. Die Gestaltung ist modern. Das Saga-Zentrum wird ergänzt um eine Sammlung technischer Geräte, die in Büros, Einkaufsläden und im Handwerk der Region Dienst getan hatten.

In der mittelalterlich gestalteten Halle „Sögskálinn" servierte in früheren Jahren das entsprechend gekleidete Personal den Gästen Spezialitäten der altisländischen Küche. Als Höhepunkt gab es damals Aufführungen der Njáls-Saga als Musical. Doch schade drum - die Kosten waren im Verhältnis zur Besucherzahl zu hoch und machten dem eindrucksvollen Schauspiel ein Ende. So müssen wir uns mit Touren durch das Flusstal bis ins unbewohnte Hochland und durch Lavawüsten zu den Schauplätzen der Njals-Saga beschränken.

Info/Öffnungszeiten: Mitte Mai-Sept. tgl. 9⁰⁰-18⁰⁰ h, Tel. +354 487 8781, www.njala.is, mailto:njala@jnala.is.

ROUTE 6

Freunde freier Übernachtungsplätze habe ich weitere Tipps entlang der 261 auf Lager, das weit ins Fljótsdalur führt. Ein Parkplatz nahe der Gedenkstätte Þorstein ermöglicht eine ruhige Übernachtung in einer reizvollen Landschaft. Etwas größer ist der Platz ein kleines Stück weiter am sehenswerten **Gluggafoss**. Noch ein Stück kann man mit normalen Fahrzeugen ins **Fljótsdalur** fahren. Nahe der Jugendherberge finden Sie einen Wanderparkplatz, von wo Sie die Besteigung des Þórolfsfells angehen können.

Wandertipp: Þórolfsfell

Leider konnte ich witterungsbedingt die Wanderung nicht machen, so gerne ich die Aussicht vom Gipfel ins Gletschertal **Þórsmörk** und zum **Eyjafjallajökull** genossen hätte. Immerhin gaben die Wolken doch mal kurz den Blick dorthin frei. So muss ich auf die Schilderungen meiner Leser zurückgreifen bzw. auf die Empfehlung der Tourist Information Hvolsvöllur. Details zur Wanderung entnehmen Sie bitte dem Rother Wanderführer.

Ⓟ HVOLSVÖLLUR – GLUGGAFOSS

Stellplatzart:..Parkplatz
GPS:.. N63 43 10.5 W19 53 34.5
Adresse: ....860 Hvolsvöllur, Fljótshlíðarvegur (Straße 261)
Zufahrtinfo: Von Hvolsvöllur der 261 talaufwärts folgen. Nach 17,5 km führt eine kurze Schotterstraße links ab zum Parkplatz.
Kurzbeschreibung: Schotterplatz am Fuß des Wasserfalls (Bild links).
Alternativen: Kurz vorher ein weiterer **Parkplatz Þórsteinnslundur** (als Sehenswürdigkeit ausgeschildert - **GPS** N63 43 14.0 W19 54 35.0). Wer einen ruhigen Picknickplatz etwas abseits in einem Waldgebiet bevorzugt, kann den Parkplatz **Túmastaðir** aufsuchen (gut 7,5 km nach Hvolsvöllur links ab, dann bis zum Parkplatz fahren - **Picknickplatz am Waldrand GPS** N63 44 25.3 W20 03 47.3).

   Noch ein Stück weiter gelangen Sie zum **Parkplatz Fljótsdalur** (**GPS** N63 42 39.4 W19 44 01.1 - Bild rechts unten, hinten der Eyjafjallajökull). Das letzte Teilstück ist ziemlich waschbrettartig. Dafür ist die Wanderung umso schöner wie mir mehrfach von Leserseite bestätigt wurde.

So rolle ich auf der 261 retour zur Abzweigung der Straße 250, die mich zum nächsten Höhepunkt der Reise, dem **Seljalandsfoss** bringt, der über 40 Meter von der Basaltklippe stürzt.

Wer von Hvolsvöllur direkt dorthin fährt, folgt der Ringstraße. Den Wasserfall sieht man von weitem auf der linken Seite und muss nur auf die 249 abbiegen. Vor dem Seljalandsfoss ist ein Picknickplatz (GPS N63 36 57.9 W19 59 33.3) mit Tischen und Bänken angelegt. Kurz später finden Sie rechts den modernisierten **Campingplatz Hamrargarðar**, der gerne als Ausgangsstation zu Busfahrten ins Gletschertal Þórsmörk genutzt wird.

Kleine Wanderung zum Seljalandsfoss

Vom Campingplatz führt ein Wanderpfad am Fuß des Berges entlang. Zunächst passiert man den Gljúfurárfoss. Dieser stürzt, ganz anders als der Seljalandsfoss, im Verborgenen zu Tale, in eine Höhle nämlich, die über einen steilen Pfad erreicht wird.

Am Seljalandsfoss sollten Sie sich den Spaß gönnen, hinter dem Wasservorhang hindurch zu gehen. Es ist ein herrlicher Anblick. Der Weg ist durch Stufen und Drahtseile recht gut begehbar.

  HVOLSVÖLLUR - HAMRAGARÐAR

Stellplatzart: ....Campingplatz
GPS: N63 37 15.5 W19 59 23.2
Adresse: .... 861 Hvolsvöllur, Þórsmerkurvegur
Tel.: .... +354 867 3535
mailto: ....info@southadventure.is
Homepage: ....www.southadventure.is
Zufahrtinfo: Etwa 2 km auf der 249 von der Ringstraße her fahren, dann rechts ab ausgeschildert.
Kurzbeschreibung: Zwei Wiesenflächen, gute Ausstattung mit Stromanschluss, WiFi Zone, Waschmaschine/Trockner und Dusche gegen Zusatzgebühr, hierdurch vergleichsweise teuer, aber gut. Kleines Restaurant. **Öffnungszeit:** Mai bis September.

AUSFLUG INS GLETSCHERTAL ÞÓRSMÖRK

Ein Geheimtipp für alle, die gerne die raue, von Gletschern geprägte Natur erleben möchten, ist ein Abstecher ins Gletschertal Þórsmörk zu empfehlen. **Die Strecke ist jedoch für nicht geländegängige Fahrzeuge tabu.** Die ersten Furten könnten bei sehr vorsichtiger Fahrt für ein Straßenfahrzeug nach vorheriger Prüfung noch zu durchfahren sein. Bei km 17 aber dürfte (wie es mir wiederholt trotz Allrad ergangen ist) Endstation sein. Dort ist der Abfluss Lónið des Gletschers Eyjafjallajökull.

Haben Sie diese Furt gemeistert, fordert Sie am Ende des Tales die Furt durch die **Krossá** heraus. Die Route führt in einem großen „S" durch den Fluss. Hier können Sandbänke oder Flussschotter ein Problem bereiten. Wenn man es mit einem entsprechenden Fahrzeug wagt, ist es angeraten, die beste Route den Einheimischen oder einem Hochlandlinienbus „abzuschauen".

Von Hvolsvöllur bietet die staatliche Busgesellschaft Linienbusfahrten an. Doch weder die Fahrt mit dem eigenen Wagen noch die Busfahrt konnte ich bislang machen - jedes Mal hat mich richtig schlechtes Wetter erwischt, wenn ich dort war. Deshalb mögen Ihnen die Bilder von Günter und Sieglinde Hahn eine kleine Hilfestellung sein, sich für (oder gegen) den Ausflug zu entscheiden.

Im Tal locken mehrere Wandermöglichkeiten, über die man sich in einer der hier vorhandenen Hütten oder in der Tourist-Information Hvolsvöllur eingehend informieren kann und sollte.

Nach was steht Ihnen der Sinn? Ist es eine moosbewachsene, tiefe Schlucht, dann sollten Sie die Stakkholtsjá erwandern (etwa 1,5 km südlich der Hütte Langidalur auf einem Pfad Richtung Süden - Gehzeit 1 1/2 bis 2 Std.).

Wenn eher ein schöner Aussichtspunkt in Ihrem Sinne ist, dann könnte das Réttarfell oder der Valahnúkur ein lohnendes Ziel sein, beide um die 500 m hoch und in jeweils gut einer Stunde pro Richtung zu schaffen. Am faszinierendsten aber dürfte eine etwas größere Wanderung (ca. 5 Std. Gehzeit) zum Tungnakvíslarjökull sein. Der Start der Tour ist in Básar und führt entlang der Krossá, die mehrfach überbrückt ist, manchmal aber auch durchwatet werden muss, bevor man rechts in das Tal Richtung Tungnakvíslarjökull abzweigt.

Und wer sich gleich ganz ausführlich dem Wandern hingeben möchte, der kann hier in die Mehrtagestour Landmannalaugar-Þorsmörk-Skógar in eine der beiden Richtungen einsteigen (nach Skógar ein Tag, nach Landmannalaugar drei Tage (siehe Wandertipp Landmannalaugar).

Zurück an der Ringstraße darf ich Ihnen sehr den nächsten Ausflug ans Herz legen. Wenn Sie es ermöglichen können, nehmen Sie sich wenigstens die Zeit für einen Tagesausflug auf de Westmännerinseln. Ob Sie dies nun mit Ihrem Wohnmobil tun (ja, es gibt zwei Campingplätze dort, zudem habe ich mich um freie Stellplatzmöglichkeiten gekümmert) oder als Tagesausflug, das hängt wohl einzig vom Wetter und Ihren Zeitplänen ab. Ich probierte es mit Wohnmobil und hatte einen Tag absolutes Wetterglück, nachts Sturm und anderntags Regen - von allem etwas. Und ich kann sagen: Es hat sich sehr gelohnt.

    AUSFLUG VESTMANNÆYJAR (WESTMÄNNERINSELN)

Die Fähre Herjólfur legt im vor wenigen Jahren gebauten Landeyjahöfn ab. Buchen sollten Sie zumindest rechtzeitig im Vorfeld, wenn Sie mit dem Wohnmobil übersetzen möchten. **Info/Fahrplan:** Eimskip, Tel. +354 481 2800, www.herjolfur.is). Am besten buchen Sie für den Hinweg ab Landeyjahöfn die Fähre 8³⁰ h und zurück die späte Fähre 20³⁰ h. Dann haben Sie einen ganzen bzw. zwei ganze Tage zur Verfügung.

Damit Ihr Wohnmobil gut aufgehoben ist, können Sie direkt beim Fährhafen problemlos auf den großen **Parkplätzen** stehen (**GPS** N63 31 51.5 W20 07 06.2). Oder Sie nutzen den **Picknickplatz** an der Abzweigung von der Ringstraße auf die 247, wo man auch recht gut steht - auch über Nacht (**GPS** N63 37 18.1 W20 01 53.6).

Heimæy ist die einzige der Inseln mit einer zusammenhängenden Siedlung. Der Ort wurde 1973 weltbekannt, als aus heiterem Himmel sich die Erde auftat und Feuer spie. Die beispiellose Evakuierung von mehr als 5.000 Einwohnern, bei der keiner der Hilfsbedürftigen ums Leben kam, nötigt einem auch heute noch allen Respekt ab.

Ich parke nach Ankunft der Herjólfur am Hafen und melde mich bei **Viking Tours** für die nachmittägliche Bootstour rund um die Insel an (**Info/Fahrpläne:** Tel. +354 488 4884, Tangagötu 7 am Hafen, www.vikingtours. is). Die Blickwinkel vom Boot aus auf die faszinierende Vulkaninsel werde ich nicht so schnell vergessen. Wenn zum krönenden Abschluss das Saxophon des Kapitäns in einer farbenfrohen Lavahöhle erklingt, ist die Fahrt perfekt. Dann steuere ich den Wagen zum Parkplatz Eiðfell, der sich auf der Fahrt von der "City" Richtung Leuchtturm Stórhöði am Fuß des Kraters befindet. Sie können den Wagen auch am Hafen stehen lassen und den Rundgang durchs Lavafeld mit der Wanderung verbinden.

Ich steige vom Parkplatz auf steilem Schotterweg in gut 45 Minuten zum Krater auf, der mich mit seinen faszinierenden Farben schier überwältigt. Beim Blick vom Krater in die Stadt wird einem bewusst, welch unbeschreibliches Glück im Unglück die Bevölkerung beim Ausbruch hatte (Bild unten links). Wenn Sie am Hafen starten, verlängert sich der Aufstieg durchs Lavafeld um 45 Minuten. Schließen Sie in diese Variante den Besuch der Stabkirche Skansinn ein, die von Norwegen gestiftet wrude. Die Wege sind gut markiert. Der Rückweg liegt naturgemäß schneller hinter Ihnen, sodass Sie mit etwa 2 1/2 Std. Gehzeit kalkulieren sollten.

In Heimæy sollten Sie drei Museen in Ihr Programm aufnehmen, die mir ein schönes Schlechtwetterprogramm für Tag 2 gaben, aber nicht nur dann interessant sind. An erster Stelle steht für mich die Besichtigung des **Geschichts- und Heimatmuseums**, wobei der angestaubte Begriff hier kaum passt. Unbedingt anschauen sollten Sie den etwa 30 Minuten dauernden Dokumentarfilm über den Ausbruck des Vulkans 1973 und die spektakuläre Evakuierungsaktion. Sie werden auch über die Ausstattung der Häuser und die Lebensbedingungen früherer Jahre staunen. Das **Aquarium** etwa 5 Minuten entfernt im Zentrum gibt Aufschluss über die Tier- und Pflanzenwelt der Inselgruppe. Hier werden auch elternlose Papageientaucher großgezogen - immer ein Besuchermagnet. So interessant, wie die Dokumentation über Heimæy 1973 ist die Entstehung der Insel Surtsey 10 Jahre zuvor bei einem Vulkanausbruch. Thema von Film und Ausstellung im **Surtsey-Zentrum** unterhalb des Aquariums ist die Erforschung des Lebens auf der Vulkaninsel, die streng vor menschlichem Zutritt abgeschirmt wird, um die natürliche Besiedelung durch Tiere und Pflanzen dokumentieren zu können.

Nicht zuletzt erfreut sich Heimæy des Vorteils, dass die Gastronomie mehrere gute Alternativen mit regionaler Küche bietet.

Sie haben sich für die Mitnahme des Wohnmobils entschieden? Es gibt im Ort neben der Sporthalle und Schwimmbad den kommunalen **Campingplatz Ásthamrar** (**GPS** N63 26 17.3 W20 17 23.5, WC/Du/ Aufenthaltsraum, WiFi Zone, V/E Station (ISK 1.200/p.P.). Sehr schön gelegen ist der außerhalb gelegene **Campingplatz Herjolfsdalur** (**GPS** N63 26 33.5 W20 17 49.5), der in einem herrlichen Talkessel zwischen schroffen Bergflanken liegt. Diese kann man von dort prima erwandern.

Ich habe (fast) eine Nacht draußen am **Leuchtturm Stórhöfði** verbracht, um abends den langen Sonnenschein (Bild unten rechts) für die Vogelbeobachtung nutzen zu können (**GPS** N63 24 02.6 W20 17 12.6). Doch ich darf gleich sagen - mehr als 1 Wohnmobil findet dort keinen ebenen Platz. Und mich hat nächtens ein Sturm des Feldes verwiesen, sodass ich doch lieber den Campingplatz aufgesucht habe.

Zurück auf der Hauptinsel, geht es auf der Ringstraße weiter Richtung Osten. Am Fuß der früheren Steilküste auf der Fahrt Richtung Skógar kommen Sie an den **„Rútshellir"** vorbei, die einst bewohnt waren und eine Schmiede beherbergt haben sollen. Die Hausfassaden wirken wie an die Felswand geklebt. Etwas später werden Sie die **Bauernhof-Gaststätte Gamli Fjósið** entdecken (**GPS** N63 32 34.1 W19 41 51.3 Tel. +354 487 7788, www.gamlaf-josid.is). Wenn Sie Hunger plagt, sind sie hier richtig. Nach der Einkehr dürfen Sie auf Anfrage auf dem Parkplatz im Wohnmobil über Nacht stehen.

Ähnlich sieht dies beim **Eyjafjallajökull Visitor Centre** aus, das beim Hof Þórvaldseyri in einer früheren Scheune eingerichtet ist. (**Parkplatz GPS** N63 32 34.7 W19 40 04.4). Auch hier kann ich den Dokumentarfilm nebst der Ausstellung über die Geschichte des wohl bekanntesten Vulkanausbruck Islands der letzten Jahre nur empfehlen. Die Ringstraße führt bald zum nächsten eindrucksvollen Wasserfall, dem **Skógafoss**, wo Sie wieder einen Campingplatz finden werden und wandern können.

SKÓGAR - TJALDSTÆÐI

Stellplatzart: ....Campingplatz
GPS: N63 31 41.3 W19 30 43.0
Adresse: .... 860 Hvolsvöllur, Hlíð (Skógafoss)
Tel.: ....+354 487 8801
mailto: ....eyjathe@simnet.is
Homepage: ....www.hvolsvollur.is
Zufahrtinfo: Von der Ringstraße links ab ausgeschildert.
Kurzbeschreibung: Wiesenfläche direkt am Fuß des imposanten Wasserfalls. Imbissbude nebenan. Sanitärausstattung einfach, aber in Ordnung, Ver-/Entsorgung an der Zufahrt. Stromanschluss möglich.
Öffnungszeit: ca. Juni bis August.

Der **Skógafoss** bietet dem stark frequentierten Platz eine beeindruckende Kulisse. Über 60 m stürzen die Wassermassen über die ehemalige Steilküste. Vielleicht finden Sie die Goldkiste, die der Pionier Þrasi hier in einer Höhle hinter der Wasserwand versteckt haben soll. Wenn nicht, dann genießen Sie einfach das Tosen des herabfallenden Wassers oder bewundern Sie den eleganten Flug der Eissturmvögel, die sich in großer Zahl an der steilen Wand aufhalten und im Sommer brüten.

 ## Wandertipp: Skógafoss - Þórsmörk

Sie können, müssen es nicht bei den paar Metern Fußweg zum Wasserfall belassen. Rechts des Wasserfalls steigt ein Fußpfad steil bergan. Etwa in zwei Dritteln der Höhe kann der Wasserfall aus einer anderen Perspektive begutachtet werden.

Geht man weiter hinauf, wird man nach einer halben Stunde Gehzeit einen breiten Bergbach mit einer sehr schönen Kaskade sehen. Der Fluss Skógar kommt aus dem Gebiet **Fimmvörðuháls** (Schauplatz des ersten, kleinen Vulkanausbruchs im Frühjahr 2010). Egal, wie weit Sie den Weg ins Tal verfolgen, Sie können es bis nach Þórsmörk ausdehnen (siehe Wanderliteratur).

 DAS VOLKSKUNDEMUSEUM SKÓGAR

Das Museum ist eines der größten in Island, mit einem originalgetreuen Torfhof (Tel. 487-8845, offen 1.5.-15.9., 9-19 Uhr). Dem Museum wurde in den Jahren 2001/02 ein Technikmuseum angegliedert, dessen Exponate die technische Entwicklung der letzten Jahrzehnte und Jahrhunderte aufzeigen. Zum Museum gehört auch eine Cafeteria, in der zur Mittagszeit recht preisgünstig kleinere Gerichte angeboten werden.

Abstecher zur Gletscherzunge Sólheimarjökull

Auf der Weiterfahrt Richtung Osten können Sie schon nach 6,1 km einen Abstecher auf die 221 (Schotter) zum **Sólheimar-**

jökull einlegen. Vom Parkplatz (**GPS** N63 31 49.3 W19 22 16.3) ist es eher ein größerer Spaziergang denn eine Wanderung zur Gletscherzunge. Sehr schön ist der große Schotterparkplatz unweit der Cafeteria. Hier können Sie durchaus auch eine ruhige Nacht verbringen.

Fährt man auf der Ringstraße weiter, passiert man den markanten Felsen Petursey. 8 km weiter führt die Straße im weiten Bogen links den Berg hinauf. Hier zweigt eine Schotterpiste rechts ab - die Ausschilderung „Dyrhólæy" ist nicht zu übersehen. Die Schotterpiste trägt die Nummer 218 und führt nach 5 km zum südlichsten Punkt Islands - **Kap Dyrhólæy** - ein toller Platz zum Verweilen oder zum Wandern. Ein Parkplatz bietet die Möglichkeit zur Rast. Doch mit dem Übernachten ist Fehlanzeige! Wir befinden uns im Natur- und Vogelschutzgebiet - **Campingverbot**!

Wandertipp Dyrhólæy oder Strandspaziergang?

Östlich der Klippe Dyrholæy (Bild unten), nahe dem Parkplatz (**GPS** N63 24 13.3 W019 06 15.4), befand sich früher ein Hafen, von dem die Schiffe mittels Krananlage ins Meer gelassen wurden. Die Pfeiler und Widerlager sind auf den Felsen am Parkplatz noch erkennbar. Bei guter Witterung kann man hinabsteigen und den schwarzen, weichen Sandstrand genießen. Doch Vorsicht - achten Sie auf die Brandung, besonders bei steigender Flut, damit Ihnen der Weg nicht abgeschnitten wird.

Vor uns erheben sich die dunklen, fast schwarzen Felsen 120 m in die Höhe. Das Felstor ragt weit ins Meer hinaus. Es ist Namensgeber der Klippe: Torhügelinsel. Natürlich reizt es, zum Leuchtturm hinaufzusteigen und das Ganze von oben zu betrachten. Nehmen Sie vom Parkplatz aus die (sehr schlechte!) Zufahrt dort hinauf. Am besten lassen Sie den Wagen unten stehen und wandern hinauf (ca. 30 -45 Minuten Aufstieg).

Aus dem Meer ragen die Felsspitzen **Reynisdrangar** aus dem Wasser. Sie sollen Trolle sein, die sich beim Sonnenaufgang in Felsen verwandelt haben. Dahinter verliert sich der Blick im Atlantik.

Selbstverständlich habe ich mich noch um einen passenden Stellplatz gekümmert, der Ihnen eine ruhige Übernachtung sichert. Ein kleines Stück haben Sie allerdings zu fahren, entweder nach Vík oder um die Lagune östlich von Dyrhólæy herum.

 VÍK - REYNISDRANGAR/GARÐUR

Stellplatzart: ....Parkplatz
GPS: N63 24 14.9 W19 02 39.0
Adresse: ....Vík, Reynishverfisvegur
Zufahrtinfo: Von der Ringstaße auf die 215 rechts ab zum Straßenende.
Kurzbeschreibung: Schotterplatz am Fuß der imposanten Felswand Reynisdrangar. (Bild unten beim Spaziergang).

   VÍK Í MÝRDAL - TJALDSTÆÐI

Stellplatzart: ....Campingplatz
GPS: N63 25 10.1 W18 59 43.9
Adresse: .... Vík, Klettsvegur
Tel.: ....+354 487 1345
mailto: .... sifh@simnet.is
Homepage: ....noch nicht vorhanden
Zufahrtinfo: In den Ort fahren, am Ende der Gefällstrecke links ab.
Kurzbeschreibung: Der etwas betagte Campingplatz soll zur Saison 2014 neu gestaltet/modernisiert werden. Er ist ortsnah gelegen. Die neue Ausstattung kann noch nicht beurteilt werden. V/E Station an der Zufahrt, Aufenthaltsraum. **Öffnungszeit:** Juni bis September.
Freie Stellplatzalternative/Parkplatz: (GPS N63 24 50.3 W19 01 06.2) Von der Tourist Information in die Manabraut, dann rechts auf den Schotterweg, an dem zwei Parkplätze liegen (einer beim Gedenkstein für deutsche Fischer). Wandermöglichkeit zum Reynisfjall, zurück in den Ort und weiter zur Kirche von Vík , von dort auf den Hausberg Hatta.

Den Besuch in Vík, der südlichsten Siedlung Islands. sollten Sie mit dem Besuch der herrlich gelegenen Kirche auf der Bergkuppe oberhalb des Dorfes verbinden - eine der meistfotografierten Kirchen Islands. Im Ort können Sie, neben der Tourist Information (Vikurbraut 28, Tel. 487-1395, eMail: info@vik.is, geöffnet 15.6.-15.8.), zwei Restaurants/Cafés aufsuchen, um regionale Gerichte zu genießen. Rechts der

Ringstraße an der Ortsausfahrt finden Sie bei der Tankstelle einen großen Laden, in dem isländische Wollwaren angeboten werden. Wenn Sie also rechtzeitig vor Ende der Reise einen Islandpullover erstehen möchten? Hier ist die Auswahl groß! In der Tourist Information erhält man auch die nötigen Infos für eine Bootsfahrt durch das große Felsentor draußen im Meer oder für die Wanderung um die Klippe Reynisdrangar. Von Vík aus nehme ich wieder die Ringstraße in östlicher Richtung in Angriff, die am Fuß des **Mýrdalsjökull** entlang führt.

 ABSTECHER ZUM CAMPINGPLATZ ÞÁKGIL

Haben Sie Lust auf einen Abstecher ins Hinterland, wo eine faszinierende Schlucht und ein atemberaubend schöner Campingplatz im Hochland auf Sie wartet? Für mich ist dieser Platz einer der schönsten in ganz Island! Wenn Sie möchten, folgen Sie mir 5,1 km nach der Wollfabrik in Vík links ab auf die - allerdings stellenweise ziemlich grobe - Schotterpiste 214. Die Piste führt 16,5 km weit hinauf Richtung Mýrdalsjökull, ist stellenweise sehr steil und kurvig, aber zumindest für robuste Straßenfahrzeuge machbar. Furten sind keine zu meistern, weshalb ich auch typische isländische Wohnwagengespanne und kleine Miet-PKW angetroffen habe, die keine Probleme hatten. Für größere Fahrzeuge über 3,5 t / 6 m Länge würde ich aufgrund der Qualität der Piste allerdings eher abraten. Auf alle Fälle ist eine angepasste, vorsichtige Fahrweise anzuraten. Erkundigen Sie sich vor Ort bei Einheimischen oder in der Tourist Information in Vík.

   ÞÁKGIL

Stellplatzart:..Campingplatz
GPS:.. N63 31 49.9 W18 53 16.4
Adresse:...Straßenende der 214
Tel.:... +354 893 4889
mailto:..helga@thakgil.is
Homepage:.. www.thakgil.is
Zufahrtinfo: 5,1 km östlich von Vík auf die 214 abbiegen und 16,5 km auf grober Schotterpiste, teils steil und kurvig, landschaftlich aber sehr schön bis zum Campingplatz folgen.
Kurzbeschreibung: Schotterplatz und topfebene Camping-/Zeltwiese, Stromanschluss, Dusche/WC, Grillplatz in einer natürlichen Höhle, Aufenthaltsraum (Bild unten). **Öffnungszeit:** ca. Juni bis August.

Vom Campingplatz führt eine Fahrspur zum sehenswerten Wasserfall und zum Wasserkraftwerk, das Ihnen den Strom fürs Wohnmobil produziert. Gehzeit ca. 15 Minuten (einfache Strecke).

Wer etwas weiter wandern will, kann etwa 2,5 km auf der Zufahrtstraße retour wandern (oder fahren). Das Fahrzeug bleibt an der Abzweigung mit dem Hinweisschild zum Campingplatz. Von dort führt eine 4x4-Piste 1,8 km in ein Seitental. An einer (fast) trocken liegenden Furt – zumindest bei meiner Recherche war dies so - führt eine alte Jeep-Piste schräg links ins Tal. Nach etwa 40 Minuten Gehzeit (der Pfad folgt in Laufrichtung am rechten Berghang, in Flussrichtung linkes Ufer) gelangt man zum Talschluss. Dort ist der Bach zu furten (auf Steinen gut machbar) und ist nach wenigen Minuten am herrlichen Wasserfall, der in die Schlucht tost. Achtung! Trittsicherheit auf dem letzten Stück nötig. Achten Sie auf die Steinschlaggefahr. Gehzeit ab Campingplatz und zurück insgesamt etwa 3 Stunden.

Verlängerung bzw. Variante: Wenn man bei der erwähnten, trocken liegenden Furt schräg rechts wandert und die Passhöhe überquert, gelangt man zum Gletscher. Diese Alternative wurde mir von der Besitzerin Helga empfohlen, ich habe die Tour aber nicht ausprobiert.

Ebenso gab mir Helga den Tipp, dass man vom Campingplatz etwa 15 km zum Gletscher wandern kann. Hierzu fragen Sie bitte am Campingplatz nach oder nehmen den Rother Wanderführer zur Hand. Die Tour ist nicht ganz einfach und zudem anstrengend.

Die Weiterfahrt auf der Ringstraße führt nun in die erste große Sandebene, den Mýrdalssandur. Dieser Passage möchte ich einen Hinweis auf die bestehenden Gefahren vorausschicken, ohne Ihnen damit Angst machen zu wollen. Den nötigen Respekt aber schon.

 GEFAHREN BEI DER FAHRT DURCH DIE SANDEBENEN

Nach der Ortsausfahrt Vík ist eine Warntafel vorbereitet. Die Straße kann bei Gefahr durch Naturkatastrophen mit einer Schranke gesperrt werden. Die **Katla**, der Vulkan unter dem Eisschild des **Mýrdalsjökull,** gilt als einer der gefährlichsten in Island. Sollte es zu einem Ausbruch kommen (man geht aus der Erfahrung früherer Eruptionen davon aus, dass dies nach der Aktivität des Eyjafjallajökull nicht lange auf sich warten lässt) ist nach kurzer Vorwarnzeit mit einem großen Gletscherlauf zu rechnen.

Es bleibt möglicherweise kaum ein Stein auf dem anderen, wenn die schwarzbraune Flutwelle unter der Eiskappe des Gletschers hervorbricht und riesige Mengen Geröll, Schlamm, ja haushohe Eisbrocken zu Tale befördert.

Die zweite Gefahr ist, dass sich gewaltige Sandstürme entwickeln können, wenn die Wetterlage es will. Die Vegetation ist spärlich und es besteht das Risiko, dass Ihr Wagen sandgestrahlt wird, um es etwas krass auszudrücken. Halten Sie sich deshalb über die voraussichtliche Wetterentwicklung informiert und stellen sich auf die Gegebenheiten entsprechend ein.

ROUTE 6

Doch ist es nicht so, dass solche Verhältnisse vorherrschen müssen, wenn Sie gerade da sind. Deshalb möchte ich mich den faszinierenden Eindrücken widmen, die Island auf Lager hat. Auch diese Sanderfläche hat mit ihrer endlosen Weite ihren Reiz, den Sie bei einer Rast auf einem der Picknickplätze entlang der Ringstraße genießen können.

Kaum in der Sandebene **Mýrdalssandur** angekommen, können Sie auf den **Picknickplatz Katla** (**GPS** N63 28 16.6 W18 35 27.9) einschwenken und sich anhand der Infotafeln mit den Gefahren, der Geschichte und den Zusammenhängen der Natur befassen. Es wird versucht, durch gezielte Bepflanzung der Sandstürme Herr zu werden (zumindest, bis der nächste Gletscherlauf oder auch ein massiver Ascheregen alles wieder hinfällig machen könnte).

Der **Picknickplatz Laufskálarvarða** (**GPS** N63 35 43.6 W18 27 48.3) wird kurz nach der Abzweigung der 209 nach Hrifunes erreicht. Auf dem markanten Hügel stand einst ein Gehöft. Nun steht kein Haus mehr dort, sondern hunderte Steinmännchen. Wenn Sie also möchten - ran an die Arbeit! Steine gibt es genug. Doch denken Sie daran - man soll niemals ein bestehendes Steinmännchen zerstören. Baut man das eigene Steinmännchen, soll es Glück auf Reisen bringen.

 4X4-AUSFLUG IN DIE ELDGJÁ UND NACH LANDMANNALAUGAR

10 km weiter können 4x4-Fahrer auf den nächsten Hochlandausflug abbiegen. Auch wenn Sie ein solches Fahrzeug nicht haben, ist die **Eldgjá** nicht tabu: Hochlandbusse fahren ab **Kirkjubæjarklaustur** über die Vulkanspalte nach **Landmannalaugar**. Abfahrt der Busse ist bei der N1-Tankstelle in Kirkjubæjarklaustur. Dazu später mehr.

Aus der 208 wird nach 16 km die F208. Fortan geht es wesentlich ruppiger zu Werke. So holpern Sie mehr oder weniger langsam, wie es Ihr Fahrzeug zulässt, 27 km bis zur beeindruckend schönen Vulkanspalte. Etwa 5 km zuvor können Sie links den Campingplatz ansteuern - letzte Übernachtungsmöglichkeit, denn die Eldgjá gehört zum Vatnajökull Nationalpark, weshalb die freie Übernachtung streng verboten ist.

ROUTE 6

HÓLASKJÓL

Stellplatzart:..Campingplatz
GPS:.. N63 54 27.5 W18 36 13.1
Adresse:..An der F208
Tel.: .... +354 855 5812 oder 855 5813 oder 865 7432
Homepage: ....www.eldgja.is
Zufahrtinfo: 19 km nach Beginn der F-Straße links ab ausgeschildert.
Kurzbeschreibung: Schotterplatz für Fahrzeuge, Zeltwiese, einfache
Ausstattung. Gästehaus mit Aufenthaltsraum, WC/Geschirrwaschplatz
mit Kaltwasser. Kein Stromanschluss, keine V/E-Station. Mit ISK 1.200
p. P. /N. mittlere Preisklasse. **Öffnungszeit:** Während Öffnung der F208.

Es fehlen noch wenige Kilometer, um die F208 zu verlassen und die
Eldgjá anzusteuern (**Parkplatz mit WC, GPS** N63 57 05.6 W18 38 20.0).
Auf dem Weg dorthin ist eine doppelte Furt zu meistern, die für gute Ge-
ländefahrzeuge kein Problem darstellt - für den Hochlandbus schon gar
nicht (siehe Bild linke Seite rechts - ich konnte mich schlecht selbst beim
Furten fotografieren). Sie können den Wagen an geeigneter Stelle vor der
Abzweigung stehen lassen und den Fußweg über die Brücke nehmen.
Die Wanderzeit verlängert sich dann um eine gute Stunde je Richtung.

 WANDERTIPP: ÖFÆRUFOSS UND GJÁTINDUR

Wenn Sie 1 1/2 Stunden Gehzeit investieren und keine anstrengende
Halbtagestour unternehmen möchten, sollten Sie beim Wanderpark-
platz über die Brücken gehen und dem markierten Pfad folgen, der auf
der vom Parkplatz aus gesehen rechten Seite in die Vulkanspalte führt.
Nach etwa 30 Minuten überqueren Sie einen Bachlauf und wenden die
Laufrichtung auf den markanten Wasserfall zu (Bild vorige Seite links).
Nach weiteren 15 Minuten stehen Sie dann auf der Aussichtsplattform,
die über einen steilen Anstieg erreicht wird. Rückweg auf gleicher Route.
   Wer etwas mehr Puste und Zeit hat (bei gutem Wetter mit Fernsicht zu
empfehlen - Bild unten), kann nach den Brücken den steilen Anstieg rechts
hinauf auf sich nehmen und oberhalb der Abbruchkante weitergehen. Nach
2 Stunden erreichen Sie eine Gabelung. Links führt der Pfad auf dunklem
Lavaschotter steil hinab, worauf ich später zurückkomme. Zunächst halten Sie sich geradeaus. Es geht durch eine Senke und später links zum
Gipfel, der nach 2 1/2 bis 3 Stunden erreicht wird. Die Aussicht ist überwältigend. Im Blick sind die Hekla, die Gletscher Langjökull, Hofsjökull
und Vatnajökull und mit etwas Glück die Eiskappe des Snæfell.

Auf dem Rückweg gehen Sie zur beschriebenen Gabelung auf gleicher Strecke zurück und steigen über die Geröllhalde ab. Das macht riesig Spaß, denn es ist lockeres Vulkanauswurfmaterial, in das man mit jedem Schritt tief einsinkt. Lustig ist es auch, wenn Sie unten angekommen sind uns sich die kratzenden und pieksenden Krümel aus Schuhen und Socken klauben dürfen, bevor es in einer guten Stunde durch die Talsohle zurück zum Wanderparkplatz geht (wenn Sie möchten mit Abstecher zum Öfærufoss) Gehzeit insgesamt etwa 4-5 Stunden.

Wer noch nicht genug vom Hochland hat, folgt der F208 bis Landmannalaugar. Die Furten unterwegs sind alle ähnlich problemlos, wie diejenige auf dem Weg in die Eldgjá, wie mir die Busfahrer allesamt berichteten. Ich selbst habe diesen Abschnitt allerdings nicht ausprobiert.

Zurück an der Ringstraße, setze ich die Fahrt Richtung **Kirkjubæajarklaustur** durch das schier endlose, mit dicken Moospolstern bewachsene Lavafeld **Eldhraun** (565 km²) fort, das durch die Laki-Katastrophe 1783/84 entstanden war. Vom **Picknickplatz Fjaðrargljúfur an der 1** (**GPS** N63 44 48.4 W18 09 38.4, 2 Picknickbänke) sehen Sie prima die gleichnamige Schlucht auf der anderen Talseite. Der Platz ist trotz der Nähe zur Straße eine gute Alternative zum Parkplatz Fjaðragljúfur, auf den ich später zu sprechen komme. Sollte jener belegt sein, können Sie hierher zurückkehren oder die Campingplätze aufsuchen. Darüber hinaus bietet das gut 5 km entfernte Kirkjubæjarklaustur zwei Campingplätze. An Stellplatzauswahl soll es also hier nicht fehlen.

 DIE LAKI-KATASTROPHE

Nach Erdbeben im Sommer 1782 folgte ein milder Winter, der ein jähes Ende finden sollte. Es begann einer der größten bekannten Vulkanausbrüche. Auf der Hochfläche südwestlich des Lakiberges öffnete sich eine 25 km lange Spalte mit über 100 Vulkanschloten, welche die größte Lavamenge seit Beginn der Geschichtsschreibung ausspieen.

Schlimmer als die Lava waren die giftigen Gase und die Asche, die weite Teile Islands bedeckten. Hierdurch verendeten zahlreiche Tiere und die Menschen hatten Hunger zu leiden. Viele wanderten aus und über 10.000 Menschen fanden den Tod - mehr als ein Viertel der Bevölkerung. Damit nicht genug - die Vulkanasche wurde über den Nordatlantik getragen und verteilte sich bis nach Mitteleuropa. Man geht davon aus, dass die Aschepartikel mit verantwortlich waren für die "kleine Eiszeit". Diese wiederum führte europaweit zu Hungersnöten und sozialen Konflikten. So war der Laki-Ausbruch nicht unerheblich für die französische Revolution.

Stöhnten Menschen in aller Welt über die Folgen des Ausbruchs des Eyjafjallajökull - man geht davon aus, dass die Lakikatastrophe ein Vielfaches dessen gewesen war. Eine ähnliche Eruption hätte heute weitaus schwerere Folgen. Und man sollte nicht vergessen - die Lakispalte gilt als nicht erloschen. Man weiß nur nicht, wann sie wieder ausbricht - vielleicht morgen schon, vielleicht auch erst in 500 Jahren.

Die Fahrt zur Schlucht **Fjaðrargljúfur** (Bild unten) können 4x4-Fahrer mit einem Hochlandausflug kombinieren. Alternativ können Sie von Kirkjubæjarklaustur aus mit dem Hochlandbus starten. Der Parkplatz ist auf alle Fälle eine Empfehlung!

Ⓟ KIRKJUBÆJARKLAUSTUR - FJAÐRARGLÚFUR

Stellplatzart:..Parkplatz
GPS:... N63 46 16.1 W18 10 18.7
Adresse:..Nebenstraße zur 206
Zufahrtinfo: Von der Ringstraße auf die 206 abbiegen. Wo die F206 rechts abzweigt, halten Sie sich geradeaus auf die leider etwas grobe Schotterstraße. Der Parkplatz liegt kurz vor der Brücke rechts.
Kurzbeschreibung: Parkstreifen für 1-2 Wohnmobile, Wanderweg entlang der Oberkante in Flussrichtung links. Der Beginn der Wanderung ist direkt bei der Infotafel am Parkplatz. Die Zahl der Wohnmobile ist keine feste Größe. Ab ca. 8^{00} h morgens kommen die ersten Busse an. Dann ist es wichtig, dass genug Platz ist, damit diese wenden können. Siehe Stellplatzalternative an der Ringstraße (Picknickplatz Fjaðrargljúfur).

  HOCHLANDAUSFLUG: LAKAGIGAR (LAKIKRATER)

Kirkjubæjarklaustur ist der beste Ausgangspunkt, wenn Sie einen Ausflug in die Kraterreihe machen möchten. An der N1-Tankstelle starten die Hochlandbusse, die Sie in die Vulkanzone bringen.

Die Busse machen Halt an der Schlucht Fjadrargljúfur. Von dort geht es auf gut 45 km ruppiger Piste, gespickt mit einigen breiten und teils tiefen Furten, weiter. 4x4-Fahrer werden auf ihre Kosten kommen, doch sollten Sie ein gutes, geländegängiges Fahrzeug haben. Die Route macht insgesamt gut 110 km ab Ringstraße und zurück aus. Wer mit dem eigenen Wagen unterwegs ist, sollte die Nutzung des Campingplatzes in Erwägung ziehen. Die freie Übernachten ist im Nationalpark Vatnajökull strikt untersagt. **Wichtig:** Es ist zwar keine zwingende Sache, aber die Fahrt zur Lakispalte auf der 206 sollte als Einbahnverkehr verstanden werden. Deshalb bitte über die F207 einen Bogen über **Blágíl** in Kauf nehmen, um kniffligen Gegenverkehr zu vermeiden. Und wer im 4x4-Fahrzeug dorthin gefahren ist, kann auch gleich übernachten. Bei der Rangerstation des Nationalparks ist ein Campingplatz eingerichtet.

Hauptziel der Fahrt auf der F206 ist das Informationszentrum Laki (Parkplatz mit WC/Picknickbänken, **GPS** N64 03 45.1 W1814 40.9). Der empfohlene Rückweg führt auf der F207 zum nächsten sehenswerten Krater **Tjarnargigar** (Parkplatz mit WC, **GPS** N64 02 29.9 W18 18 44.3). Vorbei am Hochland-Campingplatz Blágíl (zuvor ist eine recht knifflige Furt zu meistern) geht es dann zurück zur F206, die mit enger und ruppiger Piste und acht Furten wieder retour führt.

   NATIONALPARK VATNAJÖKULL - BLÁGÍL

Stellplatzart:..Campingplatz
GPS:.. N63 58 01.4 W18 19 19.1
Adresse: .... Blágíl
Tel.: .... +354 842 4358
mailto: ....vjp@vjp.is
Homepage: .... www.vjp.is
Zufahrtinfo: Vom Infocenter Laki links über die Kuppe (sehr steil und ruppig! An der nächsten Abzweigung der Hinweistafel Tjarnargigar folgen. Der Campingplatz liegt gut ausgechildert nicht weit von der Einmündung in die F206 (rechts abbiegen).
Kurzbeschreibung: Zeltwiese bei der Rangerstation - einfache Ausstattung, aber landschaftlich schön gelegen. **Öffnungszeit:** Nur während der der F206/207 (ca. Mitte Juni bis Anfang September) erreichbar.

 WANDERTIPP 1: RUNDWEG LAKI UND BESUCHERPFAD

Vom Informationszentrum Laki sollten Sie sich die Zeit für eine 1 1/2-stündige Wanderung, die den Laki-Gipfel mit herrlicher Aussicht auf die zu beiden Seiten verlaufende Kraterreihe und zum Vatnajökull einschließt. Die gut mit gelben Holzpflöcken markierte Tour führt vom Parkplätz hinauf und knickt bald steil links hinauf ab. Nach dem ärgsten Anstieg geht es noch ein paar Minuten weiter, dann öffnet sich die überwältigende Rundumsicht. Hat man die Kraterreihe und die endlosen Lavafelder erst einmal im Blick, kann man ein wenig besser ermessen, welches Inferno die Laki-Katastrophe 1783-84 gewesen war.

Steigt man vom Gipfel aus rechts ab steil Richtung Parkplatz hinunter (gemeint ist der zweite, etwas oberhalb liegende Parkplatz) , sollte man unbedingt die faszinierende Kraterwelt aus der Nähe anschauen. Das ist möglich, wenn man auf dem Informationspfad um und in einen faszinierenden Krater wandert und erst dann zum Parkplatz zurückkehrt (20 Minuten zusätzliche Gehzeit). In einem Kasten gibt es ein interessantes Faltblatt mit Hintergrundinformationen dazu (13 Stationen).

ROUTE 6

WANDERTIPP 2: TJARNARGIGUR: IM VULKANKRATER

Vom beschriebenen Parkplatz können Sie auf eine 1 1/2 Std. dauernde, für trittsichere Wanderer problemlose Tour ins Herz eines Vulkankraters unternehmen. Wer mag, kann es auch beim kurzen (Berg-)Spaziergang zum Kratersee belassen (einfacher Weg ca. 10 Minuten).
Die Rundwanderung führt durch bizarre, dick bemooste Lavaformationen am und im Tjarnargigur und zu einer ganzen Reihe sich anschließender, namenloser Krater und im weiten Bogen dann zum Parkplatz zurück. Bitte unbedingt beachten, die Wege nicht zu verlassen - der äußerst empfindlichen Vegetation wegen.

Nun aber auf nach **Kirkjubæjarklaustur**, das einen Besuch wert ist. Es gibt einiges zu sehen. Zunächst empfehle ich das **Besucherzentrum des Vatnajökull Nationalparks** aufzusuchen, das die Tourist Information beherbergt. Dort sollten Sie sich den Film über die Laki-Katastrophe sowie die Ausstellung anschauen. Zudem erhalten Sie Wander- und Einkehrtipps, aus denen ich die wohl beliebteste Wanderung vom Informationszentrum aus beschreibe. Für die Übernachtung stehen zwei Campingplätze zur Verfügung - freies Übernachten ist im Ort verboten. Darauf weisen Schilder auf allen Parkplätzen hin. Freisteher werden durch abendliche "Besuche" nochmals darauf aufmerksam gemacht und auf den Campingplatz verwiesen. Im Ort finden Sie ein Schwimmbad und können die beschriebenen Aktivitäten in Angriff nehmen.

Wenn Sie den Hunger im Restaurant stillen möchten - das Sistrakaffi (neben dem Supermarkt) wird von Einheimischen und Touristen gerne aufgesucht. Zwar gibt es auch die obligatorischen Fast-Food Angebote, daneben aber auch heimische Kost. Eine weitere Alternative besteht am Fuß des Sistrafoss im Kaffi Murta.

    KIRKJUBÆJARKLAUSTUR - KIRKJUBÆ II

Stellplatzart:..Campingplatz
GPS:... N63 47 32.6 W18 03 00.9
Adresse:... Kirkjubæjarklaustur, Kirkjubær II
Tel.: .... +354 894 4495
mailto: .... kirkjubaer@simnet.is
Homepage: .... www.kirkjubaer.com
Zufahrtinfo: Am Kreisverkehr in den Ort fahren, dann auf der linken Seite gut ausgeschildert.
Kurzbeschreibung: Mehrere Wiesenabschnitte mit Einrahmung durch Bäume und Hecken, moderne Ausstattung, Ver-/Entsorgung, Koch- und Aufenthaltsraum. Vergleichsweise teuer, da sämtliche "energiefressenden" Nebenleistungen (Strom, Waschmaschine/Trockner, Dusche) separat berechnet werden. **Öffnungszeit:** Juni bis September.

KIRKJUBÆJARKLAUSTUR - KLEIFAR

Stellplatzart:...Campingplatz
GPS:.. N63 48 05.7 W18 03 25.5
Adresse:... Kirkjubæjarklaustur, an der 203
Tel.:.. +354 487 4675
Zufahrtinfo: Am Kreisverkehr nicht in den Ort, sondern eine Ausfahrt zuvor auf die 203 abbiegen. Am Kirchenboden vorbei (**Parkplatz GPS** N63 47 51.7 W18 02 53.8/Übernachtungsverbot) und noch gut 400 m weiter zum Campingplatz links.
Kurzbeschreibung: Zeltwiese, die Ausstattung ist sehr einfach gehalten (WC, Geschirrwaschplatz mit Kaltwasser). Dafür deutlich preisgünstiger als Kirkjubaer II. Wenn man die aufgeführte Ausstattung nicht braucht, ist dies die sicher angenehmere Variante. Und vor allem ist der Platz landschaftlich viel schöner gelegen und ruhiger.

Einzige Geräuschkulisse ist der nahe Wasserfall, der in den Geländeeinschnitt hinter dem Campingplatz herab plätschert. Man sucht sich einfach einen Platz aus, der Platzwart kommt vorbei und kassiert.
Öffnungszeit: Juni bis September.

Wandertipp: Rundweg zu den Sehenswürdigkeiten

Ich lasse mein Wohnmobil beim Informationszentrum stehen und starte zunächst entlang der Schule und des Hotels, bis in Höhe des nicht zu übersehenden **Sistrafoss** ein Pfad in Flussrichtung rechts steil hinauf führt. Bei den Sportanlagen der Schule können Sie die Skulptur der zwei Nonnen bewundern, die eine schwere Last zu tragen hatten - Sie wurden als Hexen verbrannt.

Nach gut 20 Minuten steilen Anstiegs erreichen Sie den **Sistravatn**. Vorsicht an der Abbruchkante der früheren Steilküste - Absturzgefahr! Wenn Sie den Ausblick genossen haben, folgen Sie rechts den mit Holzpflöcken (gelb) markierten Pfad etwas oberhalb des Seeufers. Sie erreichen nach einer knappen halben Stunde eine kleine Geländescharte, wo der Wanderpfad steil in die Ebene hinab führt.

Sie gelangen in die Talsohle etwas oberhalb des sehenswerten **Kirchenbodens**. Es handelt sich dabei nicht etwa um ein künstlich angelegten Bodenbelag einer früheren Kirche. Vielmehr ist die Fläche aus senkrecht im Boden steckenden Basaltsäulen entstanden, die erstaunlich glatt, wie oben abgeschnitten, erscheinen. Dies ergibt den Anschein eines Kirchenbodens. In der Tat war dieses Naturphänomen wohl einst als solcher genutzt worden, als hier im Ort noch das Kloster bestand. Nun überqueren Sie auf einem Trampelpfad die Wiese, die unterhalb des Campingplatz auf dessen Zufahrt stößt. Gegenüber der Tourist Information können Sie einen Blick in die moderne Kirche werfen, die im Gedenken an den Pfarrer Jón Steingrímsson in Anlehnung an die Form der traditionellen Torfkirche errichtet wurde. Im Kirchenschiff ist ein Modell des historischen Gotteshauses aufgestellt. Jón ging als "Feuerpriester" in die Geschichte des Ortes, ja des Landes ein. Er hatte während der Laki-Katastrophe angesichts der sich heranwälzenden Lava vor versammelter Gemeinde in einer Predigt an die Glaubensstärke appelliert. Und siehe da - der glühende Tod kam vor der Ortschaft zum Stehen und verschonte die Gemeinde.

Nun geht es an die Weiterfahrt. Kaum liegt das endlose Lavafeld hinter mir, steht die Überquerung der ebenso endlos weiten Sandebene - **Brunasandur** und **Skeiðararsandur** - bevor. Die früher frei zugängliche Torfkirche von Núpasstaður kann man nur noch aus der Ferne betrachten. Das kleine Kirchlein liegt auf Privatgrund, den die neuen Besitzer wohl für sich alleine haben möchten. Auch der für viele Islandreisenden legendäre Willy´s Jeep des früheren Hofbesitzers gehört der Vergangenheit an. So heißt es die 34 km von Klaustur bis zum Nationalparkzentrum Skaftafell zügig hinter sich zu bringen.

Sicher interessiert auch Sie die Entstehung solch ausgedehnter Sandwüstenflächen, die bei näherem Hinsehen allerdings so topfeben gar nicht sind. Sie sind von Wasserläufen und deren ständiger Veränderung regelrecht zerfurcht. Das werden wir beim Wandern im Skaftafell-Gebiet sehen.

Skaftafell war einst eine bedeutende Thingstätte. Die Gehöfte sind seit längerer Zeit verlassen - Tribut an die schwierigen Verhältnisse angesichts häufiger Vulkanausbrüche, verbunden mit schweren Gletscherläufen. Doch ist es gelungen, den Fluss wenigstens teilweise zu bändigen und die Berghänge mit Bäumen zu bepflanzen. Das gibt nicht nur ein schönes Bild ab, sondern auch wesentlich mehr Erosionsschutz.

ROUTE 6

ⓘ GLETSCHERLÄUFE

Weit oben liegt der riesige Vatnajökull, Europas größter Gletscher. Der Plateaugletscher bedeckt mehrere hochaktive Vulkane, darunter die **Grímsvötn**, die in kurzen Abständen immer wieder ausbricht. Auch unterm **Öræfajökull** schlummert eine Magmablase, ebenso unter dem **Breiðabunga**. Alle die subglazialen Vulkane haben ein bedeutendes Zerstörungspotenzial. Bei einem Ausbruch werden in kurzer Zeit Millionen Tonnen Eis geschmolzen. Früher oder später schwimmt der Eispanzer auf und die graubraune Flut nimmt ihren (Gletscher-)Lauf.

So war es bei der heftigen Katastrophe im November 1996, als 10 km Ringstraße zerstört wurden. Hausgroße Eisschollen, mehrere 100 Tonnen schwere Gesteinsbrocken und immense Schlammmassen jagten mit Wucht zu Tale und überschwemmten die Ebene. Die zum Schutz gedachten Dämme wurden weggespült wie nichts. Ein Picknickplatz kurz vor **Skaftafell** zeigt die Wucht der Flut. Die Stahlträger der Brücke wurden verformt, als seien Sie auch Wachs (**Picknickplatz Skeiðararsandur GPS** N63 59 05.4 W16 57 35.9, wegen der direkten Nähe zur Ringstraße und stetigem Kommen und Gehen der Touristenbusse und -autos kaum für die Übernachtung geeignet, siehe Bild unten).

Nach der Flut versuchte man Brücken und Straße wieder aufzubauen. Die Skeiðará sollte mit Steinwällen in die richtigen Bahnen und unter der längsten Brücke Islands hindurch gelenkt werden. Der Fluss hat sich darauf auch bestens eingestellt - bei einer der nächsten (kleineren) Fluten hat die Skeiðará den Straßenplanern flugs ein Schnippchen geschlagen und suchte sich ein neues Flussbett. Nun fließt sie darin unter der nächsten, wesentlich kleineren Brücke hindurch.

Brechen die eisbedeckten Vulkane aus, entsteht durch den direkten Kontakt glühender Magma mit dem Eis ein enormer Dampfdruck, durch den die ausbrechende Lava förmlich zu Staub zerfällt. So hat der Ausbruch der Grímsvötn 2011 (ein Jahr nach Eyjafjallajökull) ein Vielfaches an Vulkanasche in bis zu 20 km Höhe ausgestoßen. Die Gegend bis nach Kirkubæjarklaustur wurden flugs mit einer dicken Ascheschicht bedeckt. Ich habe mit Augenzeugen gesprochen, die berichteten, dass es binnen Minuten stockdunkle Nacht wurde und man die Hand vor den Augen nicht sehen konnte. Da die Asche sehr fein und anders zusammengesetzt war, konnte sie dem Flugverkehr nicht so gefährlich werden, wie ein Jahr zuvor. Doch ergibt sie zusammen mit dem angeschwemmten Material diese trostlose, aber doch sehr faszinierend dunkle Sanderfläche.

SKAFTAFELL - TJALDSTÆÐI

Stellplatzart:...Campingplatz
GPS: N64 00 57.8 W16 57 59.3
Adresse: .... Skaftafell, an der 998
Tel.: .... +354 470 8300,
mailto: ....skaftafell@vjp.is
Homepage: .... www.vjp.is
Zufahrtinfo: Vom Picknickplatz Skeiðararsandur etwas weiter fahren, dann links ab auf die 998 (ausgeschildert).
Kurzbeschreibung: Weitläufiger Campingplatz, der zwar im Sommer recht stark frequentiert ist, aber durch die großzügigen Campingwiesen kaum überfüllt wirkt. Dennoch - es ist angesichts der Besucherzahl natürlich kein ruhiger, aber doch ein gut ausgestatteter und gepflegter Platz. Rezeption im Informationszentrum, dort und auf dem Platz drahtloser Internetzugang gegen Gebühr. Campinggebühr im mittleren Preissegment. Waschmaschine, ebenso Strom und Ver-/Entsorgung.
Öffnungszeit: Mai bis September.
Alternative Svinafell Tjaldstæði: GPS N63 58 45.3 W16 51 10.8. Auf der Ringstraße ostwärts, an Tankstelle und Fosshotel vorbei. Etwas weiter liegt der Campingplatz (links ab ausgeschildert). Er ist eine ruhigere Alternative, wenn auch einfacher ausgstattet, dafür preisgünstiger (Tel. +354 478 1760). **Öffnungszeit:** vgl. Skaftafell.

Nachdem die Stellplatzfrage geklärt ist, kommen wir zum bei Isländern und Touristen beliebten Feriengebiet im Vatnajökull Nationalpark: **Skáftafell**. Grund für die Anziehungskraft ist das meist etwas mildere und beständigere Wetter. Durch die hohen Berge weht häufig ein recht milder Föhnwind. Dies erstaunt zwar angesichts der großen Gletscherkappe des Vatnajökull, beschert Skaftafell aber ein gemäßigtes Klima. Die Ringstraße knickt markant nach Südosten ab. Links ab ist das "Skaftafell Visitor Center" gut ausgeschildert, ebenso der Campingplatz. Der Skaftafell Nationalpark, der mittlerweile zum Vatnajökull Nationalpark gehört, ist in meinen Augen fast so etwas wie "ein Muss" auf einer Islandreise.

Ob Sie einfach das milde Wetter genießen oder gern die Wanderstiefel schnüren - hier ist Ihrer Fantasie keine Grenze gesetzt, es sei denn, durch die Urlaubszeit oder das Wetter eben.

Ich entscheide mich angesichts herrlichen Wetters für eine geführte **Gletschertour** (Bild). Es kann jedoch auch empfindlich kalt werden - der große Kühlschrank oberhalb hat durchaus seine Wirkung.

Die Bergführerin Gísa von **Icelandic Mountain Guides** (Tel. +354 587 9999, www.mountainguides.is) macht ihre Sache prima und führt die Gruppe professionell auf den **Svínafellsjökull**. Die Gletscherzunge reicht weit herab. Alle sind begeistert von der Erfahrung, mit dem Gletscher auf Tuchfühlung zu gehen. Wir erhalten Steigeisen, die für sicheren Halt sorgen, eine fachkundige Erklärung über deren Verwendung und obendrein viele interessante Informationen zu Gletscherspalten und -mühlen, Eisskulpturen und zum Rückgang der Gletscher, zu den Asche-einlagerungen und vieles mehr. Wenn Sie die Zeit und das Geld investieren möchten - eine solche Tour ist ein Erlebnis.

Es gibt noch eine weiteren Veranstalter solcher Touren gleich nebenan am Parkplatz (www.glacierguides.is, mailto:info@ glacierguides.is, Tel. +354 659 7000). Doch konnte ich bei meinem Aufenthalt mit meiner begrenzten Recherchezeit nur eine Route ausprobieren. Zudem bietet das **Informationszentrum des Vatnajökull Nationalparks** eigens (familiengerechte) Touren zum Gletscher, die mit viel Wissenswertem gespickt sind. Fragen Sie diesbezüglich beim Informationszentrum nach. **Öffnungszeiten/Info:** Mai u. Sept 9^{00}-19^{00} h, Juni-Aug. 8^{00}-21^{00} h, März/April/Okt. 10^{00}-17^{00} h, Nov.-Feb. 11^{00}-15^{00} h. Tel. +354 470 8300, mailto:skaftafell@vjp.is, www.vjp.is. Neben einer Cafeteria mit Snacks und Getränken wird ein kleines Basisangebot an Lebensmitteln bereitgehalten. Decken Sie sich am besten zuvor schon in Kirkjubæjarklaustur mit dem Nötigen ein.

Wandern im Skaftafell Nationalpark

Wichtig: Machen Sie keine Experimente und gehen Sie nicht ohne ortskundige Führung (Beratung im Informationszentrum) auf die Gletscherzungen. Wer die Gegebenheiten vor Ort nicht kennt, begibt sich in Lebensgefahr. Und bei großen Wandertouren auf die Gipfel (gerne nachgefragt ist die Besteigung des **Hvannadalshjnú-**

kur (Bild) - eine Tour, die alpine Erfahrung erfordert - teilen Sie dem Informationszentrum den Routenplan und die voraussichtliche Rückkehrzeit mit. Und melden Sie sich dann auch entsprechend zurück. So ist im Fall der Fälle dafür gesorgt, dass nach Ihnen gesucht wird.

Für den nächsten Tag habe ich eine tolle Wanderung auf dem Programm, die ich aus den Wandervorschlägen des Nationalparks zusammengestellt habe.

Ich stiefle vom Informationszentrum über den Campingplatz und folge dem Schild zum **Svartifoss** (Bild unten). Der Weg ist gut und steigt bis zum Wasserfall 30 Min. mäßig an. Von der Brücke oder vom Aussichtspunkt beim Wasserfall wird schnell klar, weshalb der Wasserfall zu den meistfotografierten Wasserfällen Islands gehört. Er wäre wohl unbekannt, wären da nicht die überhängenden Basaltsäulen, die ihm seine Einzigartigkeit verleihen.

Nun geht es über die Brücke und weitere 15 Minuten zum **Aussichtspunkt Sjónarsker**. Dort befindet sich eine Windrose, die über die Gipfel und Gletscherzungen Aufschluss gibt. Nun kann man in 30 Minuten zum Campingplatz absteigen. Ich aber entscheide mich, die Tour angesichts herrlichen Wetters ins **Mjorsárdalur** zu verlängern. Durch den Buschwald wandere ich auf gut begehbarem, an wenigen Stellen etwas sumpfigen und steinigen Weg langsam bergab bis zu einer Brücke über den Gletscherfluss (ca. 40 Minuten).

Auf der anderen Seite folge ich der Fahrspur flussabwärts bis zur nächsten Brücke. Nach der Überquerung verläuft der Weg entlang der Bergkante. Zwischen den Hochwasserschutzwällen sind Sumpfgebiete entstanden, in denen sich Wollgras und Wasser liebende Pflanzen sowie Wasservögel pudelwohl fühlen. Nach einer Dreiviertelstunde bin ich auf dem Campingplatz zurück und kann auf eine herrliche Wanderung und vor allem den Hvannadalshjnúkur zurückblicken. Weitere Routentipps halten das Informationszentrum sowie die empfohlene Wanderliteratur bereit.

ROUTE 6

Auf der Fahrt Richtung Osten wird der Raum zwischen Gletscher und dem Meer stellenweise recht eng. Doch bleibt genug Raum für den einen oder interessanten Platz. Der erste ist das ehemalige Gehöft **Sandfell**. Bei dem einst begüterten Hof gab es eine Kirche nebst Friedhof. Letzterer ist das einzige, was übrig ist. Dafür gibt es nun einen schönen **Picknickplatz** mit so viel Abstand zur Ringstraße, dass er auch für eine Nacht taugt. Der Platz ist sogar so schön, dass die Schafe daran Gefallen finden. Kaum drehte ich mich weg, um zum Wohnmobil zu gehen, sind die Wollknäuel mit Beinen am Picknicktisch und wollen meinen Kuchen stibitzen - ein Pfiff zeigt den Biestern aber, wem die Leckerei zusteht (Bild unten links).

Knapp 7 km weiter östlich steht ein unscheinbarer Hinweis auf das Gehöft **Hof í Öræfi**. Hier steht eine der wenigen Torfkirchen in Südisland. Sie ist diejenige, die als letztes im Land in dieser traditionellen Bauweise errichtet wurde. Das Kirchlein (Bild unten rechts) können Sie auf einer Stichstraße erreichen. Öræfi war über die Jahrhunderte, ja noch bis in die 60er Jahre des vorigen Jahrhunderts, eine der am schwersten erreichbaren Gegenden Islands. Grund war der Vatnajökull im Norden, die reißenden Gletscherflüsse östlich und westlich sowie das recht flache Meer, das den Bau eines Hafens nicht erlaubte. Oft kamen Menschen und Tiere beim Furten der Gletscherflüsse zu Schaden.

P **⛽** SANDFELL - PICKNICKPLATZ

Stellplatzart:..Parkplatz
GPS:..N63 56 40.3 W16 47 34.2
Adresse:.. Oberhalb der Ringstraße 1
Zufahrtinfo: 6,4 km ab Svinafell auf der RIngstraße, dann links ab, ausgeschildert mit Picknicksymbol.
Kurzbeschreibung: Geschotterter Parkplatz am Fuß des Berghanges, wenige Schritte zum alten Friedhof des Hofes (Infotafel). Picknickbänke im Grünen mit schöner Sicht auf die Bergkette und über die Ringstraße hinweg zum Meer.

Die Ringstraße erreicht nun eine Landspitze. Beim Hof **Fegurhólmsmýri** sollten Sie tanken, denn nun gibt es auf eine längere Strecke keine Tankstelle mehr. Die Landschaft zwischen Gletscher und Meer ist bis kurz vor Höfn fast menschenleer. Es ist übrigens auch die niederschlagreichste Region Islands. Nicht umsonst kann sich die dicke Eiskappe des Vatnajökull bilden, denn die Niederschläge fallen oft schon in geringer Höhe als Schnee.

Wenn Sie auf Ihren Kilometerstand achten, sehen Sie 13,4 km nach der kleinen Tankstelle die Abzweigung links zum **Kvíarjökull**. Dort gibt es den nächsten Picknickplatz. Die Gletscherzunge hatte noch vor wenigen Jahrzehnten fast bis zum Meer gereicht, sich nun aber weit zurückgezogen. Dafür ist jetzt Platz für den Picknickplatz, dessen Zufahrt ein Stück der früheren Trasse der Ringstraße ist. Reste der alten Brücke sind nahe dem Parkplatz noch erkennbar. Der Blick auf den imposanten Gletscher ist nach wie vor drin, auch wenn er sich weit in den Hintergrund verzogen hat. War es noch vor einigen Jahren eine machbare Wanderung, ist inzwischen eine kräftige Tour erforderlich, um den Gletscher zu erreichen. Daher lasse ich das sein - es kommen noch andere schöne Gelegenheiten.

Es folgen nun einige Kilometer abwechslungsreiche Fahrt. Zur Linken schweift der Blick über die Berghänge und zu den einzelnen Gletscherzungen, die immer wieder hervorlu-

 **KVÍAMÝRARKAMBAR - PICKNICKPLATZ**

Stellplatzart:...Parkplatz
GPS:... N63 56 20.9 W16 26 19.0
Adresse:.. Oberhalb der Rinstraße 1
Zufahrtinfo: 13,4 km ab der Tankstelle Fagurhólmsmýri links ab ausgeschildert (Picknicksymbol).
Kurzbeschreibung: Kleiner Parkplatz, nicht ganz eben. Hinter einem großen Findling eine Picknickbank (Bild unten). Lage landschaftlich schön am Fuß der immernoch weit herabreichenden Gletscherzunge, Nähe zum Gletscherfluss.

gen. Sobald die Fjallsá überquert ist, heißt es den Blinker links zu setzen und auf der (ziemlich ruppigen) Schotterstraße zum Parkplatz **Fjallsárlón** zu fahren. Der Parkplatz ist offiziell mit einem Campingverbotszeichen versehen. Doch wer sich an die Regeln der freien Übernachtung hält (kein Camping, keine Freilufttoilette!) bekommt nach meiner Erfahrung keine Probleme. Vorteil: Man muss nicht vor- oder zurückfahren und anderntags zurückzukehren, um an der **Fjallsárlón Glacier Lagoon Boat Tour** teilzunehmen (Bild unten - Oper von Sydney?). Hier werden Sie für einen vergleichsweise günstigen (nicht billigen) Preis in die Welt der Eisberge entführt. Die Perspektive aus solch einem Boot, man ist kaum über der Wasserlinie, macht die Eisriesen noch imposanter. **Info/Fahrzeiten:** Tel. +354 666 8006, www.fjallsarlon.is.

Ein fast gleiches Angebot zu einem etwas höheren Preis, bietet eine neue Firma am ersten Parkplatz **Jökulsárlón**, wenige Kilometer weiter. Eine imposante, durch die Art der Boote attraktive Alternative ist die nach wie vor Fahrt mit einem Amphibienfahrzeug (aus Beständen der U. S. Navy) auf der Gletscherlagune. Auf dem Parkplatz wird eine Übernachtung im Wohnmobil geduldet - nur bitte nicht direkt vor dem Café. Und auch hier - es gibt nachts kein WC. Der Parkplatz sowie die umliegenden Geröllhügel sind auch keines! Bitte nutzen Sie Ihr WC im Wohnmobil!

P **o** FJALLSÁRLÓN

Stellplatzart:...Parkplatz
GPS:.. N64 00 51.0 W16 22 19.3
Adresse:.....................................Etwa 1 km entfernt von der Ringstraße
Zufahrtinfo: Kurz nach Überquerung der Fjallsá links ab ausgeschildert.
Kurzbeschreibung: Schotterplatz auf einem Moränenhügel mit Blick auf die (relativ kleine) Lagune und die Gletscherzunge dahinter. Von 10^{00}-17^{00} h im Sommer Angebot von Schlauchbootfahrten zwischen den Eisbergen.

JÖKULSÁRLÓN

Stellplatzart:...Parkplatz
GPS:.. N64 02 54.1 W16 10 46.9
Adresse:...an der Ringstraße 1
Tel.:...+354 4782222
mailto:..info@icelagoon.is
Homepage:..www.icelagoon.is
Zufahrtinfo: Von der Zufahrt Fjallsárlón etwa 10 km weiter, dann entweder vor oder nach der Hängebrücke links ab auf die Parkplätze.
Kurzbeschreibung: Schotterparkplätze. Der Platz vor der Hängebrücke ist etwas unruhig. Nach der Hängebrücke links großer Parkplatz. Ich wurde gebeten, die Bitte weiterzugeben, den Platz vor und neben dem Café nicht mit Wohnmobilen zu belegen - der Reisebusse wegen. Sie dürfen sich ohnehin darauf gefasst machen - ruhig ist es hier schon zeitig am Morgen nicht, wenn die Touristenströme einsetzen.
Tipp: Weitere Parkmöglichkeit unterhalb der Hängebrücke (nicht offroad zum Strand, sondern nur zu der Ausweichparkfläche! Es ist ein Vogelbrutgebiet. Hier ist es ruhiger - vom Gekreische der Vögel abgesehen.

Egal, auf welcher Lagune Sie zwischen den Eisbergen schaukeln, es ist ein Erlebnis, die Eisriesen hautnah zu erleben, Robben dazwischen zu entdecken oder die Vögel bei ihren Flugkünsten zu beobachten. Natürlich können Sie das auch von Land aus erleben. Aber die Bootsfahrt gehört zu den beeindruckendsten Urlaubserinnerungen (Bild unten). Nutzen Sie auch die Gelegenheit zum Spaziergang am Strand unterhalb der Hängebrücke. Hier sehen Sie bestens, was aus den Eisbergen im Salzwasser wird. Immer wieder liegen erstaunlich große Stücke am Strand, welche von der Brandung an Land geworfen wurden und nun vor sich hintauen. Dabei gibt es manchmal interessante, fantasievolle Gebilde. Und wenn Ihnen der Trubel für eine Nacht doch allzu groß ist - es gibt auf der Weiterfahrt entlang der Ringstraße zwei weitere Picknickplätze, die gut als Alternativen dienen können.

FELL - PICKNICKPLATZ

Stellplatzart:..Parkplatz
GPS:... N64 06 52.6 W16 05 05.9
Adresse:.. An der Ringstraße 1
Zufahrtinfo: Von der Hängebrücke Jökulsárlón weiter ostwärts fahren. Nach knapp 10 km rechts ab ausgeschildert (Picknicksymbol).
Kurzbeschreibung: Geschotterter Parkplatz, Trockentoilette. Herrliche Sicht zum Gletscher. Nebenan Basaltfelsformation, dahinter weitere ebene Fläche. Aber bitte nicht die Wiesen befahren! - siehe Bild unten)
Ausweichplatz: Hestgerði - (**Picknickplatz GPS** N64 10 49.5 W15 46 48.1) oberhalb der Ringstraße am Fuß einer schönen Basaltfelsformation.

  SKÁLAFELL

Stellplatzart:..Parkplatz
GPS:.. N64 10 49.5 W15 46 48.1
Adresse:.. An der Ringstraße
Zufahrtinfo: Vom vorigen Picknickplatz 9,6 km weiterfahren, wiederum links oberhalb der Ringstraße.
Kurzbeschreibung: Schotterplatz mit etwas Abstand zur Ringstraße. Markant das Monument für den Rechtsgelehrten Jón Eiríksson, der 1728 in Skálafell geboren worden und 1787 in Kopenhagen gestorben war. In seiner Zeit in Dänemark war er dort als Rechtswissenschaftler und als Kanzellar des dänischen Königs tätig gewesen. Wandermöglichkeit zum Skálafellsjökull, die ich nicht selbst ausprobiert habe.

Nun befinde ich mich nicht mehr weit von Höfn entfernt. Zuvor schlage ich Ihnen noch einen Ausflug zu einer Gletscherzunge vor, bevor wir uns aus der direkten Nachbarschaft des Gletschers verabschieden werden. 11 km nach dem Parkplatz Skálafell zweigt links ein Sträßchen zum **Hof Hólmur** ab, bei dem Familien mit Kindern gut aufgehoben sind. Zwar ist man bei den Besitzern nicht ganz schlüssig, ob man Wohnmobile auch über Nacht haben möchte. Vielleicht fragen Sie einfach nochmal nach. Platz wäre da. Ungeachtet dessen ist es eine nette Zwischenstation, denn der **Haustierzoo** und das **Restaurant Fjósið** (**GPS** N64 16 50.2 W15 29 03.8, gute, hausgemachte Gerichte, wie sie in isländischen Familien gekocht werden, unter anderem Lamm aus eigener Zucht) sind einen Ausflug wert.
Info/Öffnungszeiten: Haustierzoo im Sommer tgl. 10^{00}-17^{00} h, tagsüber Café mit hausgemachten Kuchen, Abendessen nach Angebot ab etwa 19^{30} h - bitte vorher reservieren; Tel. +354 478 2063, mailto:holmur@eldhorn.is.

AUSFLUG ZUM FLÁAJÖKULL

Nur 200 m nach der Zufahrt Hólmur zweigt links die Schotterstraße zur Gletscherzunge **Fláajökull** ab. Trotz der recht **ruppigen Schotterstraße**, die ohne größere Steigungen oder Gefälle zum Gletscher führt, ist es für normale Fahrzeuge **bei vorsichtiger Fahrweise** eine machbare Tour. Nach 7,5 km (kalkulieren Sie mit 20-30 Minuten Fahrt) können Sie den Wagen rechts auf den geschotterten **Parkplatz Fláajökull** (**GPS** N64 19 18.4 W15 33 35.2, Bild unten) stellen und die Wanderschuhe schnüren. Wenn die Rückkehr spät wird, ist dieser Platz durchaus übernachtungstauglich, zumal eine Trocken-Toilette zur Verfügung steht. Zwar habe ich das nicht ausprobiert, weil es mir kurz nach Mittag zum Übernachten zu früh war. Aber solange keine Hinterlassenschaften zurückbleiben und kein Camping betrieben wird, sollte kein Problem entstehen.

 WANDERN ZUM FLÁAJÖKULL

Am Parkplatz startet ein Informationspfad, der sich mit den landschaftlichen Gegebenheiten und mit dem Bau von Schutzwällen gegen die Hochwassergefahr befasst.

Man folgt vom Parkplatz dem mit Steinen eingerahmten Weg über die Endmoräne, geht weiter auf dem aufgeschütteten Damm und erreicht nach etwa 45 Minuten den zweiten Parkplatz. Die Fahrt dorthin mochte ich auch meinem Wagen nicht zumuten, denn die Straße ist mir um einiges zu ruppig. Zudem ist es ja nicht schlecht für Mensch und Natur, das Fahrzeug stehen zu lassen und ein Stück zu wandern. Vom zweiten Parkplatz führt der Weg ein Stück geradeaus und schwenkt nach links auf den Gletscher zu, der nach einer weiteren Dreiviertelstunde erreicht ist. Hat man einen guten Orientierungssinn, kann man schräg links auf unmarkiertem Weg (so heißt es auf der Infotafel, von einem Weg habe ich jedoch nichts gesehen) durch die Moränenhügel wandern. Zeit spart man nur, wenn man nicht in einer Sackgasse landet und dann einen Arm der Lagune umwandern muss. In der Lagune dümpeln Eisberge umher. Für die Wanderung hin und zurück sind 2 1/2 bis 3 Stunden Gehzeit zu kalkulieren, stets mit Blick auf die zerklüftete Gletscherzunge und die Moränenlandschaft - herrlich!

Zurück an der Ringstraße (gleiche Route) ist es wieder nicht weit bis zum Campingplatz Lambahús, der landschaftlich ausgesprochen attraktiv gelegen ist.

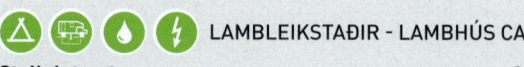

LAMBLEIKSTAÐIR - LAMBHÚS CAMPING

Stellplatzart:..Campingplatz
GPS:.. N64 17 09.5 W15 28 28.1
Adresse:...781 Höfn, Lambleikstaðir
Tel.:.. +354 662 1029
mailto:.. info@lambhus.is
Homepage:.. www.lambhus.is
Zufahrtinfo: Etwa 1 km ab Abzweigung Fláajökull von der Ringstraße Richtung Höfn links ab ausgeschildert.
Kurzbeschreibung: Schöne Campingwiese mit herrlichem Blick auf die Gletscherzungen des Vatnajökull. Gepflegter Platz mit familiärer Atmosphäre, Strom, Du/WC, Ver-/Entsorgung (Bild nächste Seite links).
Öffnungszeit: Juni Bis August.

Auf der Weiterfahrt Richtung Höfn darf ich die Empfehlung von Rita, einer netten, älteren deutschen Dame, die zur Familie der Platzbesitzer gehört, zur Einkehr im **Restaurant Brunnhóll** weitergeben. Dieses finden Sie 1 km weiter Richtung Höfn auf der anderen Seite der Ringstraße. Markant ist die hübsche Kirche mit dem eigenartig gedrungenen Türmchen.

Ich selbst dagegen habe einige Kilometer weiter das **Restaurant Árnanes** (**GPS** N64 18 08.7 W15 12 39.5, Tel. +354 478 1550, www.arnanes.is, mailto:arnanes@arnanes.is) aufgesucht, das ich aus einer früheren Recherchereise noch positiv in Erinnerung hatte. Das Restaurant habe ich auch jüngst wieder schätzen gelernt. Das frische Kabeljaufilet mit gebackenen Kartoffeln und einem Salat war ein Gedicht. Deshalb gebe ich Ihnen gerne die Empfehlung, es mir gleich zu tun. Leider steht in diesem Fall kein ausreichender Platz zur Verfügung, um Wohnmobilen nach der Einkehr eine Übernachtung zu ermöglichen.

ⓘ AUSRITT AUF EINEM ISLANDPFERD

Sie haben noch keine Reittour in Island unternommen, möchten dies aber noch tun? In Arnanes hatten wir uns vor Jahren eine Reittour gegönnt und konnten den Besitzer beim Zusammentreiben einiger Schafe unterstützen. Ob wir wirklich eine Hilfe waren (ich war Reit-Neuling), wage ich allerdings zu bezweifeln. Ebenso die Frage, ob die Schafe die Idee gut fanden. Nicht nur, dass damals (im September) der Sommer und damit die freie Weidesaison zu Ende ging. Für das eine oder andere Tier dürfte der Weg auch mehr oder weniger direkt in den Kochtopf geführt haben. Aber daran denkt man in dem Moment ja nicht (das Schaf sicher ebenso wenig). Für uns war es jedenfalls toll gewesen, gegen Ende der Islandreise mit einem Islandpferd im Schritt, Tölt oder Pass förmlich über Stock und Stein zu reiten. Es ist unglaublich, welche Trittsicherheit diese faszinierenden Pferde mit ihrer fülligen Mähne haben. Für uns, besonders für unsere damals 9-jährige Tochter war es ein bleibendes Erlebnis.

Von Ásmunður, dem Inhaber von Árnanes, erhielt ich den Tipp, mir doch ein Bad im **Hot Pot von Hoffell** zu gönnen (Bild unten rechts). Von der Ringstraße Richtung Höfn folgen Sie der Ausschilderung **Hoffelljökull** links ab und erreichen das Bad nach etwa 4 km. Dort kann man das Wohnmobil auf dem geräumigen Parkplatz in unmittelbarer Nachbarschaft zum Hot Pot abstellen (**GPS** N64 23 32.3 W15 20 35.6). Den Preis für die vier Hot-Pots (bei meiner Recherche ISK 300) bitte in die vorgesehene Box werfen. WC/Dusche sind vorhanden (Dusche im Freien). Als Wassertemperatur habe ich zwischen 29° und 40,7° C gemessen. Doch testen Sie es mit der "Fingerprobe". Bei meinem Besuch hatte, während ich mein Badezeug im Wohnmobil holte und mit anderen Badegästen plauderte, ein Schlaumeier den Kaltwasserschlauch ins Becken gelegt und war weggegangen. Von den zuvor 40,7° C waren noch um die 30° C übrig. Schade! Danach liegen noch wenige Kilometer vor mir, bis ich in **Höfn** auf dem Campingplatz den Zündschlüssel ziehen und einen gemütlichen Abend mit anderen Wohnmobil-Gästen aus Deutschland verbringen konnte.

   HÖFN – TJALDSTÆÐI

Stellplatzart:..Campingplatz
GPS:... N64 15 30.7 W15 12 15.2
Adresse:... 780 Höfn, Hafnarbraut 52
Tel.:.. +354 478 1606
mailto:.. camping@simnet.is
Homepage:.. www.campsite.is
Zufahrtinfo: An der Ortseinfahrt Höfn gleich links (schräg gegenüber der N1 Tankstelle).
Kurzbeschreibung: Schön angelegter Platz (Bild nächste Seite unten ist vom Wohnmobil aus aufgenommen). Wohnmobil-Stellplätze an der Straße sind leider etwas laut (Verkehrslärm). Weitere Plätze oben auf dem Hügel mit schöner Aussicht. Die Ausstattung ist gut. Im modernen Gebäude saubere, gepflegte Sanitäreinrichtungen. Ver-/Entsorgungsstation an der Einfahrt ist vorbildlich, Stromanschlüsse vorhanden, WiFi im Umkreis von 100 m um das Gebäude verfügbar (Extragebühr).

Anderntags musste ich mit Verwunderung feststellen, dass das frühere Gletschermuseum geschlossen wurde. Für meine Begriffe war dies eines der schönsten und interessantesten Museen, die ich in Island kenne. Vielleicht besteht ja Hoffnung für dessen Zukunft. Ein Ranger des Vatnajökull Nationalparks hat mir jedenfalls mitgeteilt, dass Überlegungen bestünden, das Museum ins Informationszentrum zu integrieren.

Das **Vatnajökull National Park Visitor Centre Höfn** finden Sie im Heppuvegur 1. Es widmet sich dem reichen Vogelleben. Die Region um den Borgarfjörður ist ein wichtiges Rastgebiet für die Zugvögel, die im Frühjahr hier ankommen und im frühen Herbst ihre Reise gen Süden starten. Natürlich erhalten Sie auch Informationen zum Nationalpark und zum touristischen Angebot. **Öffnungszeiten/Info:** Juni-Aug. tgl. 8^{00}-20^{00} h, Sept. tgl. 11^{00}-18^{00} h, Winter auf Anfrage (Tel. +354 4708330, mailto:hofn@vjp.is).

Ergänzend ist in Höfn das neue **Schwimmbad** zu erwähnen (moderne Anlage mit Riesenrutsche). Aus dem früheren Schwimmbad wurde eine Steinesammlung (**Huldusteinn Steinasafn**, Hafnarbraut 11, Tel. +354 478 2240, www.huldusteinn.is), die originell am und im ehemaligen Schwimmbecken eingerichtet wurde. Kulinarisch wurde ich persönlich, wie bereits in früheren Jahren, im Kaffi Hórnið (Hafnarbraut 42) fündig, auch wenn dieses Mal "nur" eine leckere Zwischenmahlzeit nötig war. Eine Alternative ist das Museumscafé beim Pakkhús am Hafen, wo es eine Ausstellung zur Schiffahrt zu bewundern gilt.

Wie Sie sehen, ist in Höfn und Umgebung etwas geboten. Daher scheint es auch angebracht, den beschriebenen Campingplätzen Aufmerksamkeit zu schenken. Wer freie Stellplätze bevorzugt, möge bitte auf die beschriebenen Alternativen zu Beginn der nächsten Route zurückgreifen.

Island - Ostfjorde

Die Ostfjorde sind nicht nur geologisch nahe Verwandte der West-fjorde. Beides sind (geologisch) Islands älteste Bereiche. Auch landschaftlich sind sie ähnlich. Nur hat dieser Abschnitt nicht ganz die Ausdehnung. Freuen Sie sich auf eine abwechslungsreiche Tour entlang der schroffen, steilen Küsten mit engen Fjorden.

Mit dem Start in **Höfn** habe ich das Tor zu den Ostfjorden aufgesto-ßen. Von der Ortsausfahrt geht es zur Ringstraße und dann rechts ab. Weit ist es nicht, bis ich den ersten Abstecher weg von der Ringstraße mache. Bevor die Straße zur Tunneleinfahrt über den Almannaskarð ansteigt, weist ein Schild rechts nach **Stokksnes**. So heißt eine kleine Insel vor der Sandbank **Austurfjörur**, welche den **Skarðsfjörður** fast verschließt. Die Schotterpiste endet bei der ehemaligen NATO-Radarstation, die nun zivilen Zwecken dient. An den vorgelagerten Felsen tummeln sich Seehunde. Bei einer Übernachtung auf dem **Parkplatz Austurfjörur** (**GPS** N64 14 25.0 W14 58 15.3) dort im Zuge einer früheren Recherche konnten ich schon Rentiere beobachten. All dem dienen die schroffen, hohen Berge **Klifatindur** und **Kambhorn** eine spektakuläre Kulisse. Die Zufahrt ist allerdings mittlerweile eine recht ruppige Schotterpiste mit unangenehmen Waschbrettabschnitten.

Unterwegs hat sich zuletzt allerdings etwas verändert - es ist ein neuer **Campingplatz Viking Stokksnes** am Fuß des Hvalnes-fjalls hinzugekommen (Höfn - Viking Café und Campingplatz - **GPS** N64 15 18.3 W14 59 36.3). Allerdings fand ich das zugehörige Café Viking verschlossen vor. An der Tür hing ein Zettel, dass es über den Sommer 2013 geschlossen sei. Die Sanitäreinrichtung machte einen vernachlässigten Eindruck. Doch scheint es mir angebracht den Platz für den Fall, dass sich alles zum Besseren wendet, zu erwähnen, ist er doch landschaftlich schön gelegen.

Nach dem Campingplatz durchquert das Sträßchen eine sandi-ge Ebene und wird stellenweise zugeweht. Hier ist eine vorsichtige Fahrweise nötig, vor allem ohne Allradantrieb, um nicht in eine kleine Sanddüne zu geraten.

Zurück an der Ringstraße, durchquere ich den Tunnel unter dem **Almannaskarð** hindurch. Bei schönem Wetter sollten Sie gleich danach links abbiegen und dem Schild zur Passhöhe folgen. Der übernachtungstaugliche, aber sehr windexponierte Aussichtspunkt bietet eine tolle Aussicht über **Hornafjörður** bis zum Vatnajökull. Den Gletscher werden Sie später kaum noch zu Gesicht bekommen, da er sich meist hinter den Bergflanken versteckt.

🅿️ 🏕️ ⛰️ **HÖFN – ALMANNASKARÐ**

Stellplatzart:..Parkplatz
GPS:... N64 17 02.2 W15 02 08.2
Adresse:... Oberhalb der Ringstraße
Zufahrtinfo: Durch den Tunnel Almannaskarð fahren und gleich danach scharf links ab. Die Straße (früher die Trasse der Ringstraße) ist geschottert und wird nicht mehr gut gepflegt. Also umsichtig fahren.
Kurzbeschreibung: Geschotterter Parkplatz mit Picknickbank. An der Umrandung aus Steinen finden Sie eine ausführliche Informationstafel zu geschichtlichen Hintergründen, zur Landschaft und Natur. (Bild unten).

Die Ringstraße verläuft am Ufer des **Papafjörður** entlang, dem eine Sandbank vorgelagert ist - Lebensraum für Vögel, vor allem Singschwäne und Eiderenten, aber auch für Robben, die bei Ebbe gerne dort ruhen. Rechts dahinter erhebt sich das 757 m hohe Vesturhorn. Die Berge sind so hoch, dass das Gehöft Syðri-Fjörður monatelang keine Sonne abbekommt. Es werden zahlreiche Flüsse überquert, bis der Gletscherfluss **Jökulsá í Lóni** erreicht ist. Dieser bringt vom Vatnajökull derart viel Schwemmmaterial zu Tal, dass sich eine große Ebene gebildet hat. Meeresströmungen sorgen dafür, dass sich die langgezogene Nehrung Frörur gebildet hat - wiederum ein Traum für die Tiere, und für uns Menschen fast unerreichbar. Die Jökulsá wird auf einer Brücke überquert. Danach folgt der Hof **Stafafell (GPS** N64 25 08.4 W14 51 25.1, Tel. +354 845 7070, mailto:stafafell@eldhorn.is, www.stafafell.is). Dort werden geführte Wanderungen ins Wandergebiet **Lónsöræfi** angeboten. Sehenswert ist die Holzkirche mit schönem Altarbild und Kanzel (Schlüssel bei Bedarf im Hof). Wenn Sie nachfragen, können Sie beim Gästehaus mit dem Wohnmobil stehen.

ABSTECHER FÜR 4X4-FAHRZEUGE NACH LÓNSÖRÆFI

Der Gebirgszug, den man schon über die Flussebene der Jökulsá hinweg sieht, besteht vor allem aus Rhyolith und ist deshalb einzigartig farbenfroh, ganz ähnlich übrigens, wie in Landmannalaugar und bei Borgafjörður Eystri.

Der Campingplatz gehört zum Hof Stafafell, weshalb man sich dort anmeldet und die (allerdings günstige) Stellplatzgebühr bezahlt. Dann können die Wanderstiefel ausgepackt werden und los geht es in die bunte Bergwelt.

WANDERTIPP: LÓNSÖRÆFI/HVANNAGIL

Vom Zeltplatz führt ein Pfad zu einer Senke Richtung Jökulsá. Leider ist er schlecht erkennbar und nicht markiert. Ist der kleine Sattel erklommen, geht es schräg rechts über die Wiese, vorbei an den Ruinen eines Hofes und von dort im Uhrzeigersinn hinein in die farbenfrohe Schotterwelt des schluchtartigen Flusstales Hvannagíl. Vergessen Sie nicht einen Blick über die Flussebene der Jökulsá hinweg. Auch dort drüben sind die Schutthalten recht bunt, teils auch graublau - herrlich!

Die Wanderung ist übrigens in der empfohlenen Wanderliteratur ausführlich beschrieben. Ich habe nur einen kleinen Teil davon selbst erwandert. War es beim ersten Mal ein bevorstehender Wolkenbruch, zeigte sich Lónsöræfi zuletzt leider ab halber Höhe im Nebelkleid, und einsetzender Nieselregen vermieste mir die Wanderlaune ziemlich.

Sie können Lónsöræfi auch von Stafafell zu Fuß erreichen. Start der mit Holzpflöcken markierten, gut 14 km langen Tour ist bei der Kirche. Nach Details fragen Sie bitte beim Hof Stafafell. Die geführten Wanderungen finden von Mitte Mai bis Mitte September täglich etwa 9^{30} h statt, Ende gegen 16^{00} h, Anmeldung unter der genannten Telefonnummer.

LÓNSÖRÆFI

Stellplatzart:..Campingplatz
GPS:.. N64 26 39.6 W14 57 56.5
Adresse:..Lónsöræfi
Tel.: .... (Stafafell) +354 845 7070
mailto: ....stafafell@eldhorn.is
Homepage: .... www.stafafell.is
Zufahrtinfo: Nach der Brücke über die Jökulsá í Lóni zweigt die Zufahrt links ab. Es folgt ein enges Schottersträßchen, das atemberaubend schöne Abschnitte aufweist. Die Piste folgt dem Rand der Flussebene, bis eine Brücke erreicht wird, die für Fahrzeuge bis 2 t zugelassen ist. Wer mehr auf die Waage bringt, muss den Bach furten, wobei dieser bei meiner letzten Recherche wasserlos war.

Über eine Bergnase geht es weiter zu einer Ferienhaussiedlung am Hang. Bald weist ein Schild links zum Campingplatz. Dann zieht die Straße einen weiten Bogen durch den Schotter des Talgrundes und hält auf den Bergrücken zu, der zum Tal flach abfällt. Dort befindet sich das Ziel.
Kurzbeschreibung: Sehr einfach ausgestatteter, landschaftlich aber atemberaubend schön gelegener Platz. WC, 2 Picknickbänke, sonst keine Ausstattung. Lónsöræfi bezieht seinen Charme aus der landschaftlichen Lage, ist aber für Straßenfahrzeuge kaum erreichbar (Bild nächste Seite).
Öffnungszeit: Ca. Juni bis August.

Nun folgt die Ringstraße der Küstenlinie. Nach einer flachen Ebene wird die Strecke bald wieder eng zwischen Meer und dem steilen Bergrücken des **Reyðartindur** (801 m) eingezwängt. Wennn Sie aufmerksam aufs Meer schauen, entdecken Sie Schwärme von Singschwänen. Die scheuen Tiere setzen sich wie ein weißer Teppich in Bewegung, wenn ein Auto anhält oder gar jemand aussteigt. Draußen erstreckt sich auch hier die Sandbank Fjörur, welche den **Lónsfjörður** vor der Dünung schützt - ein ideales Gebiet eben für die bodenbrütenden Seevögel.

Bald wird das Land wieder weiter und es sind die Flüsse Össurá und Vikurá zu überqueren, bevor die Straße in südöstlicher Richtung auf die Landspitze **Hvalneshorn** zuhält. Dort steht ein Leuchtturm auf dem Höhenrücken, der über eine Stichstraße erreicht wird. Zwei Parkflächen sind für den regen Besucherverkehr eingerichtet - ideal für eine schöne Rast oder auch Übernachtung mit etwas Abstand zur Ringstraße. Hier ist man mit sich und der Natur alleine, sobald der Ausflugsverkehr vorüber ist.

Die Ringstraße überquert bald die Hvaldalsá und führt dann am Fuß einer mächtigen Geröllhalde unterhalb des Mælifell weiter, jetzt in nordöstlicher Richtung. Wenn Sie dem kurz danach dem Schild zu einem Picknickplatz folgen, können Sie den Wagen nach einer steil abfallenden asphaltierten Zufahrt auf der neuen Parkfläche unterhalb der Ringstraße abstellen und die Felsen oder den Sandstrand unter die Lupe nehmen. Eine Schotterpiste führt noch weiter, wo sich Ausweichplätze bieten. Auch hier gibt es an der Küste Vögel zu beobachten. Wieder sind zahlreich Singschwäne und Eiderenten zu entdecken. In den Felsen brüten aber auch Möwen, Eissturmvögel, ein paar Tordalken und Papageientaucher.

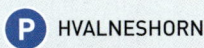 **HVALNESHORN**

Stellplatzart:..Parkplatz
GPS:.. N64 24 11.8 W14 32 25.6
Adresse:.......................................

An der Ringstraße
Zufahrtinfo: Nach Überquerung der Össurá und der Vikurá
rechts ab zum Leuchtturm abbiegen (ausgeschildert an der
Landspitze).
Kurzbeschreibung: Geschotterte Parkflächen vor und direkt bei
dem Leuchtturm. Keine weitere
Ausstattung. Möglichkeit zur
Vogelbeobachtung und zum
Spaziergang hinab zur Sandbank Fjörur (Singschwäne, Eiderenten
kommen zahlreich vor).

  MÆLIFELL

Stellplatzart:..Parkplatz
GPS:.. N64 28 40.3 W14 29 26.6
Adresse:..Unterhalb der Ringstraße
Zufahrtinfo: Nach der Passage am Fuß des Mælifells (Geröllhalden
zwischen Lónsfjörður und Álftafjörður) rechts ab als Picknickplatz
ausgeschildert.
Kurzbeschreibung: Asphaltierte Parkfläche, Vogelbeobachtung, keine
weitere Ausstattung.

Die Ringstraße wendet sich in nordwestliche Richtung, um
den **Álftafjörður** zu umkurven. Dieser gilt als der südlichste der
Ostfjorde, obwohl er einem flachen Gewässer gleicht - geschützt
von der Sandbank **Starmýrarfjörur**. Aus dem Hinterland gelangt
viel Schwemmsand aus der Gletscherzone herab, die eine zügige
Verlandung bedingt. Die Feuchtgebiete und Flachwasserzonen
sind ein Eldorado für bodenbrütende Vögel. Der Name Álftafjörður
zeugt davon, wer am meisten davon profitiert: Die Singschwäne,
auf deutsch heißt die Bucht Schwanenfjord.

Nach einer Landspitze folgt die Bucht **Krossvík**. Die darauf
folgende, markante Felsnase mit dem Namen Þangbrandsbryggja
ist nach dem norwegischen Missionar Þangbrandur benannt, der
im Jahr 997 nach Island gekommen war. Ich fahre über die Hofsá
hinweg, die ihren Ursprung im Gletscher **Hofsjökull** hat und eine
weite Sandebene angeschwemmt hat. Es folgt die Überquerung
der **Geithellná**, wonach sich die Ringstraße dem Meer nähert
und das steil aufragende Bergmassiv umkurvt, das vom Gipfel
Hnúta und dahinter vom 1.029 m hohen **Einidalstindur** dominiert
wird. Nun wird noch der **Hamarsfjörður** umfahren, bevor sich mit

einem weiteren Picknickplatz und der wenig später folgenden Abzweigung der Straße nach **Djúpivogur** die nächste größere Siedlung ankündigt. Haben Sie nun Bedarf an einem Übernachtungsplatz, werden Sie oberhalb der Ringstraße fündig, und wer einen Campingplatz bevorzugt, in Djúpivogur.

  DJÚPIVOGUR - HÁLSASKÓGUR

Stellplatzart:..Parkplatz
GPS:.. N64 39 30.7 W14 19 34.1
Adresse:....................................Djúpivogur, an der Ringstraße
Zufahrtinfo: Auf der Ringstraße bis kurz vor Djúpivogur fahren, links ab ausgeschildert.
Kurzbeschreibung: Asphaltierter Parkplatz beim Hof Áskur am Rande eines kleinen Waldgebietes, das bereits stattliche Bäume aufweist. Am Parkplatz Informationstafel zur Entstehung des Forstes und zur Geschichte des Platzes. Im Wald (Tor bei Zutritt bitte wieder schließen) mehrere Picknickbänke und sogar eine kleine Freiluftbühne, wenige Schritte davon entfernt WC (mit der Bitte, bei Benutzung einen angemessenen Betrag in die Spendenbox einzuwerfen - Bild unten).

   DJÚPIVOGUR - TJALDSTÆÐI

Stellplatzart:... Campingnplatz
GPS:... N64 39 21.5 W14 17 04.9
Adresse:........(Rezeption im Hotel Framtið) Vogaland 4, 765 Djúpivogur
Tel.:..+354 478 8887
mailto:..framtid@simnet.is
Homepage:..www.hotelframtid.com
Zufahrtinfo: In den Ort bis zum Hafen und zunächst an der Zufahrt zum Campingplatz vorbeifahren (rechts ab ausgeschildert), um sich beim Hotel Framtið anzumelden.
Kurzbeschreibung: Sehr schön gelegener und ruhiger Platz. Als Einteilungen dient die Natur, die schöne Basaltfelsen hinterlassen hat. Festes Sanitärgebäude mit Aufenthaltsraum, Strom, Ver-/Entsorgung, Waschmaschine/Trockner. Keine feste **Öffnungszeit** (im Hotel anfragen).

Das Fischerdorf liegt auf der Landzunge zwischen Hamarsfjörður und Berufjörður am Fuß des **Búlandstindur** (1.069 m), einem der markantesten und schönsten Berge Islands. Er ragt wie eine Pyramide aus den Fjorden auf. Ihm werden schon in alten Erzählungen mystische Kräfte zugesprochen. Wenn Ihnen davor nicht bange ist, können Sie ihn besteigen und eine atemberaubende Aussicht genießen - wenn Sie den Berg überhaupt sehen und nicht in einer Nebelsuppe umherfahren, wie ich bei der letzten Recherche 2013.

Djúpivogur und die draußen im Meer aufragende Insel **Papey** (Fährverbindung ab Djúpivogur) sind alte Siedlungsplätze. Bereits vor der Landnahme sollen irische Mönche ein Kloster auf der Insel unterhalten haben. Seit jeher sind Handel und Fischerei von einem der besten Häfen Islands von Bedeutung. Heute kommt der Tourismus dazu, der zwar in den Kinderschuhen steckt, doch hat der kleine Ort einiges zu bieten. Der Campingplatz ist ein gutes Beispiel, ebenso das Hallenbad und das Museum, dem ein Restaurant angegliedert ist.

 MODE UND REGIONALES AUS DEN OSTFJORDEN

Damen (auch die Herren) aufgepasst! Wenn Sie ein besonderes Mitbringsel aus Island haben möchten, besuchen Sie die Werkstatt und den Verkaufsladen von Arfleifð, einer Modedesignerin, die sich bei Herstellung der Modeartikel der Verwendung heimischer Materialien verschrieben hat. Von der Handtasche bis zu schicken Kleidern wird alles aus Rentier- und Schafleder, Fischhaut und Fell, Hörnern und Knochen, Wolle und Federn hergestellt. Und - das sieht alles wirklich ansprechend aus. Sie finden den Laden beim Supermarkt (Búlandi 1, Tel. +354 863 4422, mailto:agusta@arfleifd.is, www.arfleifd.is.

Ebenso regional ist das Angebot im Handwerksladen (Hammersminni 10, Tel. +354 478 8916. Dort erhalten Sie Souvenirs und Schmuck aus Steinen, die vom mystischen Búlandstindur stammen. Vermutlich liegt auch darin das Geheimnis begründet, dass man(n) Damen mit Steinen in Form von Schmuck auf mystische Weise in Verzückung versetzen kann.

In der Langabúð am Hafen (Bild unten), dem historischen Holzhaus aus dem Jahr 1790, finden Sie das Ortsmuseum und eine Cafeteria, in der Sie regionale Gerichte sowie hausgemachte Kuchen erhalten. **Öffnungszeiten/Info:** Mitte Mai-Anfang Oktober So-Do 10^{00}-18^{00} h Fr/Sa 10^{00}-23^{30} h. Eine weitere, gute Einkehrmöglichkeit bietet das Hotel Framtíð, das Sie besuchen werden, wenn Sie sich für den Campingplatz anmelden. Für die Selbstversorger gibt es einen Supermarkt.

Nordwestlich des Ortszentrums können Sie an der Bucht Gleðivík Werke des Steinmetzes Sigurður Guðmundsson in Form

von 34 verschiedenen Eiern bewundern (Eggin í Gleðivík). Sie stehen für die 34 Vogelarten, die hier in der Umgebung nisten. Unweit des Ortsmuseums gibt es noch die Sammlung "Stein und Bein", in der Naturkunst in Form von Steinen und Knochen ausgestellt sind.

Wandern in Djúpivogur

Vom Hotel Framtið aus sind Wanderwege auf die Halbinsel hinaus markiert, die angesichts des Vogelreichtums von Ornithologen geschätzt wird.

Wer den Búlandstindur besteigen möchte, startet beim Hof Teigarhorn (schwarz geteertes Haus unterhalb der Ringstraße 3,2 km nach der Einmündung auf die Ringstraße). Es werden beim genannten Hof (gegen Gebühr) auch geführte Touren angeboten, bei denen der Fokus auf Mineralien und Steinen liegt. Es wurden hier schon Quarze, Achate und Zeolithe gefunden, die in einer weiteren Steinesammlung ausgestellt sind.

Die Fahrt auf der Ringstraße um den Berufjörður führt zu dem kleinen Wanderparadies (zahlreiche schöne Wasserfälle) **Fossárdalur** nebst übernachtungstauglichem Picknickplatz. Sie ist im weiteren Verlauf zu meinem und sicher auch Ihrem Erstaunen auf einem Abschnitt auf Schotterbelag zu bewältigen. Doch ist das mit der nötigen Umsicht nun wirklich kein Problem, einige Schlaglöcher machen die Fahrt jedoch etwas abwechslungsreicher...

Wandertipp: Fossárdalur

Die Wanderung können Sie entweder über Stock und Stein auf der diesseitigen Seite der Fossá bis zu den Wasserfällen machen (Achtung an der Felskante!). Oder Sie überqueren den Fluss auf der alten Brücke (für Fahrzeuge gesperrt) und folgen der geschotterten Fahrstraße, die immer wieder schöne Blicke auf die Kaskaden ermöglicht und weit ins Tal hineinführt.

  FOSSÁRDALUR - PARKPLATZ

Stellplatzart:..Parkplatz
GPS:... N64 45 11.8 W14 28 41.9

Adresse: ..... An der Ringstraße
Zufahrtinfo: An der Ringstraße bei der Fahrt entlang des Berufjörður ist der Parkplatz links ausgeschildert. Die Zufahrt verläuft auf einer Passage der alten Trasse der Ringstraße links ab.
Kurzbeschreibung: Geschotterter Parkplatz, auf dem 2-3 Wohnmobile Platz finden. Picknickbank.

ABKÜRZUNG ÜBER DIE 939 (ÖXI/AXARVEGUR) - FRÜHER F939

Die noch vor einigen Jahren mit zahlreichen kleinen Furten gespickte Schotterstraße, die dann neu gebaut und "verrohrt" wurde (also keine Furten mehr aufweist), überquert die 532 m hohe Passhöhe und stellt die kürzeste Verbindung hinüber Richtung Egilsstaðir dar (erspart Ihnen etwa 60 km gegenüber der Ringstraße durchs Breiðdalur). Dies ist interessant und wichtig zu wissen für die Eiligen, die nicht mehr viel Zeit bis zum Fährhafen verbringen können.

Landschaftlich ist die Strecke sehr schön, führt am Fuß des Bergrückens des Kistufell (1.116 m) und an sumpfigen Wiesen mit herrlichem Wollgras vorbei. Der Rückblick auf den Fjord ist herrlich - halten Sie also nochmals an, wenn die Gelegenheit besteht.

    DJÚPIVOGUR - BERUNES TJALDSTÆÐI

Stellplatzart:...Campingplatz
GPS:.. N64 41 54.1 W14 15 16.1
Adresse:...765 Djúpivogur, Berunes
Tel.:.. +354 478 8988
mailto:...berunes@hostel.is
Homepage:..www.simnet.is/berunes
Zufahrtinfo: An der Ringstraße - nach der Abzweigung der 939 am Berufjörður weiterfahren, dann links ab ausgeschildert.

Kurzbeschreibung: Von Büschen umgebene Campingwiese, Du/WC/Entsorgung, Restaurant (kostenlose WiFi Zone, Essen auf Vorbestellung) im Gästehaus mit regionaler Küche. Toller Blick auf die Fjordseite gegenüber mit Djúpivogur und dem Búlandstindur als Hauptgipfel. **Öffnungszeit:** Ca. Mai-September. Bild: Helmut Rose.

 STREITISHVITI - LEUCHTTURM

Stellplatzart:...Parkplatz
GPS:.. N64 43 48.6 W13 59 21.7
Adresse:.. An der Ringstraße
Zufahrtinfo: Von Berunes weiter bis zur Landspitze fahren, dort rechts ab.
Kurzbeschreibung: Geschotterte Parkfläche ein Stück unterhalb der Straße. Doch Vorsicht! Bei meiner Fahrt auf den Parkplatz staunte ich nicht schlecht, als die Räder einen heftigen Satz über die Asphaltkante auf den Schotterweg machten. Die Kante ist von der Straße her kaum zu erkennen. Daher sehr vorsichtig einfahren. Doch vielleicht ist das ja repariert, bis Sie dort einbiegen.

Ich lasse am Fjordende die Abzweigung der Öxi (939/Axarvegur) links liegen und folge dem Fjordufer. Der gleichnamige Hof war im Jahr 1627 Ziel eines Überfalls algerischer Piraten und wurde in Schutt und Asche gelegt. Man stellt sich schon die Frage, wie

Piraten aus dem warmen Afrika ausgerechnet in diese Gegend geraten waren. Doch waren die Wikinger auf ihren Fahrten ja auch nicht zurückhaltend gewesen. Bald ist wieder Asphalt unter den Rädern und die Fahrt wird ruhiger. Beim Hof **Berunes** werden Sie fündig, wenn Sie auf der Suche nach einem schönen Campingplatz im Grünen sind, der zugleich eine Einkehrmöglichkeit bietet. Danach tost von weit oben ein Wasserfall über mit Sedimentschichten durchzogene, schwarzbraune Felsen herab. Der Fjord auf der rechten Seite ist mit Inseln und Felsen durchsetzt.

Die nächste Halbinsel mit dem **Hrossatindur** als Höhepunkt (976 m) endet mit der Landspitze **Streitishvarf** mit Leuchtturm und Stellplatzgelegenheit etwas abseits der Straße. Schenkt man den isländischen Sagen Glauben, soll dort ein Riese wohnen. Eine andere Erzählung berichtet von einem Bauern, der am Berghang oberhalb des Leuchtturms 18 Piraten erschlagen und begraben haben soll. So gefährlich ist das heute nicht mehr, sodass Sie gemächlich und bedenkenlos reisen können.

Die nächste Meeresbucht heißt **Breiðdalsvík**. Sie wird auf einem Damm überquert, zu dessen Flanken sich weite, dunkle Sandflächen erstrecken, besonders bei Ebbe.

Wenn Sie Interesse (und Zeit) haben, den schönsten Wasserfall der Region zu sehen, sollten Sie vor dem Damm links auf die 964 abbiegen (gute Schotterstraße). Nach einer markanten Rechtskurve zweigt die 966 links ab. Nach etwa 3,3 km weist ein kleines, leicht zu übersehendes Schild mit der Aufschrift **Beljandi** rechts ab. So heißt der Wasserfall, den die Einheimischen gerne den "kleinen Goðafoss" nennen (Bild unten).

🚶 Wandertipp: Beljandifoss

Ich lasse das Auto am Straßenrand einer kleinen, rechts abzweigenden Schotterpiste stehen und wandere zu Fuß weiter. Zunächst halte ich auf den Fluss zu. Der Fahrweg beschreibt einen

Linksbogen und folgt flussaufwärts der **Breiðdalsá**. Nach etwa 25 Minuten ist der Wasserfall an einer Geländestufe schräg rechts zu sehen. Die Ähnlichkeit mit dem "großen Bruder" Goðafoss ist deutlich. Nur ist er um einiges kleiner. Damit man sich dies in Ruhe ansehen kann, ist ein Picknickplatz eingerichtet.

Nach einer Pause folge ich dem Fahrweg, der vom Picknick-platz aus über die Wiese verläuft und zum Wohnmobil zurück führt. (Gehzeit etwa 45 Mintuten auf Fahrwegen).

Wer gerne wandert, findet zahlreiche Möglichkeiten. Die Berg-kette beidseits des Breiðdalur bietet nicht nur mehrere markierte Wege, sondern auch viel Spaß für Steinesammler, die an den Hängen farbenfrohe Exemplare finden können.

Jenseits der Bucht liegt der gleichnamige Ort, in welchem Sie einen der (noch?) letzten kostenlosen Campingplätze finden. Man zweigt rechts von der Ringstraße auf die 97 ab, die nach **Breiðdalsvík** führt. Dort fahren Sie geradewegs auf eine der Attraktionen zu.

📷 WISSENSCHAFTS- UND KULTURZENTRUM BREIÐDALSSETUR

Das Gamli Kaupfélagið (alter Konsumverein) beherbergt keinen Laden mehr, sondern eine interessante Sammlung von Steinen, dieses Mal aus dem wissenschaftlichen Blickwinkel betrachtet. Es geht um die Erforschung und Katografierung der Gesteinsschichten der Ostfjorde, wie sie Prof. Dr. P. L. Walker vorgenommen hatte. Das historische Muse-um behandelt die Entwicklung der Gemeinde und des Tales. In Sachen

Linguistik werden Briefe und Bücher des Dr. Stefán Einarsson vorgestellt, der die isländischen Dialekte erforscht hatte. Dieser Teil dürfte Sie mangels Islän-disch-Kenntnissen eher weniger interessieren.

Das Haus ist auch das Kul-turhaus des Ortes und konnte so Anfang der 1990er Jahre vor dem Abriss bewahrt werden. Einer Bürgerinitiative ist der Erhalt zu verdanken, und deshalb soll es auch als Kulturstätte für die Bürger erhalten bleiben.

Öffnungszeiten und Info: Sommer tgl. 11⁰⁰-18⁰⁰ h, Tel. +354 470 5560 oder auf Anfrage, www.breiddalssetur.is (Eintritt frei).

Dazu bietet der Ort einen Mini Market bei der Tankstelle, ein Schwimmbad und eben die herrliche Fjordlandschaft nebst dem breiten Tal, wie der Ortsname ja schon sagt. Das dem Camping-platz benachbarte Restaurant Bláfell bietet gute regionale Küche.

△ ○ ⚡ BREIÐDALSVÍK - TJALDSTÆÐI

Stellplatzart:..Campingplatz
GPS:..................................... N64 47 33.7 W14 00 25.7
Adresse:...760 Breiðdalsvík, Solvellir 14
Tel.:...(Hotel Bláfell) +354 485 6770
mailto:...info@hotelblafell.is
Homepage:...www.hotelblafell.is
Zufahrtinfo: Im Zentrum beim Gamli Kaupfélagið rechts abbiegen. Nach etwa 70 m nach dem Hotel Bláfell Zufahrt zum Campingplatz links ab.
Kurzbeschreibung: Campingwiese von Hecken umgeben, direkt hinter dem Hotel. Sehr einfache Ausstattung (WC/Geschirrwaschplatz). Es wird jedoch zurzeit erörtert, den Platz und besser auszustatten. Dann allerdings ist es vorbei mit "kostenlos", was schade wäre, reicht doch die Ausstattung aus, wenn man ein Wohnmobil mit Dusche/WC dabei hat.
Öffnungszeit: Ca. Mai bis September.

ⓘ ABKÜRZUNG AUF DER RINGSTRASSE RICHTUNG EGILSSTAÐIR

Wer zeitlich knapp dran ist, verlässt jetzt meine Routenvorschläge und zweigt vor Breiðdalsvík links auf die Ringstraße und überquert die Breiðdalsheiði hinüber Richtung Egilsstaðir/Lagarfljót, wo sich unsere Wege wieder treffen werden. Wer noch etwas Zeit hat, folgt mir und hängt ein paar letzte Höhepunkte der Islandreise an.

Lamm und Rindfleisch kommen von den umliegenden Farmen, der Fisch von den örtlichen Fischern frisch auf den Tisch.

Folgt man der 96 weiter, erreicht man nach der Landspitze Hvalneshals den **Stöðvarfjörður**. Auf der anderen Fjordseite liegt der gleichnamige Ort, der wiederum einen Halt wert ist. Einerseits gibt es einen kleinen, wenn auch sehr einfachen Campingplatz. Eine Besonderheit jedoch ist die unglaubliche Steinesammlung der Petra Maria Sveinsdóttir.

📷 Sehenswertes in Stöðvarfjörður

An erster Stelle steht Petras Steinesammlung (Steinasafn Petru) an der Fjarðarbraut 21. Petra hatte zeitlebens Gefallen am Sammeln schöner Steine und zahllose Stücke nach Hause getragen. 1974 entschloss sie sich, dass die ansehnliche Sammlung öffentlich gemacht werden könnte. Herausgekommen ist eine der weltgrößten Sammlungen von Steinen in privater Hand. Die Ausstellung wird, nachdem Petra verstorben ist, von der Familie weiter gepflegt. Besonders beeindruckend empfand ich den farbenfrohen Garten mil einer überquellenden Farbenpracht der Blumen (Bild unten). Sie finden all dies an der Ortsdurchfahrt von Stöðvarfjörður gegenüber einem eigens angelegten Parkplatz (Fjarðarbraut 21, 755 Stöðvarfjörður). **Öffnungszeiten/Info:** Täglich 9⁰⁰-18⁰⁰ h, Tel. +354 475 8834, mailto:petrasveins@simnet.is. Man hat sich auch auf die Fahnen geschrieben, das touristische Angebot auszubauen. Dazu gehört eine private Kunstsammlung und eine Galerie im alten Salzhaus, die an der Ortsdurchfahrt zu finden sind (Fjarðarbraut 40/42, Tel. +354 475 8931, meilto:solrun. frid@simnet.is). Diese habe ich allerdings nicht explizit besucht. Weiterhin bietet der Ort ein Schwimmbad.

STÖÐVARFJÖRÐUR - TJALDSTÆÐI

Stellplatzart:	Campingplatz
GPS:	N64 49 56.8 W13 51 42.1
Adresse:	755 Stöðvarfjörður, Fjarðarbraut
Tel.:	+354 470 9000
Homepage:	www.fjardabyggd.is

Zufahrtinfo: Kurz vor der Ortsausfahrt links oberhalb der Straße.
Kurzbeschreibung: Kleiner Platz mit Picknickbank, der nur durch eine Hecke von der Durchgangsstraße abgetrennt und für Wohnmobile dennoch umständlich erreichbar ist. Es finden max. 2 Wohnmobile Platz. Oberhalb WC und Geschirrwaschplatz, also sehr einfach ausgestattet. Man berechnet einen günstigen Preis (ISK 1.000 pauschal pro Fahrzeug, Strom ISK 500). **Öffnungszeit:** Mitte Mai bis Ende September.

Dieselbe Preisgestaltung weisen auch die folgenden Campingplätze der Gemeinde **Fjarðabyggð** auf, die jedoch meist schön gelegen und vergleichsweise gut ausgestattet sind. Doch ist nicht dies der Grund, weshalb ich der 96 zunächst weiter bis **Faskruðsfjörður** folge. Der Fjord ist nach einer breiten Landzunge erreicht, deren höchste Erhebung das Kumlarfell ist (900 m). Umso länger zieht sich der Fjord ins Landesinnere, bis die Straße 955 am Fjordende in den Ort und weiter um die Landnase herum führt.

Sie finden dort einen Campingplatz, der besser ausgestattet ist, als der vorige. Und wenn schon einiges zu besichtigen ist, gilt es auch ein Restaurant zu erwähnen, das nicht nur für Ihr leibliches Wohl sorgt, sondern nach der Einkehr auch die Möglichkeit bietet, auf dem Parkplatz über Nacht zu stehen.

 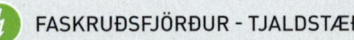 **FASKRUÐSFJÖRÐUR – TJALDSTÆÐI**

Stellplatzart:..Campingplatz
GPS:... N64 56 11.6 W14 02 10.6
Adresse:...Faskruðsfjörður, Öseyri
Tel.: .... +354 470 9000
Homepage: ....ww.fjardabyggd.is
Zufahrtinfo: Kurz vor der Shell-Tankstelle links ab (Campingplatz ausge-schildert). Lassen Sie sich nicht in die Irre leiten, wenn Ihr Navigations-system Sie vor dem kleinen See links ab leitet. Dann nämlich benötigen Sie einen geländegängigen Wagen, den Sie sicher durch die Furt steuern können. So ist es mir gegangen, obwohl ich es von vorherigen Islandrei-sen besser gewusst hätte... Vielleicht sollte ich doch wieder meine Frau nach Island mitnehmen und auf sie hören. Sie ist zuverlässiger, als "Tante Agathe", wie wir unser Navigationssystem getauft haben.
Kurzbeschreibung: Mit Hecken/Bäumen abgegrenzte Stellfläche, Pick-nickbänke, WC, Spielplatz, Ver-/Entsorgungsstelle. **Öffnungszeit:** Mitte Mai bis Ende September.

FASKRUÐSFJÖRÐUR – SUMARLÍNA

Stellplatzart:.. Café/Restaurant
GPS:... N64 55 53.9 W14 01 22.7
Adresse:..............Faskruðsfjörður, Buðavegur 59 (Chemin de Buðir 59)
Tel.: ....+354 475 1575
mailto: ....sumarlina@simnet.is
Homepage: www.123.is/sumarlina
Zufahrtinfo: Vom Campingplatz wenige Meter weiter in den Ort, dann rechts ab ausgeschildert.
Kurzbeschreibung: Der Parkplatz liegt zwischen Gaststätte und Fjord und bietet eine großen, ebene Fläche (auf Anfrage ist Übernachtung nach Einkehr und Stromanschluss möglich). An sonnigeren Tagen, als ich es hatte, können Sie auf der Terrasse die Aussicht genießen. Auf der Speisekarte stehen vorwiegend Fisch und Lamm aus der isländischen Küche. **Öffnungszeiten:** So-Do 10^{00}-23^{00} h, Fr/Sa 10^{00}-3^{00} h.

Sehenswertes/Besonderheit in Faskruðsfjörður

Der Name Faskruðsfjörður bedeutet nichts anderes als Fran-zosenfjord. Grund dafür ist, dass ab dem 19. Jahrhundert bis 1914 französische und belgische Fischer hier tätig waren. Sie

hinterließen die Kirche und das Krankenhaus, das an neuer Stelle wieder aufgebaut und als Hotel weiter betrieben wird. Gegenüber wird das französisch-isländische Museum eine Bleibe finden. Häufig finden Sie die isländische Flagge neben der Trikolore flattern. Die Straßennamen sind in beiden Sprachen gehalten. Kurz nach dem Hafen liegt der mit weißem Lattenzaun eingefriedete französische Friedhof, auf dem 49 französische und belgische Fischer ihre letzte Ruhe gefunden haben. Ihre Namen sind auf dem Gedenkstein eingeschlagen, der von einem Kruzifix überragt wird. Sie finden den Platz am Fuß des Fahnenmasten mit der Trikolore nach dem Ortsausgang.

Da die Umrundung der Landspitze auf der Fahrt Richtung **Reyðarfjörður** zeitaufwändig und recht ruppig ist (die frühere Straße 96 - heute 955 - wird seit Tunneleröffnung nicht mehr intensiv gepflegt), nehme ich den Tunnel, um zügig am Ziel zu landen. In "Aluminium-City", wie viele sagen, seit der riesige Industriekomplex etwas weiter draußen am Fjordufer eröffnet wurde, gibt es einen recht einfachen, aber günstigen Campingplatz. Dieser wurde um eine großzügige Fläche talaufwärts erweitert. Allerdings liegen die Wohnmobil- und Caravan-Stellplätze für meinen Geschmack zu nahe an der 92. Sollte Sie das stören, habe ich Alternativen für Sie, die auch Ihnen vielleicht besser zusagen. Im Ort sollten Sie einen Blick auf oder in die Kirche werfen, in deren Nachbarschaft noch ein paar alte Gebäude zu bewundern sind. Erwähnenswert empfinde ich die Bäckerei ein Stück weiter, in der ich nicht nur kräftiges Brot, sondern auch leckeren Kuchen gekauft habe. Das zugehörige Café gegenüber dem Lebensmittelmarkt etwas weiter im Ort lädt dort zusätzlich zum Verweilen ein.

⦿ DAS ISLÄNDISCHE WELTKRIEGSMUSEUM REYÐARFJÖRÐUR

Im Museum können Sie sich mit der Situation während des II. Weltkrieges befassen, als britische und später amerikanische, kanadische und norwegische Soldaten mit über 4.000 Mann (bei einer Einwohnerzahl von 300 Menschen) Stützpunkte in Reyðarfjörður unterhielten. In Island waren es über 25.000 Soldaten. Bereits 1940 hatten die Briten die Insel besetzt. Die Amerikaner errichteten später ein Hospital. In einigen Baracken ist das Museum untergebracht. Dort lernt man kennen, wie die isländische Bevölkerung von den Kriegswirren betroffen war. Es waren isländische (zivile) Fischerboote entweder durch Seeminen oder durch Beschuss seitens der deutschen Marine oder Luftwaffe versenkt worden. Zahlreiche Isländer fanden dabei den Tod.

Es sind auch Wrackteile deutscher Bomber zu sehen, ebenso Ausrüstungsgegenstände der Alliierten. Unter den Soldaten waren die meisten

Opfer jedoch nicht durch Feindeinwirkung, sondern durch die Härte des Winters zu beklagen. 8 Briten und ein Kanadier sind auf dem Friedhof des Ortes bestattet. Die Briten waren im Januar 1942 auf dem Weg nach Eskifjörður einem Sturm und dem Regen zum Opfer gefallen.

Das andere, weniger hässliche Gesicht des Krieges wird gezeigt, indem die Kontakte der Soldaten mit der Zivilbevölkerung beschrieben werden. So wurden Kinos und eine Gaststätte eingerichtet, Soldaten spielten mit den Kindern des Dorfes Fußball oder verteilten Süßigkeiten und Obst.

Öffnungszeiten/Info: Im Sommer 10⁰⁰-17⁰⁰ h, Tel. +354 470 9000, mailto:sofn@fjardabyggd.is, www.fjardabyggd.is. (Bild unten links).

 DIE ALUMINIUMFABRIK IN REYÐARFJÖRÐUR

Reyðarfjörður ist seit Eröffnung des großen Aluminiumwerkes mit eigenem Hafen ein aufstrebender Ort. Egal, wie man dazu steht, die über 1,5 km lange Industrieanlage am Fjordufer sollte man schon mal gesehen haben, um sich einen eigenen Eindruck zu verschaffen.

Es war nicht nur die Aluminiumhütte selbst gewesen, die für kontroverse Diskussionen im In- und Ausland gesorgt hatte. Dazu gehört auch die endlose Hochspannungsleitung durchs Hochland und eine Reihe von Stauseen nebst der Umleitung des Gletscherflusses Jökulsá á Fjöllum in den Lágarfljót, die für einige massive Veränderungen der Landschaft oben wie unten gesorgt haben. Naturgemäß ist die Kritik hier im Osten des Landes eher verhalten. Schließlich wurden über 1.000 Arbeitsplätze geschaffen. Doch auf das Thema komme ich später noch einmal zurück, wenn wir am Lögurinn und am Stausee selbst angekommen sind.

   REYÐARFJÖRÐUR - TJALDSTÆÐI

Stellplatzart:...Campingplatz
GPS:... N65 02 02.0 W14 14 23.1
Adresse:.. 730 Reyðarfjörður, Kollaleira
Tel.:.. +354 470 9000
Homepage:...www.fjardarbyggd.is
Zufahrtinfo: Vom Tunnel in den Ort, am Ortseingang ausgeschildert.
Kurzbeschreibung: Wiesenfläche mit Picknickbänken, zusätzlich Erweiterungsfläche entlang der 92 (dort etwas laut wegen Straßenlärm) mit Stromanschlussmöglichkeit. Dusche/WC, Ver-/Entsorgung bei der nahen Olis-Tankstelle. **Öffnungszeit:** Mitte Mai bis Ende September.

P 🚻 REYÐARFJÖRÐUR - HÓLMAHÁLS

Stellplatzart:..Parkplatz
GPS:..................................... N65 02 46.1 W14 00 54.7
Adresse:..an der 92
Zufahrtinfo: Von Reyðarfjörður Richtung Eskifjörður (auf der 92). Die Straße führt bergauf bis zur Landspitze. Dort gut ausgeschildert.
Kurzbeschreibung: Asphaltierte Parkfläche abseits der Straße, kaum Sicht- und Lärmschutz. Dafür entschädigt die schöne Aussicht auf die beiden Fjorde und weit hinaus aufs Meer. Picknickbank zum Verweilen. (Bild vorige Seite rechts).

Abstecher nach Eskifjörður und Neskaupstaður

Sofern Sie noch etwas Zeit haben, können Sie weiter durch die Fjordwelt Ostislands nach Eskifjörður und von dort nach Neskaupstaður fahren. Folgt man der 92 fjordauswärts, passiert man den mehr als 1,5 km langen Industriehafen und die Werkshallen der Aluminiumschmelze. Hier in der Natur Islands wirkt solch eine Industrieanlage natürlich wie ein Fremdkörper. In Mitteleuropa würde wohl kaum jemand Anstoß daran nehmen. Die Straße führt auf einer neuen Trasse zur Landspitze **Hólmaháls**, die unter Naturschutz steht. Der aussichtsreiche Picknickplatz mit Blick auf zwei Fjorde eignet sich für eine Rast, durchaus aber auch für eine Übernachtung, bevor es nach **Eskifjörður** weitergeht. Dort finden Sie erneut einen einfachen, aber kostengünstigen Campingplatz.

An Sehenswürdigkeiten hat der Fischerort nicht allzu viel zu bieten. Doch eben dieser Industrie ist das interessante, in einem alten Holzhaus aus dem 19. Jh. untergebrachte Maritime Museum gewidmet. Es befasst sich ausführlich mit althergebrachten, aber auch modernen Fang- und Verarbeitungsmethoden, ebenso aber auch dem Thema Walfang und -verarbeitung, was die Norweger nach Island gebracht haben. Geöffnet ist es allerdings auch im Sommer leider nur nachmittags 13^{00}-17^{00} h.

Gegen Ortsende zweigt die 92 steil links hinauf ab und erklimmt in weiten Kehren zügig den Bergrücken. Weit oben, nur 70 Höhenmeter unterhalb der alten Trasse, lasse ich mich vom Dunkel des einspurigen Tunnels verschlucken, um auf der anderen Seite wiederum steil talwärts (eigentlich müsste man fjordwärts sagen) nach Neskaupstaður zu gelangen. Auch dieser Fischerort ist von überraschender Größe, wenn man an die Abgeschiedenheit denkt. Doch aus touristischer Sicht gibt es Positives zu berichten, auch wenn der frühere, kostenlose Campingplatz einem Baugebiet zum Opfer gefallen ist und durch einen neuen (kostenpflichtigen)

Platz oberhalb des Krankenhauses ersetzt wurde. Dieser macht (noch) einen etwas lieblosen Eindruck, wobei die Ausstattung vollkommen in Ordnung ist. Deshalb muss ich gestehen - angesichts meiner sehr späten Ankunft und der traumhaften Lage habe ich mich für eine Nacht auf dem Wanderparkplatz am Standort des früheren Platzes entschieden. Hier habe ich eine (trotz Nieselregens) ruhige Nacht verbracht und konnte am Morgen umgehend zu meiner geplanten Wanderung starten.

   ESKIFJÖRÐUR - TJALDSTÆÐI FJARÐABYGGDAR

Stellplatzart:..Campingplatz
GPS:.. N65 04 40.1 W14 01 52.9
Adresse:...................................... 730 Eskifjörður, Strandagata
Tel.:.. +354 470 9000
Homepage:..www.fjardarbyggd.is
Zufahrtinfo: Über den Damm in den Ort, rechts ab und gleich links ab ausgeschildert.
Kurzbeschreibung: Mehrere Stellplatzterrassen mit einer steilen Zufahrt. Einfache Ausstattung, aber schön gelegen. Stromanschluss, WC/Dusche. Gleiche Preisgestaltung wie die anderen Plätze der Gemeinde.
Öffnungszeit: Mitte Mai bis Ende September.

 NESKAUPSTAÐUR - TJALDSTÆÐI

Stellplatzart:..Campingplatz
GPS:.. N65 09 02.9 W13 40 40.9
Adresse:...................................... 730 Neskaupstadur, Viðimýri
Tel.:.. +354 470 9000
Homepage:..www.fjardabyggd.is
Zufahrtinfo: Durch den Ort, der Ausschilderung Krankenhaus links ab folgen. Nach dem Krankenhaus rechts ab ausgeschildert (steile Zufahrt).
Kurzbeschreibung: Neu angelegter, etwas lieblos wirkender Stellplatz mit Du/WC, Waschmaschine/Trockner, Strom, Ver-/Entsorgung. Tolle Aussicht über den Ort zum Fjord und auf die Bergkette gegenüber.
Öffnungszeit: Mitte Mai bis Ende September.
Freie Stellplatzalternative: Wanderparkplatz Leuchtturm (**GPS** N65 09 01.7 W13 39 21.6, Ort-/Straßenende). Start zu mehreren Wandertouren bis zur Landspitze (Infotafel mit Routenbeschreibung). **Bitte beachten:** Kein Camping. Beachten Sie das anschließende Naturschutzgebiet.

 Wandertipp: Hundsvík

Vom Wohnmobil steige ich auf den Wanderpfad, der teils auf Holzbohlenstegen entlang der Steilküste hinausführt. Denken Sie angesichts steiler Passagen und feuchter Wiesen an gute Wanderschuhe. Die Wege sind da und dort etwas unklar markiert, aber mit ein wenig Orientierungssinn problemlos. Der Weg wird von fast senkrechten, herrlichen Felsbändern und bunten Blumenwiesen überragt. Nach einer guten halben Stunde führt eine

Stahltreppe hinab zu einer markanten Aushöhlung der Klippen - die Hundebucht ist erreicht, wobei der Name etwas verwirrt, denn Hunde dürfen gar nicht mitgeführt werden. Dort gibt es ein paar Versteinerungen zu sehen (Bild unten links von Helmut Rose).

Angesichts des schlechten Wetters habe ich darauf verzichtet, noch allzu weit zu gehen und bin auf einen heißen Tee ins Wohnmobil zurückgekehrt. Die anderen sechs beschriebenen Touren sind unterschiedlich anspruchsvoll. Prägen Sie sich die Wanderroute gut ein oder nehmen Sie eine Wanderkarte mit.

Sie können im Ort das **Naturhistorische Museum** (offen im Sommer Mo-Fr 13^{00}-17^{00} h) anschauen oder das **Schwimmbad** besuchen, das an der Schule zu finden ist.

Die Reise führt nun auf gleicher Strecke bis Reyðarfjörður zurück und weiter auf der 92 Richtung Egilsstaðir, wo sich die Fahrt durch Island dem Ende entgegen neigt. Freunde einsamer, schöner Fjorde können unterwegs noch ein Ausflug an den **Mjóifjörður** einfügen. Nach der Passhöhe zweigt die 953 rechts ab. Die Schotterstraße führt auf die Passhöhe **Mjóarfjarðarheiði**, um auf der anderen Seite in kühnen Kehren und mit herrlichem Blick auf den Fjord wieder auf Meereshöhe zu führen. Die Piste folgt dem linken Fjordufer, bis die Fischersiedlung mit dem netten Kirchlein erreicht ist. Im Winter ist der Ort nur mit dem Boot und daher nur bei guten Witterungsverhältnissen erreichbar. Die steile Passhöhe ist meist bis lange in den Frühling hinein unpassierbar. Als ich den Mjóifjörður Anfang Juni 2013 besuchte, war die Straße eben erst freigegeben und ich musste zwischen hohen Schneewänden auf beiden Seiten hindurch fahren - ein beeindruckendes Bild.

Wer mag, kann in der kleinen Siedlung den Campingplatz aufsuchen. Oder Sie folgen mir bis an die Landspitze mit dem Leuchtturm **Dalatangi**. Beim dortigen Gehöft erhielt ich ein freundliches Kopfnicken, als ich nach der Mglichkeit fragte, eine Nacht auf dem Parkplatz am Leuchtturm verbringen zu dürfen.

MJÓIFJÖRÐUR - BREKKA

Stellplatzart:...Campingplatz
GPS:.. N65 12 10.2 W13 47 42.1
Adresse:..An der 953 im Ort Mjóifjörður
Tel.: .... +354 470 9000
Homepage: .... www.fjardabyggd.is
Zufahrtinfo: Über die Mjóifjarðarheiði hinweg zum Fjord und weiter fahren bis Brekka. Der Campingplatz liegt links der Straße beim Gästehaus (kurz vor Ortsausgang gegenüber einer blauen Wellblechhalle).
Kurzbeschreibung: Sehr einfache Ausstattung, geöffnet Juni bis Mitte September. Geschotterter Parkplatz unterhalb des Gästehauses, dessen Sanitäranlagen mitbenutzt werden können. Ansonsten keine Ausstattung. Auch von hier kann man auf ausgeschildertem Wanderweg hinüber zum Wanderparkplatz Austurdalur am Seyðisfjörður wandern. Auf einer Infotafel wird über den Wegverlauf inkl. GPS-Daten informiert.
Öffnungszeit: Juni bis Mitte September.

 MJÓIFJÖRÐUR - DALATANGI

Stellplatzart:...Parkplatz
GPS:.. N65 16 11.9 W13 34 29.0
Adresse:.. Straßenende der 953/Dalatangi
Zufahrtinfo: Nach dem Ort folgt eine schmale Schotterpiste, die stellen-

weise ziemlich ruppig ist und zur vorsichtigen, langsamen Fahrt zwingt. Steigung teils 18 %, sehr kurvig und eng, daher aus meiner Sicht nur für Fahrzeuge <3,5 t/6 m Länge geeignet.
Kurzbeschreibung: Geschotterter Parkplatz beim Leuchtturm mit herrlicher Sicht auf die Berge nördlich des Seyðisfjörður und die Felsinseln am Fuß des Leuchtturms.

Wandern nach Skálanes am Seyðisfjörður

Eine Informationstafel mit Angaben zum Wegverlauf gibt Aufschluss über die Möglichkeit, auf dem steilen Küstenweg Skóllaskarð nach Skálanes und zurück zu wandern (etwa 7 Std. hin und zurück, GPS-Daten sind angegeben). Die Route kann variiert werden nach Austurdalur (Parkplatz siehe Route 1) weitere 1,5 Std. und über den Höhenrücken Dálaskarð zurück nach Dálatangi (wiederum 4 Std. Gehzeit).

Da ich die Tour nicht selbst erwandert habe, gebe ich hier nur die Eckdaten der Infotafel wieder. Informieren Sie sich vor Ort über die Routen und nehmen eine gute Wanderkarte mit, am besten auch ein GPS-Gerät. Bei schlechter Witterung (Nebel, Regen) ist der Weg nicht unkritisch.

Der Weg zurück zur 92 verläuft auf gleicher Route und ich fahre an der Einmündung rechts ab bis **Egilsstaðir**, wo es Sinn macht, sich schon mal mit den nötigen Lebensmitteln für die Weiterfahrt oder für die Rückfahrt Richtung Seyðisfjörður zur Norröna einzudecken, den Wagen reisefertig zu waschen und zum Fährhafen zu fahren. Haben Sie noch ein wenig Zeit oder sind mit einem Mietfahrzeug auf Tour, empfehle ich noch den folgenden Abstecher.

Abstecher Hallormstaður/Fljótsdalur/Kárahnjúkar

Sie könnten diese Route jedoch ebenso gut an den Anfang Ihrer Rundfahrt um die Insel nehmen, ja sogar vom Staudamm aus über die F910 ins Hochland starten.

In diesem Fall setzen Sie in **Egilsstaðir**, wo die Ringstraße erreicht ist, den Blinker links und folgen dieser in südwestlicher Richtung bis zur Abzweigung der 931. Diese zweigt rechts ab und verläuft abwechlungsreich durch waldreiches Gebiet auf den **Lögurinn** zu, den See, der vom Lagarfljót gespeist wird, seit der Einleitung der Jökulsá á Fjöllum jedoch leider eine milchigbraune Einfärbung erhalten hat. Er ist um die 40 km lang und bis zu 2,5 km breit und damit einer der größten Islands.

Fährt man auf der 931 am Ufer entlang, kann man auf dem Picknickplatz rechts der Straße eine gemütliche Pause einlegen und sich auf der Picknickbank etwas unterhalb im Wald einen Kaffee schmecken lassen. Bald ist **Hallormstaður** erreicht, wo das größte zusammenhängende Waldgebiet Islands zum Wandern einlädt und auch zwei Campingplätze auf Sie warten.

HALLORMSTAÐUR - HÖFÐAVÍK

Stellplatzart:..Campingplatz
GPS:.. N65 05 59.3 W14 44 31.6
Adresse:...An der 931
Tel.:..+354 470 2070 oder 849 1461
mailto:...hallormsstadur@skogur.is
Homepage:... www.skogur.is
Zufahrtinfo: Auf Ringstraße Richtung Höfn bis zur Abzweigung der 931. Dem Ufer des Lögurinn folgen, bis die Ausschilderung (kurz vor Hallormstaður) rechts auf den Campingplatz weist.
Kurzbeschreibung: Terrassenförmig angelegte Wiesen, WC/Dusche, Ver-/Entsorgung, Stromanschluss. Die unterste Stellplatzwiese ist die schönere, weil sie näher am See denn an der Straße liegt (Bild unten links).
Dem gleichen Besitzer gehört der ein Stück nach Hallormstaður folgende **Campingplatz Altlavík**, der sehr einfach ausgestattet ist (nur WC/Kaltwasser), dafür aber günstiger. **Öffnungszeit:** Juni-September.

Wandern in Hallormstaður

Es ist eine Reihe schöner Wanderrouten markiert, die bei der ehemaligen Schule (Gästehaus) bergauf führen. Ich habe die blaue Markierung ausgesucht. Zunächst sind die Pflöcke dreifarbig, bis an einer Abzweigung die blauen Pflöcke links ab weitergehen.

Durch abwechslungsreichen Wald mit Informationen zu den Baumarten geht es nun leicht auf und ab bis zum Aussichtspunkt, der einen weiten Blick übers bewaldete Land eröffnet (Bild rechts). Jetzt wendet sich die Laufrichtung den blauen Pflöcken folgend talwärts. Später wird ein kleiner Waldsee (Hólatjoern) links ab ausgeschildert. Es lohnt sich, die wenigen Schritte dorthin zu machen, bevor man der Markierung folgend zum Ausgangspunkt zurückkehrt. Auf dieser Route bin ich gut 1 1/4 Std. gewandert.

Weitere Routen sind markiert und übrigens in der empfohlenen Wanderliteratur näher beschrieben.

Nach der Wandertour setze ich die Fahrt auf der 931 fort und überquere den See, der im frühen Juni 2013 durch massive Schneeschmelze außergewöhnlich viel Wasser hatte und weite Wiesenflächen überflutete. Mein nächstes Ziel ist der **Hengifoss**, für den Sie die Wanderstiefel schnüren sollten. Nach der Brücke geht es links ab, um rechts auf den Picknickplatz einzuschwenken. Da ein Schild "Camping verboten" am WC-Häuschen angebracht ist, erwähne ich den Parkplatz nicht als übernachtungsgeeignet. Auch wenn es streng genommen ein "inoffizielles" Verbot ist, muss man sich bewusst sein, dass es hier (in der Nähe des Fährhafens) ungern gesehen wird, wenn Wohnmobile hier "campen". Entscheiden Sie selbst und beachten Sie im Fall der Fälle strengstens die Regeln für die freie Übernachtung (**Parkplatz Hengifoss GPS** N65 04 24.1 W14 52 51.8/WC und Picknickbank).

Wandern zum Hengifoss

Der Wasserfall (Bild unten) gehört zu den schönsten in Island. Eigentlich ist es eine ganze Reihe von Wasserfällen, bis Sie das eigentliche Ziel vor Augen haben. Der Weg ist unkritisch, aber steil. Dass ich einen Bergbach zu furten hatte, war der Schneeschmelze zu verdanken - das Brücklein wurde überspült. Nach einer Dreiviertelstunde eröffnet sich der Blick auf den "Streifenwasserfall", der sich durch rote Sedimentstreifen zwischen den Basaltschichten auszeichnet. Auf dem Weg dorthin ist der von Basaltsäulen eingerahmte Litlanesfoss auf halber Strecke erwähnenswert. Für den Rückweg können Sie einige Minuten weniger kalkulieren. Gesamte Gehzeit also ca. 1 1/4 bis 1 1/2 Stunden.

Zurück am Wohnmobil, starte ich den Motor und sause ein Stück weiter talaufwärts ins **Fljótsdalur**. Das erste Ziel ist das **Informationszentrum des Vatnajökull Nationalparks** (**Parkplatz GPS** N65 0239.1 W14 56 50.9). Dort erwartet Sie eine Ausstellung über

die Besonderheiten des Nationalparks, der vor wenigen Jahren erheblich erweitert worden ist, nicht zuletzt um die negativen Folgen für die Natur im Hochland durch das große Staudammprojekt wenigstens zum Teil wieder auszugleichen.

An der Einfahrt lädt an einer halbrunden Halle die Aufschrift "Klausturkaffi" zur Einkehr ein. Die Einkehr hier war für mich einer der kulinarischen Höhepunkte der Reise. Schon der erste Blick ins Restaurant überzeugte mich, dass ich den (übrigens sehr günstigen) Obolus fürs Lunch-Buffet investierte. Für knapp € 16,00 ließ ich mich mit Rentierfleischbällchen, Lammragout und einem leckeren Fischauflauf verwöhnen. Dazu eine Suppe, Salat und ein Kaffee - es geht also in der Tat auch gut und günstig in Island essen zu gehen! Für Gäste des Hauses drückt man auf Anfrage gern mal ein Auge zu, wenn freundlich nach der Möglichkeit zur Übernachtung gefragt wird.

Gönnen Sie sich auch einen Blick ins **Museum** im Erdgeschoss, das Aufschluss über die regionale Geschichte und über die frühere Klosteranlage gibt. Deren Ruinen kann man im Freigelände besichtigen. Das Gebäude Skrútuklaustur stammt aus dem Jahr 1939 und ist durch die massive Bauweise mit hell ausgefugten Basaltsteinen eine Besonderheit in Island.

Folgt man der Straße bergwärts, wird das **Informationszentrum der Energiegesellschaft Landsvirkjun** erreicht. Dort wird - nicht unerwartet - ein günstigeres Bild vom Staudammprojekt im Hochland gezeichnet. Es gibt beeindruckende Fotos zum Bau der Kraftwerke und des Stausees und vor allem zum Thema regenerative Energie zu sehen. Die im Infocenter des Nationalparks geschilderten negativen Folgen durch die Umleitung des Gletscherflusses in den Lagarfljót allerdings hat eindeutig auf die dortige Wasserqualität und in der Folge auf den Fischbestand eine negative Auswirkung gezeigt. Die Hochwasserschäden an den landwirtschaftlichen Nutzflächen, die sich nun regelmäßig zeigen, wie mir Einheimische berichteten, möchte ich nur kurz erwähnen.

P **⊞** **◍** **⚡** FLJÓTSDALUR - FLJÓTSDALGRUND

Stellplatzart: *7. Nacht* Wohnmobil-Stellplatz
GPS: N65 01 34.2 W14 58 18.2
Adresse: *1400 IK* Fljótsdalur, Vegarði
Tel.: +354 865 1683 (Helga)
mailto: fljotsdalsgrund@fljotsdalur.is
Homepage: www.fljotsdalur.is
Zufahrtinfo: Ab dem Parkplatz Hengifoss 5,4 km weiter talaufwärts fahren, dann rechts ab ausgeschildert.
Kurzbeschreibung: Geschotterter, ebener Platz, Stromanschluss. WC/ Dusche des Infocenters sind für die Campinggäste rund um die Uhr nutzbar. Oberhalb liegt das Gästehaus, das die Besitzerin Helga mit viel Liebe eingerichtet hat und auf vorherige Bestellung Frühstück und Abendessen serviert. **Öffnungszeit:** Ca. Mai bis Mitte September.

Die Entsorgungsstation für die Toilette liegt etwas abseits am Parkplatz unterhalb des Infocenters. Doch muss man etwas zwischen hohem Gras und Krüppelkiefern suchen, bis man den Ausguss gefunden hat. Die Frischwasserversorgung liegt außer Reichweite der Entsorgung - soweit in Ordnung. Aber dass man mit dem Wohnmobil kaum zum oberhalb des Infocenters gelegenen Wasserhahn fahren kann, ist unglücklich gelöst.

P SUÐURDALUR - STURLUFLJÓT

Stellplatzart: *part in Sichtweite* Parkplatz
GPS: *des Hauses* N64 55 39.3 W15 03 30.0
Adresse: Suðurdalur, Sturlufljót
Zufahrtinfo: Vom Vistitor Center Landsvirkjun schräg gegenüber dem Schild Suðurdalur folgen. Auf der anderen Talseite rechts abbiegen und der Schotterstraße bis zum Wanderparkplatz rechts unterhalb von Straße und Gehöft folgen (Schild Wandermännchen).
Kurzbeschreibung: Schotterplatz ohne weitere Ausstattung. Startpunkt der Wanderung. Herrliche Lage im Talkessel. Nur sollten Sie sich am kräftigen Rauschen des Flusses unterhalb des Parkplatzes nicht stören.

Für Wanderbegeisterte habe ich noch einen Tipp im Suðurdalur, der sich mit einer freien Übernachtung kombinieren lässt. Dazu müssen Sie gegenüber des Infocenters dem Schild Richtung **Suðurdalur** folgen und ein Stück Schotterpiste in Kauf nehmen. Dafür entlohnt Sie die herrliche Wanderung zum **Strútsfoss**.

ROUTE 7

🚶 Wandertipp: Strútsfoss

Zunächst geht man vom Parkplatz zum Fluss und im weiten Bogen um das nahe Gebäude herum. Bleiben Sie immer in Flussrichtung rechts. Die Markierung ist manchmal etwas schlecht zu sehen, weil die Pflöcke in Tarnfarbe olivgrün mit dunkelroter Spitze nicht eben gut aus der grünen Wiese herausstechen.

Nachdem der Bach auf Steinen überquert ist, führt ein Fahrweg, später ein gut erkennbarer Wanderpfad mäßig steil bergauf. Nach etwa 45 Minuten ist ein Steinmännchen (eigentlich ein Steinmann) erreicht. Nun geht es im Zick-Zack bergauf, bis sich der Blick über den Wasserfall eröffnet, dessen Ähnlichkeit zum Hengifoss deutlich wird (gut 15 Minuten). Gehen Sie vom Aussichtspunkt nicht weiter - die Geröllhänge sind nicht ganz ungefährlich. Der Blick ist auch hier sehr schön. Rückweg gut 50 Minuten. Kalkulieren Sie mit etwa 2 Stunden reiner Gehzeit.

   ABSTECHER ZUM KÁRAHNJÚKAR-STAUDAMMPROJEKT

Nun habe ich nun noch einen Tag Reserve, den ich für einen abschließenden Ausflug ins Hochland nutze. Dieser ist ohne Einschränkung auch für Sie machbar, denn die Zufahrt ist (bis auf die letzten 2 km zum Gästehaus) durchweg asphaltiert.

Unterhalb des Informationszentrums folge ich der Ausschilderung auf die 910 (Kárahnjúkar 66 km). Wenn Sie die Serpentinen gemeistert haben, verläuft die Straße mit sanften Kurven und leichtem Auf und Ab 36 km durch die triste Hochlandwüste. Dann folge ich dem Schild "**Laugarfell 2 km**" links ab (Schotterstraße) und ziehe auf dem Parkplatz vor dem Gästehaus den Zündschlüssel. Wenn Sie die günstige Gebühr investieren (bei meinem Besuch ISK 1.000 inklusive Nutzung von Dusche/WC und Hot Pot), entspannen Sie in den herrlichen, neu in Stein eingefassten Hot Pots mit etwa 36°/41° C (Bilder unten).

Sollte Sie der Hunger oder Durst packen, können Sie im Restaurant einkehren. Die Verwalter des Gästehauses sind Gästen mit Wohnmobilen sehr aufgeschlossen - sofern es nicht die längsten "Dickschiffe" sind. Für diese ist der Parkplatz (auch der Ausweichplatz etwas unterhalb) nämlich schlicht und einfach nicht tauglich - leider!

Auch hier können Sie noch einmal ein paar schöne Wandertouren unternehmen, für die ich mich allerdings nicht entscheiden konnte, weil ich den Hot Pots mit Blick auf die Gletscherkappe des Snæfell den Vorzug gab. Die geschilderte Aussicht ist mir allerdings wegen tief hängender Wolken dieses Mal verborgen geblieben. Sie haben sicher mehr Wetterglück. Wer mag, kann 30 km weiter fahren, bis der beeindruckende Stausee erreicht ist. Parken können Sie am Ende der zweiten Staumauer am besten. Von dort sind es nur wenige Schritte, um sich zu überzeugen, welch eindrucksvolle Schlucht die Jökulsá á Fjöllum in das Gelände geschnitten hatte, bis sie schlicht (fast) wasserlos gemacht wurde. Große Teile einer eindrucksvollen Hochlandfläche nebst wichtigen Rast- und Futterplätzen für Gänse und Rentiere sind ein für allemal in den Fluten versunken.

4x4 WEITERFAHRT FÜR 4X4-PILOTEN AUF DER F910

Die Straße verläuft gut ausgebaut noch ein kleines Stück weiter und knickt dann rechts ab. Fortan ist es eine ruppige Hochlandpiste, die ein "F" voran gestellt bekommt. Sie ist, wie mir der Verwalter des Laugafell versicherte, zurzeit die unproblematischste Route zur Caldera Askjá. Sofern Sie dorthin noch nicht von Möðrudalur her gefahren sind, ist es eine passable Alternative.

Für mich, sicher auch für viele von Ihnen, liebe Leserinnen und Leser, neigt sich mit der Rückfahrt zum Lögurinn aber nun endgültig die Fahrt durch die Insel aus Feuer und Eis ihrem Ende entgegen. Wenn Sie mögen und einen weiteren, familiär geführten und vor allem recht ruhigen Campingplatz für die letzte Nacht in Island suchen, bleiben Sie auf der linken Seite des Sees, auch wenn stückweise Schotter unter den Reifen knirscht. Die 930 führt - landschaftlich sehr schön mit Blick auf Hallormsstaður - nach **Fellabær**, wo sich der bereits eingangs in Route 1 genannte Campingplatz Skipalækur anbietet.

Von hier aus sind Sie in wenigen Minuten in **Egilsstaðir** und von dort aus in etwa einer halben Stunde in Seyðisfjörður angelangt. Dort heißt es, sich etwa 3 Stunden vor Abfahrt in die Schlange vor der Fähre einzureihen und den Check-In zu erledigen.

Mir bleibt nur noch zu hoffen, dass Ihnen meine Routenvorschläge gefallen haben, Sie viele schöne Eindrücke von Island (und natürlich von den Färöer Inseln) mit nach Hause nehmen können. In diesem Sinne wünsche ich "**Bless, bless og goða ferð!**"

Und vielleicht auch auf Wiedersehen in Island oder einem anderen Reiseziel. Ich freue mich in jedem Fall, wenn ich Ihnen auf anderen Reisen wieder mit vielen guten Tipps aus einem der mobil & aktiv erleben Wohnmobil-Reiseführer behilflich sein darf.

Ich wünsche Ihnen gute Reise! Kommen Sie gesund heim!

Nützliche Infos von A-Z

Die nachfolgenden Tipps und Informationen, das Klein-
gedruckte, wurden gewissenhaft zusammengetragen.
Doch wird - wie bei allen Angaben in diesem Buch - keine Gewähr für die Richtigkeit und Vollständigkeit über-
nommen, denn naturgemäß „altern" auch diese Tipps.
Dies gilt besonders in der von der Finanzkrise geprägten Zeit,
die Island hart getroffen hat. So verzichte ich weitgehend auf
die Angabe von Preisen. Wenn doch, dann betreffen diese, wie
alle Angaben, den Stand zur Recherche im Sommer 2013. Die
Wechselkurse sind schwankend und auf Sicht kaum kalkulierbar.
Sie dienen nur der groben Orientierung.

■ Abwasserentsorgung

Ihr Wohnmobil verfügt über einen fest installierten, ausreichend großen
Abwassertank im oder am Fahrzeug? Dann ist die wichtigste Voraussetzung
für einen verantwortungsvollen Umgang gegeben und Sie können das Ab-
wasser ordnungsgemäß entleeren. Nicht immer kann die Ablaufleitung des
Abwassertanks exakt über den Gully der Entsorgungsstelle rangiert werden
Deshalb sollte zusätzlich ein Schlauch (ca. 1-2 m) an Bord sein, der an den
Abwasserstutzen angeschlossen werden kann. So können Sie das Abwasser
in den Ausguss der Entsorgungssäule ablassen. Sie können sich auch mit
einem Eimer oder einem (deutlich als **Abwasser**kanister gekennzeichneten)
Faltkanister behelfen. Bitte sorgen Sie dafür, dass keine Irritationen entstehen,
indem Ihr Grauwasser munter über die Parkfläche oder während der Fahrt
auf die Fahrbahn plätschert. Erfahrungsgemäß wird dies von Laien oft als
Entleeren der Toilette betrachtet und führt zu entsprechender Verärgerung.
Auf dieses Thema gehe ich unter „Toiletten" ein. Ver- und Entsorgungsstationen finden Sie in Island und auf den Färöern zwar nicht allzu zahlreich,
Sie werden mit meinen Hinweisen dennoch ohne langes Suchen fündig.

■ Auto fahren

Die Färöer stechen hier absolut positiv hervor. Das Straßennetz ist zwar nicht
lang, aber stets gut ausgebaut und soviel wie vollständig asphaltiert.

Die Straßenverhältnisse Islands erfordern, ebenso wie die Beschilderung,
einige Hinweise. Die Ringstraße (Straße 1) und die wichtigen Hauptstrek-
ken (erkennbar an zweistelliger Nummer) sind durchweg asphaltiert oder
mit meist gut befahrbaren Schotterbelag ausgebaut. Auch Nebenstrecken
(3-stellige Nummer) sind in der Regel ganz passabel - Ausnahmen bestäti-
gen jedoch die Regel. Wenn ich davon ausgehe, dass Reisemobile auf einer
Strecke Probleme bekommen könnten, gehe ich im Text darauf ein. Dies gilt
dann selbstverständlich vor allem für größere Fahrzeuge, die ich ab einer
Länge von 6-7 Metern aufwärts und einer Breite über 2,30 m als solche
bezeichnen möchte.
Wertvolle Tipps gibt es im Internet unter http://safetravel.is

Hochlandstrecken/Hochlandbus

Je nach Fahrzeugtyp sollte man die Auswahl der Hochlandstrecken (erkennbar an der Bezeichnung „F" vor der meist dreistelligen Straßennummer)
kritisch prüfen. Ein Fahrzeug mit 4x4-Antrieb ist überwiegend vorgeschrieben
(Ausschilderung beachten). Fragen Sie bei Einheimischen um Rat, wenn Sie
unsicher sind. Die Straßenbauverwaltung gibt unter Tel. 1777 Auskunft oder
schauen Sie unter www.road.is im Internet.
   Lieber verzichten Sie auf eine Hochlandstrecke, als hängen zu bleiben oder
einen Schaden am oder unter dem Fahrzeug davonzutragen. Beachten Sie,
ob der Vermieter Ihres Reisemobils die Benutzung auf Hochlandstrecken
erlaubt - Sie fahren ansonsten ohne Versicherung durchs Hochland!

Auf vielen Strecken, die Sie sich und Ihrem Wagen nicht zumuten können oder möchten, verkehren Hochlandbusse. Sie fahren zu zahlreichen besonders schönen Zielen. Das gilt beispielsweise für die Vulkangebiete Askja und Hveravellir oder das wildromantische Gletschertal Þórsmörk. Informieren Sie sich jeweils bei den Tourist Informationen oder unter www.bsi.is.

Schotterstraßen
Auf Schotterbelag kann man sich mit angepasster Fahrweise einstellen. Befahren Sie die Schotterstraßen zügig, aber vorausschauend. Dennoch sind die häufigen Schlaglöcher und „Waschbretter" hier und da nicht gut erkennbar.

Sie müssen mit Ihrem Fahrzeug individuell herausfinden, welche Geschwindigkeit ideal ist - jedes Fahrzeug verhält sich anders. Geht es auf Schotterstraßen ruppig zu, werden **Federung, Stoßdämpfer und Bereifung sehr stark beansprucht**. Deshalb meiden viele meiner Leserinnen und Leser solche Strecken.

Bei Gegenverkehr Tempo reduzieren und möglichst weit rechts fahren, damit Steinschlag vermieden wird. Kritisch ist der Wechsel des Fahrbahnbelags, weil er das Fahrverhalten des Wagens stark verändern kann. Darauf weist ein spezielles Verkehrszeichen hin.

Tempolimit
Innerorts gilt in **Island** ein generelles Tempolimit von 50 km/h, außerorts muss man differenzieren. Auf Schotterpisten beträgt die Höchstgeschwindigkeit 80 km/h und auf Asphalt 90 km/h. Ausnahme sind hier nur PKW-Gespanne, die auch auf Asphalt maximal mit 80 km/h unterwegs sein dürfen.

Auf den **Färöern** dürfen Sie außerorts nur mit 80 km/h fahren, mit Wohnmobilen über 3,5 t mit max. 70 km/h.

Fahren außerhalb befestigter Straßen und Wege ist verboten!
Die Natur, vor allem die Vegetation im Hochland, regeneriert sich nur sehr, sehr schlecht. Reifenspuren abseits der Straßen sind oft jahrelang noch zu sehen. Also bitte - halten Sie sich unbedingt an diese Grundregel. Zuwiderhandlungen werden mit hohen Geldstrafen, in schweren Fällen auch Haftstrafen geahndet. Übrigens: Auch das Parken abseits von Parkplätzen zählt dazu.

Besondere Verkehrszeichen in Island
- **Blindhæd - Unübersichtliche Kuppe**: Vor unübersichtlichen Kuppen warnt üblicherweise ein Verkehrszeichen. Fahren Sie vorsichtig an die Kuppe heran, vor allem auf Schotterstraßen. Vermindern Sie Ihr Tempo und seien Sie darauf gefasst, bei Gegenverkehr jederzeit anzuhalten.
- **Einbreið Brú - Enge Brückendurchfahrt**: Auch dieses Verkehrszeichen ist eindeutig: Sehr häufig sind Brücken nur für eine Fahrzeugbreite ausgebaut. Daher ist beim Annähern an eine solche Brücke der Gegenverkehr zu beachten. Derjenige, der zuerst kommt, hat Vorfahrt.
- **Baustellen**: Das Verkehrszeichen ist wie zu Hause - der Bauarbeiter mit der Schaufel. Aber hinsichtlich der Einrichtung einer Baustelle vergessen Sie am besten, was Sie von zu Hause gewohnt sind: In Island wird nicht immer eine saubere Ersatzstrecke präpariert, wenn ein Straßenabschnitt repariert wird. Man kann schon mal verdutzt vor einem besseren „Rübenacker" stehen, in dem die Baumaschinen hin- und herfahren.
- **Furten/4x4 Strecken**: Bäche und Flüsse im Hochland sind nicht überbrückt. Es ist erforderlich, sich vor Flussdurchquerungen ein Bild von der Befahrbarkeit zu verschaffen, besonders wenn man ohne Begleitung unterwegs ist. Nehmen Sie ein paar Gummistiefel mit und gehen Sie vor der Durchfahrt eines Baches in das Gewässer. Ist der Untergrund zu locker, uneben oder stehen große Steine hervor, die nicht weggeräumt werden können, geben Sie sich geschlagen - ein defektes Fahrzeug wäre ein schlimmerer Schaden als der Verzicht auf die Hochlandstrecke! Und von der Wassertiefe gehen natürlich auch Gefahren aus - das Ansaugen des Wassers in den Motor oder ein Wassereintritt in die Elektronik können die Fahrt abrupt beenden.

Sonstige besondere Verkehrsbestimmungen

20 m vor und nach Bushaltestellen ist Parkverbot, sowie 10 m vor und nach Einmündungen/Kreuzungen. Neben gelben Strichellinien am Straßenrand ist ebenfalls Parkverbot und neben durchgezogenen gelben Linien am Fahrbahnrand ist Halteverbot! Die Bußgelder sind deutlich höher als zu Hause - auch wenn ich das - bislang erfolgreich - nicht ausprobiert haben.

Kein Alkohol im Straßenverkehr

Dies bedarf keiner Erläuterung! Mit Promille steht der Motor stille. Gesetzlich gilt in beiden Ländern ein Fahrverbot ab 0,5 Promille.

Sicherheitsgurt - Ist in beiden Ländern Pflicht.

Abblendlicht

Wie überall in Skandinavien gilt auch in Island und auf den Färöern: Auch am Tag ist das Fahren mit Abblendlicht vorgeschrieben.

Tunneldurchfahrten

In beiden Ländern gibt es teils einspurige, dunkle Tunnel mit Natursteinwänden. In diesen finden Sie regelmäßig mit einem „M" bezeichnete Ausweichstellen.

Viehunfälle

Das Vieh wird oft (meist Schafe, stellenweise auch Islandpferde) frei gehalten. Das bedeutet, dass Tiere an der Straße weiden oder die Fahrbahn überqueren. Kommt es zum Unfall, ist der Fahrzeughalter zum Schadenersatz verpflichtet - nicht umgekehrt! Wildunfälle sind kaum zu befürchten - es gibt lediglich im östlichen Island einige Rentiere sowie landesweit einzelne Polarfüchse.

Baden - Schwimmbäder

In Island gibt es in vielen Orten Schwimmbäder. Niemand sollte das Land besuchen, ohne einige dieser übrigens preiswerten Schwimmbäder besucht zu haben. Sie sind im Allgemeinen sehr gepflegt und verfügen neben dem Schwimmbecken über Hot-Pots und/oder Whirlpools.

Die Temperaturen im Schwimmbecken liegen zwischen 28°C und 30°C, die der Hot-Pots zwischen 38°C und 42°C. Es werden meist moderate Eintrittspreise verlangt (ca. 400-500 ISK; Kinder unter 6 Jahren und Rentner ab 67 sind meist frei; bis 12 Jahre ist der halbe Eintrittspreis fällig).

Für Kinder stehen in der Regel Schwimmflügel und Spielzeug zur Verfügung. In allen Schwimmbädern wird **Hygiene groß geschrieben**. Es wird erwartet, sich vor dem Bad **ohne Badebekleidung gründlich zu duschen**. Dafür können wir sehr saubere und schöne Schwimmbäder genießen. Fast überall werden gepflegte Umkleideräume und Duschen geboten.

Erlebnisreich sind **Naturbadeplätze**, die es in geothermalen Gebieten gibt, einige im Hochland. Für diese wird meist eine geringe Gebühr (ISK 100-400) verlangt. Hier und da ist es möglich, in warmen Bachläufen zu baden, was eine Wanderung durch die Geothermalgebiete zum besonderen Erlebnis macht.

Brillenträger - ACHTUNG! Thermalwasser, besonders in den Naturbadestellen, kann **Kunststoffgläser und die Beschichtung zur Entspiegelung der Brille** beschädigen! Vorsicht auch bei Gischt (heiße Quellen, Solfataren/Fumarolen, Meerwasser) und bei Sandsturm. Am besten im Wasser Schwimmbrille tragen (gibt es kostengünstig im Fachhandel oder beim Optiker in Ihrer Sehstärke).

Campingplätze

Campingplätze haben sich in den letzten Jahren stark gewandelt. Meistens wurde kräftig in die Ausstattung für Wohnmobile investiert (Stromanschluss, Ver-/Entsorgungsstation). Einzelne kleine, entlegene Plätzen bieten z. T. auch nur offene Waschplätze mit kaltem Wasser im Freien und Trockentoiletten oder WC. Dafür sind einige Plätze in Island nach wie vor kostenfrei und bieten teilweise dennoch Dusche und WC. Auf Campingplätzen in größeren Ortschaften und Städten gibt es oft Waschmaschinen mit Trockner. Die Öffnungszeiten der Campingplätze beschränken sich in der Regel auf die Hauptsaison (Mitte Mai bis Ende August, manchmal Ende September). Danach können die Plätze jedoch oft kostenfrei genutzt werden.

Es sind ca. 800 ISK/Person bis zu 1.500 ISK/Person pro Tag zzgl. Übernachtungssteuer (zurzeit ISK 107, vgl. Kurtaxe) zu berappen. Strom wird pro Tag mit 500 bis 1.000 ISK berechnet - recht teuer also. Überlegen Sie deshalb, ob Sie Strom wirklich brauchen.

Campingcard: An die 50 Campingplätze in Island sind an dieses System angeschlossen. Sie können die Campingcard an Bord der Norröna kaufen und stehen dann mit 2 Personen kostenfrei auf dem Campingplatz. Zu bezahlen haben Sie allerdings dennoch die „Übernachtungssteuer" (vgl. Kurtaxe zu Hause). Welche Plätze dem System angeschlossen sind, entnehmen Sie bitte der jeweils aktuellen Broschüre, die Sie mit der Karte erhalten, die 2013 mit € 99,00 zu Buche schlug.

Eine vegleichbare Ausstattung finden Sie auf den Campingplätzen der Färöer Inseln, auch wenn die Zahl der Plätze dort geringer ist. Ein Angebot wie die Campingcard gibt es auf den Färöern nicht. Auf den Färöer Inseln beläuft sich der Campingpreis auf ca. 80-100 DKK pro Person und Tag zzgl. Strom und Dusche.

Diplomatische Vertretungen

Botschaft der Bundesrepublik Deutschland
Laufásvegur 31
IS-101 Reykjavík
Tel. (00354)530-11 00 (Fax -11 01; eMail: info@reykjavik.dipb.de)

Honorargeneralkonsulat der Republik Österreich
Orrarhólar 15
IS-111 Reykjavík
Tel. +354 557 5464
mailto:arni-siemsen@simnet.is

Generalkonsulat der Schweiz in Reykjavík
Laugavegi 13
IS-101 Reykjavík
Tel. +354)551 7172 (Fax 551 7179)

Botschaft der Republik Island
Rauchstraße 1
D-10787 Berlin
Tel. +49 30 50 50 40 00; Fax +49 30 50 50 43 00
infoberlin@mfa.is; www.botschaft-island.de

Konsulat der Republik Island
Münzgraben 6
CH-3000 Bern 7
Tel. +41 31 326 2728, Fax +41 31 326 2729,
mailto: hirt@kglaw.ch

In Österreich
Botschaft der Republik Island
Naglergasse 2/8
A-1010 Wien
Tel. (01)533 2771, Fax (01)5 33 2774 - mailto:emb.vienna@mfa.is

Vertretungen auf den Färöer Inseln
Auf den **Färöer Inseln** finden Sie lediglich **Honorarkonsulate**, das deutsche beispielsweise am Jachthafen in Tórshavn (Bryggjubakki 22, Tel. +298 354 595). Im Ausland werden die Färöer durch die dänischen Botschaften vertreten.

Fahrrad fahren
Island ist bei Mountain-Bike-Fans nicht unbeliebt. Aber die Strecken sind anstrengend, wenn Sie längere Touren unternehmen, besonders im Hochland. Plötzliche Stürme, teilweise mit peitschendem Regen, oder Sandstürme können den Spaß verderben. Für den Transport auf dem Fahrradträger des Wohnmobils ist angesichts der Schotterstraßen eine Schutzhülle zu empfehlen.

Fahrzeug
Mit dem eigenen bzw. gemieteten Wohnmobil nach Island - oder ein Fahrzeug dort mieten? Um es kurz zu sagen: Das ist eine schwierige Frage!

Verfügen Sie über ein eigenes Reisemobil, so gilt eine recht einfache **Faustregel**: Ab einer Aufenthaltsdauer in Island von ca. 2 Wochen lohnt es sich, den Fährpreis für die Norröna in Kauf zu nehmen. Haben Sie zu Hause ein Fahrzeug gemietet, um es nach Island mit zu nehmen, müssen Sie den Mietpreis mit berücksichtigen.

Für einen **längeren Aufenthalt** in Island muss beachtet werden, dass die Mietpreise in Island sehr hoch sind. Darüber hinaus müssen Sie die Flugkosten berücksichtigen, ebenso wie die Tatsache, dass bei dieser Alternative die Menge der mitzunehmenden Ausrüstung begrenzt ist. Aber für einen **kürzeren Aufenthalt** in Island ist es eine überlegenswerte Variante.

In Island werden Mietwohnmobile auf Basis eines 4x4-Pickup mit Camperkabine angeboten, welche oft für Hochlandausflüge angemietet werden.

Immer häufiger werden aufgrund der verbesserten Straßenverhältnisse auch Wohnmobile, wie sie in Mitteleuropa üblich sind, vermietet. Kaum eine Sehenswürdigkeit bleibt mit einem normalen Straßenfahrzeug unerreichbar.

Vorbereitung des Wohnmobils für Island

Lassen Sie Ihr Fahrzeug **vor der Reise gründlich warten**, und weisen Sie Ihre Werkstatt darauf hin, wohin die Reise geht. Schraubverbindungen sollten fest sitzen. Aufmerksamkeit sollten Sie der **Bereifung und Federung** schenken.

Zusätzlich zur Bordausstattung empfehle ich, ein paar Dinge zu berücksichtigen und die Reisevorbereitung gut zu planen.

Auch wenn das offiziell kaum jemanden interessiert, sollte der Wagen mit **Spritzlappen** ausgestattet sein. Die Ersatzteilversorgung klappt (für gängige Fahrzeuge) zumindest unter Mithilfe eines Automobilclubs problemlos, auch wenn eine Wartezeit einkalkuliert werden muss und die Teile sehr teuer sind. Deshalb empfiehlt sich der **Abschluss eines Schutzbriefes**, damit im Fall der Fälle, den wir nicht erhoffen, kein großes Problem aus der Panne wird.

Kleinere Schäden am Fahrzeug, auch eine Reifenpanne, können häufig vor Ort repariert werden. Die Isländer sind ein hilfsbereites Volk und packen entweder selbst mit an, oder sie organisieren jemanden, der helfen kann. Oft ist es so gar nicht nötig, eine Fachwerkstatt aufzusuchen.

Nehmen Sie, wenn Platz und Zuladung (!) es zulassen, ein **zusätzliches Ersatzrad (oder -reifen)** mit. Nicht immer sind die gängigen europäischen Reifengrößen problemlos zu erhalten. Doch was hilft das Ersatzrad, wenn man das schwere Fahrzeug im weichen Lavaschotter nicht aufgebockt bekommt? Sinnvoll ist die Mitnahme eines **zweiten Wagenhebers** und 1-2 stabiler **Holzbretter zum Unterlegen**, damit der Wagenheber nicht einsinkt.

Ein Luftdruckmesser ist sicher auch sinnvoll, um die Reifen beobachten zu können, und wenigstens **1-2 l Motorenöl** zum Nachfüllen bei Bedarf. Denken Sie auch an die Mitnahme der **Grünen Versicherungskarte**.

Flora und Fauna

Dafür, dass Island von seinen Entdeckern als „Insel, die von der Küste bis zu den Bergen bewaldet ist" beschrieben wurde, ist es erstaunlich, wie wenig Bäume oder Waldgebiete man findet. Im Lauf der Jahrhunderte wurde fast alles abgeholzt, was zum Bauen und Heizen taugte, den Rest besorgte die Überweidung, besonders durch die zahllosen Schafe.

Seit den 1930er Jahren versucht man, das Land wieder aufzuforsten, wo immer es möglich ist. Das größte Forstgebiet finden wir bei Hallormsstaður mit hohen Bäumen. Die übrigen Wälder bestehen meist aus niedrigstämmigen Buschwäldern. Im kargen Hochland überwiegen Schotterwüsten, die allenfalls spärlich mit Moosen und Gräsern bewachsen sind. Im Tiefland, mit den großen und breiten Tälern und in der Küstenzone treffen wir dagegen kräftige Wiesen, Weiden und einige Getreidefelder an, die das Land in sattes Grün tauchen. Gemüseanbau erfolgt überwiegend in Gewächshäusern, teilweise auch im Freiland, wenn Thermalquellen die nötige Wärme abgeben.

Auf wild lebende Landsäugetiere werden Sie kaum treffen. Es gibt lediglich einen kleinen Bestand von Polarfüchsen. Ein Problem sind Nerze, die aus Pelztierfarmen ausgerissen sind und sich über das Land verteilt haben. Beide Räuber setzen der Vogelwelt zu, vor allem den Bodenbrütern während der Brutzeit und werden deshalb bejagt. Ansonsten gibt es im Osten einige hundert Rentiere, deren Vorfahren norwegische Siedler vor langer Zeit hier ausgesetzt hatten. Sie sind seit dem Bau des gigantischen Staudammprojektes im Osten der Insel weit Richtung Küste gewandert. Nicht zuletzt breiten sich da und dort Kaninchen aus, die vermutlich entlaufen sind und sich sprichwörtlich vermehren.

Was Sie an Säugetieren außerhalb der Siedlungen zu Gesicht bekommen, sind also in aller Regel weidende oder entlaufene Haustiere. Diese allerdings werden ab und zu auf oder neben der Straße stehen. (Vorsicht!). An den Küsten sind häufig Seehunde und Kegelrobben anzutreffen. Einige Kolonien sind im Textteil erwähnt. Auf die Wale vor den Küsten gehe ich separat ein. Reptilien und Amphibien gibt es nicht in Island. Sehr angenehm ist die Tatsache, dass es nur wenige Insekten gibt - abgesehen von den Zuckmücken vor allem am Mývatn. Allerdings beginnen in den letzten Jahren Wespenarten, auf der Insel sesshaft zu werden - die Globalisierung hält auch in der Natur Einzug.

Allem voran bietet Island Ihnen eine überwältigende Vogelwelt. Millionen von Seevögeln brüten an den Vogelfelsen und an Seen rund um die Insel. Vor allem kommen Papageientaucher, Basstölpel, Trottel- und Dickschnabellummen sowie viele Möwenarten zahlreich vor. Häufig ist der weitestgereiste Zugvogel, die Küstenseeschwalbe zu sehen. Sie wechseln im Winterhalbjahr auf die Südhalbkugel bis Südafrika und in die Antarktis!

Die Binnengewässer und Küsten sind ein Paradies für zahlreiche Entenarten, Gänse und Schwäne. Im Küstenbereich treffen wir in großer Anzahl auf Eiderenten, deren Zucht zur Gewinnung der hochwertigen Eiderdaunen betrieben wird. Einige Seeadlerpaare sowie Gerfalken sind für die natürliche Regulierung des Tierbestandes zuständig, was nicht ganz ausreichend ist. Deshalb werden vor allem Schneehühner und Gänse auch bejagt.

Von den Versuchen der Aufforstung abgesehen, sieht die Vegetation und Tierwelt der Färöer ganz ähnlich aus, wie in Island, wenn Sie die Rentiere und Polarfüchse einmal außen vor lassen.

Fotografieren/Filmen
Sie sollten angesichts zahlloser schöner Fotomotive dafür Sorge tragen, dass genügend Speicherkarten für die Digitalkamera (bzw. Filme, sofern Sie noch mit Analogkamera unterwegs sind) an Bord sind. Ein Polfilter hilft, die Farben der Aufnahmen noch leuchtender hinzubekommen.

Haben Sie ein technisches Problem mit Ihrer Kamera, müssen Sie warten, bis Sie in Reykjavík sind, mit etwas Glück auch in Akureyri, wo Sie Fotogeschäfte finden werden, die auch Reparaturen vornehmen.

Freie Übernachtung
Einmaliges Übernachten auf Park- und Rastplätzen Islands ist fast überall erlaubt bzw. geduldet. Meiden Sie dort jedoch alles, was den Begriff „Camping" verdient. Vorzelt und Markise sowie Grill und Campingmöbel bleiben auf Parkplätzen im Wagen. Die Windverhältnisse sprechen häufig ohnehin dagegen.

Ebenso sollte man sich auf eine Nacht beschränken und dann weiterziehen, denn auch in Island ist man nicht nur berechtigt, sondern zur Fahrtunterbrechung verpflichtet, um die Fahrtüchtigkeit wieder herzustellen. Doch verstehen Sie dies bitte nicht als „Freibrief", in Island mit Ihrem Reisemobil zu stehen, wo Sie möchten. Es gilt auch hier alles zu vermeiden, was negatives Aufsehen erregt und die Blicke auf sich zieht.

Das Verkehrsaufkommen ist (mit Ausnahme der Städte) gering. So kann man problemlos an Park-, Rast- und Picknickplätzen, übernachten. Oft ist dort ein WC vorhanden, ebenso häufig eine feste Picknickbank. Ausnahmen sind **Naturschutzgebiete**, wo das Camping, aber auch die Übernachtung im Fahrzeug nur an ausgewiesenen Plätzen erlaubt ist. So wird z. B. in der „Mývatnsveit" ausdrücklich auch die Übernachtung im Auto, Wohnmobil oder Caravan außerhalb der Campingplätze untersagt. Verbotszeichen sind immer einzuhalten! Das Schild „Zelten verboten" bezieht sich dabei in erster Linie nicht auf Wohnmobile, sondern eben aufs Zelten. Jedoch ist Ihr Fingerspitzengefühl gefordert, vor allem in der Nähe von Siedlungen oder Campingplätzen.

Natürlich sehen es die Isländer lieber, wenn man vorhandene Campingplätze nutzt, zumal diese preisgünstig, manchmal gar kostenlos sind. Doch solange man sich ordentlich benimmt, keine „Hinterlassenschaften" zurück bleiben und „Wohnmobil-Burgen" die argwöhnischen Blicke von Anwohnern auf sich ziehen, wird meiner Erfahrung nach niemand weggeschickt. Auf erkennbarem Privatgelände, besonders in direkter Nähe zu Wohngebäuden, ist die Erlaubnis des Besitzers nötig.

Seien Sie sich bewusst, dass es auch in Island Stimmen gibt, die das freie Camping gern generell unterbinden würden. Das liegt auch hier an unliebsamen Zelt- und Wohnmobil-Touristen, die sich nicht an diese Grundregeln halten. Tun Sie bitte Ihren Teil dazu, dass dazu keine Notwendigkeit besteht.

Auf den **Färöer Inseln** ist die Situation etwas anders, auch wenn es in der Praxis dann wieder ganz ähnlich ausschaut. Grundsätzlich ist die freie Übernachtung auch im Fahrzeug (und damit im Wohnmobil) verboten. Die Übernachtung auf Campingplätzen wird als obligatorisch betrachtet. Doch ist das Problem damit nicht gelöst, dass diese nicht flächendeckend vorhanden sind. Deshalb möchte ich meine Erfahrung schildern, wonach es auf Parkplätzen meist kein Problem war, ein freundliches „aber gerne doch" zu ernten, wenn ich vor Ort bei Anwohnern nach der Möglichkeit fragte, auf dem jeweiligen Parkplatz für eine Nacht zu stehen. Es ist meist Privatland, auf dem man stehen könnte. Deshalb gilt auch hier: Niemals im Wagen übernachten, wenn man nicht das Einverständnis der Eigentümer hat.

Frischwasser

An nahezu jeder Tankstelle in Island stehen Autowaschplätze zur Verfügung (kostenlos). Diese werden mit Trinkwasser versorgt. Hier kann man nicht nur regelmäßig sein Fahrzeug sauber machen, sondern jederzeit seine Frischwasservorräte auffüllen. Haben Sie einmal Zweifel an der Wasserqualität, fragen Sie beim Tankstellenpersonal nach. Sie werden vermutlich die uns bekannte freundliche Antwort bekommen: „Es ist das gleiche Wasser, das wir auch trinken…" Zudem hat sich die Situation in den letzten Jahren deutlich geändert, weil ein dichtes Netz an gut ausgestatteten Campingplätzen mit entsprechender Ausstattung für Wohnmobile entstanden ist.

Gasversorgung

Der N1-Autoteilehandel in Reykjavík und Akureyri bietet den Austausch grauer deutscher Gasflaschen (5kg ca. € 22,00/11kg ca. € 36,00) an.
N1, Reykjavík. **GPS:** N64 09 12.0 W21 52 11.0, Klettargarðar, Tel. +354 440 1244.
N1 in Akureyri, **GPS** N65 41 22.4 W18 05 57.0, Tryggvabraut, Tel. +354 440-1420.

Dennoch möchte ich dringend empfehlen, sehr sparsam mit dem Gas umzugehen! Da nicht mit dauerhaft hohen Außentemperaturen zu rechnen ist, kann der Kühlschrank oft aus bleiben oder auf niedrigster Stufe laufen. Nutzen Sie den 12V-Betrieb während der Fahrt! Die Warmwasserbereitung zum Duschen ist häufig überflüssig - die Duschen in den Schwimmbädern und auf Campingplätzen sind eine prima Alternative! Und statt ein kühleren Temperaturen gleich die Heizung anzuwerfen, tut es häufig ein warmer Pullover oder eine kuschelige Decke!

Teelichte auf einer unbrennbaren Unterlage geben nicht nur ein gemütliches Licht ab, sondern etwas Wärme! Ein echter Islandpullover kostet übrigens kaum mehr, als wenn Sie Ihre 11 kg Gasflaschen tauschen. So bin ich bei allen Rechercheaufenthalten von je 5 Wochen bzw. zuletzt 10 Wochen am Stück nie in die Verlegenheit gekommen, Gas füllen zu müssen. Meine zwei 5kg-Flaschen haben immer (!) gut ausgereicht.

Haben Sie einen entsprechenden Druckminderer, können Sie bei Campingplätzen und Tankstellen darüber hinaus notfalls blaue Campinggaz-Flaschen erwerben.

Eine Alternative ist es, eine isländische Gasflasche zu leihen (Pfand!) und sie vor Abreise wieder zurückzugeben. Den dazu nötigen Adapter (ein anderer Dichtungsring) wird bei den Tankstellen in Egilsstaðir für wenig Geld angeboten. Doch berücksichtigen Sie, dass die isländischen Gasflaschen breiter sind als die grauen deutschen (25 cm - mein Gaskasten hat nur 24 cm Breite…).

Geschichte

Vielleicht war „Ultima Thule" das heutige Island? Wir wissen es nicht. Geschichtlich belegt ist dagegen, dass irische Mönche im 8. Jh. begannen, die Insel im hohen Norden zu besiedeln. Es war dann Ingólfur Arnarson, der im Jahr 874 im Süden der Insel landete und sich im Bereich der heutigen Hauptstadt niederließ. Die meisten Siedler, die ihm folgten, waren Norweger - Wikinger also. Dazu kamen Siedler von den Britischen Inseln, vor allem aus Irland, weshalb man den Isländern auch heute noch eine mentale Verwandtschaft zu den Kelten und Iren zuspricht.

Im Jahr 930 trat zum ersten Mal das Alþing zusammen. Dies gilt als Gründung des ersten Staates (und übrigens als eine der ältesten noch existierenden parlamentarischen Demokratien!). Im Jahr 1000 löste das Christentum den Glauben an die germanischen Gottheiten Thor und Odin ab. Es folgte die Zeit der Sagas, und isländische Seefahrer entdeckten Grönland, wo sie auch siedelten. Bereits um das Jahr 1000 wurde auch Amerika entdeckt. Es war Leifur Eiríksson, dem diese Ehre zusteht (siehe Saga-Zentren Reykjavík/ Perlan und Hvolsvöllur).

Ab 1262 unterstand Island den Norwegern und fiel zusammen mit dem Königreich Norwegen im Jahr 1380 an die dänische Krone. In der Mitte des 16. Jh. wurde das Land reformiert. 1550 wurde der letzte katholische Bischof, Jón Arnason, hingerichtet. Wirtschaftlich erlebte das Land schwere Zeiten und es erreichte im 18. Jahrhundert einen Tiefpunkt, als die große Eruption der Lakispalte (1783/84) eine große Not auslöste.

Im 19. Jh. begann der Kampf um die politische und wirtschaftliche Unabhängigkeit. Der Gelehrte Jón Sigurðsson (siehe Museum Hrafnseyri) war einer der Vordenker. Er führte im Jahr 1874 zur Wiedereinsetzung des Althing und zur eigenen Verfassung. 1903 wurden als erster Schritt zur Unabhängigkeit von Dänemark der Posten eines Ministers für Island geschaffen und 1918 schließlich ein Unionsvertrag mit Dänemark geschlossen, der Island zum souveränen Staat unter der dänischen Krone erklärte.

Als Dänemark im 2. Weltkrieg unter deutsche Besatzung geriet, war es Zeit, sich vom Königreich zu lösen. 1944 entschied sich das Volk für die Kündigung des Unionsvertrages. Am 17. Juni 1944 wurde die Republik Island gegründet. Seither ist dieser Tag der isländische Nationalfeiertag.

In der Nachkriegszeit begann ein wirtschaftlicher Aufstieg und Island verfügte über einen der höchsten Lebensstandards weltweit - bis die Finanzkrise 2008 das Land in eine tiefe Krise stürzte. Begriffe wie Arbeitslosigkeit und Inflation waren bis dahin unbekannt, was dazu führte, dass die Koalitionsregierung Anfang 2009 zurücktrat. Die weitere Entwicklung bleibt abzuwarten. Eine Hilfe dabei ist, dass Island Mitglied der Vereinten Nationen, des Europarates, der OECD, EFTA und EES ist. Im Nordischen Rat arbeitet man mit den skandinavischen Ländern zusammen. Seit 1949 ist Island - ohne über eine eigene Armee zu verfügen - Mitglied der NATO.

Haustiere

Für uns Touristen ist das überhaupt kein Thema. Die Einfuhr jeglicher Tiere ist strikt untersagt. Eine Einfuhrgenehmigung ist rein theoretischer Natur und wäre nur mit riesigem Aufwand zu erhalten. Suchen Sie sich für ihren gefiederten oder vierbeinigen Freund einen netten Nachbarn oder Verwandten, der Ihre Urlaubsvertretung übernimmt.

Kleidung

Im Sommer gehören Sommerkleider genauso, wie gute Regenkleider, Pullover, warme Socken, Handschuhe, Mütze und festes Schuhwerk ins Urlaubsgepäck. Im Hochland und in Gletschernähe kann es gar das eine oder andere Mal in der Nacht gegen den Gefrierpunkt gehen.

Denken Sie auch daran, dass Sie bei sonnigem Wetter eine Gletschertour unternehmen könnten. Deshalb muss eine Schutzbrille mit in die Tasche. Werden Sie von einem Sandsturm überrascht, ist diese ebenfalls sehr hilfreich.

Wer jetzt aber denkt, das kühle Wetter würde Badesachen unnötig machen, der irrt. Ich habe dank der vielen Thermalschwimmbäder kaum in einem Urlaub im Süden mehr gebadet als in Island. Auch auf den Faröer Inseln finden Sie einige schöne Schwimmsportstätten vor, auch wenn es dort keine Thermalbäder sind, wie in Island. Deshalb sind die Badehosen und -anzüge mitunter das Wichtigste, an das es zu denken gilt.

Was Sie sich angesichts des häufig kräftig blasenden Windes getrost sparen können, ist ein Regenschirm. Das gute Stück dürfte in Island und auf den Faröern kein langes Leben haben.

Klima/Wetter

„Wenn Dir das Wetter zu schlecht ist, dann warte eine Viertelstunde...". Diese isländische Weisheit beschreibt die Situation recht gut. Man sagt auch, es gebe gar kein Wetter - nur Kostproben davon, oft mehrere an einem Tag! Fragt man die Isländer nach dem Wetterbericht, bekommt man immer geholfen - stets mit dem freundlichen Hinweis, dass es nichts Unverlässlicheres gebe, als den Wetterbericht. In Island herrscht aufgrund der Lage im Nordatlantik maritimes, kühles Klima. Maßgeblichen Einfluss hat der Golfstrom, der für ausgeglichene, nicht allzu kalte Winter und kühle Sommer sorgt. Die Durchschnittswerte in Reykjavík liegen im Juli zwischen 9 und 14°C - was nicht mit den Tageshöchsttemperaturen zu verwechseln ist. An windstillen, sonnigen Tagen klettert das Quecksilber im Hochsommer schon mal deutlich über 20°C. Aber der Südwesten des Landes wird insgesamt durch hohe Niederschlagsmengen geprägt, da der Golfstrom genau hier auf die Insel trifft.

Im Norden und Nordosten herrscht dagegen häufig beständig schönes Wetter, mitunter auch mit höheren Temperaturen. In den Ostfjorden wurde mit 30,4° C die höchste je in Island gemessene Temperatur registriert, wobei der Sommer 2008 auch im Südwesten nah an diese Marke kam.

Eine Wettergrundregel: Seewind bringt eher Regen, ablandiger Wind schönes Wetter. Jetzt ist es nur noch wichtig, zu wissen, wo man sich gerade befindet und man kann sich selbst seinen eigenen kleinen Wetterbericht zusammenreimen. Möchten Sie sich nicht auf Ihre eigenen Schlüsse verlassen, vergleichen Sie Ihre Prognose mit dem offiziellen Wetterbericht, der in den Tourist-Informationsen aushängt oder unter **www.vedur.is** im Internet zu finden ist - und der stimmt auch nicht immer (aber immer öfter)! Als verlässlich habe ich den Seefahrer-Wetterbericht unter **www.yr.no** in Erinnerung.

Sie dürfen nicht damit rechnen, lange Schönwetterperioden mit 25°C und mehr zu genießen. Man muss auf Sturm, Regen und Kälteeinbrüche auch im Sommer genauso gefasst sein, wie auf sonnig warmes Wetter. Insgesamt aber empfindet man das isländische Wetter nach einer kurzen Eingewöhnung bei weitem nicht so unangenehm, wie diese Beschreibung es vermuten lässt. Es ist wie so oft: Es gibt kein schlechtes Wetter, sondern nur die falsche Kleidung!

Auf den **Färöer Inseln** ist das Wetter meist noch etwas wechselhafter als in Island. Die Inseln sind einfach zu klein für einen ausgeprägten Unterschied zwischen Küstenbereich und Binnenland. So gibt es auch im Winter nur wenig Schnee. Ansonsten ähnelt das Wetter aber stark dem isländischen. Vielleicht mit dem Unterschied, dass Nebel und Nieselregen noch etwas häufiger sind.

Mitternachtssonne
Die Mitternachtssonne verpassen Sie in Island ganz knapp - die Insel liegt etwas südlich des Polarkreises. Dennoch ist das Phänomen im Norden Ende Juni /Juli gut zu beobachten. Dann geht unser Zentralgestirn nur für wenige Minuten unter und meldet sich sogleich zurück.

Lebensmittel/Getränke
In Island wie auf den Färöern können Sie fast einkaufen wie zu Hause. Nur ist das Preisniveau vergleichsweise hoch. Besonders teuer sind Alkohol und Tabakwaren. Alkohol bekommt man nur in den ausgewiesenen Monopolläden.

Spezialitäten des Landes
Fisch, Lammfleisch und Milchprodukte gehören naturgemäß ganz oben auf die Speisekarte! Sie sind auch einigermaßen preisgünstig, wenn auch immer noch etwas teurer als zu Hause.

Damit Sie wenigstens die Namen schon einmal gehört haben, erwähnen wir an dieser Stelle geräuchertes Lammfleisch (hangkjöt), Lammblutwurst (blóðmör) und Lammleberwurst (lifrarpylsa), Salzfisch (saltfiskur) und Stockfisch (harðfiskur). Diese Bezeichnungen sind auch auf den Färöern üblich.

Unbedingt probieren sollten Sie die isländische Spezialität Skyr, eine Art fester Quark aus fettarmer Milch. Es gibt keine Übersetzung dafür. Auch Sie werden es ganz sicher regelmäßig im Einkaufskorb haben.

Dafür werden Sie in Hochtemperaturgebieten ab und an das „hverabrauð" entdecken - ein süßliches Roggenbrot, das in Behältern im Boden eingegraben gebacken wird.

Literatur/Landkarten
Dieser Wohnmobil-Reiseführer kann und will Ihnen keine vollständige Information über jeden Stein Islands geben. Vielmehr ist er als Orientierung für Ihre Reise mit dem Wohnmobil zu verstehen, der durch ergänzende Literatur nach Bedarf und Ihren Vorlieben ergänzt werden sollte.

Ich habe mit folgenden Büchern/Karten sehr gute Erfahrungen gemacht:
*   „Island" - von Jens Willhardt und Christine Sadler - Michael Müller Verlag
*   Auch Ivanovskis Reisehandbuch Island gefällt mir vom Aufbau her gut, wies aber ein paar Ungenauigkeiten in Bezug aufs Straßennetz auf.
*   „Rother Wanderführer" - von Christian Handl und Gabriele Schließl
*   Ferðakort 1:500 000
*   Wenn Sie es etwas detaillierter mögen, gibt es dazu auch Regionalkarten im Maßstab 1:250.000. Landkarten für Wanderungen usw. sind am besten vor Ort zu kaufen. Es lohnt sich meist nicht, alle Karten „auf Verdacht" mitzunehmen.

Damit Sie wenigstens ein paar Worte Isländisch sprechen und verstehen, können Sie das Büchlein „Kauderwelsch Sprechführer Isländisch" besorgen.

Für Ihren Aufenthalt auf den Färöer Inseln empfehle ich Ihnen „Färöer" von Alexander Wachter aus der Edition Elch. Dieses Buch gibt ausführliche Wander- und Ausflugstipps speziell für die Island-Transitreisenden und ist deshalb eine prima Ergänzung zu diesem Wohnmobil-Reiseführer.

Für die Färöer hält das Fremdenverkehrsamt eine sehr gute Straßenkarte kostenlos bereit. Diese erhalten Sie auch bereits an Bord der Norröna.

Müllentsorgung

Bei Supermärkten, Campingplätzen usw. findet man die Möglichkeit zur Entsorgung des Mülls. Achten Sie vor den Ortschaften, an Parkplätzen oder bei den in abgelegenen Gegenden oft kostenfreien Campingplätzen auf die Müllcontainer, in die man den Müll einwerfen kann. Dabei sollte der Abfall in einen Müllbeutel eingeschnürt werden.

Für Getränkedosen, die in der Heimat (zumindest in Deutschland) kaum oder nur gegen Pfand zu erhalten sind, findet man Sammelboxen, die ein Recycling ermöglichen. Diese finden Sie meist auf Campingplätzen.

Netzspannung - Stromanschluss auf Campingplätzen

Die Netzspannung beträgt 220 V/50 Hz. Sie finden in der Regel die im Campingbereich üblichen blauen Steckdosen. Vereinzelt sind auch Schuko-Steckdosen vorhanden. In diesem Fall müssen Schweizer Campingfreunde an den Adapter denken. Für den Stromanschluss wird allerdings in Island ein vergleichweise hoher Preis berechnet, der 2013 mit ca. 500 bis 1.000 ISK pro Tag zu Buche schlägt. Dafür wurde aber auch flächendeckend stark in die Infrastruktur diesbezüglich investiert.

Notruf und Pannenhilfe

Notrufnummer (Polizei/Rettungsdienst/Feuerwehr): 112 (IS und FO).

Der ADAC-Partnerclub heißt „Félag Íslenzkra Bifreiðaeigenda (F. I. B.), IS-105 Reykjavík. Hier vermittelt man zu Bürozeiten unter Tel. +354 414 9999 die Pannenhilfe. Außerhalb dieser Zeiten wird rund um die Uhr unter Tel. 5-112 112 ein Hilfsdienst vermittelt.

Preise

Die Preise in Island sind meist höher als zu Hause, auch wenn die Folgen des Beinahe-Staatsbankrotts und die Finanzkrise auf den ersten Blick etwas günstigere Preise für uns Euro-Touristen brachten.

Bei Lebensmitteln haben die Preise gegenüber den Vorjahren wieder angezogen, auch wenn noch nicht das frühere Niveau vor der Finanzkrise erreicht wurde. Rind-/Schweinefleisch, Geflügel, Gemüse, Obst usw. sind jedoch deutlich teurer. Einheimische Produkte wie Fisch und Lammfleisch und in Island gezüchtetes Gemüse sind wesentlich günstiger.

Richtig heftig sind die Preise nach wie vor bei Alkohol und Tabak. Auf die auf Reisen wichtigen Preise für Sprit, Campingplätze und Schwimmbäder gehe ich separat ein.

Reisevorbereitung

Buchen Sie die Fähre rechtzeitig! Die **Fährverbindung** nach Island wird ausschließlich von **Smyril-Line** (Tórshavn) angeboten. Da die Nachfrage während der Sommermonate sehr groß ist und von Jahr zu Jahr steigt, sollten Sie **sehr frühzeitig buchen**. Bereits im Januar/Februar können einige Fährpassagen mit Buchung von Wohnmobil-Paketen bereits stark ausgebucht sein.

Wir selbst buchten jeweils bereits am Jahresanfang der jeweiligen Islandreisen bei **Natur-Pur Reisen in Freiburg**, wo wir sehr gute Erfahrungen gemacht haben, viele Fragen beantwortet bekamen und Reisetipps erhielten. Nicht zuletzt gilt unser Dank Stefania Sigurðardóttir-Resch und Andreas Resch für die freundliche Mithilfe und zahlreichen Tipps zu diesem Buch. Ebenso gilt unser Dank vielen Lesern für Ihre Hinweise und Erfahrungen, die in dieses Buch eingeflossen sind und Ihnen nun bei einer guten Reisevorbereitung und in Island helfen.

Auskünfte zur Fährüberfahrt erteilt auch die Agentur von Smyril-Line: Smyril Line Deutschland (www.smyrilline.de)
Sell Speicher
Wall 55
24103 Kiel
Tel. +49(0431)200-886 | Fax. -8870 | info@smyrilline.de

Gute Auskünfte und Prospektmaterial zu den Regionen erhält man in den Tourist-Informationen. Dort hält man kostenlose Informationschriften für die Touristen bereit. Gerne hilft man auch bei der Vermittlung geführter Wanderungen, Reittouren etc. oder berät Sie ausführlich, welche Unternehmungen in der jeweiligen Region auf eigene Faust möglich sind (Wandern, Besichtigungen, sonstige Informationen).

Außerdem werden Wander- oder Straßenkarten, Postkarten und Souvenirs angeboten. Nicht zuletzt ist der aktuelle Wetterbericht zu erfahren.

Die Adressen der regionalen Touristinformations-Zentren erwähne ich sowohl für die Färöer als auch für Island jeweils im Text.

Zusätzlich sollten Sie sich vorab (kostenlos) das Island-Informationspaket vom **Isländischen Fremdenverkehrsamt** beschaffen, das neben interessanten, aktuellen Prospekten und Informationen zusätzliche Adressen verschiedener auf Islandreisen spezialisierter Reisebüros und -veranstalter beinhaltet.

Kontaktdaten:
Visit Iceland - Isländisches Fremdenverkehrsamt
Rauchstrasse 1
10787 Berlin
Tel.: +49 30 5050 4200 · Fax: +49 30 5050 4280
E-mail: info@icetourist.is

Das **Fremdenverkehrsamt der Färöer Inseln** steht mit vergleichbaren Dienstleistungen zur Verfügung.
Kontaktdaten:
VisitFaroeIslands
Tel. +298 306 100 · Fax: +298 306 105
www.visitfaroeislands.com
info@visitfaroeislands.com

Reiten

Es gehört fast zum Pflichtprogramm, bei einem Islandurlaub wenigstens ein Mal auf einem Islandpferd zu sitzen. Die gutmütigen, willigen Pferde beherrschen die fünf Gangarten Schritt, Trab, Galopp sowie Tölt und Pass. Darüber hinaus gelten sie als sehr trittsicher und ausdauernd.

Im 9. Jh. wurden die Tiere nach Island gebracht und entwickelten sich durch die Insellage zur eigenständigen Rasse mit vielen verschiedenen Farben und Zeichnungen. Es wird geschätzt, dass auf der Insel inzwischen etwa 80.000 Tiere leben.

Früher war das Islandpferd wichtigstes Transportmittel und Arbeitstier zugleich. Heute entwickelt es sich mehr und mehr zum Freizeitpferd. Über den Winter werden die Tiere in den Ställen des Tieflandes gehalten und im Juni zur Sommerweide gebracht, wo sie bis in den Herbst hinein weiden.

Das größte Landestreffen „Landsmót" findet alle zwei Jahre (bei gerader Jahreszahl) im Norden Islands statt, wo verschiedene Prämierungen stattfinden. Werden die Tiere exportiert oder nehmen sie an Wettbewerben im Ausland teil, sind ihre Tage in der isländischen Heimat gezählt - ein Tier, das einmal im Ausland war, darf nicht mehr nach Island zurück.

Restaurants

Essen gehen ist in Island nach wie vor kostspielig, besonders wenn Sie sich ein Glas Bier oder Wein genehmigen. Häufig muss man für ein schmackhaftes Menü in guten Restaurants EUR 20-35 berappen. Preiswerter sind SB-Restaurants und Pizzerien, die Sie oft bei Tankstellen finden. Dort erhält man meist auch preiswerte Tagesmenüs für EUR 10 bis EUR 15. Die isländische Küche wurde, ob man das mag oder nicht, stark „amerikanisiert" - man isst gerne und häufig Hamburger, die allerdings nicht immer so lieblos in Pappkarton serviert werden wie in den bekannten Schnellrestaurants.

Mehr und mehr etablieren sich in der letzten Zeit aber auch wieder Restaurants, die bewusst gute Gerichte aus der isländischen Küche anbieten. In den Touristenregionen können Sie die ganz bodenständigen isländischen Gerichte (Hákarl etc.) meist als Probierportion erhalten. Meist konzentriert sich das Hauptgericht auf Fisch und Lamm.

In den Restaurants lohnt sich der Preisvergleich. Auch dort werden zur Mittagszeit günstige Tagesmenüs oder Buffets angeboten, (ca. EUR 15-20).
Getränke im Restaurant können ganz billig sein: Wasser erhält man kostenlos. Cola/Limonade & Co. sowie Fruchtsäfte und Leichtbier kosten dagegen wie zu Hause. Bei Bier oder Wein muss man tief in die Tasche greifen. Ein großes Bier (Vollbier, 0,5 l) schlägt mit EUR 6,00 zu Buche, ein halber Liter Wein mit etwa EUR 12-15,00. Na denn Prost - auf den Urlaub!

Die Isländer - ein Volk der Kaffeetrinker. Sie bestellen eine Tasse und haben dann die Möglichkeit, noch einmal nachzuschenken. Wobei man generell nachfragt und es natürlich nicht übertreibt, wenn man nachgießt.

Spezialitäten Ein besonderer Genuss sind Geflügelspezialitäten wie Papageientaucher und Trottellumme. Seit allerdings die Bestände der Vögel teils stark zurückgegangen sind, wird das Angebot auch geringer.

Sicher nicht jedermanns Sache sind gesengte Schafsköpfe (svið) und fermentierter Haifisch (hákarl), der nicht umsonst mit isländischem Aquavavit (Brennivin) hinuntergespült wird... Fragen Sie hierbei nach einer Probierportion.

Ein Reizthema ist das wachsende Angebot von Walsteaks etc. Hier darf ich empfehlen, vom „Probieren" abzusehen. Mit diesem Hinweis entspreche ich einer Bitte der Walbeobachtungs-Anbieter, die unter dem wieder aufgenommenen Walfang zu leiden haben. Es gibt bereits eine gemeinsame Initiative von Whale Watching Anbietern und der Gastronomie unter dem Namen „**Whale friendly restaurant**". Diese haben sich freiwillig verpflichtet, kein Walfleisch anzubieten. Siehe dazu die Ausführungen in Route 5 (Hvalfjörður) und die Rubrik „Walbeobachtung".

Rundfunk, Information, Interetcafés
Von Anfang Juni bis Ende August strahlt das erste Programm des öffentlichen Rundfunks auf FM 94,4/93,5 täglich um 7.30 Uhr Nachrichten in englischer Sprache aus. Abgesehen davon empfehlen wir Ihnen, einen Weltempfänger mitzunehmen (Kurzwellenradio), womit Sie zwar in schlechter Qualität, aber immerhin, den Deutschlandfunk empfangen können.

Deutschsprachige Zeitungen sind in Island kaum zu bekommen. Wenn überhaupt, dann haben Sie in den Buchläden in Reykjavík und Akureyri Glück, ein Exemplar zu erwischen - meist bereits 3-4 Tage alt.

Eine sinnvolle Ergänzung bieten zahlreiche Internet-Cafés und Tourist-Informationen, wo man sich in die gängigen Nachrichtenseiten einloggt. Mehr und mehr bieten auch die Campingplätze WiFi-Zonen an, teils gegen Gebühr, teils gebührenfrei. Wenn dieses Angebot besteht, haben Sie auch kein Problem, übers Internet die heimischen Nachrichten der Tageszeitungen zu lesen. Ob die Empfangsqualität für Webradio ausreicht, ist nicht sicher. Teils war ich jedoch durchaus erfolgreich damit.

Sprache, Verständigung
Ich gebe mich nicht der Erwartung hin, Ihnen ausreichende Sprachkenntnisse vermitteln zu können, mit denen Sie sich in Island durchschlagen könnten. Genauso sieht es auf den Färöer Inseln aus.

Sie werden aber schnell erkennen, dass man in aller Regel mit Englisch gut zurecht kommt, manchmal sogar mit der deutschen Sprache. Gerne verweise ich auf das Büchlein „Kauderwelsch Sprechführer Isländisch".

Statistische Daten zu den Färöer Inseln
Die Inselgruppe mit einer Fläche besteht aus 18 Inseln und liegt zwischen Schottland und Island im Nordatlantik.
- Gesamtfläche 1.399 km².
- Küstenlinie ca. 1.100 km.
- Bevölkerung rd. 48.300 Einwohner, davon knapp 20.000 in Tórshavn.
- Höchster Berg: Slættaratindur (882 m).

Statistische Daten zu Island
- Gesamtfläche 103.000 km².
- Küstenlinie 4.970 km.
- Bevölkerung ca. 320.000 Einwohner (2/3 davon im Hauptstadtgebiet).
- Höchster Berg: Hvannadalshnjúkur (2.119 m).

Tanken/Kraftstoff
Die Einfuhr von Kraftstoff im Kanister nach Island ist verboten. An den Hauptrouten gibt es ein dichtes Tankstellennetz. Auf entlegenen Nebenstrecken macht die Mitnahme eines Reservekanisters Sinn, besonders im Hochland. Hier unbedingt vor dem Start voll tanken - auch wenn es nur ein paar Liter sein mögen! Meist sind Tankstellen von 7³⁰-19³⁰ h geöffnet. Die Bezahlung erfolgt mit Bargeld oder Kreditkarte.

Fast durchweg bieten Tankstellen Tankautomaten, an denen man den Tankbetrag im Voraus abschätzt und mit der Kreditkarte/PIN oder Noten bezahlt. Berechnet wird der Betrag, der tatsächlich in den Tank gesprudelt ist. Die Bedienerführung im Display ist auch in englischer Sprache, teils auf deutsch abrufbar (wenn auch lustig übersetzt). Denken Sie also daran, sich die **PIN Ihrer Kreditkarte** gut einzuprägen. Sonst gibt es keinen Sprit.

In Island sind die Spritpreise ca. 10-20 % höher als in Deutschland, also in etwa vergleichbar mit der Schweiz.

Günstiger dagegen ist der Treibstoff auf den Färöer Inseln, wo Sie ebenfalls ein dichtes Tankstellennetz finden. Denken Sie daran, jeweils vor dem Verlassen der Inseln voll zu tanken.

Telefonieren

Vorwahl von Deutschland nach Island: 00 354 + 7-stellige Telefonnummer, welche die Ortskennung beinhaltet. Auf die Färöer ist es die 00298 und die entsprechende Durchwahl. Beim Anruf nach Deutschland 0049 vorwählen und die „0" der Vorwahl weglassen (Schweiz 0041, Österreich 0043).

Telefonzellen (häufig in Tourist-Informationsbüros und Postämtern) werden selten. Wenn, dann werden Münzen und teilweise Kreditkarten akzeptiert.

Gängig ist das Telefonieren mit dem „Handy". Die Verbindung ist selbst in abgelegenen Gegenden oft gut. Doch beachten Sie die Roaming-Gebühren und schalten Sie vor allem den Datenaustausch ab, denn das wird richtig teuer.

Tipp: Erkundigen Sie sich in der Tourist Information nach der „Global Call Card". Sie wird vorausbezahlt (ISK 500 oder ISK 1.000) und ermöglicht durch eine Einwahlnummer in Reykjavík einen sehr günstigen Auslandstarif. Ich habe mir zusätzlich eine isländische SIM-Karte besorgt und mit dieser Kombination einiges an Telefongebühren eingespart.

Wichtig: Sollten Sie ein isländisches Telefonbuch in die Hand nehmen, beachten Sie, dass es anders als gewohnt zu handhaben ist: Man orientiert sich in Island am Vornamen - danach sind entsprechend die Telefonbücher geordnet.

Toiletten

Immer häufiger finden Sie bei Sehenswürdigkeiten Parkplätze nebst einem meist modernen und gepflegten WC. Natürlich gilt auch hier: Das WC ist so sauber, wie es die Benutzer hinterlassen. Dies beachten Sie bitte auch, wenn Sie ausnahmsweise Ihr Camping WC dort entleeren sollten. Verlassen Sie das stille Örtchen mindestens so sauber, wie Sie es vorgefunden haben. Die anderen Gäste danken es Ihnen. Im Hochland finden Sie teils noch „Plumpsklos".

Benutzen Sie diese öffentlichen WCs, soweit es möglich ist, auch wenn die Entsorgung der Toilette in beiden Ländern mittlerweile recht gut klappt.

Bitte - entsorgen Sie Ihr Camping-WC nicht einfach in der Natur, sondern nutzen Sie die vorhandenen Anlagen. Es treibt mir (auch anderen Wohnmobilisten und nicht zuletzt den Einheimischen) leidermmer wieder die Zornesröte ins Gesicht, wenn ich von Lesern Berichte höre, wonach sie andere (und stets waren es deutsche) Wohnmobilisten beobachtet haben, die ihre Toilette in den Straßengraben oder in einem anderen Fall in einen Autowaschplatz entleerten. Wer solches tut, trägt einen guten Teil der Verantwortung, wenn die Verbotsschilder für Wohnmobile auch in Island und auf den Färöer Inseln zunehmen.

Ein Praxistipp: Wenn Sie auf die Chemiezusätze in der Campingtoilette verzichten, ist die Entsorgung ausnahmsweise auch in den WCs an Tankstellen oder Rastplätzen möglich. Oft gibt es nämlich keinen Kanalisationsanschluss, sondern unter der Toilette große Tanks, in denen sich die festen Bestandteile absetzen (wie in einem Vorklärbecken) und dann jährlich abgepumpt werden. Die Toiletten-Chemie ist im Spülwasser gelöst und fließt damit in die Oberflächengewässer ab - und dort hat die Chemie nun überhaupt nichts zu suchen.

Setzen Sie lieber auf ein Absaugsystem in der Campingtoilette des Wohnmobils. Dann wird der chemische Zusatz schlicht überflüssig und Sie sparen darüber hinaus an Folgekosten. Schließlich sind die Zusätze nicht eben billig.

Es liegt also nicht zuletzt an uns Wohnmobil-Touristen selbst, unschöne und unhygienische Spuren der „Freilufttoilette" zu vermeiden - im eigenen Interesse - und in dem der nachfolgenden Besucher.

Sind Sie doch einmal weit weg von einer Toilette, führt nichts um die „Klappspatentechnik" herum. Wenn es möglich ist, sollte Toilettenpapier nicht in der Natur liegen bleiben. Zellstoff braucht viele Jahre für die Verrottung. Nehmen Sie ein Feuerzeug und verbrennen es (natürlich mit der gebotenen Vorsicht).

Trinkgeld

Es wird in Island und auf den Färöern kein Trinkgeld erwartet. Die Bedienungsgelder sind in den Restaurant- und Servicepreisen enthalten. Böse wird aber auch niemand sein, wenn man einen „krummen Betrag" einmal angemessen aufrundet.

Vulkanismus in Island

Island ist die **größte Vulkaninsel der Welt**, die ihre Entstehung der Verschiebung der eurasischen und der amerikanischen Kontinentalplatten verdankt.

Auf der Bruchkante ist im Lauf der Jahrmillionen der mittelatlantische Rücken entstanden, der sich wie ein hohes Gebirge auf dem Meeresgrund des Atlantiks erhebt und an einigen Stellen aus der Wasseroberfläche herausragt. Die beiden Kontinentalplatten „schwimmen" auf dem flüssigen Erdinneren jährlich um wenige Zentimeter auseinander, weshalb immer wieder Magma an die Oberfläche tritt. Zuletzt entstand vor Island im Jahr 1963 die Insel Surtsey, das jüngste Mitglied der Westmänner Inseln.

An vielen Stellen der beschriebenen Routen werden Sie mit dem Vulkanismus in Kontakt kommen: Endlose Lavafelder werden uns begleiten und Sie lernen die verschiedenen Vulkanformen kennen: **Ringwallkrater** sind Sprengtrichter, die durch heftige Eruptionen entstanden sind (Beispiel **Hverfell** am Mývatn). **Tafelvulkane** sind unter dem dicken Eispanzer entstanden, wo sich die Lava unter dem Eis aufstaute und erstarrte. Das schönste und markanteste Beispiel ist die **Herðubreið**. Subglaziale Vulkanausbrüche sind auch der Grund für die teils katastrophalen Auswirkungen in Form von **Gletscherläufen**, wo sich das geschmolzene Wasser seine Bahn bricht, oder extreme Ascheauswürfe - der Eyjafjallajökull 2010 lässt grüßen. Bei **Schildvulkanen** fließt die dünnflüssig aus einem Krater austretende Lava weit auseinander und bildet einen flachen, runden Kegel, der einem Schild ähnelt. Ein Musterbeispiel des **Spaltenvulkans** lernen wir mit der 40 km langen **Eldgjá** oder mit dem **Leirhnjúkur** im Nordosten kennen. **Pseudokrater (Skútustaðir)** sind keine Krater - sie sind erstarrte Dampfblasen in der Lavamasse. Vielleicht die eindrucksvollsten „Produkte" des Vulkanismus sind die zahlreichen Geothermalgebiete, allen voran natürlich die weltbekannten Springquellen **Geysir & Co** oder die vielerorts zu findenden die Solfataren, Fumarolen und Schlammpötte.

Währung und sonstige Zahlungsmittel

Isländische Krone (ISK) - 1 Krone = 100 Aurar

Im Sommer 2008 verfiel der Kurs rapide auf 1:125, um in der Zeit um den Zusammenbruch der isländischen Banken fast ins Bodenlose zu fallen. Der Kurs der Isländischen Krone schwankt seither stark, stabilisiert sich aber wieder etwas. Es ist nicht abzuschätzen, wie die wirtschaftliche Entwicklung in naher Zukunft aussehen wird. Machen Sie sich vor der Reise über die Kurse schlau. Der Wechselkurs in Island betrug im Oktober 2013 ca.: 1 EUR = 163 ISK. Wichtig ist aber die Information, dass die Kurse, die Sie bei Banken in Island geboten bekommen, in der Regel wesentlich günstiger als zu Hause sind. Wenn Sie also Bargeld wechseln, dann doch besser vor Ort.

Färöische (dänische) Krone (DKK - 1 Krone = 100 Aurar)

Eine Besonderheit hinsichtlich der Währung sind die Färöer. Man bezahlt in färöischer Krone, die fest an die dänische Krone gekoppelt ist. Es gibt eigenständige fäningische Banknoten, die Münzen dagegen sind die dänischen. Achten Sie darauf, die färingischen Kronen vor Ort (oder auf der Fähre) auszugeben oder in dänische Kronen umzutauschen, die ebenfalls auf den Färöern akzeptiert werden. Zu Hause aber wird Ihr Bankberater Sie schon etwas schief anschauen, wenn Sie färingische Kronen zurücktauschen wollten.

In beiden Ländern werden Sie sehr schnell feststellen, dass man es gewohnt ist, selbst kleine Beträge **mit der Kreditkarte zu bezahlen**. Tauschen Sie nur einen unbedingt nötigen Bargeldbetrag in die beiden Währungen um.

Mittels **Maestro-Karte/Giro Card** (ehemals ec-Karte) mit PIN-Eingabe ist die Bezahlung häufig auch möglich (**Achtung** Gebühren!).

Für die Bargeldabhebung am Geldautomaten ist die **Maestro-Karte** dagegen der Kreditkarte überlegen, der günstigeren Gebühren wegen, denn Barabhebung mittels Kreditkarte ist sehr teuer!

Walbeobachtung

Bis 1989 wurde in Island Walfang betrieben - und im Jahr 2003 leider wieder aufgenommen, nachdem Island sich mit der internationalen Walfangkommission überworfen hatte. Die Isländer berufen sich auf ihre lange Walfangtradition bzw. auf wissenschaftliche Zwecke. Oder sie behaupten, die Wale vernichteten die Fischbestände.

Die andere Seite argumentiert, dass sich viele Isländer der Erkenntnis verschließen, dass es heute kaum noch eine Rechtfertigung für den Walfang früherer Zeiten gibt, dass die Walbestände nach wie vor gefährdet sind und die Meeressäuger nur einen äußerst geringen Teil der Fischgründe vertilgen. Schuld an deren Überfischung hat einzig der Mensch!

Erkannt haben dies jene Unternehmen, die den Gästen Walbeobachtungstouren mit oft hohen Sichtungsquoten ermöglichen. Sie haben ein existenzielles Interesse an der Schonung der Walbestände und verdienen unseren Besuch. Gerade diese Anbieter von Walbeobachtungstouren leiden unter einem starken Rückgang der Buchungen, seit der Walfang wieder aufgenommen worden ist, auch wenn die Jagd in Island bei weitem nicht so intensiv betrieben wird, wie in Norwegen und vor allem in Japan.

Hoffen wir, dass in Island wieder die Erkenntnis Fuß fasst, dass Wale schützenswert sind. Unterstützen Sie die Firmen, welche Ihnen Whale-Watching-Touren anbieten und lassen Sie sich den Besuch einer Walbeobachtung als Höhepunkt Ihrer Reise nicht entgehen.

Bedenken Sie auch, dass Sie aktiv mit zum Walfang beitragen, wenn Sie auch „nur mal probieren möchten", wie Walfleisch, das da und dort angeboten wird, wohl schmeckt oder wenn Sie einfach mal kosten möchten, wie die getrockneten Walfleischsnacks aus der Tüte sind. Denken Sie darüber nach, wie viele Wale vertilgt würden, wenn alle Gäste des Landes dies täten. Auch beileibe nicht alle Isländer befürworten den Walfang. Seriöse Anbieter der Whale Watching Touren tragen aktiv zum Artenschutz bei und zeigen, wie ein touristisches Angebot mit dem Schutz einer Art verknüpft werden kann.

Wanderungen

Island ist ein Traumland für Wanderer, die Färöer Inseln ebenso. Von kurzen Spaziergängen über Tages- und Mehrtagestouren ist alles möglich. Lassen Sie sich von den Wanderbüchern inspirieren, die ich unter „Literatur" erwähnt habe. Viele Wandertipps sind im Textteil dieses Buches beschrieben und nehmen meist Bezug auf die in den Büchern beschriebenen Touren. Entscheiden Sie vor Ort je nach Wetter, was Sie in die Tat umsetzen können.

Sicher wird das unbeständige Wetter auch Ihnen mal einen Strich durch die Rechnung machen, vor allem im regenreichen Süden. Sie wissen ja - „Wenn das Wetter einmal nicht so ist, wie Du es wünschst, warte eine Viertelstunde...".

Wirtschaft

Der Inselstaaten verfügen über keine nennenswerten Bodenschätze. Doch nennt Island schier unerschöpfliche Vorräte in Form geothermaler Energie sein Eigen. Beiden Ländern gemeinsam ist die heimliche Hoffnung, dass vor den jeweiligen Küsten umfangreiche Erdölvorkommen liegen, deren Ausbeutung sich bisher aber noch nicht lohnte. Doch kann sich das mit steigenden Rohölpreisen und zurückgehenden Packeises in naher Zukunft anders aussehen.

Darüber hinaus gehören die Inselstaaten zu den größten Fischfangnationen der Welt, was nach wie vor eine der Hauptstützen der Wirtschaft ist, auf den Färöern gar mit 97% des Exports. Allerdings hatte dies Island in den Jahren 1958–1975 an den Rand eines Krieges mit einem NATO-Partner gebracht. Erst 1976 konnte der „Kabeljaukrieg" mit Großbritannien beigelegt werden, nachdem Island zuvor seine Fischfangzonen mehrfach einseitig ausgedehnt hatte. Im Übrigen haben in den letzten Jahren verstärkt die Industrie (u. a. Aluminiumproduktion) und Dienstleistungsgewerbe sowie Handel den Fischfang und dessen Verarbeitung als Hauptstützen der isländischen Wirtschaft abgelöst. Nicht zuletzt entwickelt sich der Tourismus zu einem neuen Standbein. Immerhin besuchen deutlich mehr als 600.000 Touristen im Jahr das Land im hohen Norden. Die Färöer Inseln warten dagegen noch darauf, mehr vom Tourismuskuchen abzubekommen - und das bedauere ich sehr, denn die Inselgruppe ist wohl nicht weniger interessant als Island. Und sie lässt sich bei Anreise mit der Nörröna schließlich auch ebenso gut erreichen.

In welcher Form und Umfang sich die aktuelle Finanz- und Wirtschaftskrise auf Dauer auf die Republik Island auswirken wird, bleibt abzuwarten. Die Wirtschaft scheint sich jedoch auf einem guten Weg zu befinden und stabilisiert sich zusehends wieder.

Zeitzone

In Island nehmen Sie im Sommer die Mitteleuropäische Sommerzeit minus 2 Stunden. Auf den Färöer Inseln sowie an Bord der Norröna macht der Unterschied eine Stunde weniger aus.

Zoll- und Einreisebestimmungen Island bzw. Färöer

Reiseausrüstung und Kleidung dürfen für den Privatgebrauch eingeführt werden, wenn sie im Verhältnis zur Reisedauer und den Umständen stehen.

Nahrungsmitteleinfuhr nach Island

Es ist erlaubt 3 kg Nahrungsmittel im Höchstwert von ISK 18.500 mitzubringen. Davon ausgenommen und streng verboten sind:

- Ungekochtes Fleisch oder Fleischprodukte (z. B. Getrocknetes Fleisch, ungekochter, geräucherter Schinken, Speck), geräucherte, ungekochte Wurst, (z. B. Salami), ungekochtes Geflügel usw.
- Ungekochte Milch und rohe Eier.

Zusätzlich zu den o. g. Produkten dürfen eingeführt werden (Island):

Alkohol (erst ab 20 Jahren) und Tabak (erst ab 18 Jahren)

- 1 l Spirituosen + 1 l Wein
  Oder 1 l Spirituosen + 6 l Bier
  Oder 1,5 l Wein + 6 l Bier
  Oder 3 l Wein
- 200 Zigaretten oder 250 g Tabakwaren

Einfuhr von Alkohol und Tabakwaren (Färöer):

Alkohol (erst ab 18 Jahren)

- 1 l Spirituosen
  Oder 2 l Wein + 2 l Bier
- 100 Zigaretten oder Zigarillos oder 50 Zigarren oder 250 g Tabak

Sonstige Bestimmungen

- Gebrauchte Angel- und Reitausrüstungen sowie Reitbekleidung, müssen desinfiziert sein (Bescheinigung!) oder sie werden bei Ankunft auf Kosten des Reisenden desinfiziert.
- Für **Waffen und Munition** zum Eigengebrauch benötigt man die Erlaubnis der Polizeibehörde.
- **Lebende Tiere** dürfen nicht mitgebracht werden, es sei denn man hätte eine Genehmigung des Landwirtschaftsministeriums. Anderenfalls werden Sie vor Ort getötet und entsorgt.
- **Arzneimittel** dürfen für den Eigenbedarf mitgebracht werden. Sie sollten einen 100-Tage-Vorrat nicht übersteigen. Je nach Arzneimittel muss beim Zoll ein Attest des Arztes vorgelegt werden.
- Streng verboten sind **Betäubungsmittel und Drogen** sowie verschiedene **Waffen** z. B. Dolche mit Klingen über 12 cm und Springmesser.
- **Devisen** dürfen in unbegrenzter Höhe eingeführt werden.
- Die Einfuhr von **Telekommunikationsgeräten** (Mobiltelefone, CB-Funkgeräte) muss von der Post- und Telekommunikationsverwaltung in Island genehmigt werden. Jedoch darf ein Mobiltelefon (GSM) für den persönlichen Gebrauch ohne Genehmigung eingeführt werden.

Zur Einreise benötigt man als EU-Bürger und Bürger der Schweiz in beiden Ländern einen gültigen Personalausweis oder Reisepass.

Diese Information umfasst **nur die wichtigsten Einfuhrbestimmungen**. Weitere Infos erhalten sie im Internet unter www.tollur.is, Tel. +354-560 0300 bzw. bei den Fremdenverkehrsämtern.

Wenn Ihnen noch die eine oder andere Information fehlt - Ihr Reisebüro oder die genannten Informationsquellen helfen gerne weiter.

Oder richten Sie Ihre Frage per eMail an verlag@mobil-und-aktiv-erleben. de. Nun wünschee ich Ihnen eine gute, eindrucksvolle Reise nach Island!

Ortsregister/Stichworte